黒井城跡山上部の石垣

（丹波市教育委員会提供，「黒井城」212 ページ参照）

佐保栗栖山砦跡（東から）

（大阪府文化財センター提供，「佐保栗栖山砦」46 ページ参照）

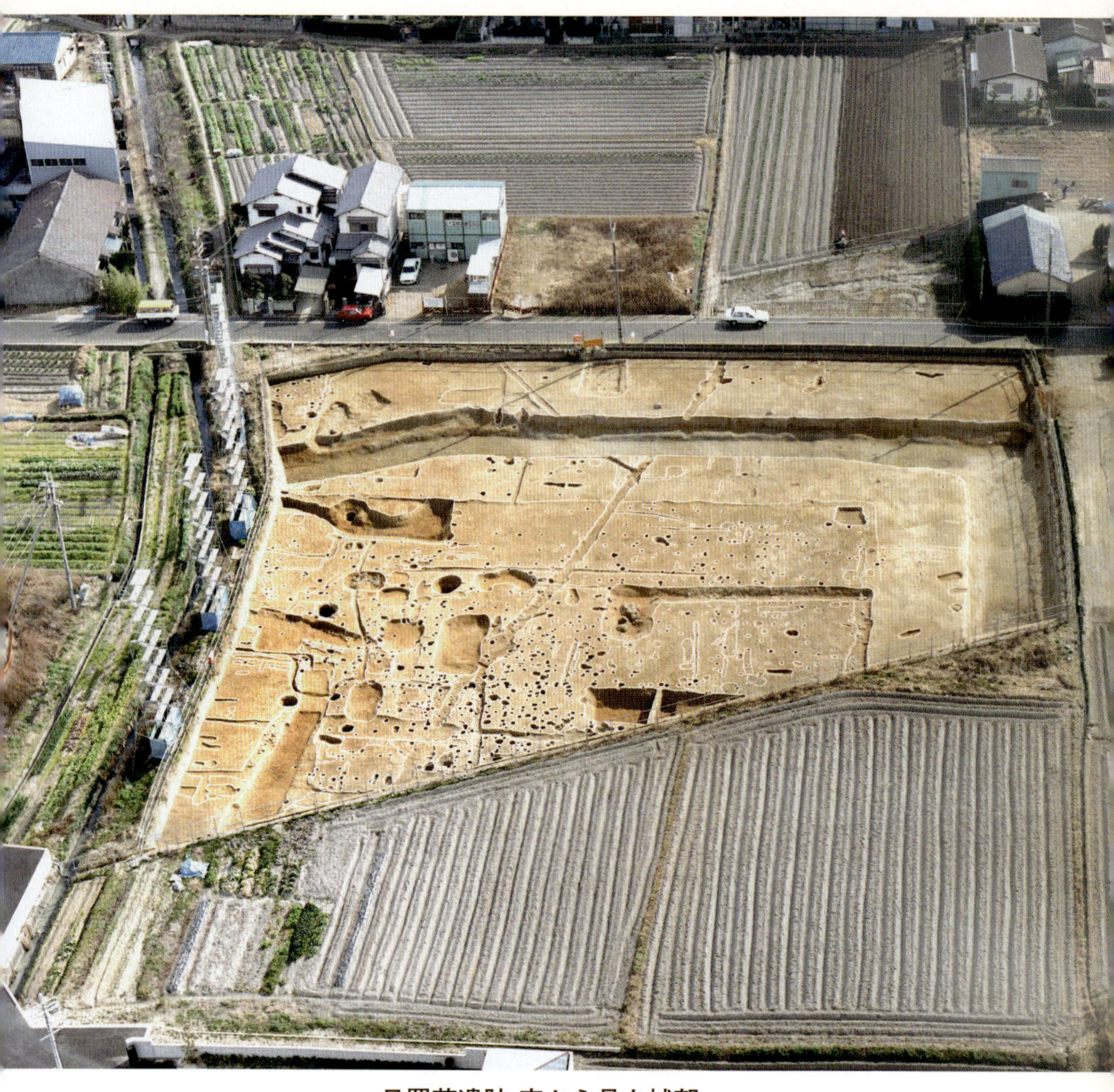

**日置荘遺跡 空から見た城郭**

（大阪府文化財センター提供，「日置荘遺跡」92ページ参照）

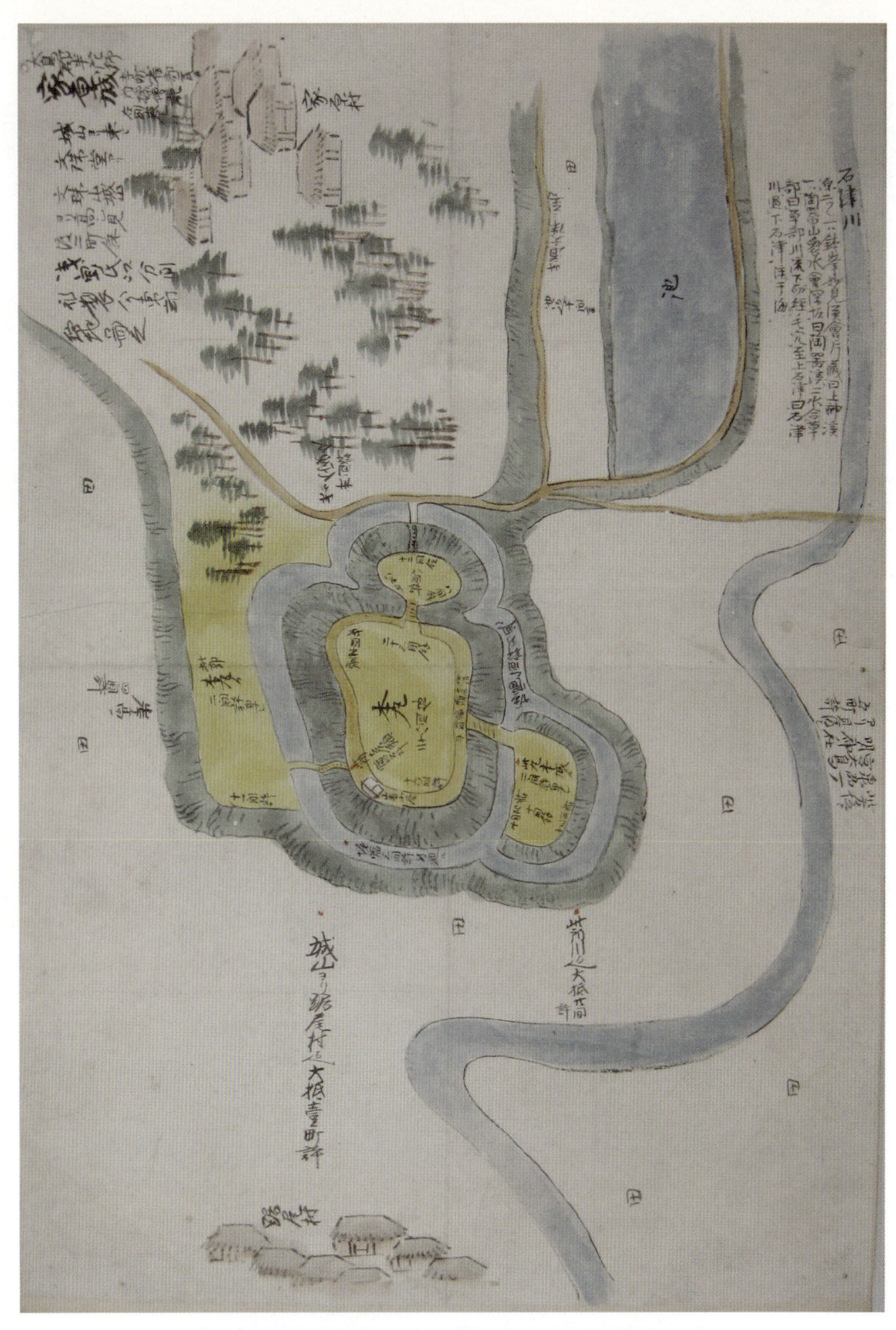

「大鳥郡半田郷家原城」（『和泉国大鳥郡城跡図』）

（大阪歴史博物館所蔵，高槻市教育委員会提供，「家原城」106 ページ参照）

**緑色片岩を使った和歌山城天守台の石垣**

（新谷和之撮影，「和歌山城」260ページ参照）

**一石五輪塔を転用した三田城内の井戸**

（三田市役所提供，「三田城」150ページ）

# 近畿の名城を歩く

## 大阪・兵庫・和歌山編

仁木 宏・福島克彦［編］

吉川弘文館

# 刊行のことば

近年、一般市民の方々の中世城郭に対する関心はめざましく高くなっている。石垣しか残っていない「天空の城」但馬竹田城跡に、あれだけの観光客が集まると、少し前まで誰が想像できたであろうか。城に魅力を感じる方々の年齢・性別もさまざまで、老若男女こぞって城跡を訪れるようになった。しかも彼ら・彼女らは、昔のように石碑や説明板の写真を撮るだけではない。図書やインターネット上から縄張り図を入手して現地を歩き、「ここが土塁だ」「堀切だ」と実体験しているのである。

近畿地方では、一九八〇年代以来、歴史研究において、城跡の構造を分析し、史料として活用しようという試みがなされてきた。これがいよいよ一般の方々、すなわち武将や城跡好きの歴史ファンにも普及し、定着してきたといえよう。地元の方々でさえもほとんど知らないという中世城郭のイメージは、ゆっくりではあるが、着実に変化してきている。これまで、城跡の史料化と保存・活用に取り組んできた私たちにとって、こうした一般の方々の関心の向上は、たいへんありがたい。中世城郭を保存し、活かしてゆくためには、研究者だけでなく、幅広い市民の関心が大きな応援団になるからだ。このような社会情勢の変化が契機となって、最近、近畿地方各地で、城跡を活用した地域史の捉えなおし、あるいは町おこしが進行している。

ただし、全体的な関心が高まる一方で、実際に城跡を主体的に研究しようとする者は、どの程度増えているだろうか。たとえば、「文献史料を読み込む」「現地で縄張り図を書く」、あるいは「遺物を実測する」

などという基礎的な研究をいとわない研究者は、実はそれほど増加していない。同好の研究者、高等教育機関に勤める教師からも、こうした問題点はしばしば指摘される。もちろん、城跡の楽しみ方に決まったルールはないから、古城の雰囲気や戦国武将に酔う方は、それはそれでよい。ただ、地域史の研究にわけ入り、中世城郭を素材として既存の歴史像と格闘しようとする者が出てこなければ、昨今の城跡に対する関心も一過性のブームに終わりかねない。

本書は、近畿地方の城跡を見学するための一般向き案内書である。しかし、できるだけ文献史料や発掘調査などの新しい成果を盛り込んでいる。長らく、混迷・混乱とだけ説明されてきた近畿地方の戦国時代も、最近の研究によって、そのイメージが一新されつつある。そのため、本書で得られる最新の情報と、現地の城跡案内板との間に、内容や解釈の相違があることに気づかれることもあるだろう。また近年は、近畿地方でも城跡の全面、ないし広域発掘がなされ、大きな成果をあげている。ただ、こうした事例では現在遺構を残していないことがほとんどである。本書では、あえて地上から消え去った城跡も掲載している。そのため、現地を訪れても、肩透かしにあったと感じられることもあるかもしれない。読者諸賢には、そこで何かを感じ取っていただければと願うものである。

本書が礎（いしずえ）となって、城好きの方々がいっそう増えるとともに、中世城郭を研究対象としようとする若手学徒が現れることを期待している。

二〇一五年一月

仁木　宏
福島克彦

目次

# 戦国時代大阪の城と町

仁木　宏

## はじめに

「城と町」というタイトルを目にした時、「城下町の話」だと思われたのではないだろうか。たしかに、江戸時代（近世）であれば、そうした早合点もやむをえない。

近世の城下町では、城郭が中核にあり、その周りに家臣団屋敷、さらには町屋が広がり、一番外側に足軽屋敷（あしがるやしき）や寺町が立地する。同心円的な広がりをもつ整序された都市としてとらえられるだろう。また近世の城下町は、その大名の領地（藩）の中で飛び抜けて広く、人口も多い都市であり、しばしば唯一の都市であった。「都市と農村」という対比をした場合、「都市」とは城下町だと思い浮かべるのが近世では常識だろう。

しかし、本章で論じようとしている、戦国時代大阪の「城と町」は、そんな単純な話にはならない。戦国時代は戦乱がうちつづく時代であったことは間違いない。それは、本シリーズで取り上げているようにたくさんの城が近畿地方に築かれたことからも明らかである。では、戦乱がつづく時代だったから、戦国時代の社会は荒廃していたのであろうか。

近年、戦国時代は、気候が寒冷で、飢饉（ききん）に見舞われ、生産・人口が減少したとの説がある。そうしたことを裏づける文献が残っている地方もあるが、京都や大阪の史料を眺めているかぎり信じられない。大阪の戦国時代は経済・流通が活性化した時期であり、多数の都市が生まれ、規模も拡大した。そもそも城がたくさん築かれたということは、社会にそれだけ「余裕」があったということのあらわれであろう。

本章では、大阪に展開したさまざまな種類の都市の繁栄と、そうした都市と城との多様なかかわりを明らかにしてゆきたい。

なお、本章でいう「大阪」とは、大阪府の意味ではなく、摂津・河内・和泉の三ヵ国の範囲を念頭においている。兵庫県のうち、摂津国部分をふくむ範囲と考えていただきたい。

## 一　中世大阪の地形と街道

中世大阪の地形を見た時、現代とは異なる最大の特徴は、その中心部が「水の世界」であった点である。当時、大和川は、大和国から河内国に入ると流れを北向きに変え、幾筋もの大河となって河内国を北上した。現在の柏原市、八尾市から東大阪市、大東市のあたりには、この旧大和川の流路とその水がたまった新開池・深野池が広がっていた。一方、淀川の中流域から下流域にかけても大河が乱流する「水の世界」になっていた。吹田市、摂津市から大阪市北部、尼崎市にかけてのあたりである。

これらの地帯は、普段から低湿な環境にあり、川の水位が上がって洪水になると、田地が潰れたり、村が流されたりする甚大な被害にさらされた。こうした過酷な環境が解消されるのは、宝永元年（一七〇四）の大和川付け替えを待たねばならない。ただし、洪水は上流から豊かな養分に富む土を運んできた。そのため当時の大阪は、農業技術の高さもあり、全国で有数の穀倉地帯となり、豊かな農村が広がっていた。また淀川や大和川（旧大和川）の支流、湖沼が網の目のように広がっていたため、水上交通が発達し、船

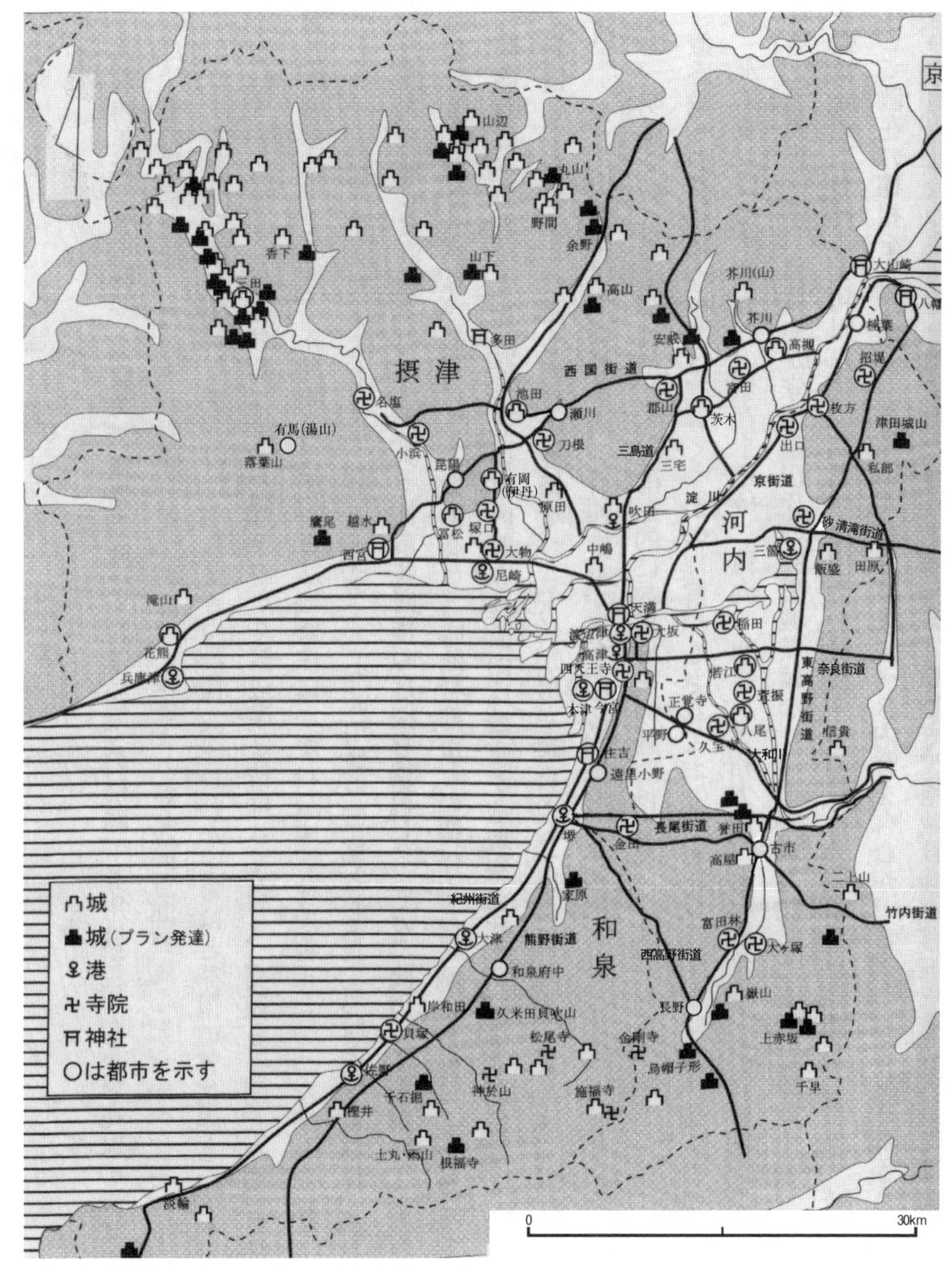


戦国期大阪平野の主な都市と城館推定図（中西裕樹「城郭・城下町と都市のネットワーク」〈『中世都市研究』18〉掲載図を元に加筆して作成）

による物・人・情報の伝達が盛んであった。川や水路は、交通・流通の障壁ではなく、むしろ脈管系として機能していた。

中世前期以来、大阪湾第一の国際貿易港であった兵庫津（神戸市）と、首都京都を結んだのが西国街道である。中世には「播磨大道」とよばれることもあった。西宮（西宮市）のあたりから東北東の方角に直線的に伸びる街道は、伊丹と池田の間を通り、千里丘陵を越える。茨木・高槻の北側を通過し、やがて山崎（大山崎）を経て山城国（京都府）へ入ってゆく。

一方、山城国の八幡（八幡市）に発した東高野街道（以下、街道の名称は近世のもの）は、河内と大和の国境に連なる生駒山・信貴山の西麓を南北に貫通した。山寄りの安定的な地形の部分に設定されたのである。この東高野街道と、道明寺（藤井寺市）・古市（羽曳野市）あたりでそれぞれ交差するのが、長尾街道・竹内街道であった。古代には、長尾街道は大津道、竹内街道は丹比道とよばれ、摂津・河内と大和を結ぶ主要道であった。二つの街道の西の出発点が堺の町であった。

以上に取り上げてきた西国街道・東高野街道・長尾街道に囲まれた範囲が大まかにいって中世大阪の「水の世界」であった。言い換えれば、大阪の主要街道は、増水や湿地の広がりなどによって陸上交通が不安定になる「水の世界」を避けて、その周縁部に通っていたことになる。

大阪湾岸南部を併行して走るのが熊野街道と紀州街道であった。熊野街道は、渡辺津に発し、堺を経てから、和泉国内の平野部を貫通する。平安時代末期以降盛んになった熊野詣に由来する重要な街道であった。これとは別に、堺から海岸沿いを進むのが紀州街道である。岸和田・貝塚・佐野（泉佐野）など、湾岸沿いの港町が興隆する中世後期に発達したと想定されている。

堺を出発し、河内・和泉国境を通って長野（河内長野）にいたるのが西高野街道である。この道は、古市から南下してきた東高野街道と長野で合流すると国境を越えて紀伊国へつづく。

このように中世大阪の街道は、比較的安定した山麓部や丘陵地を選んで張り巡らされていた。街道の近くには多くの城郭が築かれた。街道筋を見張り、交通を掌握し、敵方の通行を制御するためであった。城の立地と街道の間にはきわめて密接な関係があった。

十六世紀になると、「水の世界」を横断する街道が発達してくる。渡辺津・大坂（石山）寺内町付近から東に向かう奈良街道（暗峠越）や、淀川左岸を走る京街道などである。また、渡辺津から北上して千里丘陵東側にいたる街道（三島道）、大阪湾岸西部に沿って大坂方面から、尼崎・西宮を結ぶ道など、淀川下流部の不安定な地形を克服して通る道もだんだん交通量が増えていったと推定されている。

こうして戦国時代の大阪には、水と陸の交通網がまさに網の目のように張り巡らされていたのである。この交通網の発達と相互に刺激しあいながらたくさんの都市が生まれた。

## 二　中世大阪にあった町、戦国時代に発展した都市

**［渡辺津と四天王寺］**　上町台地の北端部には、古代には難波宮・難波京があったが、その跡は宗教色の色濃い中世都市がついだ。古代の難波津を継承したのが渡辺津（大阪市中央区）である。現在の天神橋南詰めから北浜あたりを中心とする港町で、淀川をさかのぼり、淀・京都方面にいたる船の発着で賑わった。熊野街道の起点でもある。近世の八軒家（天満橋南詰めあたり）が渡辺津の故地であるとする説もあるが、古い時代の遺物は天神橋南詰から圧倒的に多く出土しており、渡辺津＝八軒家説は誤りである。

鎌倉時代の初め、東大寺大仏殿を再建した俊乗房重源(しゅんじょうぼうちょうげん)は、渡辺津に隣接して浄土堂を建てた。正確な場所は不明であるが、おそらく上町台地の中腹に立地したと推定される。浄土堂から西を眺めれば、眼前に大阪湾が広がり、西方(さいほう)極楽浄土をイメージできたのであろう。ただし、浄土堂は単なる宗教施設ではなく、重源が渡辺津をめぐる交通・流通に関与するための施設でもあっただろう。渡辺津はまた渡辺党という武士団の拠点でもあった。なお、渡辺津は淀川対岸にも広がっていた。対岸は、天満天神社(てんまてんじんしゃ)を中核とする港町であった。

難波京の南部には四天王寺(してんのうじ)があった。鎮護国家のための寺院として創建されたが、中世には性格を変えてゆく。四天王寺の西側にはやはり大阪湾が広がっていた。春と秋の彼岸に、真西に沈む太陽を西門から拝むことで極楽浄土への往生を体感できるとされた(日想観(にっそうかん))。ゆえに四天王寺の西門は、極楽浄土の「東門」であるとされた。

この西門の前に居住地が広がっていった。四天王寺に仕える僧俗や職人・芸能民などの居宅であったと推定されるが、やがて市場も開かれるようになった。四天王寺の西門から西へつづく道は、上町台地の西斜面を下り、今宮社を経て木津にいたる。今宮社の門前や木津にも町場が発達していた。こうして、四天王寺の西方には、都市的な場が連続して展開していたのである。

渡辺津と四天王寺門前では、古代難波京の遺産を引きつぎ、宗教と密接にかかわるかたちで商業が勃興し、中世都市が展開したということができる。

**【大阪湾岸の港町】** 大阪湾に面する中世の港町としては兵庫津が最初に発達した。平清盛の大輪田泊(おおわだのとまり)に起源をもち、十五世紀までは大阪湾岸随一の港町であったが、応仁の乱以降、その地位を堺に譲る。ただし、近年の研究では、十六世紀においても港町としては発展をつづけ、樽井（たるい）という豪商を生み、岡方・浜方などの共同体組織が成長していったことが知られている。

十六世紀に大きく発展したのが尼崎（あまがさき）である。はじめは律宗大覚寺（だいかくじ）が中心であったが、戦国時代になると日蓮宗本興寺（ほんこうじ）が新しい中核寺院となる。本興寺は、三好氏の庇護（ひご）をうけるとともに、「惣中」（都市共同体）と密接な関係を築いた。尼崎が立地する砂堆（さす）の一つ陸地側の別の砂堆には大物（だいもつ）という港町が発展した。戦国時代の大物の中心寺院（道場）は浄土真宗であり、日蓮宗の尼崎と一体の都市として繁栄していた。

**堺**は、和泉国と摂津国の境界に発達した港町で、十六世紀には大阪随一の都市となった。この時代の都市人口を正確に数えることはできないが、おそらく京都につぐ日本第二の都市であっただろう。都市の中軸を紀州街道が貫通するとともに、長尾街道・竹内街道・西高野街道などの起点となっており、大阪南部の交通の要衝であった。周囲を環濠で囲む自治都市で、会合衆（えごうしゅう）や地縁的都市共同体の存在が知られている。また「泉南仏国」とよばれ、数多くの寺院が集中する都市でもあった。キリスト教も盛んで、多くの宣教師や信者たちの活動が記録されている。

このほか、西宮・大津（泉大津）なども港町として知られている。

**［宿（宿町）と宗教都市］**　街道上にあって、宿舎や牛馬・人足を提供するのが宿である。西国街道に立地した桜井宿（島本町）・芥川宿（高槻市）・郡山（こおりやま）宿（茨木市）・瀬川宿（箕面市）、熊野街道沿いの取石（とろす）宿（高石市）・信達（しんだち）宿（泉南市）などが知られている。十六世紀になると、芥川・郡山・瀬川などは、それぞれの地域の中核的な都市として発達していたものと推定される。

中世における宗教都市としては、門前町・寺内町（後掲）が代表的である。大阪の門前町としては西宮

（広田神社）が典型例といえるだろう。ただ、堺や尼崎などの港町も寺社の境内・門前の集積からなっており、宗教都市としての側面も色濃くもっていた。このほか、湯山（有馬、神戸市）も、「温泉都市」であるが、温泉寺などの寺社の門前空間からなっていた。

これらとは別に「山の寺」とよばれる寺院が山腹や山麓に分布した。摂津の勝尾寺（箕面市）、河内の金剛寺・観心寺（河内長野市）、和泉の松尾寺・施福寺（和泉市）・神於寺（岸和田市）などが代表例である。これらの寺院では、堂塔が建ちならぶ中心部分の周囲に、坊院が立地する削平段（テラス）が十数個から数十個展開し、僧俗が数百人から一〇〇〇人以上集住していた。「山の寺」内部で交易が行われていたわけではないが、ものづくりの拠点であり、技術・情報・文化などが集積していたところから、「都市」の一類型とみなすことができる。

**〔寺 内 町〕** 浄土真宗（一向宗）寺院を中核に、都市全体が「寺内」であるという論理で経済特権を獲得し、発展したのが寺内町である。寺内町は、京都・兵庫や滋賀、さらには北陸・東海地方にも造られたが、大阪が最も数も多く、分布も稠密であった。

**大坂**（石山）**寺内町**は、一五三〇年代以降、浄土真宗本願寺の本山が置かれて最大の寺内町になるとともに、全国の寺内町群の頂点に立った。周囲を土塁と堀で囲繞され、加賀国から呼びよせた「城作り」によって要害化されたと伝える。摂津国守護から税免除や安全保障の特権を得るとともに、独自の軍事力で「平和」空間を実現していたものと推定される。

このほか、**塚口**（尼崎市）、名塩（西宮市）、小浜（宝塚市）、**富田**（高槻市）、招提・枚方（枚方市）、**久宝寺**・萱振（八尾市）、富田林、貝塚などに寺内町があった。これらの多くは近世には在郷町となり、近代以降、大阪の近郊都市として発展してゆく。その礎を寺内町が構築した。戦国時代、これらの寺内町は「大坂並」という論理で特権を得ていた。それゆえ、こうした衛星寺内町の扇の要の位置に大坂寺内町が位置することになる。大坂と寺内町群との関係は、ネットワークというより、大坂を頂点とするヒエラルキーであった。その意味でも、近世都市大坂の起点は大坂寺内町にあるといえるだろう。

**【戦国時代、大阪の都市の特徴】** ここまで、城下町を除く、戦国時代大阪の都市についてみてきた。都市の多くが、地形や街道との密接な関係のもとで発達していることがわかる。堺や兵庫、渡辺津などは街道の起点となっているし、宿は街道上に発達した。寺内町は主要街道からは少し離れた農村地帯に立地し、村々の中心に位置する場合が多い。淀川下流域や旧大和川流域には寺内町がいくつか立地したが、その地理的中心にあたる大坂に核となる本願寺と寺内町が築かれた。

港町・宿・宗教都市など、多種多彩な都市が展開しており、戦国時代の大阪はまさに都市の「博覧会場」の様相を呈す。そうした中でも、宗教と都市との深いつながりがうかがえる。天台・真言系、浄土系をはじめ、日蓮宗・浄土真宗などの宗教勢力が主体となって建設した都市が多い。

これらの都市の多くは、堀と土塁からなる惣構によって全体を囲繞されていた。堺と大坂（寺内町）がもっとも顕著であるが、寺内町だけでなく、宿や港町も小規模ながら惣構をめぐらせていたものと推定される。これは第一義的には軍事的な防衛ラインであるが、ほかの集落との区別、とりわけ一般農村との差異化のための表徴として構えられたものでもある。都市特権のおよぶ範囲を確定し、権益の侵害を許さない決意の表れと評価できる。

このように、多くの都市が広がる十六世紀の大阪に、城館・城郭が展開していくことになる。

## 三　戦国時代、城と町のさまざまな関係

**〔在地武士の城館と市町〕**　鎌倉時代の後半から南北朝時代、地域で勢力をふるった武士のなかには、みずからの居館のまわりに家臣や職人・農民を住まわせただけでなく、市場を開設して商業にもかかわりをもとうとした者がいた。大阪にもそうした武士は少なくなかったと思われるが、残念ながらその痕跡はあまり残っていない。そうしたなかで摂津の茨木では、古い市場の様相が垣間見られる。

茨木では、十六世紀末以降、織豊系城郭として**茨木城**が築造され、その城下町も整備されるため、戦国時代以前の状況はわかりにくい。しかし、城下町の町はずれの部分に「大町」「立町」という町筋が残っている。いずれも当地に施工されていた条里地割に則って町並みが続いており、古くからの地割であることが推測される。東西方向の「大町」は、三島道から分岐して富田方面と結ぶ街道筋にあたり、南北方向の「立町」は西国街道に発し、淀川の渡し場であった鳥飼にいたる街道にのっている。こうしたことからこの二つの町は、茨木城下町建設以前から存在した在地市場であったと推測される。

この「大町」「立町」の近くに、茨木氏の居館があったと推定されている。居館の位置については、現在の茨木神社の場所とする説と、近世茨木城付近とする説があって定説をみないが、いずれにせよ両町から遠くない。すなわち、茨木氏の居館に付属する市場、市町であったとみなしてよいだろう。

このほかにも、摂津の伊丹氏の拠点である伊丹についても城館と市場の関係が推測されている。伊丹氏の居館は、のちに荒木村重（あらきむらしげ）が入る**有岡城**本丸付近であったと推定され、それに付属する小規模な城下空間が居館の西側に展開していたことが推定されている。ここは西国街道と塚口・尼崎を結ぶ街道が貫通して

おり、一定の商業空間として発達していたであろう。これとは別に、台地の上の居館から東の猪名川に降りたあたりに下市場の伝承がある。猪名川水運に接続する交易空間があったのであろう。

このほかにも、室町時代くらいまで存続した市場はいくつか見つかると思われ、それらの多くは領主として寺社や武士を戴いていたと推定される。しかし、大阪では、港町や寺内町などが発達するにつれて交易機能はそうした大規模な商業空間に集約されたため、特に武士の拠点に形成された市場はその姿を消していったと考えられる。

**[先行する中世都市に寄り添う城郭]**　大阪では、中世前期以来、宗教都市や宿などが発達していた。室町・戦国時代に整備された城郭のなかには、そうした先行する都市の近くを選んで占地したものがいくつか見られる。

河内国**高屋城**（羽曳野市）は、守護畠山氏の居城であった。高屋城の北に位置する古市は、竹内街道と東高野街道の交差点に発達した交通集落で、その起源は古代までさかのぼる。中世には律宗とも関係が深い西琳寺を核として発展した。高屋城に移ってくる前の畠山氏の拠点は、古市に置かれたり、北約一キロの誉田付近にあったりした。誉田も高屋城も東高野街道に近いが、誉田が平坦地であるのに対し、丘陵を活用した平山城であるためより守りやすい高屋城への本拠の移転が十六世紀初頭に行なわれたといえよう。そして、古市をより強力に掌握できるようになったのである。

高屋城からさらに東高野街道を南下したところに位置する**烏帽子形城**（河内長野市）は、長野の南方七〇〇メートルに位置する。長野は、東高野街道と西高野街道の交点に位置し、高野街道はここで合流して紀伊国へいたる。烏帽子形城はこの高野街道を眼下に望む場所に位置する。同城が、中世都市長野と高野街道を前提にしてその近傍に築造された（十五世紀後半）ことはまちがいない。

摂津国**越水城**（こしみずじょう）は、西宮の北一キロに位置した。西宮は、広田（ひろた）（戎（えびす））神社（じんじゃ）の門前町で、港町でもあった。越水城は、十六世紀初めころから使われていたが、三好長慶（みよしちょうけい）が畿内進出の橋頭堡（きょうとうほ）として天文八年（一五三九）から本格的に利用し始めた。越水城の築造にあたっては、西宮が前提としてあり、それに寄り添う形で越水城が設けられたといえよう。

**［惣構で町を囲い込んでしまう城郭］** 摂津池田氏の本拠である**池田城**（いけだじょう）は西側に城下町として池田の町を擁した。池田は、西国街道から分岐して湯山（有馬）へ向かう有馬街道と能勢（のせ）街道の交差点に発達した町で、猪名川の渡河点でもある交通の要衝である。この池田の町が惣構（そうがまえ）に囲まれた城下町であったことは、永禄十一年（一五六八）、織田信長軍に攻められた際、「外構」が破られ、市街戦が展開されたのち、「町」が放火された事実から確認される。近世絵図の分析によって、町の西側から南側にかけて構のラインを想定する説もある。

池田氏の家臣として頭角を現した荒木村重は、やがて主家を乗っ取って織田信長に接近した。次に、池田氏とは長年のライバルであった伊丹氏を滅ぼして**伊丹城**（いたみじょう）を奪うとそこをあらたな本拠の**有岡城**（ありおかじょう）とした。有岡城の惣構は北に「岸之砦」、西に「上臈塚砦（じょうろうづか）」、南に鵯塚（ひよどりづか）砦などの要害を設置した。惣構の内部には、伊丹氏時代の城下町をさらに拡大した町場が広がっていたものと推定されている。この惣構の軍事的な効果が絶大であったことは、一年弱ではあったが有岡が織田軍の攻撃をしのいだことから明らかであろう。

河内国**若江城**（わかえじょう）（東大阪市）にも惣構があり、城下町を囲繞しているとする説がある。若江は古代以来の集落で、古くから中河内の中心地であった。若江に守護所が置かれたのは十五世紀後半であるが、戦国末期、若江は一向一揆の拠点となり、三好義継が入った。義継が信長方に謀殺されたのち、若江は信長方の城として、**大坂本願寺**攻めの拠点の一つとなる。惣構が築かれたとすればこのころであろう。ただし、若江は洪水の常襲地帯であり、周囲が低湿地でもあることから、環濠は防衛のためというより、排水のための設備の可能性もある。

**[町をもたない城]** 先行する中世都市に寄り添う城や、惣構で町を囲い込む城とは対極に位置する城がある。三好長慶が本拠とした摂津**芥川山城**(高槻市)と河内**飯盛山城**(四條畷市・大東市)である。これらの城は城下町をもたなかった。

芥川山城は、摂津国守護であり、幕府管領でもあった細川京兆家の居城で、そうした由緒を利用するため三好長慶が天文二十二年(一五五三)、越水城から本拠を移してきた。しかし、西国街道に位置する芥川宿とは五キロほども離れ、山のすぐ下にも町場が形成された表徴はない。一般に、山の上に山城があってもその山下に町場が存在しないことは珍しいことではない。しかし、戦国時代に、領国を有する大名がその本拠とする城郭で城下町をともなわない事例は他にはない。まして、摂津・河内は最先端地域であり、本章で明らかにしてきたようにきわめて多くの都市が分布する地域であることからすれば、三好氏がみずから支配する城下町を構築するのが当然であろう。

飯盛山城は、西側の山麓部を東高野街道が通っている。街道は山城中心部と直線距離で一キロあまりしか離れおらず、その意味で芥川山城よりも城下町形成に適した立地環境にあった。しかし、この街道沿いに顕著な城下町が形成された形跡はない。東高野街道と、河内と大和を結ぶ清滝街道の交差点の北西にあたる岡山村、砂村を城下集落として利用していたこと、飯盛城の西に広がる深野池にうかぶ三箇を外港として活用していたであろうことなどが近年注目されているが、いずれにしても都市特権を与えられるような町場ではなかった。飯盛山城は、山上から京都や大阪平野が見渡せる「天空の城」であり、「三好政権」の「首都」であったが、そうした政治的な頂点であるにもかかわらず城下町をともなわなかったのである。むしろ逆に、「首都」であったからこそ城下町を形成しなかったといえるだろう。

三好氏は、京都や堺の商人を掌握し、自らのために活動させることができた。尼崎や兵庫、大坂寺内町にも影響力を伸ばしている。つまりこれらの都市や広域に活動する商人を支配下におさめ、政権運営に駆使できる条件をもっていた。一方、城下町を設け、維持するためには、町割りからはじめ、商人・商業の育成や資金・人手の投与など、かなりの「負担」を必要とした。そうした手間暇(てまひま)をかけなくても既存の都市や流通システムを利用することで、政権を維持し、領国を富ませることができるならばわざわざ城下町を造るなどという「面倒なこと」は避けるというのが三好氏の方針であったといえよう。

こうして、積極的に町をもたない地方政治拠点という希有な城郭も大阪には存在したのである。

## おわりに

戦国時代は、東アジア規模で経済・流通が活性化した時代であった。石見銀山産出の銀を求めて中国船が九州へ殺到し、ポルトガル人も銀に引き寄せられて日本へ来航した。キリスト教や鉄砲はそうした巨大な潮流の「副産物」として日本にもたらされたにすぎない。中国産の陶磁器類は、遠く津軽や蝦夷地の遺跡からも発掘されている。こうした西からのインパクトを特に強く受けたのが瀬戸内の国々であり、その「終着点」である大阪・京都であった。大阪に都市が族生し、流通が活発化したことの理由は、こうした国際情勢のなかで読み解く必要がある。

戦国時代の大阪には、地形・交通路に規定されつつも多彩な都市が展開した。それらの都市に共通するキーワードは、宗教・自治・惣構であった。戦国後期になるとこうした都市群のなかに城下町が加わってゆく。港町・宗教都市・自治都市・寺内町・城下町等がせまい大阪に並立し、都市間ネットワークを形づくっていた。このように都市が稠密に発展する現象は、京都の近郊や山城国・近江国等では確認できない。

武士の城郭は、先行する都市に寄り添い、あるいは都市を囲み、それらを取りこんでゆく。しかし、堺、平野（ひらの）、寺内町などのように武士がほとんど手出しできない町（自治都市）も少なくなかった。既存の都市・交通の隆盛に経済発展をゆだねる三好氏の「無城下町」政策は、一つの選択肢であった。

しかし、織豊政権は、こうした戦国期権力のあり方を改め、あるいは加速度的に進めることで都市の近世化をはかった。一向一揆の全国拠点であった大坂（本願寺）はいったん焼き滅ぼされた。ほかには、池田城下町、兵庫津などが信長方によって焼き討ちにあったり、略奪されたりしたが、それは全体からすればむしろ例外であった。堺では、当初信長に対する反抗の姿勢をしめすが、やがて豪商の多くが信長方になびいてゆく。信長の都市・経済政策に価値を認めたからであろう。大阪の寺内町の多くも、信長方に味方し、本願寺側の戦略拠点とはならなかった。

芥川山城から高槻城・城下町へ、**岸和田古城**（きしわだこじょう）から岸和田城・城下町へ、交通の要衝に新設された城下町に移転していく事例がみられる。尼崎では本興寺が港町の中心部から逐われて寺町に移され、新たに尼崎城が設定された。兵庫津でも中心部に**兵庫城**（ひょうごじょう）が入り込んできて中世の港町は乗っ取られた。池田城・有岡城・飯盛山城・若江城・高屋城などは廃城となるが、池田・伊丹・古市などは在郷町として再生する。

ただ、全体として大坂城下町の中心地性が格段に高まったことはまちがいない。

豊臣（羽柴）秀吉の大坂城は本願寺・寺内町の故地に建てられ、大坂城下町は渡辺津・四天王寺門前など、先行する都市を包摂することで急速に拡大した。やがて船場（せんば）などの新しい街区を造りあげると大坂は大阪一の都市となり、堺を圧倒していった。天正十一年（一五八三）には、天皇や五山を大坂に移す遷都計画があったともいわれ、京都をしのぐ都市に成長する。大阪に展開する都市群そのものも、戦国時代のネットワークから、大坂を頂点とするヒエラルキー構造に変化したといえるだろう。

戦国時代大阪の「城と町」について語ってきた。この時代の大阪は、たいそう複雑ではあるが、躍動感あふれる歴史が展開し、日本を次の時代へ押しすすめる大きな変動の中心地であったことを理解いただけたであろうか。

【参考文献】

佐久間貴士編『本願寺から天下一へ　大坂』（『よみがえる中世』二、平凡社、一九八九年）
中世都市研究会編『中世都市から城下町へ』（『中世都市研究』一八、山川出版社、二〇一三年）
中村博司編『よみがえる茨木城』（清文堂、二〇〇七年）
仁木　宏「戦国期摂河泉都市のオリジナリティー多核都市の「克服」と流通ネットワークー」（『ヒストリア』一八六、二〇〇三年）
仁木　宏「戦国時代摂津・河内の都市と交通ー中核都市・大坂論ー」（栄原永遠男・仁木宏編『難波宮から大坂へ』和泉書院、二〇〇六年）
仁木　宏「寺内町と城下町ー戦国社会の達成と継承ー」（堤研二編『大坂・近畿の城と町』〈『懐徳堂ライブラリー』七〉所収、和泉書院、二〇〇七年）
仁木　宏「戦国おおさかと山城」（『大阪春秋』一四九、二〇一三年）

# 大阪府・兵庫県・和歌山県の城館

福島克彦

**【大阪府・兵庫県・和歌山県の概況】** 本巻が対象とする大阪府・兵庫県・和歌山県は、旧国名でいえば、摂津・河内・和泉、播磨・丹波（一部）・但馬・淡路・紀伊にあたる。畿内の一部と、その周辺部分にあたる。この地域には、京都に近いこともあり、戦国期まで権門寺社の荘園が残存した地域でもある。また、中世後期は室町幕政にたずさわった有力守護大名が任国としていた地域でもあった。

中世城館跡には、さまざまな種類と機能・特徴がある。たとえば、居館、館城、拠点的城郭、境目の城、陣城など、遺構的にも歴史的にも多様な特徴がみられる。その際、遺構的な区別によって検討する必要があるが、これはまだ充分に進んでいない。畿内・近国における城館跡を考えた場合、その城の歴史性や地域性、さらには維持主体において、分類していく方が先決と思われる。城を築くのは武士たちであるが、「それが将軍なのか、守護なのか、国衆なのか」で大きく変化していく。さらにこの地域では、本願寺や**根来寺**といった寺院勢力も本格的な防御施設を築いていった。なかには「名城」や歴史に残るものも多数みられる。以下、時代を追って簡潔に本区域の城館を概観していきたい。

**【中世前期の城館跡】** 一般に平安後期において、各地に武士団が登場するといわれている。河内国では、のちに源氏の主流となる河内源氏が登場する。すなわち、源頼信は十一世紀中葉に河内守となり、河内壺井（大阪府羽曳野市）周辺に居館を構えたと伝えている。しかし、彼らの在地における居館・城館跡の存在は不明であり、その伝承自体も判然としない。関東地方などでは十二世紀の武士団の城館伝承があり、それを克服・再検証することが、地域史研究の課題の一つであった。しかし関西では、そうした伝承自体が城館跡に引き付けて見られない点に特徴を持つ。このことは、中世前期の居館跡研究の難しさを際立たせている。

こうしたなか、初源的な中世城館として注目されるのが、**日置荘遺跡**（大阪府堺市）の居館跡である。発掘調査によれば、十三世紀頃の堀を廻らす城館が確認されている。堀の内側にある土塁の出現時期は、まだ検討を残すが、畿内では、比較的古い中世城館跡である。日置荘は移動性の高い鋳物師の一大拠点として知られており、周辺からも鋳造施設が検出されている。在地性のみならず移動性の高い鋳物師の集落において、この地域で初源的な防御施設が出現することは注目されよう。

**［南北朝内乱と山城］** 一方、山城の画期となったのが、十四世紀における南北朝の内乱期である。集落域から比高差のある山城が、籠城戦に使われた。ゲリラ戦で活躍した楠木正成の**上赤坂城**、あるいは赤松円心の**白旗城**などが著名である。もっとも、これらの現存遺構は、戦国期に改変を受けた可能性が高く、遺構を純粋に当該期に当てはめることは、慎重でなければならない。ただし、十四世紀に山深い山城跡が使われたことは確実であり、十六世紀にもこれが継続的に使用された意味を考えていく必要があるだろう。

十四世紀頃は、畿内・近国の各地で、地元村落などの名字を名乗る武士たちが一斉に現れ始める時期である。彼らは室町幕府方（北朝）、あるいは南朝方に投じ、武士たちとして戦争に参陣していく。こうした在地における武士たちの登場と、平地城館の成立に関連があるのかは、城郭史上重要な課題である。

**［守護所の成立］** さて、南北朝内乱期、足利将軍はその一門である守護たちに軍事的権限を与え、南朝との抗争を乗り越えようとした。しかし、三代将軍足利義満は、本来時限的な職掌だった守護職を世襲化

させることで政治的安定を図った。同時に彼らを幕政に参画させて、新しい秩序を成立させていく。これによって、足利氏に特に近い守護大名が畿内、近国に配属されていった。摂津・丹波には細川京兆家、河内・紀伊には畠山氏、播磨には赤松氏、但馬には山名氏、丹後には一色氏、近江北部には京極氏という具合である。ほかに和泉国のように細川氏庶流が分立して統治する体制や、各地の分郡守護などが見られ、複雑な様相を呈していたが、この守護領国の枠組みは、その後も十六世紀後半の戦国末期まで生き続けていくことになる。

彼らは三管領・四職という守護のなかでも、幕政に関わっていた家柄であり、基本的に在京していた。そのため、任国における居館の拠点化、すなわち守護所の発達がどの程度進んだか、明確ではない。ただし、部分的に守護所成立の兆候はみえており、紀伊では畠山氏が守護役を賦課した**大野城**、軍事拠点だった**平須賀城**などが注目される。また、南部荘の経営拠点と推定される平地城館の**高田土居**も守護支配の拠点としても使用されたという。同じく平地城館跡の淡路の**養宜館**も十五世紀前半までに成立したという伝承を持つ。

**【応仁・文明の乱と防御施設】**　十五世紀中葉になると、守護家内部、あるいは守護間の対立が激化し始める。河内・紀伊守護の畠山氏では、惣領をめぐり政長と義就が分かれて、守護代、内衆を巻き込んで対立した。両者の戦いは、のちに子ども、孫へと引き継がれ、畿内・近国の大きな火種となる。また、嘉吉の乱によって、但馬守護山名持豊が播磨の赤松氏勢力を一掃したことに対して、旧来の赤松氏シンパの抵抗運動が長らく続いた。

こうした守護大名の対立は、将軍の後継者をめぐる戦いともつながり、十一年間にもわたる応仁・文明の乱へと発展していく。当初、京都上京における戦いは、瞬く間に各地へ波及した。これは摂津方面では、東軍の細川氏と西軍の大内氏の戦いが続いた。応仁・文明の乱は文明九年（一四七七）にいったん終息するが、前述した畠山政長と義就の対立は、それ以後も収まる気配がなく、河内・和泉・紀伊・山城・大和などを広域に両者の戦いが続いた。この頃、義就は、在京に見切りをつけ、誉田、あるいは近隣の**高屋城**を取り立てるようになった。畿内・近国の守護大名も、細川京兆家を除いて、大半が任国へ下向するようになった。この十五世紀後半において、各地に守護所の画期がみられる。

**【足利義稙と義澄の対立】** この頃、室町幕府も大きな転機を迎える。すなわち、明応二年（一四九三）、足利義稙（当時は義材）の河内在陣中に管領細川政元がクーデタを起こし、義澄を擁立した。これによって、足利将軍家も義澄系と義稙系に分裂していくことになった。さらに、この政変によって、政元に裏切られた政長系の尚順が紀伊へ逃れ、義就系の基家が河内を治めることになり、同じ畠山氏の分国間で対立していくことになる。政元に恨みを持つ尚順は、義稙と手を結ぶなど、捲土重来を期するようになる。こうしたなか、今まで一体的に動いていた細川京兆家も、永正四年（一五〇七）当主政元の暗殺を契機に混乱し、澄元系と高国系に分裂した。畠山氏、足利将軍家に続き、細川京兆家も内部抗争を繰り返し、幕政は、こうした対立を前提に進められることになる。分立した各々の勢力は、やはり他家の分立している一方の勢力と手を結び、自らの立場を優位に保とうとした。

**【三好長慶による覇権】** 十六世紀に入ると畠山氏に従いつつも、細川京兆家とも関係を調整した木沢長政や遊佐長教などが登場し始める。守護のもとに仕える守護代や有力内衆がさまざまな謀略をめぐらし、勢力を拡大した。こうしたなか、一向一揆という軍事力に目を付けた細川晴元は、これを使って他勢力を追い落とした。しかし、かえって武家権力との摩擦も激しくなり、畿内・近国の武家、あるいは法華宗徒も巻き込んで、複雑で錯綜した戦局を呈した。この享禄、天文期の戦いのなかで、大坂本願寺などと独自の関係を築きつつあった細川晴元の重臣三好長慶が頭角を現してくる。彼は天文十八年（一五四九）に江口合戦で、晴元方を撃破した後、京都を占拠し、次第に畿内・近国の覇権を掌握した。彼は摂津**越水城**・**芥川山城**、そして**飯盛山城**と拠点を移動した。長慶の重臣松永久秀も、**滝山城**・**信貴山城**（奈良県平群町）、**多聞城**（奈良市）と拠点を移動させている。長い間、畠山氏の拠点だった高屋城には弟の実休、**岸和田城**（古城）には、同じく弟の十河一存が入っている。これらは、台地上の城、あるいは比高差のある山城がみられる。ただし、決して港湾や主要街道から離れているのではなく、それらと接続できる立地を強く意識していた。これらは独自の城下町を築こうとする姿勢は乏しかったが、越水城が西宮と近接するように、主要な中世都市を意識する立地であったことは否めない。これらの城が、地域において政庁的役割を果たしたこと、連歌会の興行など文化的空間になっていたことなどが確認されている。山城も大規模化していくが、飯盛山城のように石垣による側壁の補強、あるいは畝状空堀群などの設置も見られた。

**【国衆たちの平地城館と山城】**　守護大名や三好権力とは別に、畿内・近国には国衆として活躍し、在地性を維持する国衆が多数見られた。戦国期畿内の戦いも国衆をいかにまとめるかにかかっており、彼らの軍事力を無視できなかった。

こうした在地勢力としては、春日社領摂津垂水西牧榎坂郷の荘官屋敷だった**今西氏屋敷**、十六世紀後期に石清水八幡宮代官から登場した安見氏の**私部城**（**交野城**）、集落内部で屋敷地を熊野街道沿いへ移動した樫井氏の**樫井城**が見られる。播磨では、やはり山陽道沿いに小寺氏の**御着城**が築かれ、多様な遺構と生活遺物が出土している。また、紀伊でも守護畠山氏に従いつつも、足利将軍家の奉公衆という肩書を持った湯河氏は**小松原館**(こまつばらやかた)を築いた。これらは堀や土塁をめぐらせた平地城館であるが、近隣に街道集落や市場を保持していた。

さらに摂津国衆池田氏の**池田城**(いけだじょう)は十五世紀中葉には成立したと考えられるが、のちに市場とは背を向ける形で外郭線(惣構(そうがまえ))を広げていた。また、鎌倉時代からの名族伊丹(いたみ)氏の**伊丹城**(いたみじょう)も摂津の台地上に築かれた。このように摂津・河内・和泉・紀伊などの平地部では、在地性を保持する国衆が城館を築いていた。

**【宗教勢力と城館・都市】** 畿内・近国の戦国期城館で、大きく特徴づけられるのは、寺院勢力が防御施設を築く点であろう。天文元年の**山科本願寺**(やましなほんがんじ)の焼き討ちによって、真宗勢力の拠点は大坂に移った。この大永六年(一五二六)から天文五年にかけて、畿内・近国の諸勢力は合従連衡(がっしょうれんこう)を繰り返し、実に複雑な展開を呈した。その際、**大坂本願寺**(おおさかほんがんじ)は、敵方の来襲をことごとく跳ね返し、「摂州第一の名城」と評された(『足利季世記』)。こうしたなか、十六世紀中葉から河内枚方(ひらかた)・**久宝寺**(きゅうほうじ)、摂津**富田**(とんだ)・**塚口**(つかぐち)、播磨**英賀**(あが)などに真宗寺内が成立していった。大坂を含め、彼らは世俗勢力の争いから極力距離を置き、専守防衛に徹していた。土塁や堀を廻らすタイプも出現した。

紀伊では根来寺が防御施設を持つ寺院として知られている。根来寺は守護畠山氏の軍事力を支える存在である一方、十五世紀後半段階から隣接する和泉方面へも勢力を拡大していた。今までいわれの不明だった和泉山間部にある**根福寺城**(こんぷくじじょう)も、根来寺の軍事拠点だった可能性がある。根福寺城の巨大な畝状空堀群は全国的にも稀有な事例であるが、根来寺勢力の痕跡とすれば、寺院勢力による山城防御という点で注目されよう。また、紀伊の粉河寺の防衛線のひとつだった**猿岡山城**(さるおかやまじょう)、さらに高野山(こうやさん)勢の城として独自の技巧性を示す**皮張城**（かわはりじょう）なども含め、寺院勢力の防御施設として注目されよう。

ところで、十六世紀後半、摂津や河内では、部分的にキリスト教が広がった。飯盛山城の山麓はキリシタンの国衆が多く在住し、同じく守護所の若江も一向一揆の拠点であるとともにキリシタンが多数在住していた。河内南部の拠点だった**烏帽子形城**（えぼしがたじょう）も城主がキリシタン武士であった。さらに、キリシタン武士として有名な高山右近（たかやまうこん）の**高槻城**（たかつきじょう）では、キリシタン独特の墓地が発掘で確認された。こうした宗教性が独自の防御施設をもたらした可能性は低いが、当該期の政治史を考える特徴として認識しておきたい。

**堺**（さかい）は、**会合衆**（えごうしゅう・かいごうしゅう）と呼ばれる商人たちの自治権が守られたことで知られているが、数多くの宗派が拠点を構えていた都市でもあった。また、「堺幕府」や三好長慶など、武家権力とも関係の深い町であった。あるいは堺の南北で対立することもあり、外周のみならず内部にも複雑で多様な堀が廻らされたという。

**【織田信長の畿内制圧と城】** 永禄十一年（一五六八）九月、織田信長は十五代将軍足利義昭を奉じて、入洛を果たした。しかし、彼はそのまま、摂津芥川山城へ入り、この地で義昭のもとに参じた畿内の各部将たちを謁見にのぞんでいる。

基本的に織田権力は、畿内・近国の有力国衆と手を結びつつ、その版図を広げていった。そのため、三好権力の城というよりも伊丹の伊丹城、池田氏の池田城、小寺氏の御着城などに進出していった。特に伊丹氏を追い出して荒木村重が入った伊丹城は、外郭線で武家屋敷や市場を取り囲み、本格的な城下町を築いた。

織田権力は、こうした戦争の継続のためにも都市を重視した。兵庫津を意識した**花隈城**（はなくまじょう）・**兵庫城**（ひょうごじょう）などが新規に築城された。その際、信長が意識したのが『信長公記』が「境地」と評した大坂であった。そのため、彼は元亀元年（一五七〇）頃から、大坂本願寺と激しい抗争を続けることになった。さらに将軍足利義昭を追放すると、国衆たちの一部には、次第に信長に離反するものが現れた。すなわち丹波の荻野氏・波多野氏、播磨の別所氏などである。各々の居城である**黒井城**・**八上城**・**三木城**では、激しい攻防戦が繰り広げられた。

信長は、こうした城を制圧するために、城を攻めるために、あえて築いた臨時的な城、すなわち陣城を構築した。凄惨な兵糧攻めで有名な三木城や八上城では、こうした陣城跡が残されている。三木城では技巧性を持つ土つくりの陣城が多数検出されており、織田権力の敵城を包囲する徹底度を高めている。また、天正六年（一五七八）には伊丹城の荒木村重も信長に対して反旗を翻すが、その際も多数の陣城が築かれた。真宗の拠点、塚口寺内では陣城の拠点として使用している。さらに在地勢力の城だった**原田城**なども陣城に使われたという。こうした戦いで、天正七年に信長は村重の伊丹城を落とし、同八年には大坂本願寺を開城せしめた。この当時、城を破却する城わりも並行して実施しつつ、信長は畿内をほぼ手中に入れたことになる。

**【豊臣秀吉と畿内・近国の城】** 織田信長が長らく大坂本願寺と戦ったのは、大坂という交通上の要衝を欲していたためといわれている。以後、彼は畿内・近国の港湾を掌握しようと努め、同じく瀬戸内海の要港兵庫津にも隣接して兵庫城を築いた。

こうした政策を継承したのが、信長の跡を継いだ羽柴（豊臣）秀吉であった。彼は、天正十一年には、上町台地上の本願寺跡地に**大坂城**を構築した。以後、淀川を挟んだ北側に本願寺の天満の街を形成させ、さらに段階を踏んで西側に城下町を整備し、船場を築造して大阪湾、瀬戸内海への要港に位置づけた。秀吉は、紀州攻めにいて雑賀衆を制圧し、紀ノ川下流域の「岡山」に**和歌山城**（わかやまじょう）を築造して、弟豊臣秀長を入れた。当地も紀ノ川河口に湊があったといわれ、ともに港湾を重視した城であった。脇坂氏が入った淡路**洲本城**（すもとじょう）城下町も、やはり港湾を重視する立地である。登り石垣などを築造し、城と城下を連結させた構築物である。よく知られるように秀吉は九州攻め、あるいは文禄・慶長の役によって、こうした港湾を持つ城と城下町を重視していた。その基本的姿勢を見る上で、大坂・和歌山・洲本の事例は重要な位置を占めている。

織田権力を継承した豊臣権力も、やはり城わりを進め、その適正配置を考えていた。しかし一方で、内陸にも石垣造りの山城を築造、あるいは改修していた側面もある。「天空の城」として話題になった但馬**竹田城**（たけだじょう）、コンパクトながら技巧的な石垣の残る**岩尾城**（いわおじょう）などが見られる。さらに別所氏による但馬**八木城**（やぎじょう）、青木・前野氏が管理していた**有子山城**（ありこやまじょう）などが知られている。これらの城跡は、石垣を使用する恒久的な城であり、城下町も伴っている。築造主体は、豊臣権力直属の領主たちであった。ただし、遺構的には目を引くが、意外と歴史的な背景がわかっていない。豊臣期、畿内・近国における領主関係と築城のあり方は、もう少し検討する必要があるだろう。

**〔本書の方向性〕**　本書では、中世期から織豊期までの著名な城館跡を取り上げた。ぜひ本書をもって現地の城跡を堪能してほしいと思う。こうした一般向きの城の本は、どちらかといえば著名で、かつ遺構残存度が良好な城を選択する場合が多い。本書も、その傾向を免れないが、中世前期からの関連も含め、できるだけ、さまざまな時代がわかるように選択した。あるいは多様なタイプの防御施設（居館・山岳寺院との複合、寺内町・環濠など）を意識的に取り上げている。ただ、結果として著名な城跡でも掲載できなかったものも多々ある。その点はご容赦願いたい。

近年の近畿地方における中世城館調査の進展は目覚ましい。本書でも発掘、あるいは文献調査の最新成果をできるだけ取り入れている。ただし、発掘の場合、破壊されることが前提の緊急調査が大半であり、今回本書を持って見学しても、何も残っていないケースも多々ある。本書は、一般の方々にも現地遺構に触れたいというニーズに応えて編集したつもりだが、その現地遺構が必ず残っているとは限らないこともご理解いただきたい。現在は遺構を見ることができないけれども、この地域の城跡を考える上で、さまざまな視点を提出してくれる遺跡は積極的に取り上げた次第である。

そのかわり、遺構は現存していないけれども、地表面観察・発掘・文献・地籍図・古地図など、さまざまな史・資料によって新たな迫り方があるんだということを、ぜひ実感していただきたい。皆さんの身近にある城跡も、光の当て方を変えれば、形が見えてくるかもしれない。本書がその契機になれば幸いである。

## ●各府県別名城マップ

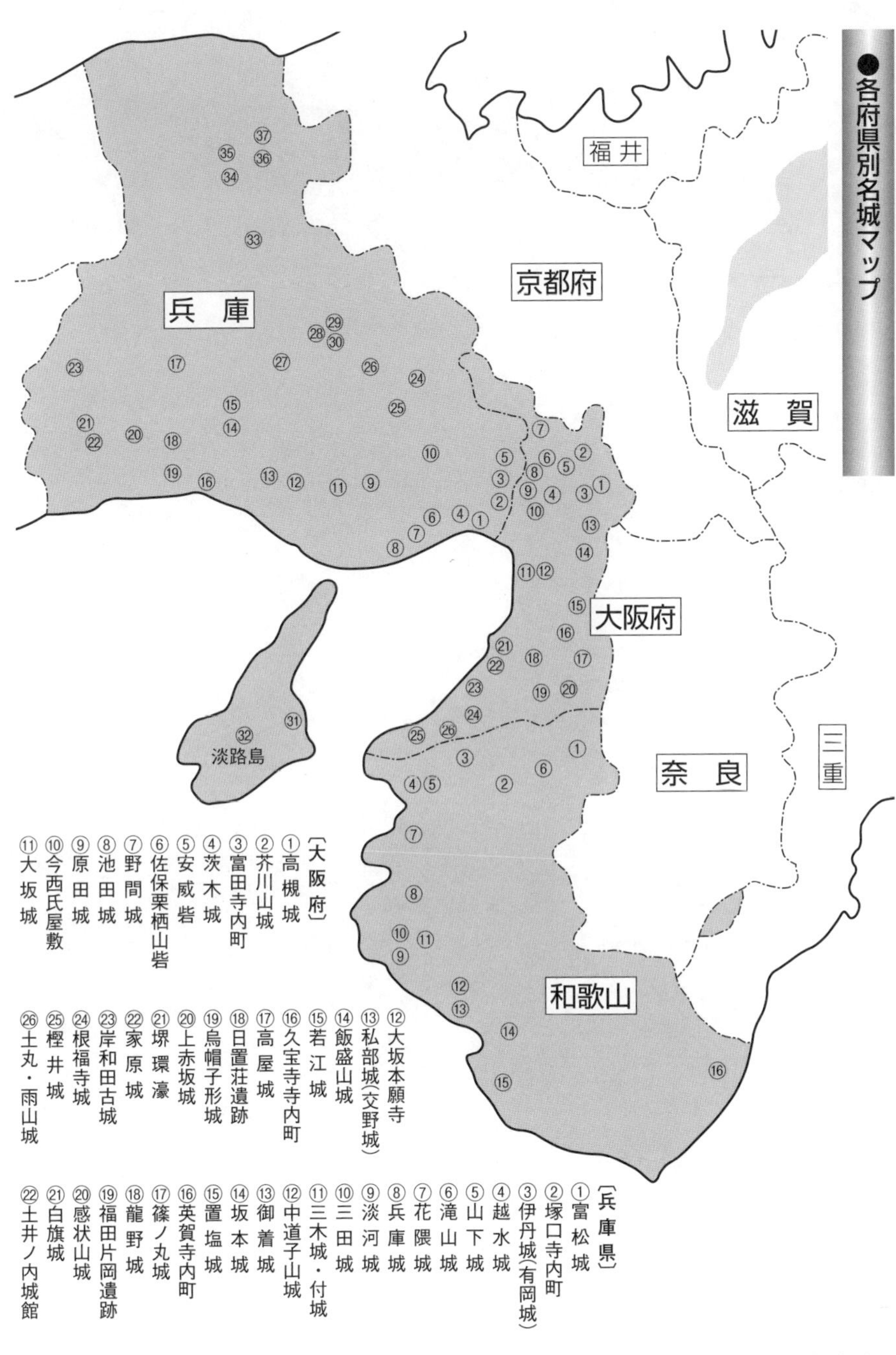


〔大阪府〕
①高槻城
②芥川山城
③富田寺内町
④茨木城
⑤安威砦
⑥佐保栗栖山砦
⑦野間城
⑧池田城
⑨原田城
⑩今西氏屋敷
⑪大坂城
⑫大坂本願寺
⑬私部城(交野城)
⑭飯盛山城
⑮若江城
⑯久宝寺寺内町
⑰高屋城
⑱日置荘遺跡
⑲烏帽子形城
⑳上赤坂城
㉑堺環濠
㉒家原城
㉓岸和田古城
㉔根福寺城
㉕樫井城
㉖土丸・雨山城

〔兵庫県〕
①富松城
②塚口寺内町
③伊丹城(有岡城)
④越水城
⑤山下城
⑥滝山城
⑦花隈城
⑧兵庫城
⑨淡河城
⑩三田城
⑪三木城・付城
⑫中道子山城
⑬御着城
⑭坂本城
⑮置塩城
⑯英賀寺内町
⑰篠ノ丸城
⑱龍野城
⑲福田片岡遺跡
⑳感状山城
㉑白旗城
㉒土井ノ内城館
㉓上月城
㉔八上城
㉕初田館
㉖金山城
㉗岩尾城
㉘朝日城
㉙黒井城
㉚野村城
㉛洲本城
㉜養宜館
㉝竹田城
㉞八木城
㉟進美寺城
㊱有子山城
㊲此隅山城

〔和歌山県〕
①霜山城
②猿岡山城
③根来寺
④和歌山城
⑤太田城
⑥皮張城
⑦大野城
⑧広　城
⑨小松原館
⑩亀山城
⑪手取城
⑫平須賀城
⑬高田土居
⑭龍松山城
⑮八幡山城
⑯勝山城

茨木城：茨木神社の伝移築城門

●キリシタンの城下町から近世城郭へ

# 高槻城（たかつきじょう）

〔大阪府史跡〕

〔所在地〕高槻市城内町・出丸町他
〔比　高〕約四メートル
〔分　類〕平城
〔年　代〕十六世紀前半～明治七年（一八七四）
〔城　主〕入江氏、和田氏、高山氏、羽柴氏他
〔交通アクセス〕阪急京都線「高槻市駅」下車、南へ徒歩約七〇〇メートル

高槻市駅
阪急京都線
170
171
光松寺
護国神社
市立しろあと歴史館
第一中学校
16
槻の木高校
高槻城
高槻城跡公園
0
300m

【戦国時代の高槻城】　高槻城は、北から伸びる扇状地の南端に立地し、周囲には平野が広がる。歴史は戦国時代にはじまり、江戸時代には譜代大名の高槻永井家三万六〇〇〇石の城として明治維新まで存続した。

　文献上の初見は、『細川両家記』の大永七年（一五二七）に細川京兆家の争いで登場した「高槻入江城」である。当時の高槻には、南北朝時代に駿河国から移った入江氏がいたが、時に「高槻」を冠して呼ばれたように、戦国時代における周辺の武士や侍層の中心を成した。地域の氏神である野見神社は「入江大神」と呼ばれ、同氏が祭礼日を定めたともいわれている。城下には、戦国期前後の開創を伝える寺院も多い。

　入江氏は、永禄十一年（一五六八）上洛した足利義昭・織田信長に従うが、翌年には義昭を京都に攻めた三好三人衆に加担した。三人衆の敗退後、入江氏は信長に詫びを入れようとするものの呼び出された京都で殺害される。殺害は騙し討ちともされ、のちに武田信玄は上洛の正当化を目的に喧伝した信長による五つの罪の一つとした。なお、入江氏の遠縁には、近隣の五百住（高槻市）の土豪が一族と思われ、三好長慶の配下で頭角を現わした松永久秀がいる。

　入江氏の没落後、城には芥川山城から和田惟政が入り、拠点を移した。惟政は、将軍足利義昭の有力家臣として畿内支配に関わった人物である。しかし義昭と信長が対立を始めるなか、三好三人衆、やがて大和の松永久秀らとの争いを開始し、惟政は摂津の支配をめぐって最有力国人の池田氏の勢力

と競合した結果、元亀二年（一五七一）に荒木村重が台頭する池田氏の軍勢と白井河原（茨木市）で戦い、のちに茨木城主となる中川清秀の手によって討ち取られた。

惟政の跡は息子の和田惟長（愛菊）が継ぐものの、叔父の和田惟増を殺すなど家中は混乱した。やがて、惟長は有力家臣の高山飛騨守・右近父子と対立し、元亀四年に城内で起こった乱闘に敗れて没落した。『兼見卿記』は、このとき惟長が「天主」に逃げ込んだと記しており、和田氏が国内最古級の天守を建築するなど城郭の改造を進めていたことをうかがわせている。

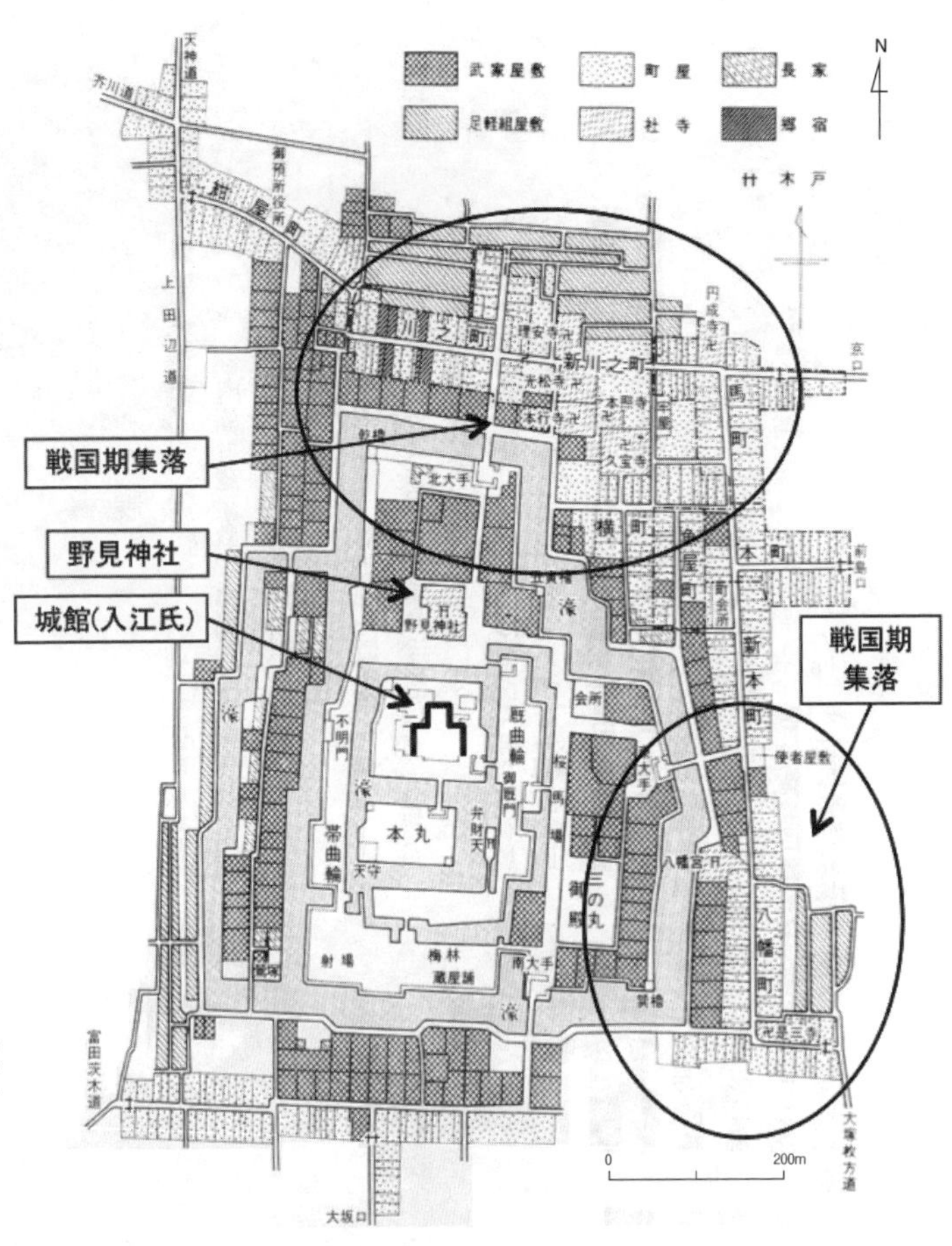


戦国期の高槻　推定図　（小林健太郎 1984「城下町高槻の形成」〈高槻市史編さん委員会編『高槻市史』第二巻 本編Ⅱ〉に加筆）

高槻城の発掘調査では、近世三の丸北側で十一～十三世紀の白磁・青磁、十五世紀になると海外からの輸入陶磁器も出土している。これらは富裕な有力者が所持したものと考えられる。また近世二の丸の調査では、江戸時代の堀の内側で幅六・八メートル、深さ二・二メートル、断面が薬研（やげん）となる堀が確認され、一般的な戦国時代の城に伴う規模と形であった。高槻城の一帯には古くからの集落が存在しており、検出された堀の遺構は入江氏の城館に伴う可能性が高い。

高槻城跡の城跡公園（石垣・堀はイメージ）

**【キリシタンの城下町】**　間もなく、高槻城主には高山右近が就いた。父の飛騨守とともに熱心なキリシタンであり、城の周囲には、教会などの関連施設を設けた。近世三の丸の発掘調査ではキリシタン墓地が確認されており、通路を挟んで南北の二つのブロックに整然と並ぶ二七基の埋葬施設が検出された。埋葬は、すべて木棺直葬という手法であり、被葬者の年齢や性別、身分などに大きな隔たりはない。

この墓地の様相は、高山氏による布教が城下に住まう幅広い階層にまで及んだことを示す。フロイスによれば、高山氏は高槻城下の「神の社があった所」に大きな十字架や美しい庭を備えた教会などを建設した。教会は野見神社の地に比定され、キリシタン墓地は隣接地にあたる。また「城の中には大きな集落があって、ここに三種の身分の人、すなわち貴人と兵士、およびその付近に肥沃な田畑を有する農夫と職工」が住んだという（一五七六〈七七〉年八月二十日付フロイス書簡）。

高山氏は「主立った百姓を招いて彼らに説教を聴かせ」たといい（一五七七年七月二十八日付フランシスコ書簡）、天正六年（一五七八）に右近が与力となった荒木村重が織田信長に反乱を起こした際、高槻城は信長らの攻撃に直面したが、「水を満たした広大な堀と周囲の城壁で堅固」であったという（一五七九年十月二十二日付フランシスコ書簡）。発掘調査では、右近時代と思われる幅二四メートルに及ぶ堀が検出され、二の丸でも近世以前の幅一九メートルを超える堀を埋められていた。

これらをふまえると、右近の時代には、城の周りを堀と城壁で囲み、内部にさまざまな人々が暮らす惣構（そうがまえ）構造の城下町があった可能性が高い。そもそも惣構は、大阪平野周辺の寺内町や港町で発達していた都市構造であった。惣構では、城と町とが一体の構造となり、城主は城下の民衆を保護する義務を追い、民衆は協力する関係にあったと考えられる。高山氏による高槻城下での布教は、この城主の影響力を通じて展開したのだろう。しかし、戦国時代を含め、当時の城や城下の構造については、不明な部分が多い。

**【豊臣期以降の城と構造】** 天正十年の山崎合戦で明智光秀に勝利した秀吉は、信長の後継者として新たに大坂城を築き、周辺の国々に一族を配置した。天正十三年には高山右近を播磨明石へと移し、高槻城には甥で養子の羽柴小吉秀勝が入ったが、翌年には高槻を去り、以降は豊臣直轄領となった。江戸開幕直後は譜代大名が頻繁に交代して城主をつとめ、慶安二年（一六四九）の永井直清の入城後は、永井家が続く。

元和三年（一六一七）、江戸幕府は城を大修築し、寛永十三年（一六三六）に岡部宣勝が城主となって出丸を増築し、近世高槻城の縄張りが完成した。城の基本構造は、南北に方形の本丸と同じくほぼ方形の二の丸が並立し、その東に厩郭、南に弁才天郭を配置し、これを三の丸・帯曲輪・蔵屋敷が取り囲むものである。帯曲輪の西に設けられた平入りの虎口と堀対岸の出丸との間に橋はなく、不明門とされていた。本丸南、二の丸北の虎口にも堀対岸への橋が架からなかったようで、本丸東の内堀には、厩郭の一部を切り取ったような形の弁財天を祀る小島があった。

藩主の御殿は、本丸ではなく二の丸に所在し、三の丸と出丸には家臣の屋敷が建ち並んだ。石垣は本丸の天守周辺と櫓、虎口付近のみで使用され、他の部分は土居になっている。近世の城絵図をみると、本丸内には南西に独立式の天守が建つ。白漆喰塗込の三階建で、屋根に破風などがないシンプルな層塔型天守であった。

城は明治七年（一八七四）に石垣石を鉄道建設の資材とする目的で破却され、現在は地上に顕著な痕跡を残していない。ただし、昭和五十年（一九七五）に本丸跡で実施された発掘調査は、石垣下部の胴木などの構造を城郭研究史上、はじめて明らかにしたものとなり、城郭瓦の研究の端緒ともなる画期となった。三の丸の跡に建つ、高槻市立しろあと歴史館では、石垣の下部構造の様子や城全体の模型、キリシタン墓地などの関連資料が展示されている。

【参考文献】『摂津高槻城 本丸跡発掘調査報告書』（高槻市文化財調査報告書」一四、高槻市教育委員会、一九八四）、『高槻城キリシタン墓地—高槻城三ノ丸跡北郭地区発掘調査報告書—』（同二二、同、二〇〇一）、高槻市立しろあと歴史館編『天下統一と高槻』（二〇一二）

（中西裕樹）

●摂津最大の山城で「畿内の政庁」

# 芥川山城（あくたがわさんじょう）

〔所在地〕高槻市原
〔比　高〕約一一〇メートル
〔分　類〕山城
〔年　代〕十六世紀初頭～後半
〔城　主〕細川高国・晴元、芥川孫十郎、三好長慶、和田惟政
〔交通アクセス〕JR東海道本線「高槻駅」下車後、市営バス「塚脇」下車、徒歩約一・三キロ

**【芥川山城とは】**　大阪府の北部は丹波（たんば）高地へと連なる北摂（ほくせつ）山地となり、南は淀川の沖積低地が形成した大阪平野が広がる。両者が接する地点には丘陵地が広がり、芥川山城跡はこの丘陵地が部分的に隆起した通称三好山、字城山（標高一八二・六九メートル）に所在する。三好山は、北と西に芥川が流れ、周囲は峡谷となるなど、あたかも自然の要害を呈している。城は、この急峻な山全体を利用した大規模な山城である。

「芥川山城」という名称は、城跡から直線で約三・五キロメートルを離れた西国街道の芥川宿（高槻市）の城跡と区別するために付けられた遺跡名である。芥川宿は、国人芥川氏が南北朝時代以来、本拠とした平地の集落であり、街道が屈折する付近の字名「殿ノ内」周辺に城館の存在が考えられてきた。ただし、周辺の発掘調査を含め、現時点において明確な遺構は確認されていない。

戦国時代の京都の公家の日記や文書を見ると、頻繁に「芥川」を冠した城郭が登場する。城郭研究が伸展するに伴い、戦国時代後半には山城が発達し、政治拠点として機能することが明確になってきた。芥川山城跡がこの城にあたることは、もはや疑いの余地はない。

芥川城という名称であるが、直接地名に由来するものではない。少なくとも、江戸時代の城山は、城の北側に広がる小盆地を中心とした原村（高槻市）に属し、南麓に位置する城山集落はその一垣内（かいと）であった。付近の丘陵部には他の村々が権益を持ち、芥川宿が所在する芥川村の関与の可能性も残る

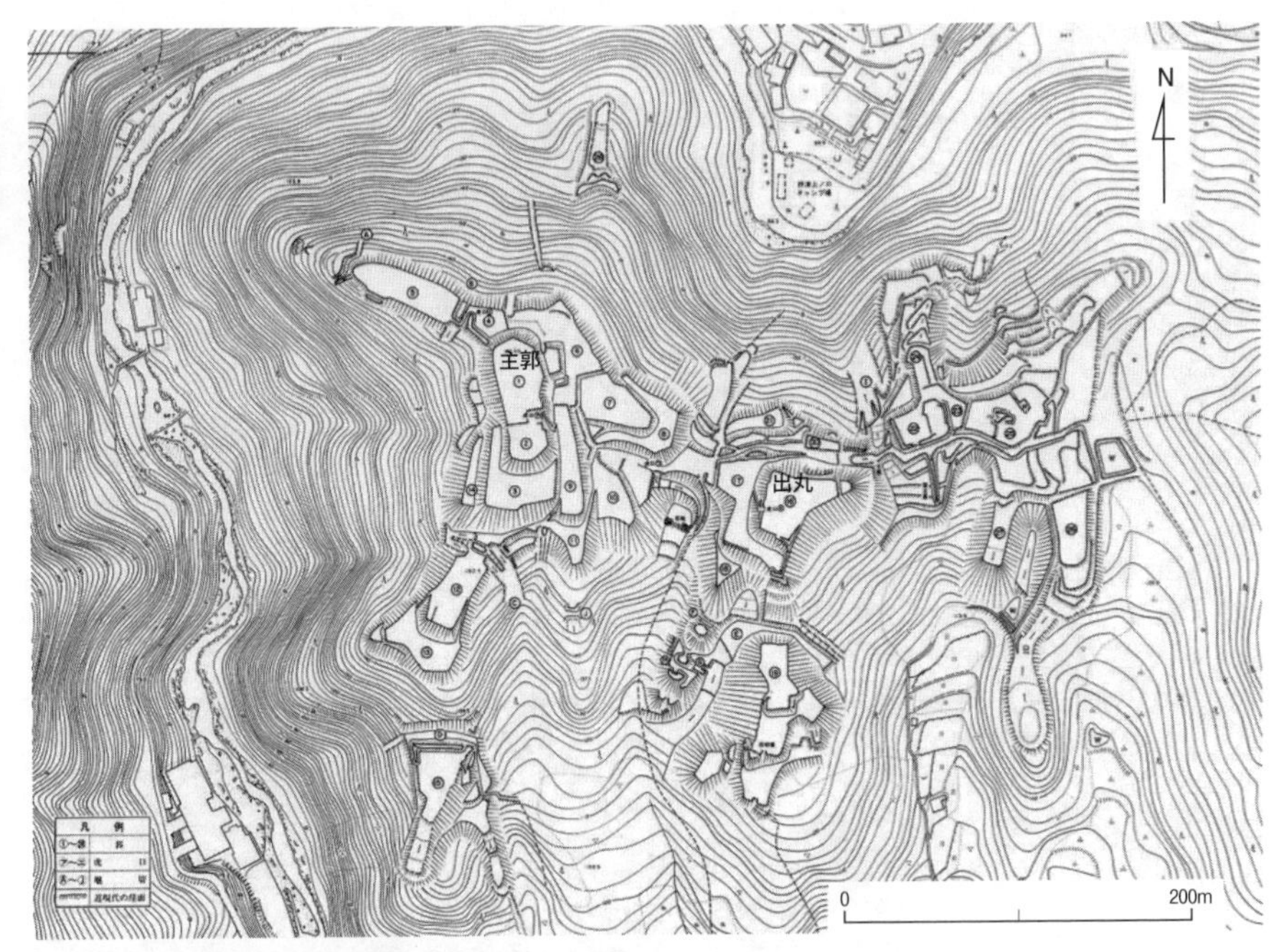


芥川山城跡 概念図（『高槻市文化財年報』平成６年度より）

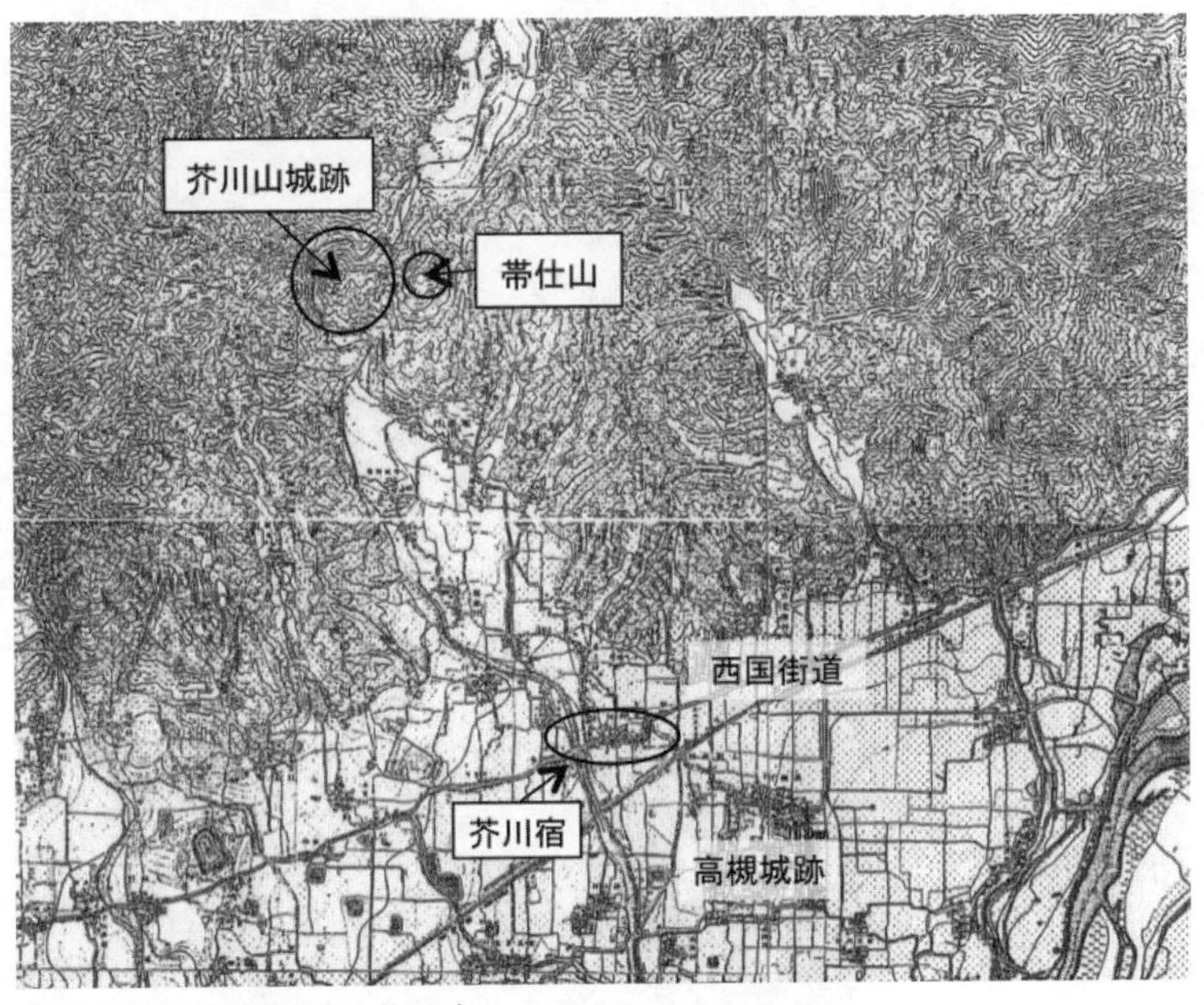


芥川山城と西国街道の芥川宿（明治前期仮製地形図に加筆）

が、周囲を流れる芥川に由来を求めた方が無難である。ただし、城が所在する摂津国嶋上郡は、戦国～近世初頭に「芥川郡」とも呼ばれており、後述する城の性格を鑑みると、城名はこの広域地名を冠したものであるのかもしれない。

**【守護細川京兆家と築城】**『瓦林政頼記』の永正十三年（一五一六）の記事には「当国ニ可然城郭無テハ不可叶トテ、国守ハ上郡芥川ノ北ニ当リ、可然大山ノ有ケルヲ城郭ニソ構」「昼夜朝暮五百人・三百人ノ人夫、普請更ニ止時ナシ」とみえ、「国守」とは、摂津国守護であった細川京兆家の細川高国のことである。『不問物語』には、さらに詳しく「自昔勝手明神ヲ奉勧請ケル太山有、可然散所也、名詮又目出シトテ」「此折節、出雲之国住人馬木伯耆守繁綱、西国一之要害之上

斜面を下る竪土塁を見上げる

城跡へのルート脇に残る石垣

南から主郭を見る

手也、任彼意見、塀鹿垣ヲ緒、堀ヲ堀、陣屋ヲ被造、櫓ヲアケ、同木石弓惣而構へ之為体、以言難宣」とする。これらの記述は信憑性が高いとされ、内容が芥川山城の築城を示すことは間違いない。勝手明神は、江戸時代の絵図を見ると、城の近くにその祠が描かれている。

細川京兆家は、四国に基盤を持つ足利将軍家の一門で、将軍を補佐する管領の家柄であった。畿内では京都の西に接した摂津に加え、同じくその北の丹波国の守護を兼務していた。このため、応仁元年（一四六七）に勃発した応仁・文明の乱を契機に他国の守護が京都を離れるなかでも在京を図る。しかし、当主の細川政元は、たびたび摂津に滞在するようになり、延徳三年（一四九一）には芥川宿近辺に家屋を整備した（『後法興院政家記』）。永正二年、連歌師・柴屋軒宗長は「芥川の城」で催された連歌にも参加しているが（『宇津山記』）、この城が芥川宿付近に京兆家が設けた「城」であった可能性は高い。

芥川山城跡の遠景（南から）

先述のように芥川宿付近では明確な遺構が確認されておらず、これは当時の城館が必ずしも本格的な土塁や堀を備えるものではなかった点をふまえる必要がある。また、当時の京兆家、そして摂津守護代の薬師寺氏は、茨木城（茨木市）を取り立てていた。ただし、宗長は、永正十三年に「芥川能勢因幡守新城にして祝いの心を」とする歌を詠んでいる（『那智籠』）。この「新城」が新たに構えられた芥川山城であったのだろう。

さて、永正二年と同十三年に宗長を城に招いたのは、能勢（のせ）因幡守頼則という同一人物である。能勢氏は応仁・文明の乱では細川勝元の被官として戦い、頼則は政元、のちに高国の武将として活動した。大永三年（一五二三）、頼則の後継者である源五郎国頼は千句連歌会を行い、やはり宗長を招いている（『宗長手記』）。その場所は「城山」とあり、芥川山城を示す。能勢氏は京兆家の信頼を得、やがては芥川山城をも預けられたのだろう。しかし、細川高国は阿波細川氏出身の細川晴元との争いに敗れ、能勢氏も没落していく。

天文二年（一五三三）、淡路に没落していた細川晴元は、京都復帰を目指したが、当時の畿内では一向宗や京都の法華門徒が力を増して入京が叶わず、天文五年までの多くを芥川山城で過ごした。晴元にとっては、本来の居所ではなかったが、その間の城は守護が在城する「守護所」となった。また、京都周辺の荘園をめぐる裁判のため、公家の山科家では家礼の沢路隼人佐（さわじはやとのすけ）らを城に下向させ、晴元の下知を奉行人茨木長隆の奉書として受け取っている。城周辺には、長隆など晴元の奉行人や有力被官が居住していた可能性が高い。なお、晴元は京都復帰後もみずからを取り巻く軍事動向の中で天文十～十一年、天文十二～十三年の二度、再び入城している。

**【三好長慶と「畿内の政庁」】** 天文二十二年、四年前の江口の戦いで晴元に勝利を収めた家臣の三好長慶が芥川山城に入った。以降、長慶は永禄三年（一五六〇）に飯盛山城（四條畷市・大東市）に移るまでの間、この城を居城とする。長慶は将軍足利義輝と対立し、晴元側の反撃を受けつつも、京都から将軍を追い、実力によって畿内を支配していた。この長慶による政権を研究者が「芥川政権」、当時の芥川山城を「畿内の政権」と評する所以である。

入城直後、長慶は城に軍勢を集めて丹波の波多野（はたの）氏を攻撃し、翌年には連歌会「芥川百韻」を興行している。城には、さまざまな機能が備わり、多くの人々が関わった。やはり山科家は家礼らを芥川山城に下向させて書状・礼物を遣わしているが、その人物には長慶の他に松永久秀、斉藤基速（もとはや）らの側近がおり、弘治二年（一五五二）の火災発生時には久秀らの「陣所」が焼失したという。また、天文二十二年に没落していた信濃国の守護小笠原氏は三好氏を頼って、「芥川」に住んでいた。具体的には不詳であるが、城の内部や周辺には有力被官などが居住する施設が整備されていたと考えられる。

永禄十一年九月、足利義昭を擁して岐阜を出発した織田信長は、二十六日には京都南郊の東寺に着陣し、そのまま芥川山城の攻撃へと軍を進めた。このとき、別働隊は一足先に入京したが、信長は三好勢を追った後、約二週間を足利義昭とともに芥川山城で過ごし、松永久秀や京都の公家、文化人らとの対面を果たした。そして、摂津最大の丘城であった池田城（池田市）を攻めて池田氏らの国人を従えた後、ようやく信長は上洛したが、在洛期間は十日余りに過ぎなかった。信長の目的は上洛にあったが、前提には芥川山城に入り、畿内の趨勢を見極める行程があったことは明白だろう。信長にとって、細川京兆家が築城し、三好長慶の居城であった「畿内の政庁」は、それだけの重みがあったと思われる。

このの ち、城には足利義昭家臣の和田惟政（わだこれまさ）が入った。惟政は、永禄八年の三好・松永氏らによる将軍足利義輝の殺害後、奈良に幽閉された義昭（当時は一乗院門跡）の脱出を手引きし、将軍任官と京都復帰に向けて奔走した功臣である。しかし、出身は近江国甲賀郡（滋賀県甲賀市）の土豪であり、決して大きな勢力を持っていたわけではなかった。城を与えられた背景には、将軍の権威と信長の軍事力があり、芥川山城が京都の将軍を支える人物に任せるにふさわしかったためであろう。当時、来日中の宣教師たちは惟政を「都の副王」と呼んでいる。ただし、翌年には惟政が居城を高槻城へと移し、やがて芥川山城は機能を停止したと思われる。

**【摂津最大の山城】**　城は典型的な山城で、山全体に曲輪を設け、尾根先や細かな曲輪群ごとに堀切、土塁を効果的に配置している。城の中心部は、山頂の主郭周辺と南から城へのルートが到達する谷を挟んだ東の出丸周辺に分かれる。この谷部分のルートは、城へのメインルートであった可能性が高く、城に一番近い部分には高石垣が築かれている。

さらに城域の東端には土塁囲みの曲輪を核とした削平地群が広がり、斜面を強力に遮断した竪土塁もある。これは、東の地形続きに城よりも高い帯仕山（おびしやま）が迫るため、その弱点を克服するために配置されたのだろう。実際に入城直前の三好長慶は帯仕山から攻撃を行い、その陣城遺構が残る。

平成五年（一九九三）に高槻市教育委員会が行なった発掘調査では、弘治二年の火災による焼土層が確認され、その後に主郭周辺の曲輪面が拡大したことがわかった。そして、主郭に六・五七メートル×三・九メートル以上の規模を持ち、周囲に縁がめぐる礎石建物の存在が判明している。

また、城の周囲に町は存在せず、京都へと至る西国街道の芥川宿とは約三・五キロメートルもの距離をおく。ここは、摂津守護の拠点で、いわば一国統治の中心「守護所」であるが、他国の守護が城下町的なものを形成したのに比べ、今のところそのような形跡はない。現在も、山中には城郭の遺構が良好に残り、「畿内の政庁」の実態を伝えている。

（中西裕樹）

【参考文献】『高槻市史』（一九七七）、『嶋上遺跡群』一八（「高槻市文化財調査概要」二〇、高槻市教育委員会、一九九四）、末柄豊「『不問物語』をめぐって」（『年報三田中世史研究』一五、二〇〇八）、高槻市立しろあと歴史館『天下統一と高槻』（二〇一二）

## 富田寺内町（とんだじないまち）

●複数の町場から成る地域の寺内町

〔所在地〕高槻市富田町
〔比　高〕約マイナス六メートル
〔分　類〕寺内町
〔年　代〕十五世紀後半～十六世紀後半
〔城　主〕──
〔交通アクセス〕阪急京都線「富田駅」下車、南へ徒歩約七〇〇メートル

**【貴紳が滞在する地域の寺内町】**　富田寺内町は、北の阿武山（あぶやま）から伸びる富田台地の先端に位置し、周辺は古代以来の穀倉地であった。最寄りの阪急富田駅からは、この台地を下ることになる。室町時代は将軍家の御料所（ごりょうしょ）で、南北朝期に開創された禅宗の普門寺が所在した。おそらく周辺には小規模な町場があったのではなかろうか。この富田に浄土真宗の蓮如が文明八年（一四七六）に布教拠点を設け、やがて蓮如八男の蓮芸が教行寺（きょうぎょうじ）としたことに寺内町は始まる。

天文元年（一五三二）、本願寺は細川京兆（けいちょう）家の内紛に巻き込まれ、富田は細川晴元方の焼討ちや法華一揆の攻撃を受けた。教行寺も廃れたが、のちに晴元は「富田坊」再興を許可する。その際、「富田庄」の住人は「教行寺」としての再興を本願寺門主の証如に求めている。富田寺内町では、教行寺を紐帯とする地域住民の動きが主体性を持ったのだろう。

普門寺では細川晴元が晩年を過ごし、永禄十一年（一五六八）には、同寺で足利義栄（あしかがよしひで）が征夷大将軍に就任している。前年に義栄を訪問した公家の山科言継（やましなときつぐ）は、「近所」の「宿」で「湯豆腐」を食し、同行の観修寺晴右とは「別之宿」であった（『言継卿記』）。寺内町周辺は貴紳を含む、外部の人間が日常的に滞在し、それを可能とする施設が整う場であったことがうかがえる。

**【寺内町と寺外の町場】**　永禄十一年、上洛を目前とした織田信長は芥川山城（芥川山城跡、高槻市）に入り、富田を服属させた。山科言継は「富田寺外破之、寺内調有之」と記して

おり（『言継卿記』）、当時の富田には異なった動きをとる「寺内」「寺外」があった。翌年に京都を目指した宣教師のルイス＝フロイスは、疫病によって富田では一〇〇〇人以上の死者が出たため、「僧院外の旅館」に宿泊したという（『イエズス会士日本通信』）、これが「寺外」にあたるのだろう。

慶長十年（一六〇五）の「慶長十年摂津国絵図」（西宮市立

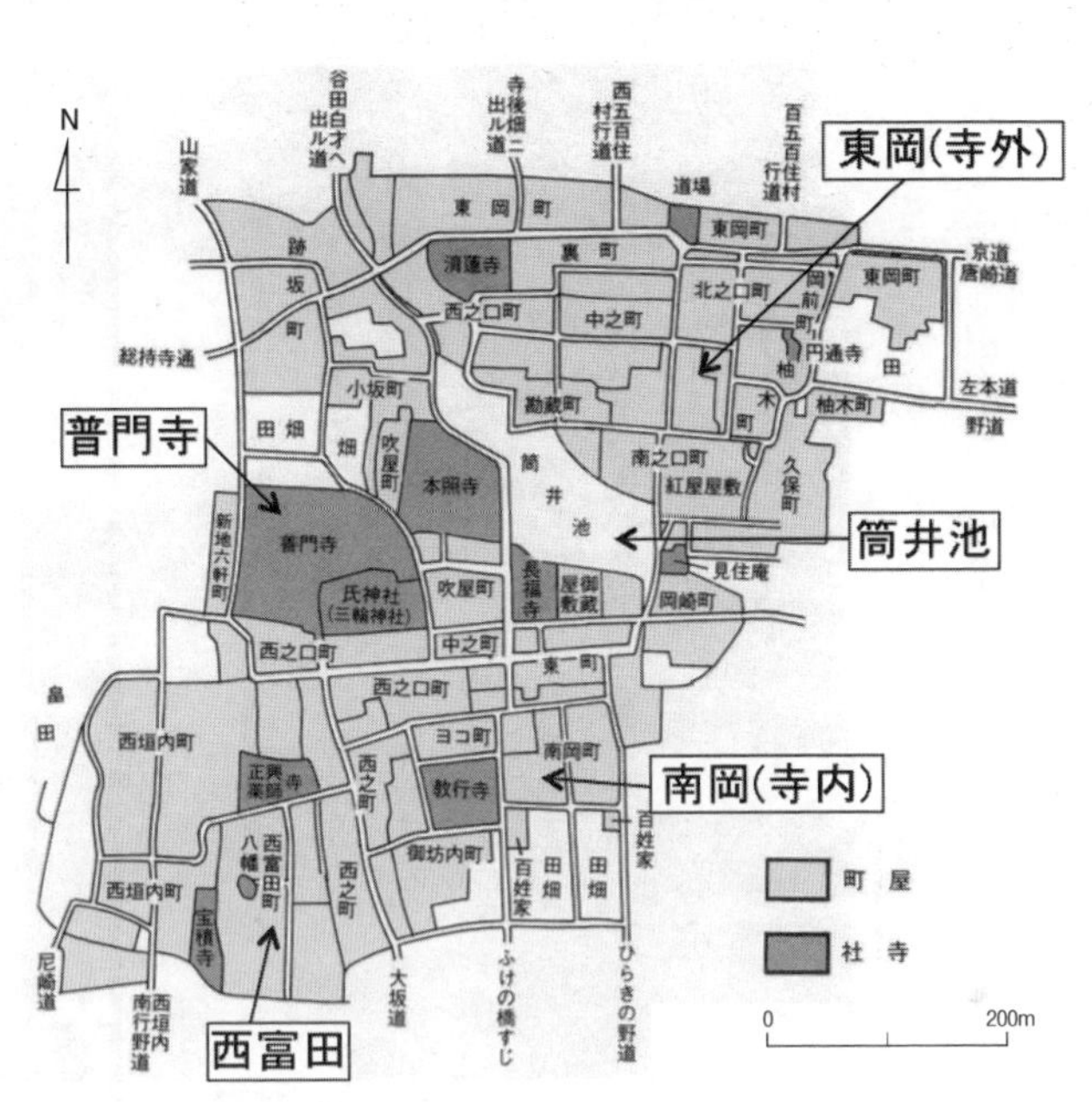


富田寺内町 概念図（江戸時代前期）（小林健太郎 1984「在町富田の形成と商工業」〈高槻市史編さん委員会編『高槻市史』第二巻 本編Ⅱ〉に加筆）

郷土資料館蔵）は、富田を方形の町場と表記しつつ、「富田之内」「普門寺」などという円形の村落が接している。今も富田は複数の地区に細分され、筒井池の南西の普門寺、さらに南の「政所」という屋号や八幡神社がある「西富田」、教行寺を中心とする「南岡」、それらの北側に近世在郷町の中心となった「東岡」地区がある。おそらく「寺内」、つまり戦国期の寺内町は教行寺周辺であり、「寺外」「僧院外」が東岡にあたるのだろう。

「富田東岡宿絵図」（個人蔵）をみると、東岡では土塁かとも思われる竹やぶが町の周囲をめぐり、出入り口には門が描かれている。また、普門寺の周囲には、現在も土塁と堀が認められ、敷地の境を成している。富田寺内町は、性格を異にする複数の町場から成立していたと思われるが、このような囲繞施設が戦国期までさかのぼるか否かは不明であり、寺内町の構造については不明な点が多い。

（中西裕樹）

【参考文献】小林健太郎「在町富田の形成と商工業」（『高槻市史』二所収、一九八四）、福島克彦「戦国織豊期摂津富田集落と「寺内」―歴史地理学的手法の再検討―」（『寺内町研究』五、二〇〇七）

●国人の城から織豊期の城下町へ

# 茨木城（いばらきじょう）

〔所在地〕茨木市片桐町ほか
〔比　高〕約〇・七メートル
〔分　類〕平城
〔年　代〕十五世紀後半～元和三年（一六一七）
〔城　主〕茨木氏・中川氏・片桐氏ほか
〔交通アクセス〕阪急京都本線「茨木市駅」下車、北西へ徒歩約五五〇メートル

【茨木城の歴史】　茨木城は、戦国期の国人茨木氏の拠点として歴史上に現われる。茨木氏は守護細川京兆家の被官であったが、守護代薬師寺氏らの対立に巻き込まれ、文明十四年（一四八二）に攻撃を受けた。茨木氏は没落し、茨木城周辺は細川政元や薬師寺氏らの摂津支配の拠点となっていく。しかし、徐々に茨木氏は勢力を盛り返し、永禄十一年（一五六八）の織田信長の畿内進出の時点で城主に復帰していた。

こののち、茨木氏は足利義昭の功臣で高槻城主の和田惟政に与し、元亀二年（一五七一）に近隣で起こった白井河原の合戦で荒木村重が率いる摂津国人池田氏の軍勢の前に敗北した。以後、池田方の中川清秀が城主となり、天正六年（一五七八）の村重の謀反後は信長に重用された。清秀は同十一年の賤ヶ岳の戦いで戦死し、同十三年以降の城は豊臣秀吉の代官が預かった。やがて直臣片桐氏が入ったが、元和元年（一六一五）の豊臣家滅亡を経て同三年に廃城となった。しかし、城下は以降も在郷町として存続していく。

【城と城下の構造】　城の遺構はほとんど残らないため、構造は地名や絵図、地籍図などから復元されている。城の中心は、小字「本丸」「中土井」の現茨木小学校付近であり、その校門は慈光院（奈良県大和郡山市）の伝移築城門を模している。「天守台跡」という地があったといい、学校北側に残る田地などは堀の跡かと想像される。地籍図からは周辺に土塁の痕跡が確認され、およそ城の中心部の範囲は二〇〇メートル四方で復元される。なお、城下の西南に所在する茨木神社にも移

築城門が存在する。

この南には中川清秀ゆかりの梅林寺があり、小字は「殿町」「城之町」である。武家屋敷地区と考えられ、発掘調査では東側で堀の可能性がある流路と城郭存続期の遺物や建具などが出土している。駅との間は現在の商店街であるが、周辺は文禄三年（一五九四）の茨木村検地帳にみえる「米屋」「魚屋」「木屋」「鍬屋」の場所であり、城下に比定できる。

茨木城下町では、地籍図から茨木川（埋立）が流れる西を除く、三方向に城と城下を囲う堀（一部は土塁）の存在が指摘されている。この構造は惣構と呼ばれ、戦国期の大阪平野で発達していたが、城下町への本格的な採用は豊臣期以降であった。また、惣構ラインの外縁部には、北市場や宮元（本）町、大町、立町など、城下町成立以前の戦国期の町場に由来するような地名が確認される。茨木城下町の成立は織豊期と考えられるが、城下町の成立と構造を考える上で大きな手がかりとなる。

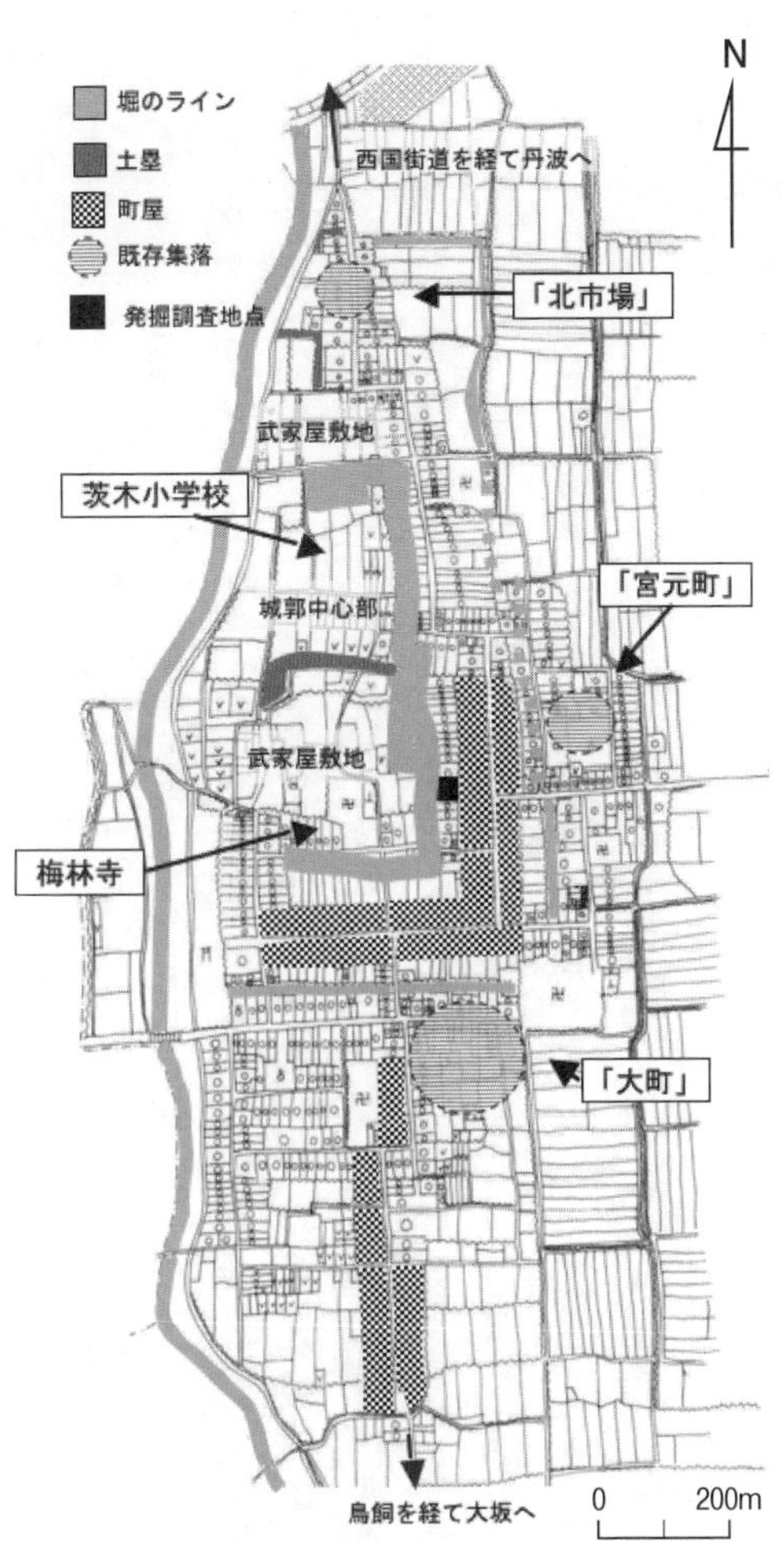


茨木城下町 推定復元図
（明治初期之島下郡茨木村之図をトレースし下図に使用）

なお、茨木市立文化財資料館では、発掘調査資料など、茨木城下町に関する多くの資料が展示されている。城跡を訪れる際は、あわせて見学したい。

【参考文献】南出眞介「近世茨木町の形成過程」（『追手門学院大学文学部紀要』二七号、一九九三）、豊田裕章「茨木城・城下町の復元案と廃城の経過」（中村博司編『よみがえる茨木城』所収、清文堂出版、二〇〇七）

（中西裕樹）

●軍事的緊張を示す発達した縄張り

# 安威砦（あいとりで）

〈所在地〉茨木市安威
〈比　高〉約五〇メートル
〈分　類〉山城
〈年　代〉十六世紀前半～後半
〈城　主〉安威氏か
〈交通アクセス〉阪急京都本線「茨木市駅」下車後、阪急バス「安威」下車、徒歩約一五〇メートル

**【築城の所伝】** 安威砦は、北摂山地と大阪平野の接点付近に位置する花園山（天神山）の山頂に立地し、南方には安威集落が乗る台地状の地形が延びる。平野部から見た山容は円錐形に近く、低いながらも目立つ山である。

明治十年代（一八六八～八二）の景観を示す『東摂城址図誌』には、集落内の安威城跡と安威砦跡の二ヵ所が記され、安威城は戦国期に安威氏が築き、戦乱の中でたびたび使用したが、豊臣秀吉の命で安威五左衛門が天正十四年（一五八六）に茨木城（茨木市）に移って廃されたという。安威氏は、室町幕府奉公衆で、細川京兆（けいちょう）家や三好氏の被官に名が確認でき、五左衛門とは秀吉代官でキリシタンとして知られる安威シモンであるが、城跡の実態は不詳である。

一方、安威砦は、史実ではあり得ない藤原鎌足の築城とされる。周辺は藤原氏ゆかりの土地であり、当初の埋葬地という古墳を祀る大織冠（たいしょくかん）神社などがあるためであろう。興味深いのは、在地勢力の安威氏を城主としない点である。

**【発達した縄張り】** 安威砦は隣接地に水道施設が建つが、遺構は概ね良好に残る。砦は、大きく堀切で分断された曲輪A・B・Cで構成されるが、西側を貫く横堀が一体的な防御ラインであり、比高差や縄張りからBが主郭に位置づけられる。

城へのルートは不鮮明であるが、Aの南西に達したと思われ、Aの南の畝状空堀（うねじょうからぼり）群が東斜面への迂回を規制し、A・B間の堀切は竪堀となって東斜面を下る。このためルートは横堀内を通ることになり、この方向に対してBの土塁は上幅

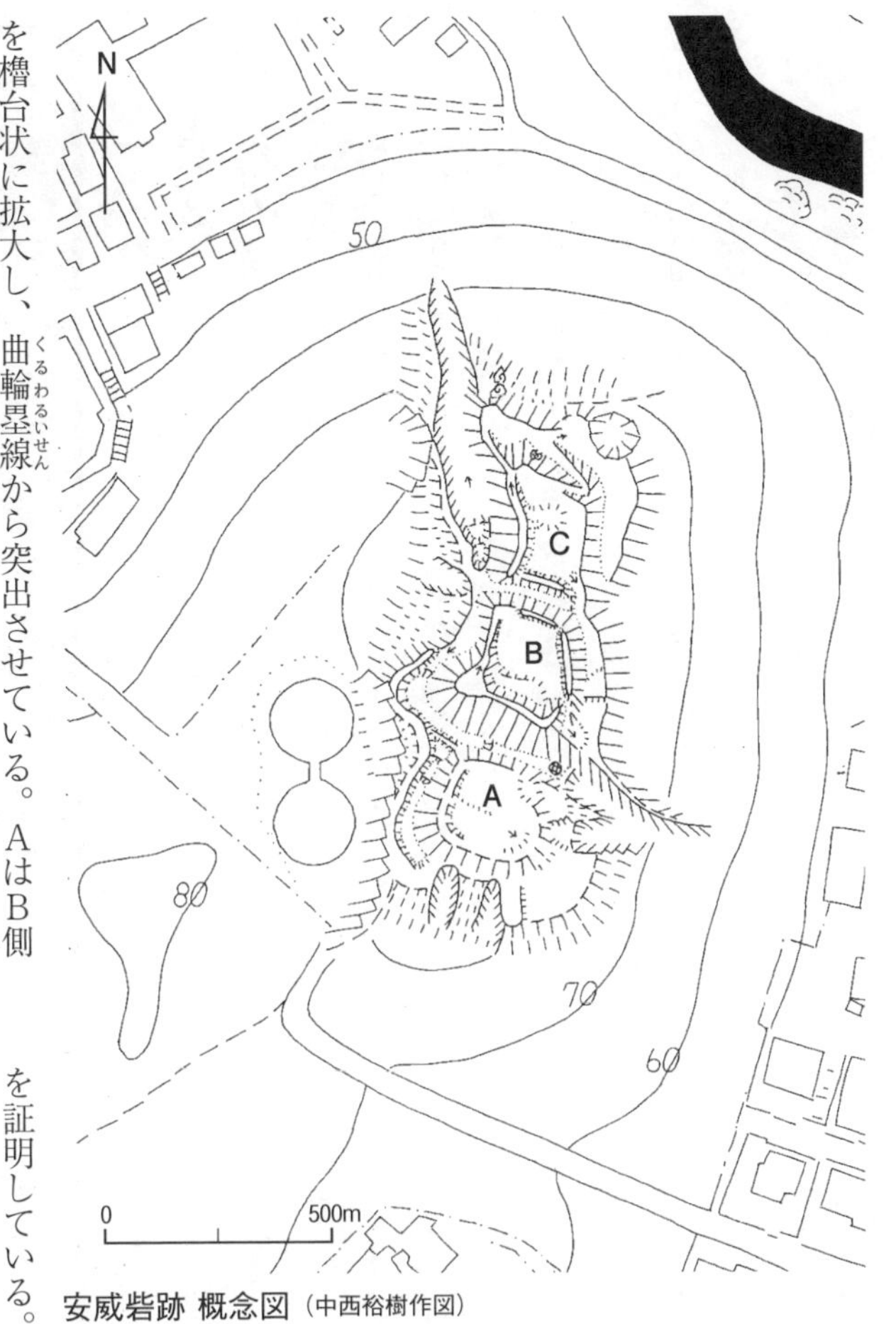


安威砦跡 概念図（中西裕樹作図）

を櫓台状に拡大し、曲輪塁線から突出させている。AはB側に土塁がなく、見下される主郭Bを防御する役割を担う場であったのだろう。

これに対し、CはB側に土塁を設け、現状では北東の山麓から道が取りつく。特にBと連動するような防御施設はなく、むしろB・Cは東側に虎口を設けて連絡を可能とする帯曲輪を設けている。Aに比して、主郭Bとは並列的な関係にあるように思える。

全体的として、安威砦は西方面に横堀を設け、土塁を重点的に使用していた。そして、南への迂回を阻止するような畝状空堀群などを設けている。砦の北西方向は、能勢郡などが所在する北摂の山間部であり、戦国期の摂津では分裂した細川京兆家の抗争が継続し、この方面から大阪平野方面への軍勢の進出が再三行なわれた。安威砦の東方に位置する芥川山城（高槻市）が軍事拠点であり、山間部との間には発達した縄張りを持つ山城が点在している。安威砦は、その最たるものであり、周辺地域に生じた軍事的緊張を証明している。

【参考文献】中西裕樹「戦国期における地域の城館と守護公権―摂津国、河内国の事例から―」（村田修三編『新視点 中世城郭研究論集』所収、新人物往来社、二〇〇二）、高田徹「安威砦」（『図説近畿中世城郭事典』所収、城郭談話会、二〇〇四）

（中西裕樹）

●全面発掘で細部まで解明された山城

# 佐保栗栖山砦（さほくるすやまとりで）

〔所在地〕茨木市佐保
〔比　高〕約七〇メートル
〔分　類〕山城
〔年　代〕十六世紀
〔城　主〕―
〔交通アクセス〕阪急京都本線「茨木市駅」下車、阪急バス「馬場」下車、徒歩約七五〇メートル

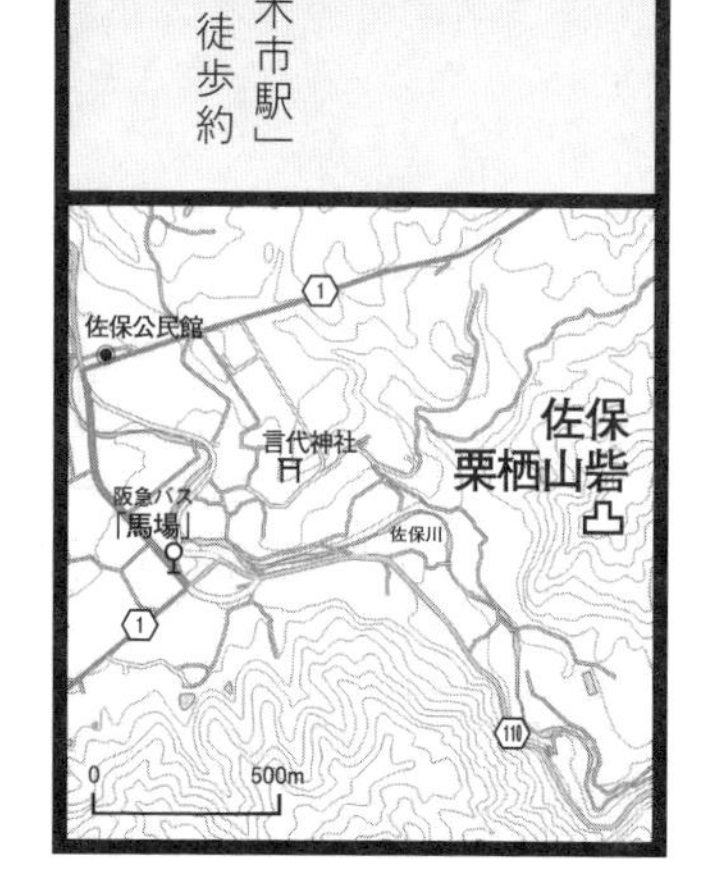


**【築城主体は誰か】**　佐保栗栖山砦は、摂津と丹波を結ぶ清阪（きよさか）街道の枝道が通過する尾根のピークに立地し、十六世紀半ばの山城であることが発掘調査から判明した。南東には別に並行する尾根があり、中腹には十三世紀後半〜十六世紀まで続く、六〇〇基の墓が発掘調査で確認された栗栖山南墳墓群があった。しかし城主などの歴史は不明で、明治十年代（一八六八〜八二）の景観を示す『東摂城址図誌』所収の二つの「佐保砦趾」のうち、一つには字名「宮ノ上」とあるため近隣の佐保城を示すと思われ、もう一つが当砦に該当する可能性があるが不詳である。

まず周辺の戦国史の動きを確認したい。摂津国守護の細川京兆家（けいちょう）は、幕府内での実力を背景に畿内での影響力を拡大したが、永正四年（一五〇七）に細川政元が暗殺された結果、以降は戦国期を通じて二派に分かれた大規模な戦争を繰り返す。天文年間（一五三二〜五五）の細川晴元は、たびたび丹波方面から大阪北部（北摂）の山間部を経由して大阪平野に進出し、摂津での拠点を平野部との境に位置する芥川城（芥川山城跡、高槻市）においた。このような動向の中、砦は使用された可能性がある。

永禄十一年（一五六八）の織田信長上洛後、芥川城には足利義昭の功臣・和田惟政（わだこれまさ）が入り、翌年に拠点を高槻城（高槻市）へと移す。惟政は摂津国内での勢力拡大を図るが、やがて摂津国人池田氏との衝突を招き、元亀二年（一五七一）に白井河原の合戦（茨木市）で敗死した。この戦場は、佐保栗栖山砦

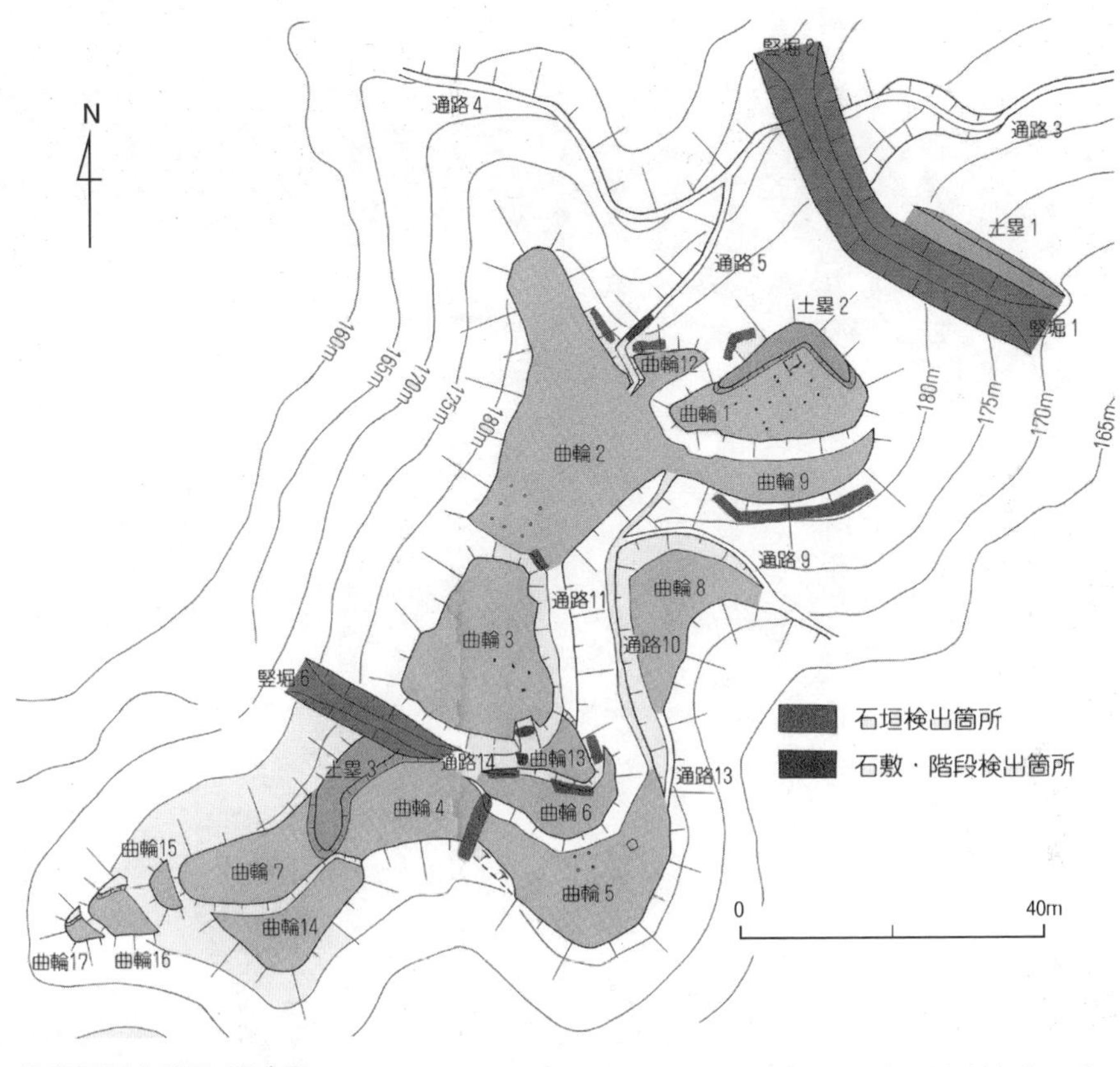


佐保栗栖山砦跡 概略図（(財)大阪府文化財調査研究センター『栗栖山砦跡の調査 現地説明会資料2』より）

から清阪街道を約三キロ南に進んだ場所で、摂津国内を東西に横断する西国街道との交点に近い。

興福寺大乗院門跡の尋憲（じんけん）は、合戦に伴って和田方の「高ツキ・イハラキ・シュク城・里城」の四つの城が落ちたと記した（『尋憲記』八月二十九日条）。茨木城（茨木市）は、戦場に近い和田方の茨木氏の拠点城郭であり、「シュク城」とは合戦場から約一キロ西の宿久庄村に所在した城郭かもしれない。「里」地名は確認できないが、「サト」の読みが佐保に類似する。佐保は佐保城など複数の城郭遺構が存在する場所であり、この「里」が佐保栗栖山砦である可能性もあろう。やがて、周辺は高槻城主高山右近と茨木城主中川清秀の係争地となった。この段階でも、砦は機能したのかもしれない。佐保栗栖山砦の築城主体は明確にできないが、背景には摂津国内の大規模な争乱が類推でき、時期は十六世紀後半まで引き下げる必要があろう。

**【発掘された城の姿】** 佐保栗栖山砦跡は、発掘調査以前から遺構の残存状況が良好で、地表面観察からも構造のアウトラインが知られた。現時点で砦の遺構は残るものの、平成九年（一九九七）～十一年に大阪府文化財調査研究センターが実施した発掘調査は、開発による全面破壊が前提であった。このため、調査は徹底的に行なわれ、地表面からは決して知ることができない、山城の研究にとって大きな成果をもたらした。

最終段階の城内の構造を見ていくと、砦は約一二〇メートルの長さにわたって尾根上に曲輪（くるわ）を連ね、ほぼ同じ高さのピークを利用した曲輪が東西に並列していた。このうち、東側の曲輪1は堀切に面してL字状の土塁2を設けている。堀切は岩盤を削り出したもので、北側で清阪街道からの枝道が堀切の上を通り、厳重な防御を施したことがうかがえる。内部には二間×二間、もしくは二間×三間に復元できる火災を受けた礎石建物があり、おそらく建物の四方を囲んだと思われる約一〇五キロもの土壁が出土している。また、曲輪の南西部では地山を削り出した階段と踊り場を持つ虎口（こぐち）が確認された。

西側の曲輪3でも熱を受けた建物のあとが確認され、南側に石段を持つ明確な通路が存在した。通路の存在や出土遺物が少ないことから、曲輪3が主郭に相当する一方、居住空間ではなかったことが想定されている。この曲輪の西にはL字形の土塁3があり、西方からのルートが取り付く虎口であった可能性がある。

先の枝道からのルート（通路5）は、ピーク間の曲輪2に到達し、そこは石積を伴う虎口となっている。さらに内部には掘り込みがあり、城内での通路が通る場所を限定していた。砦は清阪街道からの枝道が通ることを強く意識しており、丹波・摂津間の軍事的緊張に対応していたことを彷彿とさせる。また、城内での出土遺物が最も多い曲輪であり、一般的な土師皿に加え、仏花瓶や香炉、水滴が出土している。日常生活の中心でありながら、城内での儀礼的な場があったと考えられる。

**【築城工事の全貌が解明】** この調査では、山城における土木工事、特に曲輪の築造方法が判明した。一般に山城の曲輪は、尾根や斜面に設けられ、平坦な面積を確保するためには土を掘り、その土を盛る造成工事が必要となる。その際、佐保栗栖山砦では、旧の地表面を階段状に加工して土の崩落防止を図り、版築状に荒い土と砂よりも細かいシルトを積み重ねていた。また階段状となったスペースは、作業の際には足場にもなったと考えられている。

また、地表面観察では最終段階の城郭構造しか知りえないが、砦跡の発掘からは構造の変遷が明らかになっている。まず、曲輪1の西側裾に横堀が存在していた。のちに堀を埋めることで西側に曲輪2が造成され、新たに虎口などが設けられたと推定されている。また、曲輪3の直下にも堀切が存在し、そこから西は城外であった可能性が高い。現在よりも城域は狭く、当初の砦跡は二つのピークを中心とした、小規模な単郭山城が並立する様相であったのかもしれない。

通常、小規模な山城は集落を見下ろすような立地であるが、佐保栗栖山砦の場合は奥まった位置にあり、かなり特徴的である。これは、やはり清阪街道からの枝道を意識したものであろう。城の規模などをふまえると、地元の勢力がかかわっていたことも連想させ、地域の住民と国をまたぐような大規模な合戦との関係を考えさせられる。

佐保栗栖山砦跡 発掘調査全景（㈶大阪府文化財調査研究センター『佐保栗栖山砦跡 中世山城の調査』より）

中世の城は、城という文字が、「土」と「成」に分けることができるように、土の切り盛りが工事の基本と説明される。佐保栗栖山砦では、山城で行なわれた、凄まじいまでの土木工事の有様が知られる。

なお、近年では栗栖山南墳墓群に戦国期のキリシタン墓地を含む可能性が指摘された。城とともに所在地は字クルスであり、「隠れキリシタンの里」で知られる近くの千提寺（せんだいじ）集落には慶長六年（一六〇一）の佐保カララという人物のキリシタン墓碑が残る。山城の営みに、キリシタンの人々の姿も重ねてみたい。

（中西裕樹）

【参考文献】大阪府文化財調査研究センター『佐保栗栖山砦跡―中世山城の調査―』（二〇〇〇）、中西裕樹「高槻城主 和田惟政の動向と白井河原の合戦」（高槻市立しろあと歴史館『しろあとだより』七、二〇一三）

●山城と館城のセットが見事に残る

# 野間城(のまじょう)

〔所在地〕豊能郡能勢町野間中
〔比　高〕一一〇メートル
〔分　類〕山城
〔年　代〕十六世紀前半～後半
〔城　主〕野間氏
〔交通アクセス〕能勢電鉄妙見線「妙見口駅」下車後、阪急バス「本滝口」下車、徒歩約七〇〇メートル

【野間城と野間氏】　野間城は、大字野間中の南方、日蓮宗霊場として知られる妙見山に続く南嶽山から派生する城山に立地し、能勢(のせ)郡の東郷の中心部である小盆地を挟んで北に能勢氏の丸山城を望む。

野間氏は、鎌倉時代に清和源氏の霊廟である多田院に奉仕する「多田院御家人」の一人であった。戦国時代の永正十六年(一五一九)には、古代に設置されて中世には一種の荘園と化した「採銅所」の代官をつとめ、守護細川京兆(けいちょう)家の被官でもあった。野間氏は、能勢氏・余野氏とともに「能勢三惣領」ともされるが詳細は不明である。しかし、能勢郡周辺の有力な領主であったことは確かであり、これは城主と伝承される城の構造や様相等からも首肯できる。

【珍しい山城と館城のセット】　城は南の尾根続きに多重の堀切と畝状空堀(うねじょうからぼり)群を併用し、最高所の主郭から二股に分かれる地形に沿って階段状に曲輪を配置する。特に主郭背後の堀切は、現状でも一〇メートル近い深さがある大規模なもので、主郭側の土塁上には祠が建ち、幅の広い櫓台状になっている。これらは畝状空堀群とともに、高い遮断性への意識を示すものである。主郭は、まとまった面積を確保し、虎口(こぐち)は小規模な内枡形(うちますがた)状を呈している。

山城の北の麓には、野間館と呼ばれる館城の遺構が存在する。背後の山を削り残しの直線土塁と堀切で遮断し、丘腹に切り込んだ半町四方の方形区画が意識されている。土塁の裾近くには掘り込みと石組があり、庭園の可能性もある。

山頂の山城、山麓の林中の館跡

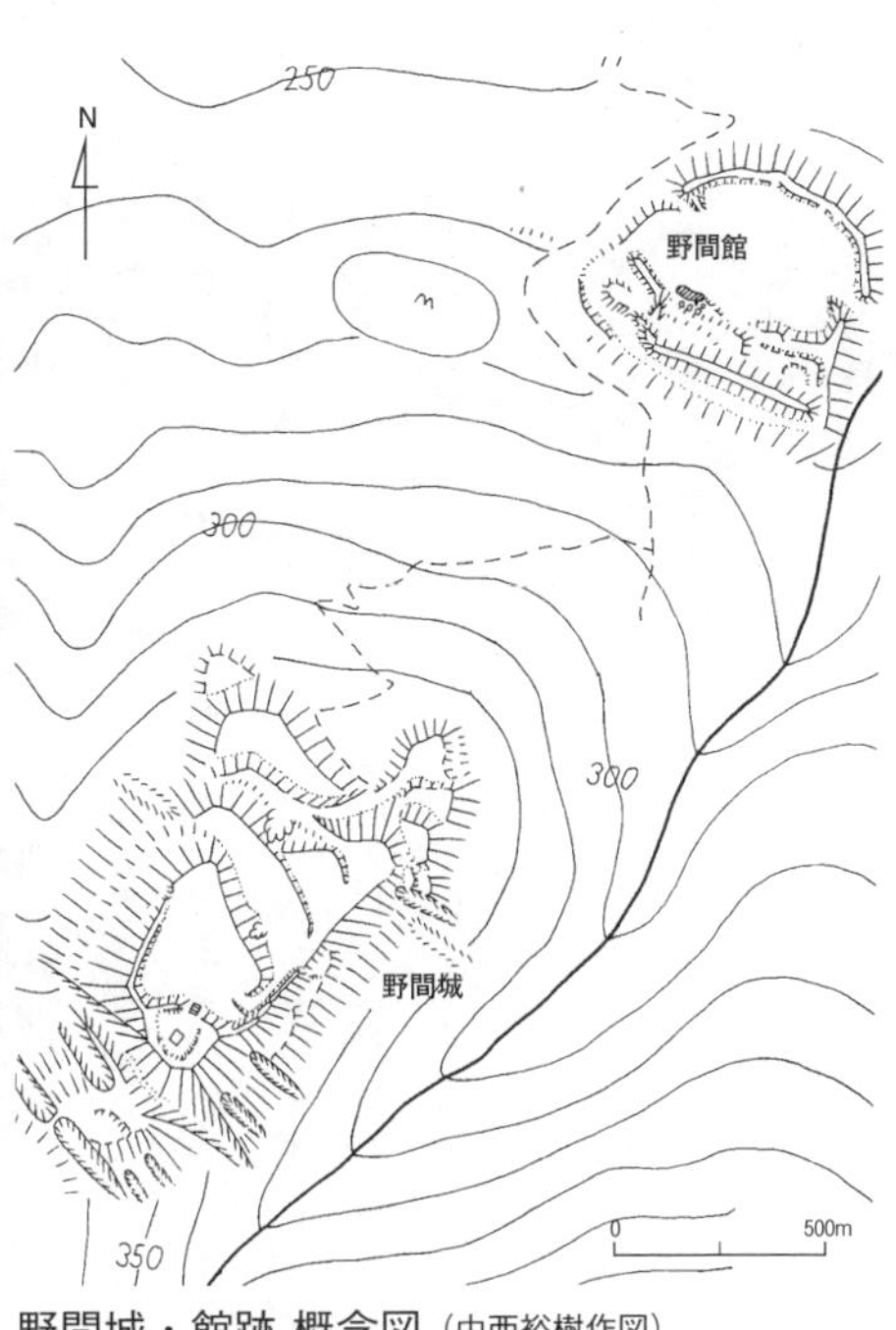

野間城・館跡 概念図（中西裕樹作図）

虎口は、山城に至る現在のルート方面にあったと思われるが、反対の川が流れる東側の谷に面した地点にも土塁を伴う虎口がある。館城と山城と館城がセットになる事例は、大阪平野周辺では珍しく、中でも野間城のように、立地から両者の関係が明確であるものは稀有である。

また、北側の川を挟んだ対岸には「野間屋敷」と呼ばれる場所があり、かつては土塁が存在したとされる。しかし現状では宅地化を遂げ、痕跡はうかがえない。仮に土塁が存在したとしても、山城や野間氏に結びつけて考えるためには、考古学的なデータが必要となる。

なお、野間城からすぐ北の「南山」には、野間中城と呼ばれる山城遺構が所在する。この城は集落からの比高が約五〇メートルであり、「野間氏系図」に「新城を南山に築くも中止す」と記述される城に該当するかと思われ興味深い。東側の鞍部には後世の攪乱（かくらん）が認められるものの、幅の広い土塁や曲輪の遺構が良く残っている。

【参考文献】中西裕樹「摂津国能勢郡西郷・東郷における中世城館構成—築城主体の性格と「小規模城館」—」（『中世城郭研究』一一、一九九七）、岡寺良「野間城・館・屋敷」（『図説近畿中世城郭事典』所収、城郭談話会、二〇〇四）

（中西裕樹）

大阪府

●巨大な外郭を持つ国人池田氏の城

# 池田城（いけだじょう）

〔所在地〕池田市城山町他
〔比　高〕約二三メートル
〔分　類〕丘城
〔年　代〕十六世紀初頭～後半
〔城　主〕池田氏、荒木村重、織田信長
〔交通アクセス〕阪急宝塚線「池田駅」下車、北へ徒歩約六〇〇メートル

**【国人池田氏の城】**　池田城は、標高三二五・一メートルをピークとする五月山から南に派生した台地縁辺部に立地する。十六世紀初頭までに国人池田氏が築城した。池田氏は、鎌倉時代に藤原姓を名乗る人物が確認され、室町時代の当初は赤松氏、のちに細川京兆（けいちょう）家という摂津国守護の被官として活動した。やがて周辺の荘園の諸職を手に入れ、京都と有馬温泉を結んで賑わう湯山街道沿いの池田に館を構え、戦国期の摂津を代表する国人として畿内でも指折りの勢力に成長した。

　応仁・文明の乱に際し、池田氏は東軍の細川京兆家の配下として働いたが、文明元年（一四六九）には西軍の大内氏による攻撃で城（館カ）を落とされた。しかし、態勢を挽回し、同十六年に奈良興福寺の大乗院門跡政覚は有馬温泉からの帰りに池田を通り、「池田庭倉以下拝見之、驚目者也」と記した（『政覚大僧正記』）。また、「池田館一門者共方々一見了」（『大乗院寺社雑事記』）とあるように、池田には一族がおり、複数の家があったことがうかがえる。

　十六世紀前半には、畿内での影響を強めていた三好氏と結び、筑前守を名乗った惣領家の池田信正が三好一族の有力者である三好政長の娘を娶った。細川京兆家と三好氏の内部抗争の結果、信正は自害するものの、その子の長正は三好一族化して池田一族内での地位を確立し、最盛期を迎えた。

　続く池田勝正は、永禄十一年（一五六八）に美濃から畿内に進出した織田信長の攻撃を受け、その後は将軍足利義昭に属した。翌年から信長に敵対する三好三人衆との争いが始まる

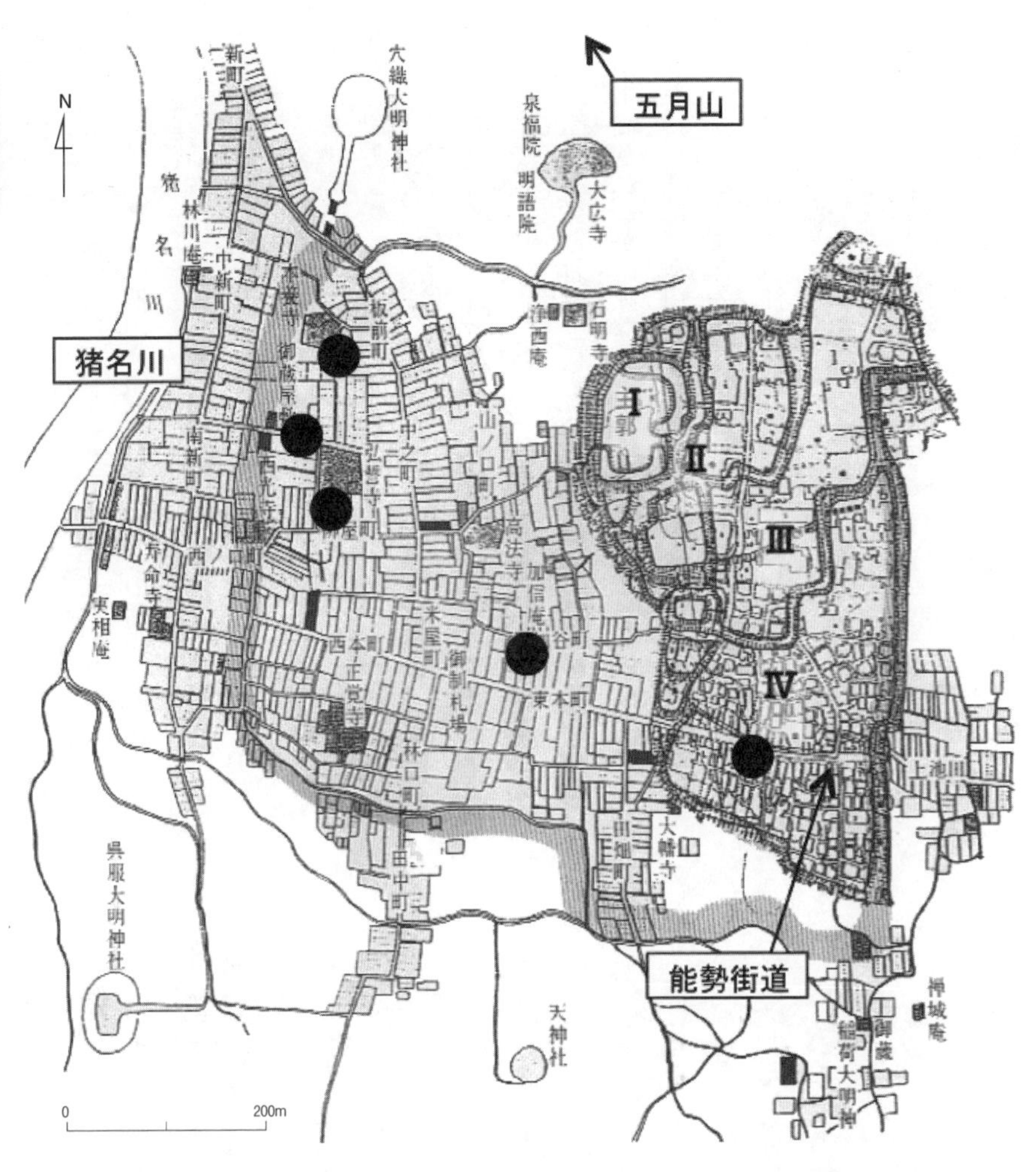


池田城下町復元図（仁木宏 2003「寺内町と城下町　戦国時代の都市の発展」〈有光友學編『日本の時代史 12 戦国の地域国家』吉川弘文館〉に加筆。網かけのラインは惣構の推定線。●は伝承家臣屋敷地）

と、三好嫡流家の当主三好義継が属した信長・義昭方として働くが、三好三人衆方と結んだ一族や家臣によって放逐され、弟の知正が当主となった。しかし、家中からは一時、池田姓を名乗った荒木村重が台頭し、その勢力は取って代わった。天正元年（一五七三）信長配下の旗幟を鮮明にした村重は翌年に池田城から有岡城（兵庫県伊丹市）に居城を移す。

【城の外郭と町】　池田氏は、摂津国を代表する国人であり、その勢力をふまえれば、背後に迫る五月山に山城を構えていたとしても不思議ではない。しかし、遺構は確認できず、城は台地上に収まっていた。これは、池田氏が台地上という城の立地にこだわった結果とみなせる。池田は、東西に走る湯山街道と南北に流れる猪名川という河川の合流点に近く、古くから水陸交通の結節点として町場が存在した。城の立地は、池田氏がこの麓の町との関係を優先した結果と理解できる。

池田城では、発掘調査に基づき、構造の変遷が想定されている。まず、十六世紀の初頭に方形単郭に近い台地縁辺部の主郭Ⅰを中心に土塁や堀が整備、拡張され、複数の曲輪が縁辺部に成立した（Ⅱ）。多くの建物の跡や遺物が確認できるなど、生活痕跡が濃厚な場所である。十六世紀半ばになると、台地続きの東に堀が開削されて広大な曲輪が設けられた（Ⅲ・Ⅳ）。内部は生活痕跡に乏しく、空閑地を多く含む外郭となる。一部、内部を通過する能勢街道付近に小規模な町場の存在が指摘されるが確証はない。摂津国内で、これだけ広大な外郭を持つ城は、池田城のほか、有岡城など数は限られる。

一方、麓の町は、猪名川の渓口部で街道が交差する場に位置し、川湊や神社の社家門前が複合する様相を呈した。推定される町場の構造は、道に沿って家屋が並ぶ街村状である。城攻めに際してたびたび攻撃を受け、天文十五年（一五四六）に池田信正は、細川晴元らの攻撃を受けた。「則その日池田へ取懸。西の口より一番に三好加助入らる丶、二番に淡路衆伊丹衆入らる丶、則市庭を放火する也。合戦有。池田衆十余人討死也。寄手も七人討死す」と『細川両家記』は記す。池田の「西の口」の中には市庭があり、放火されていた。

永禄十一年の織田信長の攻撃を記す『信長公記』には「池田の城筑後居城へ御取りかけ、信長は北の山に御人数備へられ御覧候」「外構乗込み、爰にて押しつおされつ暫の闘に」「終に火をかけ町を放火候なり」とある。信長が五月山から城を見下す中、軍勢が外構を突破して町を焼いたという。

これら戦いの様子をふまえると、いずれも町の住民らは池田氏に同調しており、町には「口」と呼ばれる出入り口と外構があったが、問題は外構の場所である。池田の町には、かつて城と反対側に土塁があったともされ、南に東西の流路があったため、これらが町全体を囲む外構、つまり惣構と呼ばれる都市構造を設定した可能性が指摘される。町は台地上の城と一体にとらえられ、「城下町」ともみなせる。

しかし、注意したいのは、城自体の構築物は町とは反対の台地続きに広大な空間を囲い込む外郭を設定する一方、町場を取り込むような土塁や堀を設けた痕跡がないことである。外郭の内部は、その機能として軍勢の臨時的な駐屯地や周辺住民の避難地との評価がなされている。池田では城が外郭を備え、戦時には町の住民との一体化を志向したが、空間的に町と一体化する囲郭施設は持たなかったと考えるべきであろ

池田城跡：主郭跡の公園と城郭風の建物

う。町は「城下町」でありながら一線を画した。西側の土塁といわれる構築物の存在についても、横に猪名川が流れる点をふまえると、堤の痕跡ととらえる方が無難ではなかろうか。

**【織田信長の陣城として】** 天正二年に荒木村重が有岡城へ居城を移した後、城は一度機能を停止したようである。やがて村重は、同六年十月に信長に謀反を起し、有岡城に籠城する。信長は、高山右近の高槻城や中川清秀の茨木城など、荒木方の摂津の諸城を降伏させながら有岡城に迫り、十二月には有岡城を攻撃するものの守りが堅く、戦いは長期化する。このため、信長方の武将は周辺の村々に砦を構えて在陣したが、『信長公記』によれば同年十二月に摂津国人塩川長満が「古池田」、つまり池田城の跡に陣を置いた。翌天正七年三月には信長自身が古池田に「御陣」を据える。以降、信長は池田に在陣し、周辺で鷹狩や名所の見物などをしている。発掘調査では、最終段階の池田城の主郭が信長によって虎口などの改造がなされたと考えられている。城は池田家中から台頭した村重を攻める本陣として、最後に機能したのであった。

以降、池田城が史上にあらわれることはないが、池田の町は江戸時代以降も摂津を代表する在郷町として存続し、山間部で生産される炭の集散地や酒造の町としても繁栄した。現在も、主郭や周囲の堀が良く残り、内部は都市公園として整備されている。城郭風の建築が設けられ、パネルで城の歴史や構造に関する説明がなされている。

【参考文献】 仁木宏「寺内町と城下町―戦国時代の都市の発展―」（『日本の時代史』一二所収、吉川弘文館二〇〇三）、田上雅則「畿内惣構えに関する素描―池田城跡を中心として―」（『関西大学考古学研究室開設五拾周年記念考古学論叢』下所収、二〇〇三）、天野忠幸「三好氏の摂津支配の展開」（『戦国期三好政権の研究』所収、清文堂出版、二〇一〇）、中西裕樹「城郭・城下町と都市のネットワーク」（『中世都市研究』一八、山川出版社、二〇一三）

（中西裕樹）

●住宅地に佇む小規模城館

# 原田城(はらだじょう)

〔豊中市指定史跡〕

〔所在地〕豊中市曽根西町三丁目
〔比　高〕八メートル
〔分　類〕平山城
〔年　代〕十三世紀末～十六世紀後半
〔城　主〕原田氏
〔交通アクセス〕阪急宝塚線「曽根駅」下車、西へ約五〇〇メートル

【国人原田氏の居城】　原田城跡とは摂津国豊島(てしま)郡原田村の北部に位置する原田城跡北城と原田村集落内にある原田城跡南城の二つの城郭を意味する。ここでは、主に変遷が明らかな北城を中心に紹介する。

原田城跡は、「原田村四株指出明細帳」などの近世史料で原田氏の居城と伝えられている。その原田氏が史料に現われるのは十三世紀後半であり（「金堂上棟引馬注進状」『多田神社文書』）、築城の推定時期とほぼ一致している（原田遺跡第九次発掘調査）。その一方で、三好日向守（長逸）が拠ったとの記述（『摂津郡誌』）もあるが、これは天文十八（一五四九）―十九年に三好氏が伊丹親興を討伐するべく伊丹城を攻撃したことに由来する可能性がある。

ところで、原田氏にかかる史料は少ないが、室町時代には管領にして摂津守護である細川氏の被官になっていたこと、戦国期には池田氏と密接な関係にあったことが判明している。

【戦国期の原田城】　天文十年、原田城は細川晴元に叛旗(はんき)を翻した木沢長政によって三好側である池田氏の盟友として攻められ、このあと天文十五年に起きた細川氏の内紛では、翌年二月九日、四国から上陸した晴元側の軍勢に攻められ、十日のうちに落城している。この際、原田城跡北城は放棄され、原田氏は南城に移ると考えられる。織田信長の入洛に伴い、三好側についた池田城を攻めるのに、細川藤孝が原田城によるが、これは無主となった北城の可能性がある。また、天正六（一五七八）～七年におきた摂津守荒木村重の乱では池田城

などとともに織田側の陣城として使われる。

このときは、古田左介（のちの古田織部）・中川瀬兵衛が拠っている。この乱のあと、原田氏は摂津守となった中川瀬兵衛の被官となり、三木への移封に伴い原田村から去ることになる。

**【原田城跡北城の構造】**　原田城跡は南北一四〇メートル、東西一二〇メートル以上、主郭は五〇メートル四方をはかる。ただし、原田城固有の地名である字「コネジ」が城域外に分布することから、東方に広がる可能性がある。外堀は幅五メートル前後、深さ一メートル以上をはかる。「ヨ」字状の平面系を呈し、主郭東辺を完全に遮断しない。内堀は幅一八メートル、深さ五～六メートルをはかり、主郭部を全周する。ところで、原田城は西方に派生する舌状丘陵先端部に立地し、猪名川を挟んで伊丹有岡城に対面する位置にある。荒木村重の乱では戦術的に重要な位置にあったといえる。このことから、大規模な内堀はこの乱に際して掘削されたと考えられる。

「原田村改正絵図」にみる城郭関係地名等の分布

原田城の土塁

**【原田城の周辺】**　原田城南方に位置する原田村集落は、発掘調査によって十三世紀後半までに集村化したと推定されている。また、集落外周に流れる九名井（くめい）という水路は、十五世紀までに掘削されたもので、当時の規模は幅九メートルであった。なお、誓願寺は文亀元年（一五〇一）に渡邊治郎左衛門によって建立されたもので、原田氏とは関連しない。

（橋田正徳）

●今に続く中世荘官の屋敷

# 今西氏屋敷（いまにししやしき）〔国指定史跡〕

〔所在地〕豊中市浜一丁目
〔比　高〕一メートル
〔分　類〕荘官屋敷
〔年　代〕十三世紀中頃〜現在
〔城　主〕今西氏
〔交通アクセス〕阪急宝塚線「服部天神駅」下車、東へ約一キロ

**【垂水西牧榎坂郷】**　今西氏屋敷は大阪府豊中市・吹田市南部に広がる荘園「垂水西牧榎坂郷（たるみにしまきえさかごう）」に下向した目代（荘官）の屋敷である。垂水西牧は、康平五年（一〇六二）に、藤原頼道の荘園として史料に所見し、その後寿永二年（一一八三）に近衛家は本所職を残して、氏神である奈良春日社へ寄進する。このあと、春日社が実質的な管理を行なうことになる。

**【今西氏屋敷の構造】**　今西氏屋敷は二町（二一六メートル）四方の屋敷地に幅一〇メートル前後、深さ一メートルの外堀を巡らす壮大な荘官屋敷として知られている。また、主郭は南北一町（一〇八メートル）、東西半町（五四メートル）をはかり、その周囲を幅一〇メートル、深さ二メートルの内堀が巡る。これ以外にも、いくつかの堀があったと推定され、屋敷内部の構造は複雑であると想定される。なお、主郭部は南北二区画にわかれており、北半分は南郷春日神社、南半分は居宅部となっている。また、主郭部の東方から外堀東辺にかけては南郷村（江戸時代）が広がる。この区域は南北の水田と異なる地割が認められ、中世後期の遺構も検出されていることから、今西氏被官の居住区と推定されている。

**【今西氏屋敷の変遷】**　今西氏屋敷は屋敷最高所に位置する、南郷春日神社の創建にはじまり、このあと段階的に居館へと変貌する過程をたどる。まず、十三世紀中頃に南郷春日神社と方二町四方の範囲に社域を示す外堀と土塁が巡らされる。そして、十四世紀末までには神社南部に居宅が構えられ、居館化する（「大般若会始行事」『今西家文書』）。このあと、十五

南郷目代今西氏屋敷の構造

世紀前半には主郭の周囲に区画溝を、十五世紀後半には内堀を巡らすようになる。なお、屋敷南西に位置する今西家墓所の成立も、石造物から十五世紀頃と想定される。また、今西氏被官衆の居住区（南郷村一帯）は、検出された遺構から十五世紀以前にさかのぼることが近年明らかになっている。

**【戦国時代の今西氏】** 今西氏は垂水西牧榎坂郷の目代として下向したが、十六世紀には垂水西牧桜井郷（豊中市北部）や卯原郡山路荘（神戸市）の荘官も請け負うほか、兵庫南関の利権に関与するなど（「摂津国春日社領知行分書上」『今西家文書』）、多忙を極めたようである。そうしたなか、摂津国人のひとり、池田氏に代官請を依頼するなど、摂津国人衆のネットワークに連なるように、単なる荘官とはいえない地位を築いている。しかし、山崎の合戦で姻戚関係を結んでいた明智光秀側に与して、天正十一年（一五〇〇）に目代職を奪われるものの、その後も当地を離れることなく、目代としての歴史は引き継がれ、全国でも例をみない荘官屋敷として現在にいたる。

今西家墓所（今西春禎氏所蔵）

**【今西氏屋敷の周辺】** 榎坂郷を構成する小曽根村や服部村の集村化は十三世紀後半に完成しており、「東さん溝」をはじめとするこれら村落の基幹水路網も十三世紀後半までに掘削されており、近現代に続く村落景観はこの時期に形成する。南郷春日神社は、こうした荘園景観の改変に及ぶ春日社の直接的経営の強化を象徴する所産として評価されている。

（橋田正徳）

# 大坂城（おおさかじょう）

〔国指定特別史跡〕

〔所在地〕大阪市中央区大阪城
〔比　高〕二五メートル
〔分　類〕平山城
〔年　代〕十六世紀末～
〔城　主〕豊臣秀吉・秀頼、松平忠明、徳川家
〔交通アクセス〕大阪市営地下鉄「谷町四丁目駅」「天満橋駅」、JR環状線「森ノ宮駅」「大阪城公園駅」、京阪電鉄「天満橋駅」下車すぐ。駐車場有

**【大坂城の立地】**　大坂城は大阪市内を南北に伸びる上町台地と呼ばれる洪積台地の北端部に築かれている。上町台地は大阪府南部の泉北丘陵から北に派生している。大阪市の南端の大和川付近で標高一〇メートル程度であるが、次第に高さが増し、四天王寺付近では一八メートル、大坂城の南端にあたる空堀通り付近では二〇メートル、大坂城が立地する北端部では二五メートルになる。そして、北端は大坂城の北端で急激に高度を下げ、大川へとつづく。

　東西方向の比高は、東端になる森ノ宮駅付近で二メートル、大阪城公園の南にある難波宮史跡公園付近で二三メートルと高くなるが、そこから西へは再び低くなり、谷町筋付近で一五メートル、西端の東横堀川付近では四メートルと低くなる。大坂城が上町台地北端部の最も高い場所を占めていることがわかる。

　この場所はすぐ北に淀川の旧本流である大川や、河内平野から流れる旧大和川が東から北側を巻き込み、それらが天然の堀をなしており、西は一〇メートルもの比高のある斜面とその先の海岸低地を挟んで大阪湾が広がる。高燥な陸が続くのは四天王寺へと続く南側だけで、その方面に防衛線を作ることで、高い防御力を発揮できたと考えられる。

　大坂城が築かれた上町台地の北を流れる大川は古代以来、水上交通と陸上交通の要衝であった。古墳時代以来、この地には難波津に先行する港湾機能があり、古代には難波津と呼ばれる港が、そして中世には熊野詣の中継点となる九品津や

渡辺津があった。

織田信長の事績を記した『信長公記』には「大坂はおよそ日本一の境地なり。（中略）西は滄海漫々として、日本の地は申すに及ばず　唐土・高麗・南蛮の舟海上に出入、五畿七道集まりて売買利潤富貴の湊なり（後略）」と記載されている。この地理的な環境に信長は眼をつけ、大坂本願寺にこの地を明け渡すように迫った。

**【三時期の城が重なる】**　大坂城跡のある上町台地北端部には、室町時代以降に三つの城が築かれた。最初の一つは正確には城郭ではないが、「摂州第一の名城」（『足利季世記』）と呼ばれた大坂本願寺とその寺内町が建設されていた。そして、織田信長と十一年にわたる戦いののち、天正八年（一五八〇）にこの地を明け渡し、紀州鷺森に移転した。

その後、天正十一年から羽柴（豊臣）秀吉が本願寺の跡地にその遺構を利用しつつ大坂城を築き始めた。秀吉は本丸から工事に着手し、天正十三年には天守が竣工している。そして翌年から二の丸工事に取り掛かり、二年後に完成させている。その後、文禄三年（一五九四）から大坂城を広く囲む惣構工事を行い、さらに慶長三年（一五九八）には惣構内に三の丸を建設し、四重構

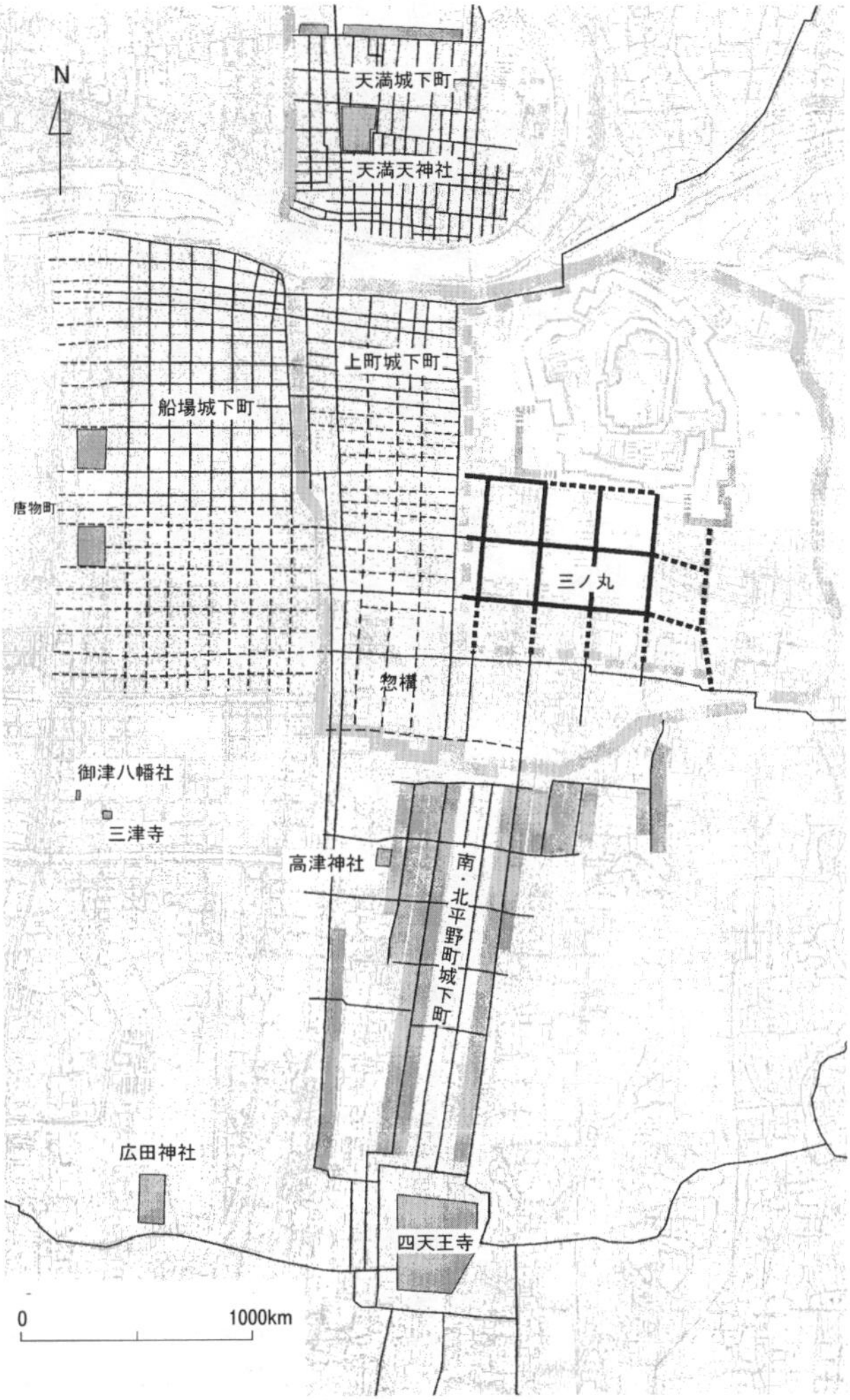

豊臣後期の大坂城下町復元図（松尾信裕作図）

造の城郭となった。

慶長三年に秀吉が没したことで豊臣政権が揺らぎ始め、慶長五年の関ヶ原の戦いの結果、豊臣家は六〇万石の大名に凋落した。そして徳川家康からの最終通告にも従わず、大坂の陣へと突き進んだ。その結果、元和元年（一六一五）、大坂夏の陣で豊臣秀頼とともに大坂城は炎に包まれ落城した。

大坂の陣後、徳川幕府は家康の外孫である松平忠明を大坂城主として大坂に置き、荒廃した市街地の整備に着手させた。そして、元和五年、大坂を幕府直轄地とし、翌年から大坂城の再建工事に着手した。工事は三期九年に及んだ。この工事では豊臣大坂城の堀を広く深くし、本丸にも手を加えている。豊臣大坂城の本丸図と比較すると、本丸が広く平坦な曲輪となっている。現在、目の前にある石垣と堀はこの時に出現したものである。

**【大坂本願寺】**明応五年（一四九六）、上町台地の北端に本願寺第八世宗主の蓮如（れんにょ）が坊舎を建立したことに始まる。その頃のこの地は「虎狼ノスミカ也、家ノ一モナク畠ハカリナリシ所也」（『拾塵記』）と記されているが、上町台地の西麓の大川沿いには渡辺津と呼ばれる港湾都市が栄えており、上町台地を南に下れば四天王寺と門前町が当時の大阪第一の都市として繁栄しており、「虎狼ノスミカ」は言い過ぎであろう。「畠ハカリナリシ所」との見方は妥当で、本願寺推定地の南に広がる難波宮跡一帯では中世の耕作土が堆積しており、上町台地周辺に居住している人たちの耕作地として利用されていたと考えられる。

大坂本願寺は織田信長との戦いに備えて周囲に堀や土塁を巡らせ、「摂州第一の名城」とまでいわれるようになった。その甲斐あってか、元亀元年（一五七〇）から十一年にわたって続いた信長との、いわゆる石山合戦でも防衛線が破られて落城したのではなく、和睦によって信長に降ったのであった。

大坂本願寺と寺内町の所在地や内部構造については、文献史学や歴史地理学からいくつかの提案がなされているが、内部構造については確定していない。また、所在地についても大きく大坂城二の丸説と法円坂（ほうえんざか）説がある。法円坂一帯では昭和二十九年（一九五四）以来、難波宮跡を発掘調査しているが、本願寺の本体や寺内町と推定できる遺構は発見されておらず、発掘調査がほとんどない大阪城公園内であろうと考える。

徳川大坂城跡は国の特別史跡に指定されているために、大阪城公園での発掘調査は少なく、また現状変更があっても徳川大坂城築城時の厚い盛土やその下層の豊臣大坂城の盛土によって覆われており、本願寺期の地層に達することは容易ではない。また、低地部では豊臣・徳川両期の大坂城築城工事や近代以降の開発によって削平されていることが多く、大阪城公園内で本願寺期の遺構を検出することは不可能に近い。

**【豊臣大坂城】**　天正十一年（一五八三）、賤ヶ岳の戦いで柴田勝家を破った羽柴秀吉は、大坂本願寺寺内町の跡地に本格的な城郭を築き始めた。ルイスフロイスの『日本史』に「旧城の城壁や濠は、このようにすべて新たに構築された」と記載されていることでも明らかで、秀吉が大坂本願寺の遺構を利用し大きく改造して近世城郭と変貌させた。

工事は本丸から着手され、天正十三年四月までには天守が竣工している（『宇野主水日記』）。この工事で完成した本丸の構造は『豊臣時代大坂城指図』（中井家蔵）によってうかがうことができる。さらに、翌年からは二の丸工事に着手し、二年後の同十六年に終了した。二の丸の堀の

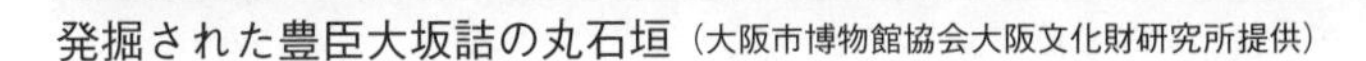
発掘された豊臣大坂詰の丸石垣（大阪市博物館協会大阪文化財研究所提供）

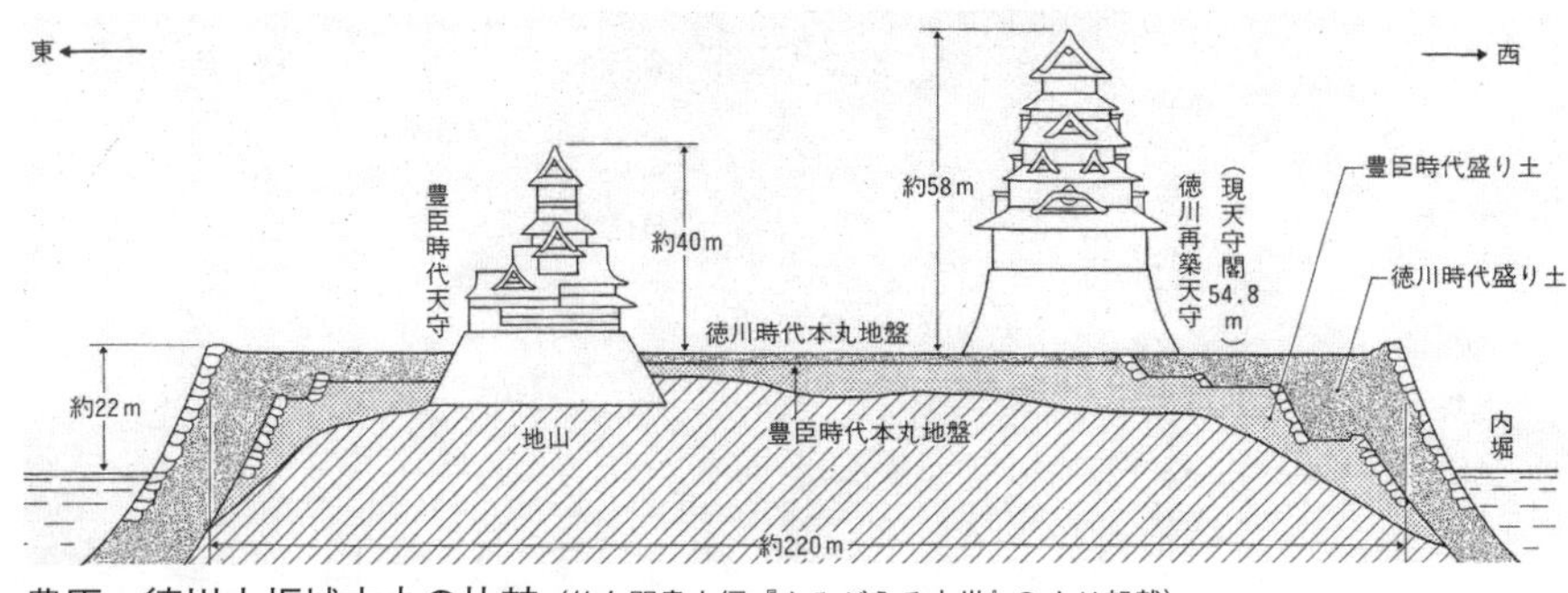

豊臣・徳川大坂城本丸の比較（佐久間貴士編『よみがえる中世』2より転載）

位置は徳川大坂城の外堀とさほど変わらないと考えられる。この段階で大坂城築城工事も一段落し、二の丸の周囲に家臣団屋敷も配置されてきたと考えられる。そして大坂城の南部と西部には整然とした町人の居住空間も出現していた。

二の丸工事が終わってから六年後の文禄三年、秀吉は大坂城と町人地を広く囲い込む惣構の建設工事に着手した。この工事で囲い込まれた範囲は北が大川まで、東がＪＲ環状線付近にあった猫間川(ねこまがわ)まで、西が東横堀川まで、南が上町台地を横断するように掘削した空堀までで、東西約二・五キロ、南北約二キロの広さがあった。発掘調査で見つかった堀は、推定される幅が五〇メートル、深さが一〇メートルと大規模なものであった。惣構内には大坂城二の丸と大坂城の西部の町人地の一部を含んだが、東横堀川以西の町人地と四天王寺まで続く町人地や寺町が郭外になった。

慶長三年、秀吉は嫡子秀頼の将来を案じて、惣構内部に三の丸を建設した。この工事は大坂城の近くに大名たちの屋敷を建設させて、そこに家族を住まわせ、大名の離反を抑えることを目的としたものであった。同時にこの工事で出現する大名屋敷によって土地を奪われた町人や寺院を、惣構の西に新しく開発した船場(せんば)地区の城下町に移転させた。新たに建設した三の丸の範囲はさまざまな説があるが、江戸時代に武家地が集中していた大坂城の西側や南側で、現在も官公庁の建物が広がる一帯であろう。

この工事を最後に大坂城の整備工事はしばらく行なわれなくなり、慶長十九年の大坂冬の陣を迎える。この時に惣構堀の南に真田丸(さなだまる)が新たに付け加えられ、惣構の防塁線も強固にされた。そのため、冬の陣では徳川勢は惣構内に侵入できなかったが、その講和条件で本丸の堀を残してすべての堀が埋められたため（『本光国師日記』）、翌元和元年の大坂夏の陣で豊臣家は滅び、大坂城は落城した。

**【徳川大坂城】** 大坂の陣から五年後の元和六年から徳川幕府は大坂城の再建工事に着手した。再建工事は三回に分けて行なわれた。第一期工事が元和六年から同九年までで、工事範囲は二の丸の西・北・東の外堀と石垣である。第二期工事は寛永元年（一六二四）から同三年までで、工事範囲は本丸であった。第三期工事は寛永五年から翌六年までで、二の丸南外堀と石垣を築いた。こうして完成した大坂城の遺構が現在にまで残っている。完成した徳川大坂城は豊臣期の本丸と二の丸の範囲となっており、城域が大幅に縮小した。

本丸の構造を見ると、豊臣大坂城の本丸中央部分は三段構造になっていたが、徳川大坂城は本丸中央部が広大な平坦面となっている。これは豊臣時代には石垣に自然石を多用して

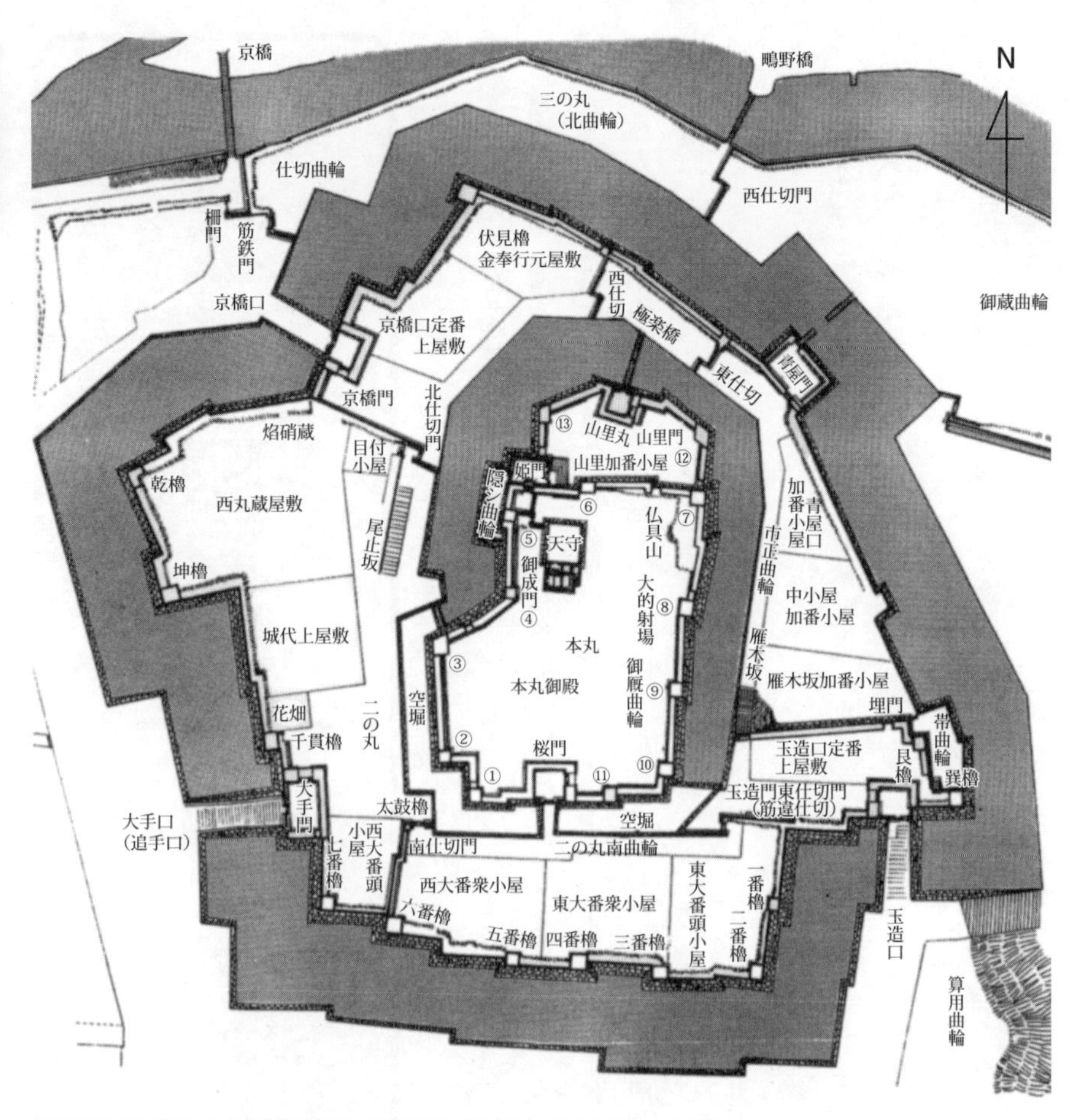


徳川幕府再建 大坂城縄張図（松岡利郎『大坂城の歴史と構造』より）

いたためにさほど高い石垣は築けず途中に段を設けていたが、徳川時代には石材の切り出し技術や構築技術の進歩によって、堀底面から三〇メートル以上にもなる石垣を一気に築くことが可能になった。そのことで本丸内に広い空間を出現させることができたのである。

現在、大阪城公園内には江戸時代から明治時代に建設された櫓や建物が十一棟存在する。これらは重要文化財に指定されている。また、昭和六年に復興された天守閣も登録文化財に指定されている。

【参考文献】松田利郎『大坂城の歴史と構造』（名著出版、一九八八）、内田九州男「よみがえる商都・大坂」（佐久間貴士編『よみがえる中世』二所収、平凡社、一九八九）

（松尾信裕）

●信長と戦った惣構を持つ寺内町

# 大坂本願寺（おおさかほんがんじ）

〈所在地〉大阪市中央区大阪城
〈比　高〉二五メートル
〈分　類〉寺内町
〈年　代〉一四九六〜一五八〇
〈城　主〉蓮如、証如、顕如ら
〈交通アクセス〉大阪市営地下鉄「谷町四丁目駅」「天満橋駅」、JR環状線「森ノ宮駅」「大阪城公園駅」、京阪電鉄「天満橋駅」下車すぐ。駐車場有

**【本願寺・寺内町の立地】**　大阪市中心部を南北に貫通する上町台地の北端部には、七世紀半ばから八世紀末にかけて難波宮が営まれた。九世紀以降、畠地や荒蕪地になっていたこの地に再び人が住み始めたのは十五世紀末のことであった。

明応五年（一四九六）、当時、京都の山科に本拠をすえていた本願寺第八世蓮如は、「生玉庄大坂」とよばれていたこの地に着目し、坊舎の造営を始めた。「三方ハ田畠平均ニシテ民屋繁栄ナレハ米穀野菜ニアキ、一方ハ蒼海一面ニシテ客船出入スレハ器材雑物ニ富テ、仏法弘通スヘキ霊場」（「真宗懐古鈔」）であったという。

「蒼海一面」とするのは西の方向で、大阪湾を表現したものであろう。また、上町台地の西下には渡辺津とよばれる繁栄した港町があった。この渡辺津から上町台地に登る坂のことを「大坂」と称したのであろう。渡辺津の東側にあたる上町台地の上には浄土堂があった。これは、鎌倉時代はじめに東大寺を復興した重源が興した堂舎で、西方極楽浄土を拝む、絶景の地に立地したと推定されている。

このように大坂は、浄土思想における聖地であり、かつ浄土真宗が戦国時代の交通・流通の発達のなかで全国的な広がりを得てゆくことができる最適の地であった。蓮如は、隠居所としてここに坊舎を築いたともいうが、そのまま信じることはできない。数十年後の発展を見越した蓮如の慧眼こそ評価すべきであろう。

本願寺の立地場所については大きく分けて二説あっ

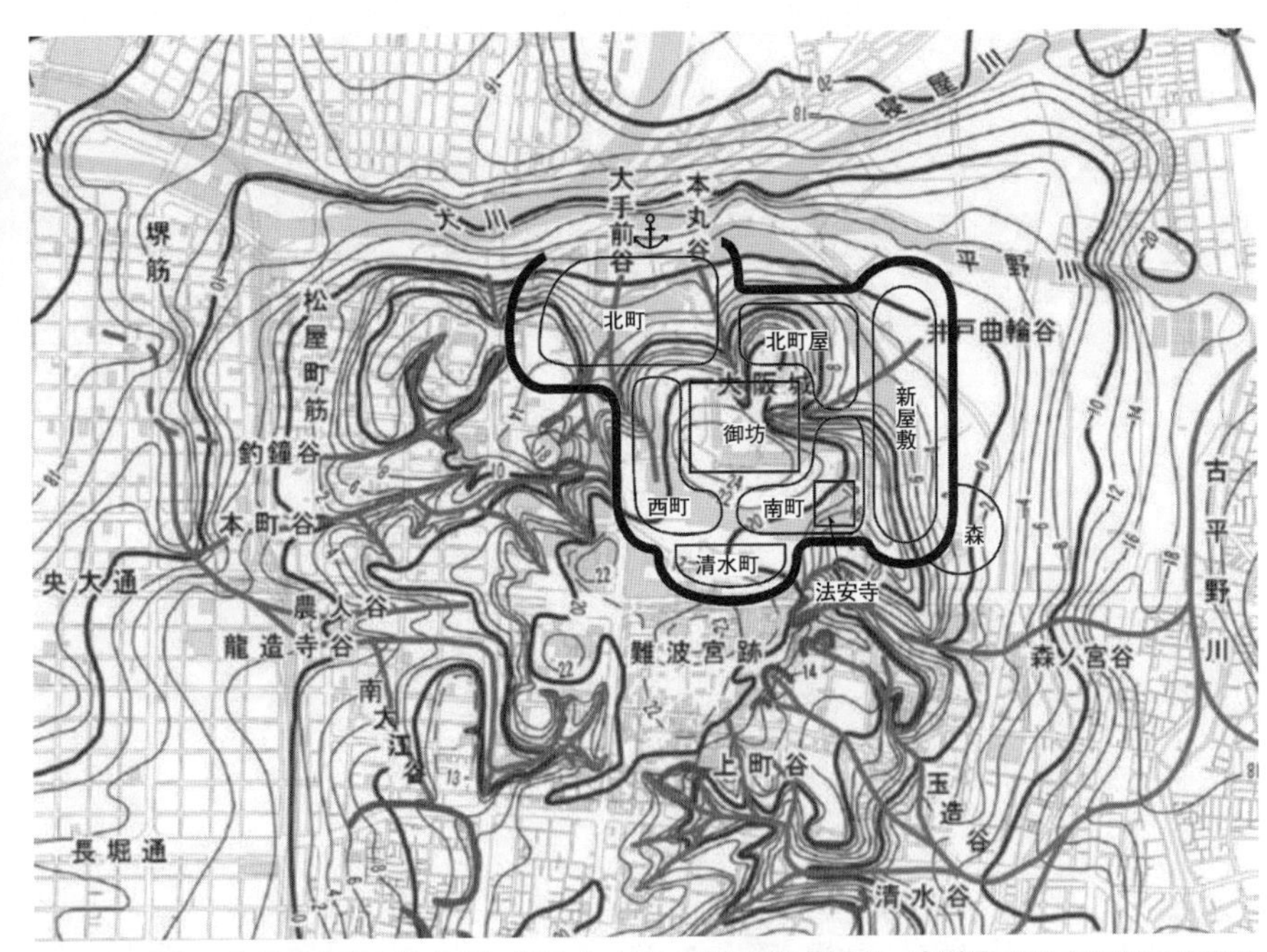


大坂本願寺　復元位置図（本図は，御坊と六町の配置想定図を，地形図〈大阪文化財研究所提供〉の上に重ねたものである。今後の研究進展により改変の可能性が高い）

た。難波宮周辺説と大坂城地下説である。前者は、山根徳太郎、天野太郎によって主張されたが、発掘調査の進展にもかかわらず、本願寺時代の遺構・遺物がほとんどみつからないことから現在ではほぼ否定された。大坂城（現在の大阪城）の地下は発掘がほとんどおよばず、考古学的な検証が進んでいない。しかし、羽柴（豊臣）秀吉が大坂城を築城する初期、本願寺の遺構を活用したとする記事（『イエズス会日本年報』）があり、後者の説がほぼ定説となった。

**【寺内六町と惣構】**本願寺に付属する寺内町には六つの町があったことがわかっている。大坂城地下説をとる論者（伊藤毅・仁木宏・藤田実）の間でも、本願寺と六町の位置関係については一致をみていない。いずれが蓋然性が高いかは文献史料からだけでは決め手に欠ける。ただ、「寺内の浦」とよばれる港があったことはわかっているので、寺内町が淀川（大川）縁まで広がっていたことは間違いない。

発掘調査や地中ボーリング調査の成果によれば、本願寺時代には、現存する徳川期天守台のすぐ北側あたりから地形は急激に落ち込む。しかし、現在の西の丸から北北西方向には多少なりとも傾斜のゆるい地形が川に向かってつづいていたらしい。その延長線上にあたる追手門学院の敷地内で、永禄五年（一五六二）銘の瓦が発見されており、このあたりが「寺内の浦」にあたるのではないかと考えられている。だとすれば、現在の天守台・本丸広場付近に本願寺の中心施設が立地し、寺内町はそこから北側の斜面や川添いの低地に広がっていたことになる。

蓮如の没後、本願寺がさらに整備され、そのまわりの寺内町が拡大していったことは間違いないが、一五二〇年代までその実態についてはほとんど不明である。漸次発展を遂げていた本願寺・寺内町が一気に拡大する契機となったのが、天文元年（一五三二）、この地に本願寺第一〇世証如が移り住み、本山となったことであった。山科本願寺・寺内町が敵方によって陥落・焼亡し、大坂もまた武家の攻撃によって落城の危険性にさらされたことは、大坂の防衛強化の必要性を本願寺や大坂町民に強く印象づけたことであろう。この後、都市としての寺内町の発展と、城塞としての防衛力強化は並行して進められたと推定される。

この段階で大坂寺内町の周囲には土塁（どるい）と堀からなる「構」（惣構（そうがまえ））がめぐらされていた。証如が町民をしばしばこうした「構」の土木工事に動員している（『天文日記』）。遠見をするための櫓（やぐら）も林立していたらしい。櫓の数は一〇本以上と推定される。櫓がどのような構築物であったかは不明であるが、証如が登っていることからみて、一定度の高さと安定性をもったことはまちがいない。このように惣構に囲まれた寺内町であったが、夜間は門を閉め切り、出入りができない状況にあった。門の開閉権は本願寺が持っていたが、天文七年、町人側からの要求によって必要があれば夜でも門を開くことを許可した。

寺内町の内部は、本願寺の強い警察権と町人たちの自治によって治安が維持されていたが、惣構を一歩外へ出ると紛争が絶えない戦国の巷であった。「寺内の浦」に隣接すると思われる「河縁」（渡辺津か、その東側と推定）では、寺内町の町人と武家方の対立が生じたし、寺内町東側の森村でも暴力事件が発生している。惣構は、都市（寺内町）の「平和」と治外法権を保証する現実的かつ法的境界線でもあったのである。

天文初年に起こった天文一揆の戦いの後、本願寺は幕府や三好氏らと友好関係を結び、「平和共存」の道を歩む。全国各地の戦乱にあたって、門徒の助力や一揆蜂起を要請されても証如は拒否しつづけた。ところが、永禄十一年、織田信長が足利義昭を擁して上洛すると、本願寺と武家権力との関係は緊張感をはらむものに一変したらしい。

**【「石山合戦」を戦い抜いた要塞都市】** 永禄十一年の信長からの「矢銭」要求には、堺とはちがってしたがった本願寺であったが、元亀元年（一五七〇）、諸国の門徒に檄（げき）を飛ばし、信長方との全面戦争（いわゆる石山合戦）に突入した。両者の対立の根底には、本願寺や寺内町・一向宗門徒が確保していた経済的繁栄や特権と、信長が目指す武家中心の国家像の間のあつれきがあったことは間違いないが、より直接的には信長が本願寺に大坂の地を明け渡すことを要求したことがあったともいわれる。

「そもそも大坂はおおよそ日本一の境地なり。その子細は、奈良・堺・京都にほど近く、ことさら淀・鳥羽より大坂城戸口まで舟の通いすなおにして……」。『信長公記』の右の描写は、信長が大坂をどのように眺めていたかを伝えるものといえよう。

天正八年（一五八〇）まで十一年におよぶ「石山合戦」は、信長方による壮大な包囲戦であった。大阪湾上での織田方と毛利方との海戦が著名であるが、天正四年には信長軍が南の天王寺方面から大坂に迫る局面もあった。上町台地北端に位置する本願寺にとって、三方は低地や湿田であったが、陸地つづきの南方だけが軍事的鬼門であった。そのため、南側には惣構の外側に何本もの防衛ラインを築いていたとみられ、その内の一部が発掘調査によって発見されている。

最後まで軍事的には敗れなかった本願寺であったが、天正八年、勅命講和という形式で信長方に降伏し、顕如、ついで教如が退城して終焉の時を迎えた。本願寺と寺内町は焼け落ち、八十有余年におよぶ歴史は終わった。その後、本願寺の跡地は、信長方の「城」として管理されていたようであるが、天正十一年、羽柴（豊臣）秀吉がこの地に大坂城を築くにあたって大量の盛土を行い、地下深く埋もれてしまったのである。

大坂寺内町は、戦国時代、全国各地に族生した寺内町（「寺内」）のなかで最大かつ最上級のものであった。都市としての面積・人口、特権だけでなく、堀と土塁からなる惣構の規模や構造も最高レベルであっただろう。人口や都市としての繁栄は京都・堺には及ばないものの要塞都市として充実度は、織田信長軍を十年間寄せつけなかった点からしても日本一であったといえるかもしれない。

【参考文献】仁木宏「大坂石山寺内町の復元的考察」（中部よし子編『大坂と周辺諸都市の研究』所収、清文堂出版、一九九四）、仁木宏「大坂石山寺内町の空間構造」（上横手雅敬監修『古代・中世の政治と文化』所収、思文閣出版、一九九四）

（仁木　宏）

●北河内の拠点城館

# 私部城（交野城）

〔所在地〕交野市私部
〔比　高〕五メートル
〔分　類〕平城
〔年　代〕十六世紀中頃
〔城　主〕安見右近、安見新七郎
〔交通アクセス〕京阪交野線「交野市駅」下車、東へ徒歩七分

**【交野の中心に立地】**　交野城は、交野市役所から北へわずか一〇〇メートル余のところに立地する平地城館である。都市化の波を免れて遺構が残されているのは、奇跡的ともいえる。文献史料では、戦国末期のごく限られた期間に安見氏が居城としていたことを確認できる。

江戸時代以降は、村名から私部城と呼ばれることが多いが、城が機能していた頃の同時代史料では交野城と呼ばれる。交野という地名は、交野郡南部一帯（現在の交野市域および枚方市の一部）を指す呼称であったため、広域的な支配を意識した城であったことが窺える。そこで、本文中では、「交野城」と記載する。

近辺が交通の要衝であったことは、交野城から南西へ一キロほど隔てた淀川支流の天野川に架かる逢合橋からもみてとれる。この橋の名については、七夕伝説に由来するいう誤伝が都市伝説の如く広まっているが、正しくは融通念仏宗の中興の祖である法明上人と石清水八幡宮の使者がばったりと相逢った故事に因む。その名が伝える通り、古来交通の結節点で、付近では河内国の南北幹線道路である東高野街道とその脇街道となる山根街道が分岐し、さらに天野川沿いに枚方と奈良方面を結ぶ磐船街道も交差する。私部の集落は、これら三本の街道に囲まれるように立地しているため、私部築城以前から周辺経済の中心となっていた。

**【安見氏の系譜】**　私部に安見氏が居城を構えたのは、南北朝期だとする説が古くからあるが、その根拠となったのは近世

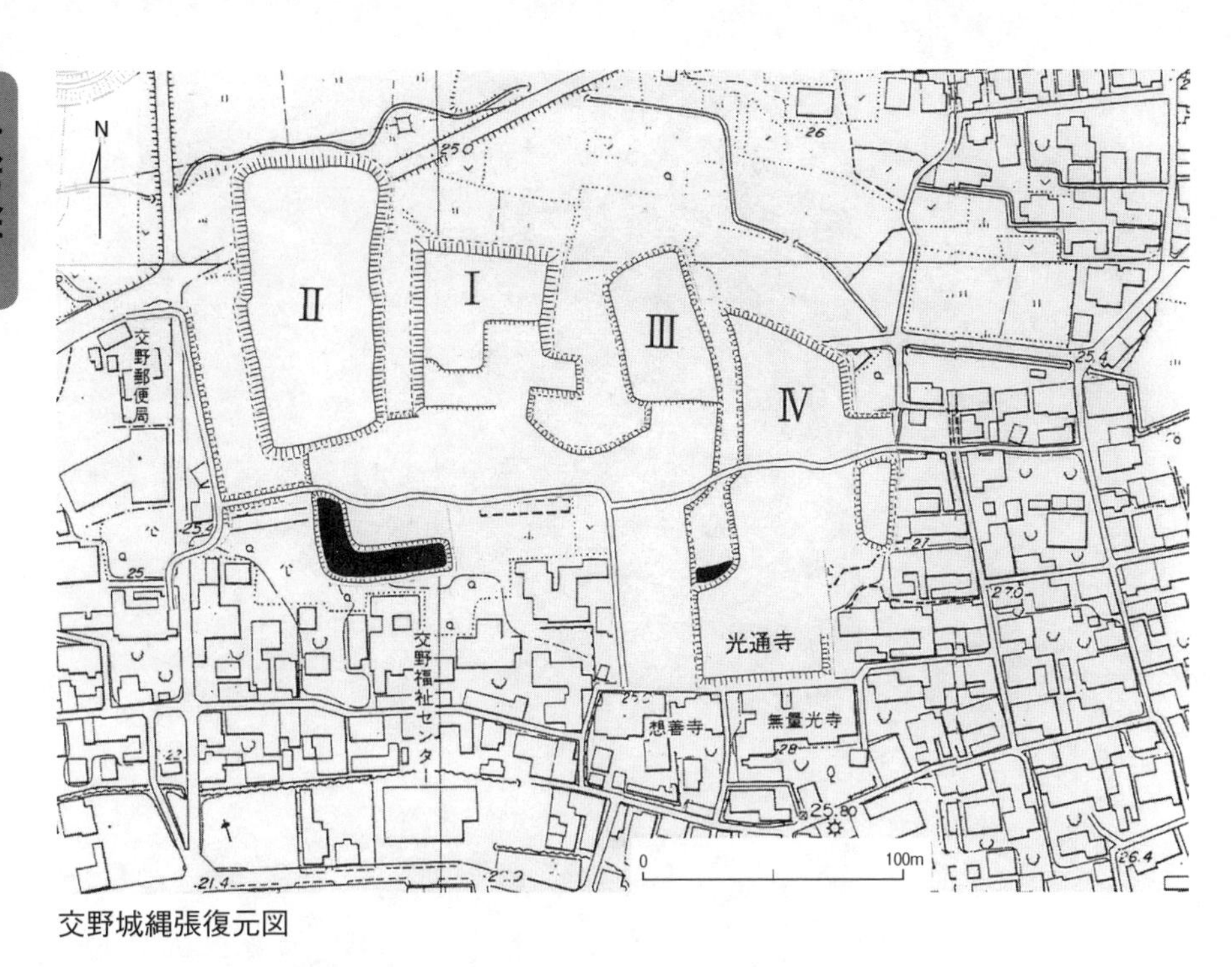


交野城縄張復元図

後期に椿井政隆が作成した偽系図である。たしかな史料によると、交野一帯は中世には大交野荘と呼ばれており、治承三年（一一七九）に同荘は平清盛によって石清水八幡宮に寄進されている。当地は八幡からさほど離れていないため、荘園制が崩れつつあった戦国期に至っても、領主である石清水八幡宮の強い影響のもとにおかれていた。

この石清水八幡宮領大交野荘のうち、私部の南方にあたる星田の代官として安見右近が登場する（『石清水文書』）。永禄四年（一五六一）には、枚方寺内町の住人たちが星田にいる右近のもとを訪ねており（『私心記』）、この段階にはまだ私部に居城を構えていないようである。安見右近の出自ははっきりしないが、十六世紀中頃に河内周辺を席巻する安見宗房の一族であろう。

交野城の文献上の初見は元亀元年（一五七〇）で、三好三人衆方を包囲する織田信長方の城の一つとして、安見右近が城主となっている（『信長公記』）。右近は信長に近づくことで勢力を伸ばし、私部に進出してきたようである。以後、交野地域における石清水八幡宮の影響力は後退していく。

**【交野城を巡る攻防】**　右近は、松永久秀を介して信長方に属していた。そのため、信長からの離反を企てる久秀に翻弄されることとなる。元亀二年に奈良を訪れた右近は、久秀の離

交野城水堀の痕跡

反に異論を唱え、結果五月十日に自刃に追い込まれた（『言継卿記』『二条宴乗記』）。

翌日、松永勢はすぐさま交野城に攻撃を仕掛けるが、城の守りは堅く、主力は二十七日に帰陣する（『多聞院日記』）。それ以後も「交野表あい城の衆」は残っているので、松永勢は相城を設けて交野城への睨みをきかせていたようである（『信

交野城中心部

貴山文書』）。

そして、翌年四月に、信長は交野城救出の援軍を派遣する（『根岸文書』）。このとき右近に代わって交野城に籠もっていたのは安見新七郎であった（『信長公記』）。右近の実子がまだ幼少であったため、新七郎はその名代として、右近の後家とともに交野城の維持にあたっていたようである（『兼見卿記』）。対する攻め手には、松永勢のほか、久秀が推戴する三好義継の軍勢も加わっていた。このとき義継は、安宅神五郎に書状を送り、「交野要害堅固」なので、早く援軍を送るよう要請している（『土佐国蠹簡集残編』）。攻め手も認めるほど交野城の守りは堅かったのである。結果、安見勢は城を守り抜き、信長方の勝利に終わった。

このように交野城は、右近という当主を失いながらも長期にわたる松永勢の攻撃に耐え抜いた名城であった。以後も新七郎は河内における信長方の有力部将として活動を続ける

が、信長の死とともに史料上から姿を消し、交野城の名もみえなくなる。本能寺の変にあたって、新七郎は明智方に味方したのかもしれない。

**【遺構と『室町殿日記』の対比】** 遺構は、主郭Ⅰを中心に、いくつかの曲輪(くるわ)が並ぶ列郭式の城郭で、曲輪と曲輪の間には空堀が設けられる。このようなタイプの城館は、周辺に例がない。また、北の守りには免除川を活用し、私部集落と接続する南側には、かつては水堀が設けられていた。南側からの登城口には、光通寺・想善寺・無量光寺など寺院が集まる一角があり、かつては城の一部であった可能性も考えられる。事実、今現在も想善寺前の道は屈曲しており、かつての登城路の姿を想像させる。

ただ、現代的な都市化は免れたとはいえ、近世村落と接している以上は、さまざまな改変を受けている可能性も視野に入れておく必要があるだろう。そこで、近世初期の景観を反映していると考えられる『室町殿日記』を手がかりとして遺構に評価を加えたい。

近世初期に成立した『室町殿日記』は、戦国期を題材とした軍記物で、内容に虚飾が極めて多いため、史料として用いることはこれまで避けられてきた。実際、物語のなかで、信長は交野城の攻撃を図っており、内容は史実と全く異なるものとなっている。しかし一方で、右近の後家が守っていたという話が反映されるなど、安見家の実態を踏まえたうえで執筆した形跡がみられる。交野城の姿も非常に詳しく記されており、当時の現況を踏まえて記したように見受けられる。そのため、近世初期の景観を読み取る史料としては、活用が可能かと思われる。

『室町殿日記』のなかで、信長が交野城へ送った間者は、交野城について次のような報告をもたらしている。「平城ではあるけれども、小山のように土を盛ってその上に城を築いている。北は「高津野」(交野市郡津)というやや深い沼で、馬の足が取られてしまう。南は大手口で平地部分へと続いているが、大手にある櫓から鉄砲を二、三〇挺も撃ったならば、なかなか押し寄せることもできないだろう。外堀は長さ四、五〇間ほどあり、深さは水がなみなみとしているため推測しがたい。内堀もなお多くみえる」。

右の間者の評価からは、平地という防御上の不利を補うために湿地と水堀を活用していた様子がみてとれる。現状と比較しても、交野城の往時の景観を踏まえているとみられる。

**【参考文献】** 馬部隆弘「牧・交野一揆の解体と織田政権」(『史敏』六、二〇〇九)、吉田知史「私部城跡(交野城跡)」(『ヒストリア』二三三、二〇一二)

(馬部隆弘)

●三好長慶の「首都」となった山城

# 飯盛山城（いいもりやまじょう）

〔所在地〕四條畷市南野・大東市北条
〔比高〕約三〇〇メートル
〔分類〕山城
〔年代〕十六世紀前半〜後半
〔城主〕木沢長政、安見宗房、三好長慶
〔交通アクセス〕JR片町線「四條畷駅」下車、東へ徒歩約一・五キロ

【木沢長政の山城】　飯盛山城は、大阪・奈良の府県境となる生駒山地から西に派生する支脈の飯盛山山頂（標高三一四・三メートル）に存在する。史料上では「飯盛」と表現され、現在は飯盛山城と呼ばれることが多い。麓からの比高は約三〇〇メートルで、現状の規模は東西四〇〇メートル×南北六〇〇メートルを超える河内国最大の山城である。城からの眺望は極めて優れ、大阪平野一円と淡路島、京都盆地が視野に入る。これだけの眺望を確保している山城は稀有といえよう。

山城でありながら、周辺は畿内の大動脈ともいうべき水陸交通に恵まれる。城の西麓には河内を南北に縦断し、京都へと至る東高野街道、北麓には大和につながる清滝街道が走る。これらの陸路は、深野池という山麓の淡水湖で河内を北流する大和川水運に接続し、西国から九州、さらには南蛮からの富が多く集積された大阪湾岸の港町へとつながっていた。

城は南北朝期にも軍事利用がなされたというが、本格的な築城は木沢長政による。長政は分裂していた河内国守護の畠山氏のうち、畠山義就流に属した有力内衆（奉行人家の出身）であった。しかし、のちに細川京兆（けいちょう）家の細川晴元被官に転じて飯盛山城に拠ったため、享禄四年（一五三一）と翌年の二度、畠山義堯が「木澤城飯盛」を攻撃している（『細川両家記』）。

『実隆公記』の天文元年（一五三二）末〜同二年初めの紙背には、「近江までとらんといづる木沢殿　いひもり山を人にくはるな　小弼のなかに一つふ一つふの　いひもり武士はほさる

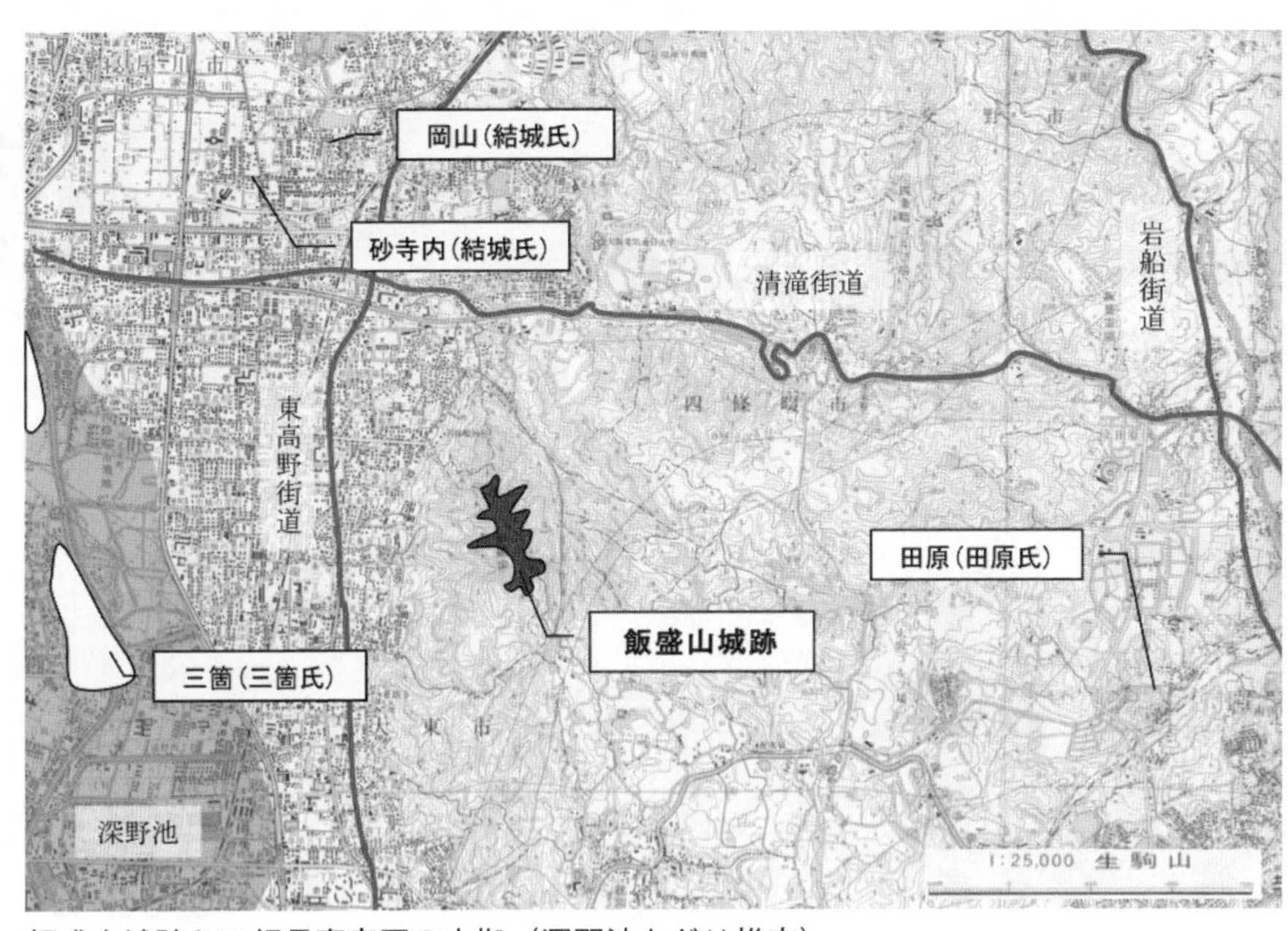


飯盛山城跡と三好長慶家臣の本拠（深野池などは推定）

へら也」という落首を記した同年頃の書状がある。「小弼」とは近江守護六角氏であり、長政の勢いとその拠点が飯盛山城であったことを伝える。同六年頃、長政は義就流の畠山在氏を守護に擁立し、城は守護所となった。高屋城に拠る政長流畠山氏の守護に対し、「飯盛御屋形」と呼ばれている（『観心寺文書』）。長政は大和国にも進出して地域権力と化すが、天文十一年に三好長慶らの軍勢の前に敗死した。

永禄三年（一五六〇）、芥川山城（高槻市）から飯盛山城に三好長慶が移る。このとき城にいたのは長政と同じく、やはり地域権力を築いた畠山氏被官の安見宗房であった。

**【三好長慶の居城移転】**入城当時、三好長慶は実力で畿内を掌握し、将軍と和睦を行なった直後のことであった。芥川山城は三好義長が継承し、阿波三好家の弟・三好実休が高屋城（羽曳野市）に入った。もともと、芥川山城は摂津・丹波守護細川京兆家の山城、高屋城は河内・紀伊守護畠山氏の守護所であり、三好氏は守護の拠点を利用したことになる。しかし、わざわざ長慶は飯盛山城に移り、その後に畿内の外へと勢力を拡大していった。この背景について、大阪周辺の城と戦争との関係を少し確認してみたい。

戦国期の畿内では、細川京兆家と畠山氏の家督をめぐる争が大きな対立軸となり、芥川山城、高屋城の掌握をめぐって

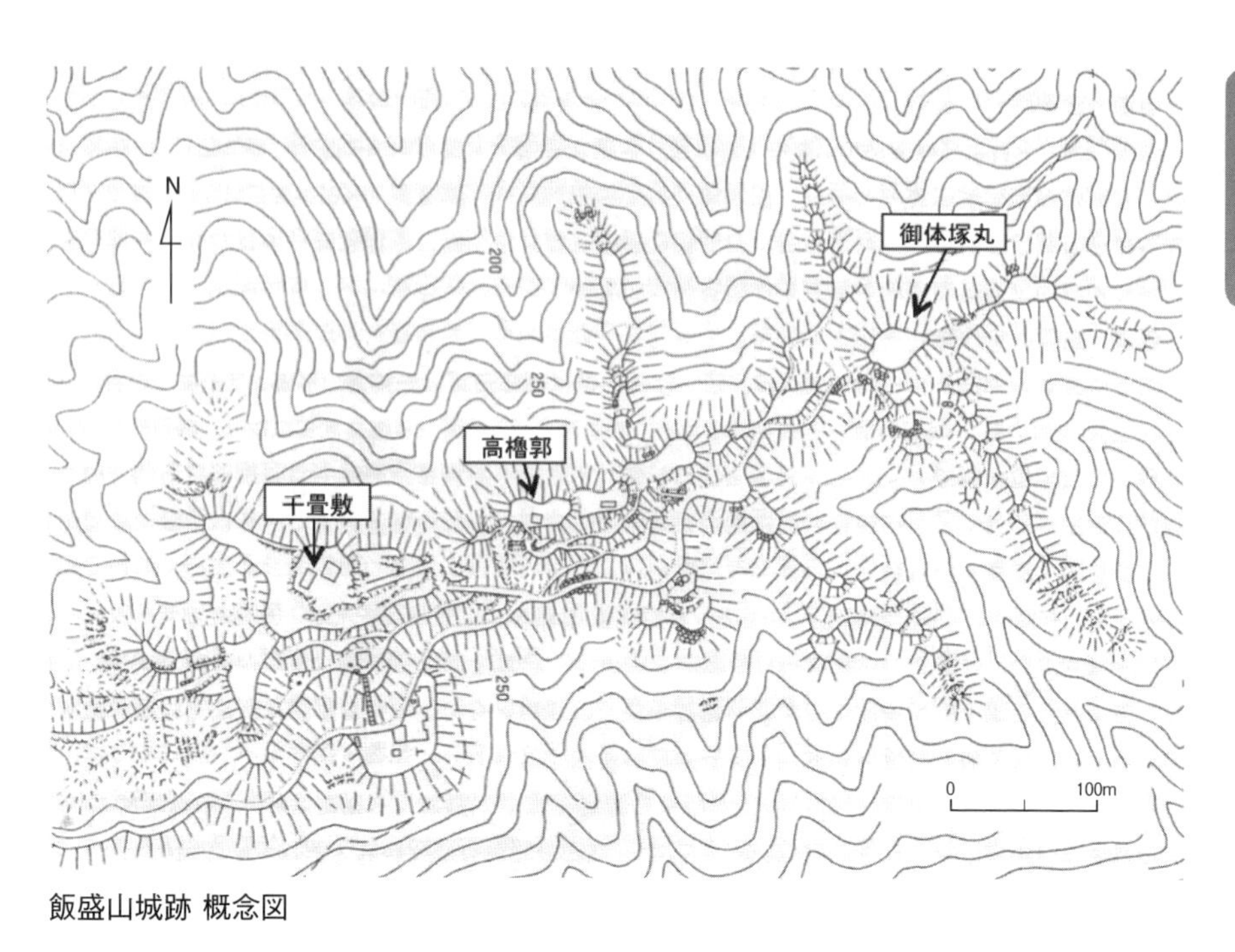


飯盛山城跡 概念図

大阪平野周辺で大規模な合戦がたびたび行なわれた。そして敗北した勢力は、丹波や紀伊などの後背の山間部へと没落し、土豪層らに迎えられて再び大阪平野への進出を図る戦争を繰り返している。

大阪周辺の城郭の特徴は、この戦争パターンによる地域区分としても理解が可能で、戦国期の畿内では村落の土豪層や民衆らも城郭を構える主体であった。守護の拠点城郭と山間部の間に城郭構造の発達がみられ、没落先となる山間部では土豪層の小規模な城郭の多く築かれた。それに対し、平野部では城郭自体が数少ないとの色分けができる。パターン化した戦争は、おそらく地域社会に何度も同じような軍事的対応を求め、その結果が城に現れたとも読み取れる。地域社会と守護勢力の軍事動向は密な関係にあり、守護たちの戦争は地域社会に依存する一面を持ったといえよう。

しかし、飯盛山城は守護の拠点ではなく、飯盛山城を中心とした周辺地域における城郭の読み解きはできない。長慶は、以前の守護とは異なり、地域社会と分離した戦争を行なっていたとみなせるだろう。つまり、自前の軍勢を持ち、遠隔地で活動させるだけの実力を備えていたと考えられる。

**【キリシタンが集う「城下」】** 長慶の飯盛山城への居城移転は、和泉国・大和国方面の掌握や大和川水運を介した堺などの港町との関係強化が指摘されている。また、別の背景には、経済や社会が成熟し、寺内町などが栄えはじめた河内の直接掌握などがある。

飯盛山城では、山麓に城下町があった形跡に乏しい。むしろ、周辺で賑わいを見せたのは長慶の家臣の本拠地で、キリシタンとなった人々が集う村々であった。家臣の結城氏は、城西北の山麓で東高野街道と清滝街道が交わる岡山、砂寺内を拠点とし、建設された教会には「キリシタンの武士たち」が集まった（フロイス『日本史』第一部三十八章、永禄六年）。また、三箇氏は西麓の深野池に浮かぶ島を拠点とし、やはり多くのキリシタンが集まったという。三箇は大和川水系を介して大阪湾につながり、宣教師らも移動には舟を利用している。彼らの拠点は、単なる村ではなく、城の四キロ以内に立地した交通の要衝とみなせる。各々は「町」として、城の「城下」のように機能したとみられる。

彼らは、結城アンタンや三箇マンショという洗礼名を持ち、「河内キリシタン」と呼ばれる。また、大和国側には、被官の田原氏が街道の交点近くに拠点を構え、田原レイマンのキリシタン墓碑が出土したことで知られる。彼らは交通路を介して大阪湾岸の堺などの港町との日常的な交流があり、多くの文物を目にしていたのだろう。また、経済や文化にも敏感であったため、キリスト教というヨーロッパからの新奇な宗教を受け入れる度量があったと思われる。長慶は彼らを家臣とすることで、大阪平野の掌握を進めていった。

一方、河内周辺では、寺内町が税や徳性の免除などの都市特権を「大坂並」と呼んで獲得し、それをテコとして広範な人びとを含む都市間のネットワークを築いた。富田林寺内町（富田林市）では、まず特権を永禄四年頃に高屋城の三好康長から獲得し、翌四年に安見宗房から得ている。特権を与える主体は、かつての飯盛山城の安見宗房、そして長慶が飯盛山城に移ってからの三好政権であった。飯盛山城の城主は、大坂周辺の都市の活動をうながし、地域社会の要望に応える存在であり、逆に見れば、このために三好長慶は飯盛山城へと移ったのだろう。

城では連歌が行なわれ、長慶は三好氏の祖先である源義光の祖霊を祀った。そして宣教師たちが山の上を訪問したように、長慶や家臣は山城に居住し、彼らの政治の場となったことはいうまでもない。家督を息子の三好義長（義興）に譲りながらも、長慶は広く畿内の秩序＝天下を束ね、畿内を中心として四国をも治めた。そして日本海側や伊勢、播磨にも進出を果たしていく。当時の飯盛山城には、三好長慶による「首都」であったとの表現も可能である。

飯盛山城から見た大阪市内（遠くの山並みは淡路島）

岡山から見た飯盛山城

御体塚丸の斜面下にある石垣

**【巨大山城の構造】** 城は急峻な地形に構築され、特に大阪平野に面した西側は切り立つような急斜面である。山城の構造は、ピークごとに大きく三つの地区として理解される。まずは、北端の「御体塚丸（みたいづかまる）」と呼ばれる地区で、東西に張り出す尾根上に曲輪（くるわ）を連ね、要所に堀切を設ける。ただし、ピークには一部岩盤が露出し、北端は堀切などの遮断施設がないまま城外となる、大規模な普請が行なわれた痕跡が乏しい。

次は、城内で最も高い「高櫓郭（たかやぐらくるわ）」を核とする地区である。高低差を考えると、高櫓郭周辺は主郭に相当するが、各曲輪は非常に狭い。ただし、これは他の河内国内の山城にも通じる傾向でもある。地区の南側は、道路建設による破壊を受けるが、大規模な堀切を設けて周辺の地形は急峻である。おそらく、この地区は狭義の「詰城」的な場所として意識され、次の地区との間をも明確に遮断したのではなかろうか。

この南に「千畳敷」という、広大な面積を持つ曲輪を中心とした地区がある。現在、この曲輪には電波施設が建つが、過去に発掘が行なわれ、土師皿(はじさら)などが出土している。各曲輪の面積も広く、先の二地区に比すると全く異なった様相を呈している。城内での主たる居住空間として、多くの施設が存在した地区と考えられる。南西斜面には大規模山城には珍しい畝状竪堀群があり、東側には連続した巨大な竪堀、そして南側の地形続きとの間は大きな鞍部となる。城内での南端の意識は明確であるが、さらに南側にも小規模な削平地が確認できる。芥川山城でも、城域の端に設けられた堀切の外部に同様のエリアが広がっており、この部分についても何らかの形で機能した可能性を残しておきたい。

山頂の曲輪に建つ石碑

また、東側斜面に楠公寺が建つ場所があり、「馬場」と呼ばれる。付近には道沿いに多くの石垣が確認でき、従来から城内の要所に石垣が使用されていることは知られていた。さらに近年実施された測量調査の結果、城郭の規模に加えて石垣の状況が明確になり、特に東側に集中して構築されていたことが判明している。現在、城へのメインルートは急峻な西側斜面を登るが、石垣を見せるという意識に立てば現ルートとは異なり、東側の谷筋にメインルートがあったことが推定されている。実際、城へと登る道筋は、こちらの方が緩やかである。このような点を含め、飯盛山城は畿内の戦国史をとらえる上で、まずます注目されていくことは間違いない。

【参考文献】仁木宏「戦国おおさかと山城」(『大阪春秋』一四九号、二〇一三、中井均「飯盛山城の構造と歴史的位置」(『中世都市研究』同)、中西裕樹「城郭・城下町と都市のネットワーク」(『中世都市研究』一八、山川出版社、二〇一三)、天野忠幸『三好長慶』(ミネルヴァ書房、二〇一四)

(中西裕樹)

●河内平野の拠点城郭

# 若江城（わかえじょう）

〔所在地〕東大阪市若江
〔比　高〕〇メートル
〔分　類〕平城
〔年　代〕十五世紀半ば〜十六世紀後半から天正八年（一五八〇）
〔城　主〕畠山義就・畠山政長、三好義継、若江三人衆
〔交通アクセス〕近鉄奈良線「若江岩田駅」下車、南に一キロ

**【大和川流域地域の拠点城郭】**　若江は、南から大和川がYの字に二つに分かれるちょうど真ん中に位置し、北には古代の河内湖の後身である勿入淵（ないりそのふち）がある。街道では十三街道（じゅうさんかいどう）が大阪市玉造（たまつくり）から若江を通り、八尾市神立を経て大和に向かう。街道は、若江城の南に面しており、水上交通と陸上交通の結束点であった。若江城の初見は、寛正元年（一四六〇）九月で、畠山義就（はたけやまよしなり（ひろ））が京都の屋形（やかた）を退き、河内に下向したときに入った城が若江城であった。若江城は、応仁の乱中では、畠山政長の城として登場し、畠山政長が文明三年（一四七一）九月に観心寺に代替わり安堵状（あんどじょう）を発給した時、観心寺が働きかけた場所が、京都と古市、若江であった。これから畠山政長の守護所は、古市と若江であったことがわかる。

しかし、文明九年に畠山義就が河内に在国することになると、若江城は使用されず、以後、廃城となったとみられる。

**【永禄十一年、三好義継若江城主説】**　永禄十一年（一五六八）織田信長が足利義昭を伴い上洛すると、河内の三好三人衆方の城は没落した。これにより、義昭は、畠山秋高に高屋城を、三好義継に飯盛城を与えた（『多聞院日記』）。ところが、『足利季世記』『重編応仁記』『甫庵信長記』などのちに書かれた史料では、これを若江城としている。実は、これら質の悪い史料によって今まで三好義継の若江城入城説が通説として現在まで至っている。しかし、詳細にみていくと、永禄八年以降、三好三人衆方と松永久秀方が河内で繰り広げた戦いで、若江城は畠山義就の時代に廃城となり、そ

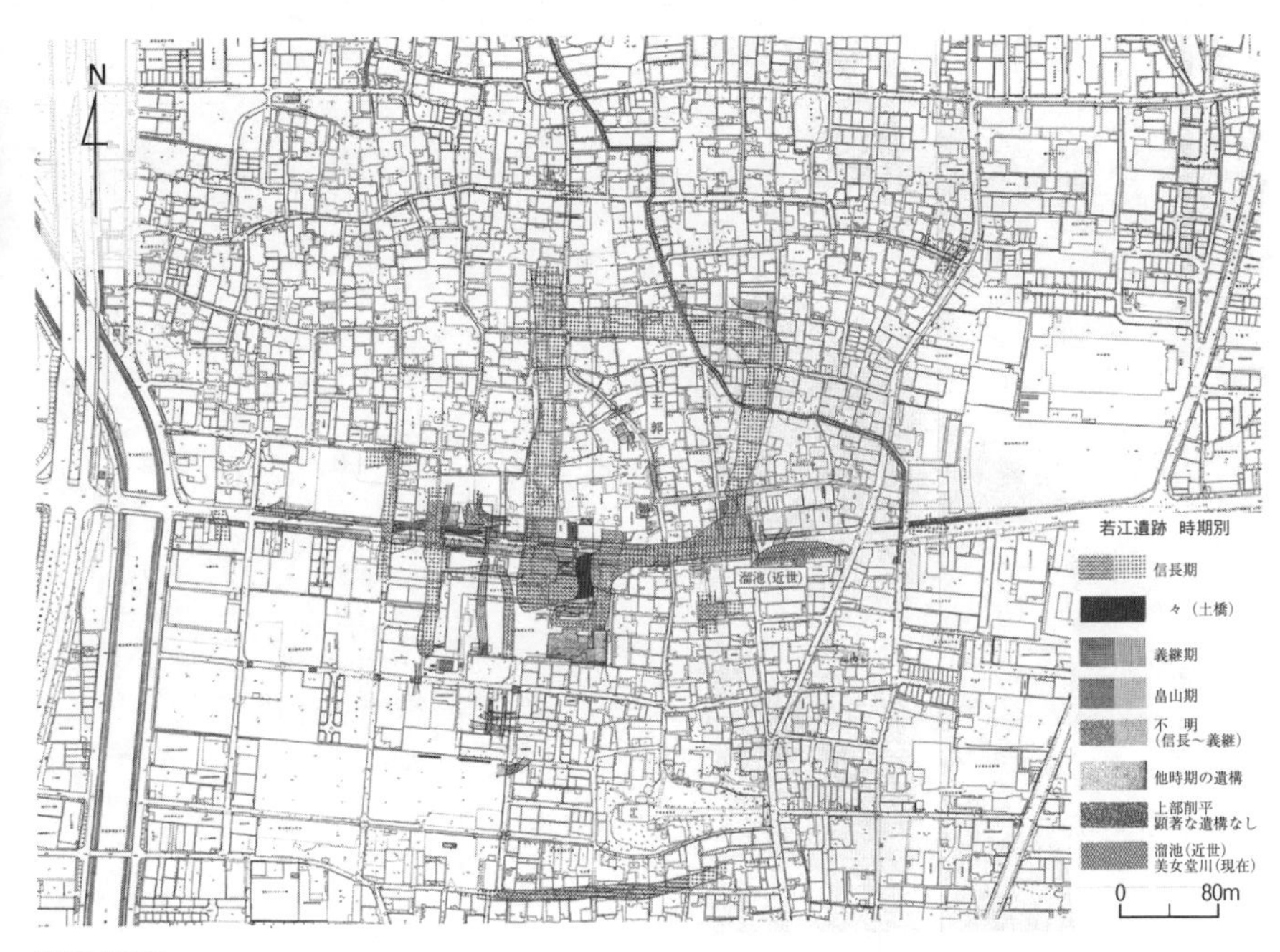

若江城図

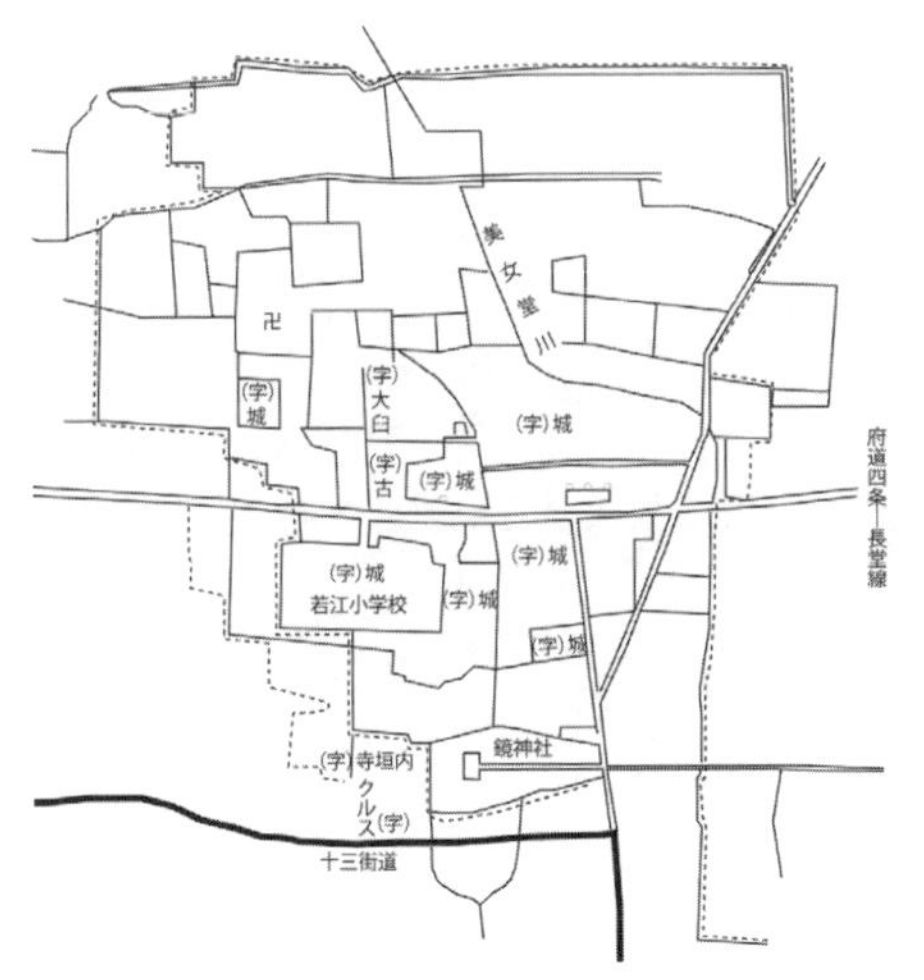

若江城小字図

れ以後は使われていないのだから当然である。上洛して間もない義昭が、城のない若江に義継を入れるような無茶はさせないだろう。

【一向一揆の拠点】　山科言継の日記を読むと、若江荘がたびたび出てくる。それは、将軍足利義輝が言継の本貫地である山科を奪ったことから、義輝は言継に若江荘二〇石を与えたからである。また、若江には、本願寺と深い関係にあったらしく、本願寺顕如とその祖母慶寿院や烏丸、正親町などの公家とともに若江一宮遷宮法楽の猿楽見物に赴いている（『言継卿記』永禄七年八月十一日条）。この若江一宮の後身が現在の若江鏡神社であろう。このため、若江は武家の本拠には見えない。

ところが、永禄十三年正月には、松永久秀が若江に礼に向かったことが判明する（『二條宴乗記』永禄十三年正月十日条）。久秀が若江で誰と対面したのだろうか。おそらく義継だろう。義継は急峻な飯盛山城から、一向一揆勢力の拠点であった若江に入ったことになる。

**【義継の若江入城】** 元亀元年（一五七〇）九月、石山合戦が始まる。義継は信長方として活動するが、同年五月に入ると松永久秀が、続いて三好義継も本願寺方となっている。また、翌年はじめには、信長方の軍勢が、「三好左京兆之城」の「若江」に向かう準備に入ったことが書かれており、史料上に若江城が登場し、義継が城主であった（「本願寺坊官下間正秀書状」元亀二年正月四日付）。

**【三好義継の自刃】** 若江城が最も注目されたのは、天正元年（一五七三）七月に信長と敵対していた足利義昭が真木島城から若江城に移転したことである。義継は、義昭と友好な関係にあった。しかし、すぐに義昭は堺に赴く。そして同年十一月十六日、若江城主三好義継は、信長に内応した多羅尾綱知・野間康久・池田教正らの裏切りにより自刃したのである。

**【キリシタンの町、若江】** 義継を裏切った多羅尾ら三人をこれ以後、若江三人衆と呼び、彼らが若江城主となった。このうち、池田教正はキリシタンであった。義継時代から池田教正は、若江城に居城していたようで、一五七三年四月二十日付フロイス書簡には、義継時代に若江城内でのキリシタン武将と他の武将との対立があったことが書かれている。また、義継自刃後の一五七七年九月十九日付フロイス書簡では、教会も建設され、また真宗門徒のキリシタン改宗を盛んに行なっている（一五七七年三月十九日付、パードレ・ジョアン・フランシスコ・カブラル書簡、以上、『耶蘇会士日本通信』）。

**【信長の本願寺攻めと若江城】** 天正四年由良興国寺にあった足利義昭が備後鞆に移り、毛利輝元に幕府回復を命じると、これに本願寺も呼応した。織田信長は、五月五日に京都から若江に入り、大坂攻めを指揮した。同八年八月二日、本願寺教如が大坂本願寺を退去した。ここに元亀元年九月十二日以来、途中に中断はあったが約十一年もの間戦われた石山合戦が終結した。

これにより大坂攻めの前線基地であった若江城は廃城となり、若江三人衆は、若江の南方の八尾に入った。

**【考古学からみた若江城】** 若江遺跡は、城・寺・郡衙・集落跡・水田跡からなる中世から弥生時代中期に至る複合遺跡である。

若江城の遺構としては、最終段階の若江城については、内堀の検出がされ、幅一五〜三〇メートル、深さ三・五メートル前後の堀が発見されている。主郭側の内堀の肩には逆茂木が打たれている。内堀は湧水層まで掘られており、常時水を湛えていた。主郭内では瓦葺建物が廃城直後に引き倒された状況で出土している。また、東辺の内堀外側で土塁（基底部八・五メートル、検出高一・三メートル）、主郭内から磚積み建物、礎石、石組溝が発見されている。内堀南西部には、土橋が設けられ、その外側に馬出しらしき空間が発見されている。

発見された堀（東大阪市教育員会提供）

壁下地出土状況（東大阪市教育委員会提供）

外堀は、内堀の東約一五〇メートル離れた河内街道に沿い、幅約五メートル、深さ約一・五メートルで、二メートルの間を置き、二条検出され、西側では内堀より六〇メートル、二五メートル、一二〇メートルの間隔で幅一〇メートル、深さ約一、五メートルの堀が三条、南側では内堀より約二〇〇メートル離れ、北肩に逆茂木を持つ幅約一〇メートル、深さ約一、五メートルの堀が一条、北側では内堀より八〇メートルと二五〇メートル離れて幅約一〇メートル、深さ約一メートルの堀が二条検出されている。

【参考文献】『若江遺跡第38次発掘調査報告』（東大阪市文化財協会、一九九三）

（小谷利明）

●大和川流域を支配した都市

# 久宝寺寺内町（きゅうほうじじないまち）

〈所在地〉八尾市久宝寺
〈比　高〉〇メートル
〈分　類〉平城
〈年　代〉十六世紀半〜江戸時代末
〈城　主〉実順、実真、蓮淳、証淳、顕淳
〈交通アクセス〉近鉄大阪線「久宝寺口駅」下車、南へ徒歩一〇分、JR関西本線「久宝寺駅」下車、北へ徒歩一〇分

**【本願寺・一向一揆勢力の河内での拠点】**　久宝寺寺内町は、戦国期にできた真宗の寺内の一つで、山科、大坂などの本山系寺内町ではなく、本願寺一族が住職となる一家衆寺院が発展してできた寺内で、その成立は比較的古い。

久宝寺には、もともと河内で最も古い開基である久宝寺道場慈願寺あり、寺伝では弘安三年（一二八〇）開基とされる。この寺には、久宝寺道場釈法心が応永十四年（一四〇七）に書写した『拾遺古徳伝』が所蔵されており、この頃から活動がわかる。

**【西証寺の創建】**　その後、本願寺八世蓮如は、たびたび慈願寺を訪れ、蓮如開基の寺院である西証寺を建立した。この寺院に入寺したのは、蓮如の十一男実順で、永正二年（一五〇五）に得度した際、入寺したものだろう。この時、山科本願寺と大坂御坊実賢（のちの大坂本願寺）の間で対立が生じており（河内錯乱・大坂一乱）、畠山氏出身の蓮能尼の子である実賢と実順は、同じ政治的立場にあった。この得度は、両者の対立が明確になった時期に行なわれている。これは、細川政元と畠山義英・畠山基家との対立とも連動しており、畿内の覇権をめぐる大事件だった。

**【慈願寺の大和川流域への展開】**　久宝寺の地下寺院慈願寺は、この時、大坂方として活動したことがわかっている。慈願寺は、十五世紀半ばから十六世紀前半にかけて大和川の上流である大和国葛下郡片岡（奈良県香芝市）からその河口である摂津国東成郡榎南（大阪市城東区）などに末寺を持ち、幅広

く地域支配を行なっていた。久宝寺にいた宗教権力は、大和川流域地域を支配する権力であったのである。

**【天文の畿内一向一揆と寺内の再建】** 天文元年（一五三二）～四年にかけて戦われた幕府と本願寺・一向一揆勢力との戦争である天文の畿内一向一揆で、西証寺・慈願寺も焼かれた。

久宝寺寺内町（八尾市立歴史民俗資料館提供）

本願寺十世証如は、西証寺と出口光善寺（枚方市）を「河内二ヶ所坊」と呼び（『天文日記』）、河内で最も重要な御坊寺院であるとしている。西証寺の再建は、天文十四年で、住職が証如の外祖父で蓮如の六男であった蓮淳が就任した。この時、寺号を西証寺から顕証寺に改めている。蓮淳は、この時、本願寺で最も大きな権力を持つ人物であった。

**【発掘調査から見る久宝寺寺内町】** 平成十年（一九九八）に行なわれた顕証寺北側に接する八尾市まちなみセンター建設に伴う発掘調査で以下の事実が判明した。

当該地は、鎌倉時代後期に大和川の洪水により耕地が埋没し、以後、長らく放置された。再び開発が行なわれたのは、十六世紀前半であった。また、ここからは屋敷跡、寺院の区画溝と思われる石組溝や庭園遺構が見つかったが、家や溝は現在の方位からずれており、自然地形に影響を受けた状態で検出されている。また、試掘調査により寺内町の東部が湿地帯で未開発地であることが判明した。現在、八尾から久宝寺に入るのは、東口からだが、大坂夏の陣では、八尾から大きく北に迂回して、北口が主戦場になったのはこのためである。合戦は、土塁を越え、北口木戸門を開けたとあり、要害であったことがわかる。近世の絵図では、二重の土塁と堀が描かれるが、土塁と堀も時代により相当な変遷があったのである。

**【参考文献】**『寺内町の基本計画に関する研究—久宝寺寺内と八尾寺内を中心として—』（八尾市教育委員会、一九八八）

（小谷利明）

●河内守護畠山氏が造った最大の城

# 高屋城（たかやじょう）

〔所在地〕羽曳野市古市
〔比　高〕八メートル
〔分　類〕連郭式平山城
〔年　代〕十五世紀後半〜十六世紀
〔城　主〕畠山義就・畠山尚順、畠山稙長、遊佐長教、萱振賢継、畠山高政、三好実休、三好長治、畠山秋高、遊佐信教、三好康長
〔交通アクセス〕近鉄南大阪線「古市駅」下車、南へ八〇〇メートル

【河内の守護所】　高屋城は、河内守護畠山氏の居城として河内支配の中心城郭であった。もともと、河内の守護所は鎌倉時代末から丹南（松原市）にあり、南北朝期には古市（羽曳野市）に移った。畠山氏が永徳二年（一三八二）に河内守護となり、南朝勢力を一掃するには、これらの地方の武士を内衆として掌握し、さらに南河内（河内長野市・富田林市・南河内郡）の楠木党を被官化したことが分国経営を安定化させた要因であった。このため、現在の大和川以南の南河内を中心に編成された権力であったといえよう。応仁の乱中には、古市と若江（東大阪市）が守護所となり、中河内地域（大和川流域地域）が編成を受けたことがわかるが、淀川流域地域で、幕府御領所でもある河内十七ヵ所などの北河内地域は、掌握できていなかった。河内支配の中心は依然として南河内であった。室町時代の河内の守護所は若江からはじまり、高屋に南下したとする考えは間違っている。

【誉田屋形の成立】　文明九年（一四七七）に畠山義就（はたけやまよしなり（ひろ））が河内に下向し、在国化することを選ぶと、文明十一年には古市の北に位置する誉田（こんだ）に屋形を建設し、南近畿で自立した。義就の誉田屋形周辺には、遊佐（ゆざ（さ））・誉田・谷・吉原・小倉・田井・御厨（みくりや）などの家臣団屋敷があり（「東寺百合文書」ヲ一一一号）、さらに初代河内守護の畠山基国の菩提寺建仁寺西来院の末寺で同名の西来院を息子修羅法師の回向のために建立した（「糟粕」、『大日本史料』延徳二年十二月十二日条）。

【誉田屋形と高屋城】　ところが、延徳二年（一四九〇）に義就

が没し、明応二年（一四九三）には、将軍足利義材が畠山政長らとともに河内を攻めた。この時に登場するのが、高屋城である（『大乗院寺社雑事記』）。

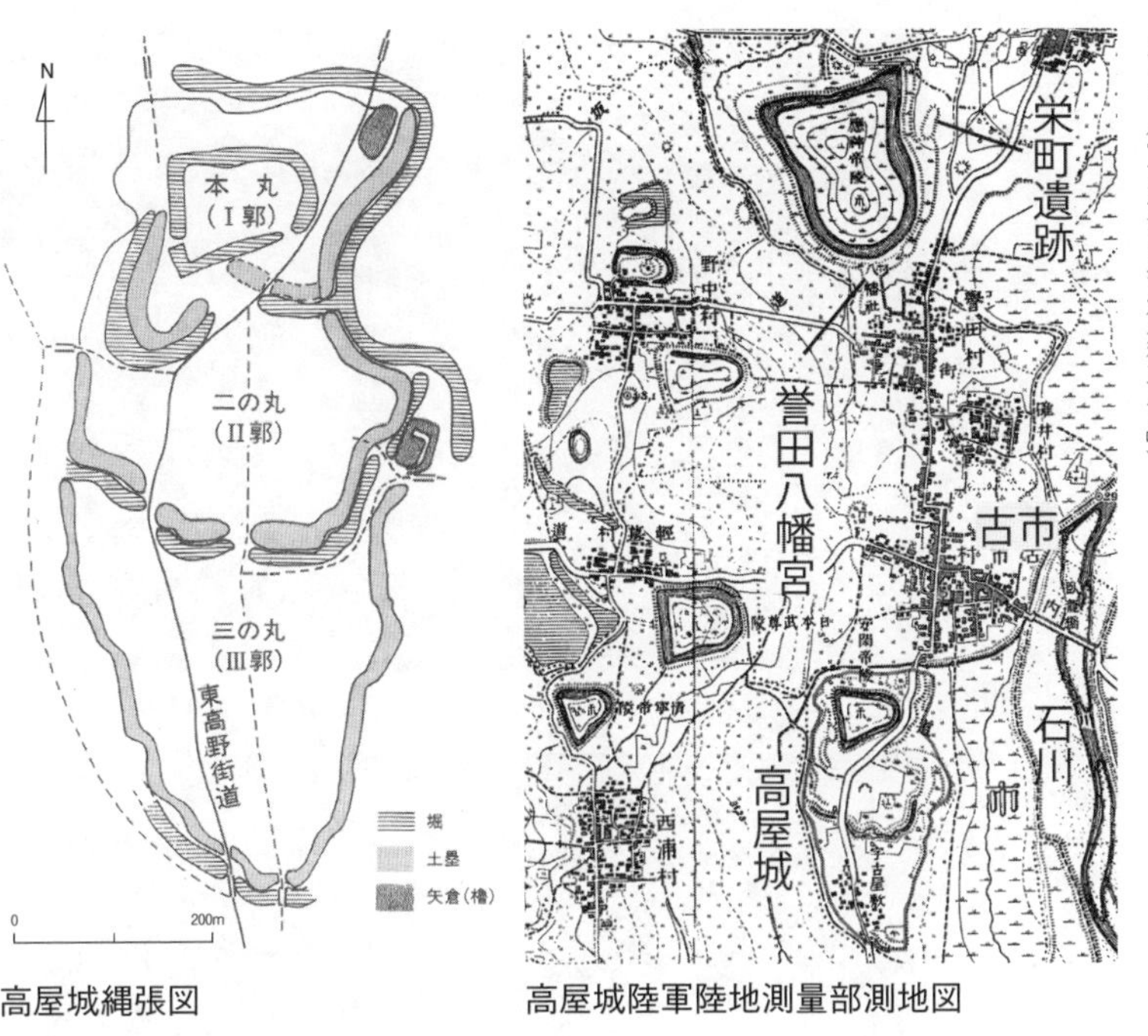


高屋城縄張図

高屋城陸軍陸地測量部測地図

誉田屋形と高屋城の関係を考える上で、明応六年の遊佐氏と誉田氏の対立が注目される。彼らはともに誉田屋形周辺に居館を持っていたが、両者が対立すると、誉田方には、誉田館と奥院が城として機能している。奥院は、誉田御廟山古墳（応神天皇陵）の後円部を指すことから、ここに誉田氏の城があったとみられる（『明応六年記』）。このため、誉田館も誉田八幡宮周辺と考えたい。

一方、誉田屋形は、誉田御廟山古墳の東北にある栄町遺跡が比定されている。この場所がこの周辺で最もこの時期の輸入陶磁器類が見つかっているためだが、屋形を特定できるような遺構はまだ見つかっていない。

高屋城は、義就の息子義豊の馬廻衆が籠っていたが、誉田城が落ちると、皆落ちて行なったとあり、高屋城にいた馬廻衆が誉田勢を後方から支援するために後詰していたことがわかる。この段階での高屋城は、誉田屋形を護るための詰城の意味が強い（『明応六年記』）。

**【畠山尚順の高屋城入城】**　さて、永正元年（一五〇四）十二月、誉田屋形畠山義英（義豊息）と、紀伊に本拠を持っていた畠山尚順（ひさのぶ）（政長息）が和睦し、尚順は高屋城に入った。尚順の河内復帰の拠点が高屋城であったことが、河内の中心城館となる第一歩となった。

永正三年正月、細川政元は誉田・古市・高屋城を攻め、両畠山氏は没落した。誉田・古市・高屋は、一帯となって攻防していることから、これら地域が一つの城と城下町を成していたと考えたい。

しかし、翌永正四年六月に細川政元が暗殺されると、再び両畠山氏の動きは活発となり、主導権を得た尚順は、高屋城を本拠として以後、河内の政治の拠点は高屋城に移っていく。

**【高屋城をめぐる攻防】** 畠山尚順・稙長親子は、安定した領国経営を行なったが、大永七年（一五二七）に「堺公方」方が幕府に攻勢をかけ、享禄元年（一五二八）十一月に高屋城を包囲し、畠山義堯が入った。ところが、天文元年（一五三二）

1984年調査区第一トレンチ全景（羽曳野市教育委員会提供）

79-2区西半（大阪府教育委員会提供）

土塁（羽曳野市教育委員会提供）

六月、一向一揆が蜂起して高屋城が陥落し、義堯は石川道場で自刃した。

天文三年になると、木沢長政と遊佐長教が同盟し、飯盛城に木沢長政、高屋城に遊佐長教がそれぞれ河内支配を行なう

第15調査区櫓台全景（大阪府教育委員会提供）

体制を整えた。

天文十一年、幕府と対立した木沢長政は、河内大平寺（柏原市）で戦死した。これを破ったのは、天文の畿内一向一揆の時に本願寺方として活動し、紀伊に逃れていた畠山稙長である。稙長は、再び高屋城主として台頭したが、天文十四年に病没した。その後、遊佐長教は、畠山播磨守を惣領名代とするが畠山家督は立てなかった。遊佐長教は事実上、高屋城主として、細川氏綱、三好長慶と同盟し、畿内に覇権を立てるべく活動する。しかし、途なかばで、天文二十年に高屋城内で暗殺された。

遊佐長教暗殺後に、河内の実権を握ったのは、上郡代高屋城将の安見宗房と下郡代飯盛城将の萱振賢継であった。彼らは、それぞれ守護代候補として遊佐太藤と長教弟の根来寺松坊（杉坊か）を擁立して争い、安見宗房が萱振賢継を飯盛城の自邸で謀殺し、さらには高屋城を襲撃して萱振一派を殲滅したことで、安見宗房が絶大な権力となる。これを機に宗房は、畠山高政を畠山家督とし、高屋城主として遇した。

しかし、宗房と高政は、永禄元年（一五五八）に対立し、高政が堺に没落すると、三好長慶がこれを口実に河内攻めを行なった。長慶が河内を手中に収めたのは、永禄三年十月のことである。ここに三好長慶が飯盛城、三好実休が高屋城の体

制が成立した。しかし、同五年三月、久米田寺の戦いによって実休が戦死したため、高屋城主は、実休の息子長治となる。

【足利義輝暗殺後の高屋城】　永禄八年五月、将軍足利義輝が三好三人衆（三好長逸・三好政康・石成友通）・松永久秀らによって殺害され、さらに三好三人衆と松永久秀が対立すると、高屋城は、三人衆方の城として機能した。永禄十一年三月段階では、高屋衆と呼ばれる人物は、三好備中守と遊佐安芸守・大嶋助兵衛・加地六兵衛である（『多聞院日記』）。ところが、永禄十一年九月、足利義昭と織田信長が上洛を果たすと、高屋城以下の諸城に詰めていた三好三人衆方の武将は没落した。このため、高屋城は畠山秋高が入城した。

【石山合戦と高屋城】　信長上洛後の大きな問題となったのが、元亀元年（一五七〇）から始まった石山合戦である。高屋城内では、信長支持の畠山秋高に対し、守護代遊佐信教は、本願寺支持に傾き、天正元年（一五七三）六月に秋高が暗殺される。これにより高屋城には三好三人衆方となっていた三好康長が入城し、反信長を明らかにしたのである。しかし、天正三年四月、織田方により高屋城は落ち、三好康長は降伏する。『信長公記』は、このとき廃城となったとする。ただし康長は引き継ぎ河内支配を続けているため、天正九年までは存続したと考える。引き続き高屋城支配は続いたと考えられる。廃城期は、天正十一年の羽柴秀吉の大坂城入城であろう。

【高屋城の立地と構造】　高屋城は石川左岸に広がる標高三六～四〇メートルの河岸段丘である独立丘陵全体を利用して築かれた平山城で、南北八〇〇メートル、東西四五〇メートルを数える。丘陵全体を土塁と堀で三つに区分した連郭式で、第一郭は、約七ヘクタールの面積を持ち、高屋築山古墳（安閑天皇陵）を取り込んで造られ、墳丘の上部は平坦に削平して城郭として利用されており、瓦葺きの建物があったと推定されている。古墳の周囲には堀と土塁で囲まれた曲輪が複雑な形に配されており、高度な防御施設が築かれたことがわかる。

第二郭は第一郭の南に広がる空間で、東西三五〇メートル、南北二〇〇メートル、面積約七ヘクタールである。中央部には、八幡山古墳（春日山田皇女陵）と呼ばれる前方後円墳があったが、古墳の濠や墳丘を潰して城が造られている。礎石建物や土塁・堀・園池状遺構が検出され、第二郭東側の張り出し部では櫓台が発見されている。遺物では、青磁や白磁、染付などの輸入陶磁器や北宋銭のような舶来品や碁石、備前焼建水、信楽焼鬼桶などの茶道具などが検出されている。

第三郭は、東西、南北ともに二五〇メートルで、面積は約一〇ヘクタールである。規模の小さな掘立柱建物や耕作跡と考えられる畝の痕跡などが見つかっており、第二郭と第三郭で階層差が見られる（『古市遺跡郡』XXXV）。また、第一郭の入り口である不動坂から東高野街道を取り込み、第二郭、第三郭を通る構造であり、陸上交通を押さえることを目的としている。

【文献からみた高屋城の構造】　次に文献から高屋城の構造をみると、誉田屋形と同じく、有力家臣の屋敷が集住していたことが確認できる。例えば、大永二年大晦日に高屋城では、守護屋形をはじめ一八〇軒が焼失したが、守護代館は焼けなかったとある（『経尋記』永正三年正月五日条）。このことから、高屋城には、二〇〇軒近い武家屋敷が立ち並んでいたものとみられる。また、天文二十一年に起きた高屋城将で上郡代の萱振賢継が、飯盛城将の下郡代安見宗房に殺害された事件では、安見方が高屋城へ打ち入り、萱振の宿所を襲い、女子を含めて皆殺しとし、その他、萱振方の内衆を襲っている。以上から各内衆の屋敷には、内衆の家族も住んでいたことがわかる。

また、浄土宗の僧燈誉が天文年間に高屋城について詠んだものに「たか屋の城のちゝかしこに花のおほくさきたるをみて」「武士の　やそのちまたに　さきぬれは　花うつほともみゆる成けり」とある。これは、「高屋城のここかしこに梅の花が咲いているのを見て」とする地の文からはじまり、「武士(もののふ)のやそ（八十＝多くの）のちまた（衢）に　咲こうとしている梅の花　その花は空のように一面にさいていることよ」とあって、高屋城の武家屋敷の街区を指すものとみえる「八十の衢」が詠われている（『朽木集』）。高屋城の武士たちが風雅をたしなむ様子が書かれるとともに、多くの武家屋敷が整然と並ぶ情景が浮かぶのである。

また、誉田屋形にも周囲に寺院が建てられていたが、高屋城でも寺院があった模様である。永禄五年十一月、高屋城の大塔にある大日如来の指から血が滴り落ちるという怪奇現象が起きたことが記されている（『経尋記』）。これは、河内の治世が畠山から三好に移ったことを示す現象を指すので、大塔の建立主体は畠山氏である。

高屋城における三好時代は、これより早く永禄三年十月に三好実休が高屋城主として活動を開始した。実休は、堺の妙国寺日珖と懇意で、高屋城の畠山屋形を貰い受け、法華寺内を造作した（『己行記』『行功部分記』）。高屋城には、常にシンボルとなる寺院があったことになる。

【参考文献】『羽曳野市史』一（一九九七）

（小谷利明）

●初源的な中世城館？

# 日置荘遺跡（ひきしょういせき）

〔所在地〕堺市美原区
〔比　高〕〇メートル
〔分　類〕平城
〔年　代〕十三世紀後半～十五世紀
〔城　主〕――
〔交通アクセス〕南海電鉄南海高野線「萩原天神駅」下車、北東へ徒歩約二キロ

**【日置荘の立地】** 日置荘は、堺市美原区周辺の広域な荘園遺跡である。昭和六十二年（一九八七）年以降は阪和自動車道建設にかかる発掘調査が進められた。その際、字「城ノ山」を発掘で、堀で囲繞（いぎょう）された区画が検出された。遺物から十三世紀後半から十五世紀までの中世居館跡と位置づけられ、近畿地方でも貴重な中世前期の城館跡として注目されている。遺構は道路建設で全壊したが、近畿地方の城の発達を考える上で貴重な城跡である。

**【日置荘とは】** 日置荘は、河内国丹南郡における興福寺領荘園である。当地は鍋・釜、あるいは寺院の梵鐘（ぼんしょう）、灯炉を鋳造する鋳物師の本拠地であった。仁安二年（一一六七）正月付「蔵人所牒写」（『真継文書』）には、鋳物師が朝廷の蔵人所の鉄灯炉上納金について免除を訴えたことが記されている。承安四年（一一七四）に河内国司源義成が同寺領河内国日置荘に造内裏役を課したことが確認できる（『吉記』）。その後、領有関係に変動がみられ、文明十九年（一四八七）頃に幕府御料所となった（「諸国御料所方支証」）。天文八年（一五三九）三月、幕府政所執事伊勢貞孝は日置荘に幕府の下知を伝達した（『披露事記録』）。永禄二年（一五五九）十一月、将軍足利義輝は、日置荘の年貢未納分の納入を、三好長慶を通じて畠山高政へ伝達しようとしていた（「伊勢貞助記」）。このように、日置荘が中世前期に興福寺領の鋳物師の拠点、中世後期には室町幕府御料所として機能したことがわかる。

**【城館跡の検出】** Ｉ調査区Ｂ地区西部において、幅約七メー

トル、深さ一・五メートルの堀を伴う方形居館が検出された。この区域は字「城ノ山」と呼ばれ、東側に段丘崖、西側に谷がある段丘上に立地を利用している。なお北側の未発掘の水田ではレーザー探査によって、北側も堀が廻り、堀で囲繞された居館跡地が明確になった。堀の輪郭は周囲の土地割に規制され、ほぼ正方位に築かれたが、やや不定形部分があり、六角形を呈している。堀の掘削時期は十三世紀中頃といわれ、十六世紀までに廃絶した。隣接して「城ノ前」「惣福」「馬場の脇」などの小字が残存している。

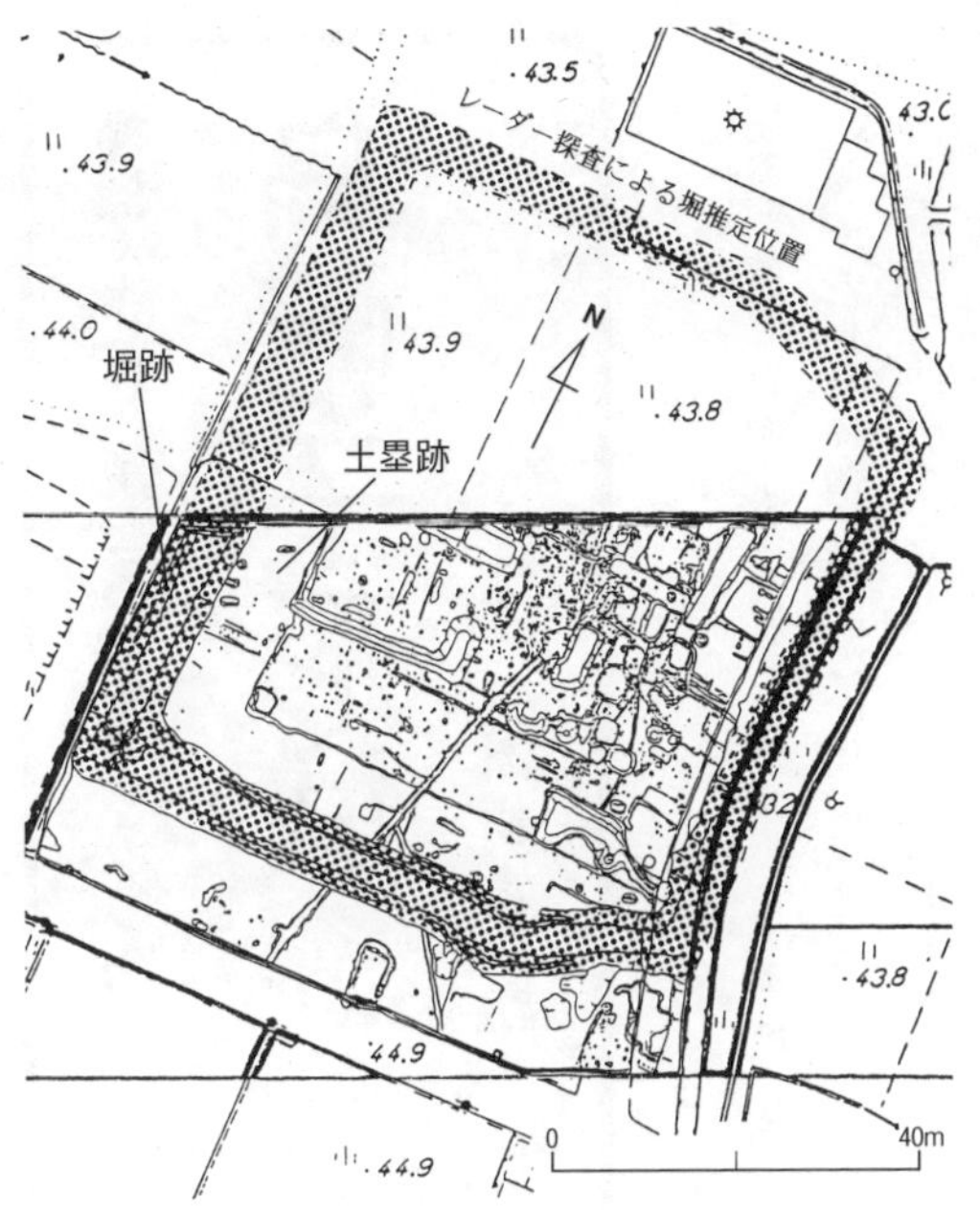


日置荘遺跡B地区（アミ部分は堀跡および推定地）

この堀の内側には幅七メートルの幅で、当該期の遺構が検出されない平坦地が廻っていた。その形状から堀の内側に基底部七メートルの土塁が囲繞していたことが推定される。

城内の中央部には溝に囲まれた長方形区画がある。内部に中心建物があり、柱穴周辺から礫が検出され、礎石建物だった可能性がある。土師皿の年代から十五世紀代とされている。

**【日置荘における城館跡】** 城館跡の周囲にも中世遺構が検出されている。城館跡の東側にあるA地区西部では下高野街道沿いに十三〜十四世紀の鋳造施設の遺構が確認されている。また、城館跡の西側のC地区西部においても、炉壁や焼土・鋳型などが検出され、金属生産に関わる集団の遺構と検討されている。鋳物師の本拠地であることを想起すれば、発掘調査との関連が注目される。十三世紀中頃に堀が築かれたならば、すでに城館として機能した頃と、鋳物師集団は歴史的に重複することになる。

中世前期の居館遺跡は、土塁を残さないものが多い。日置荘遺跡も後世削られ、近世期は水田となっていたが、発掘調査により、土塁基底部が検出され、明確な土塁と位置づけられた。十三世紀まで遡及する可能性を秘めた中世城館である。

【参考文献】大阪府教育委員会・㈶大阪文化財センター編『日置荘遺跡』（一九九五）

（福島克彦）

●楠木正成伝説をもつキリシタンの城

# 烏帽子形城（えぼしがたじょう）〔国指定史跡〕

〔所在地〕河内長野市喜多町
〔比　高〕約八〇メートル
〔分　類〕山城
〔年　代〕十五世紀～十六世紀後半
〔城　主〕畠山氏家臣団ほか
〔交通アクセス〕南海高野線・近鉄長野線「河内長野駅」下車、南へ約一・五キロ、駐車場有り

**【国境の要衝】**　烏帽子形城は、河内長野市喜多町にある標高一八二メートルの烏帽子形山の山頂に立地する。この東側山麓を紀伊国（和歌山県）高野山へ続く高野街道が通り、城の北側で大和国（奈良県）五條に続く大沢街道が分岐している。さらに西方へは和泉国（大阪府）に向かう和泉道が延びる。このように烏帽子形城付近は紀伊・大和・和泉の三国に続く街道が交差する南河内の交通の要衝である。

**【守護職畠山氏の争い】**　城の築造時期については、南河内の他の山城と同様に、後醍醐天皇の討幕に味方した楠木正成（くすのきまさしげ）築城の伝説があり、楠木七城の一つといわれている。しかし、記録としては、室町時代、応仁・文明の乱を引き起こす要因の一つとなった河内国守護職畠山義就（はたけやまよしなり）・政長の家督争いに始まり二派に分かれて約百年以上続いた内乱の中で登場する。初見は文正元年（一四六六）で、義就方に攻め落とされた政長方の「押子形城（おしこがたじょう）」が烏帽子形城と考えられている（『経覚私要鈔』）。また烏帽子形山東側麓には、城の鎮守と伝えられている烏帽子形八幡神社が鎮座しているが、この本殿から文明十二年（一四八〇）の年号と施主石川八郎左衛門尉の名を記した棟札が発見されている。この後、大永四年（一五二四）には政長の流れをくむ稙長（たねなが）が、義就の流れをくむ義堯（よしたか）方の烏帽子形城を攻めている（『後鑑』）。

**【三好氏と織田信長の支配】**　やがて三好氏が畿内を支配すると、これに抵抗する畠山高政・秋高や根来衆との間で、烏帽子形城の攻防戦が行なわれた。永禄五年（一五六二）に畠山

高政は三好長慶に攻められ堺に落ち、城は三好方が押さえた。永禄十年には畠山氏に味方する根来衆が攻めたが、落城には至らなかった（『足利季世記』『多聞院日記』）。

翌年、信長の入京で三好三人衆が阿波に追いやられると、信長に服従した畠山秋高に城が戻された。しかし、その後、反攻してきた三好方から元亀元年（一五七〇）に攻撃を受け、同四年には一旦占拠されながらも夜襲をかけて奪還している（『言継卿日誌』『織田軍記』）。

天正三年（一五七五）に信長が河内国を平定したのち、国内の城は破却されるが、烏帽子形城は免れ、地域支配の拠点として使われた。

【キリシタン武将の在城】　一五七五年五月四日付イエズス会宣教師ルイス＝フロイスの書簡に、烏帽子形のキリシタンを訪ねた記事がある。また、一五八二年二月十五日付長崎発パードレ・ガスパル・クエリヨの報告では、この城には三人の領主がおり二人がキリシタン武将である。そのうちの一人が、畠山氏の遺臣で烏帽子形の大身、堺の裕福な貴族と称されたパウロ（伊地智）文太夫で、他のひとりは、シメアン（池田丹後守教正）の娘と結婚したことが記されている。また城下に約三〇〇人のキリシタンがおり、教会を建てるため木材などが準備されていたことも記されている。これらの記述から、この城が河内キリシタンの拠点の一つとなっていたことがわかる（『フロイス日本史』『イエズス会日本年報』）。教会は、『一五九二年十一月付日本準管区内教会目録』のなかに、戦乱で破壊された教会として収録されていることから、完成し使用されていたと思われる。

ところで、元禄五年（一六九二）の「河州烏帽子形八幡宮伝記写」には、四代前の殿様が烏帽子形城で生まれたとある。この「殿様」が甲斐庄正房（かいのしょうまさふさ）で、彼がシメアンの娘と結婚したキリシタ武将ではないかと考えられている。甲斐庄氏は室町時代に畠山氏の被官として登場し、近世にはこの辺に知行地を有する旗本となる（『竹鼻梅次家文書』）。

【凍結された天正十二年の縄張り】　信長の後、天下統一を進める羽柴秀吉に畿内で立ちはだかったのが、根来寺を中心とする紀州の勢力であった。天正十二年、秀吉は岸和田城主中村一氏に命じて、南の紀州に通じる街道の要衝に位置する烏帽子形城を改修し兵を配置している。この改修には、益田長秀や本願寺教如からも普請用の鍬が贈られていることから、大規模な工事であったと思われる（『宇野主水日記』）。しかし紀州平定ののち、城は使われなくなったと考えられる。

なお、この改修記録が城に直接関係する最後のものであることから、現在残る遺構は、この天正十二年のものであると思われる。

【コンパクトな平面プラン】

遺構は、烏帽子形山の山頂部に南北に長い長方形の曲輪（くるわ）Ⅰとそれに取りつく腰曲輪のような曲輪Ⅱが配置されている。この二つの曲輪（曲輪Ⅰが曲輪Ⅱを守る巨大な土塁と位置づけ単郭構造とする説もある）の北側は切岸となって石川に向かっての急峻な崖となっている。一方、東・西・南側は周囲を東西約一二〇メートル、南北約一一〇メートルのコの字に横堀と土塁が巡らされており、コンパクトな方形の平面プランである。特に東側と西側の横堀と土塁は二重構造となり防御力を高めている。また、西側の尾根筋及び東側の尾根筋との境には堀切が設けられている。

【発掘された礎石建物】　この城の考古学的な調査は、昭和六十三年（一九八八）度に公園整備に伴ってはじめて実施された。この調査では曲輪Ⅰで上下二層の遺構面を確認し、上層からは細長い礎石建物二棟を検出した。この周辺からは十五世紀後半から十六世紀前半の瓦が出土するため建物は瓦葺と思われるが、これは安土城に先行する城郭への使用例である。また、構造的には多聞櫓的な構造ではなかったかと想像される。

烏帽子形城 東からの遠景

烏帽子形城 曲輪Ⅱから曲輪Ⅰを望む（南から）

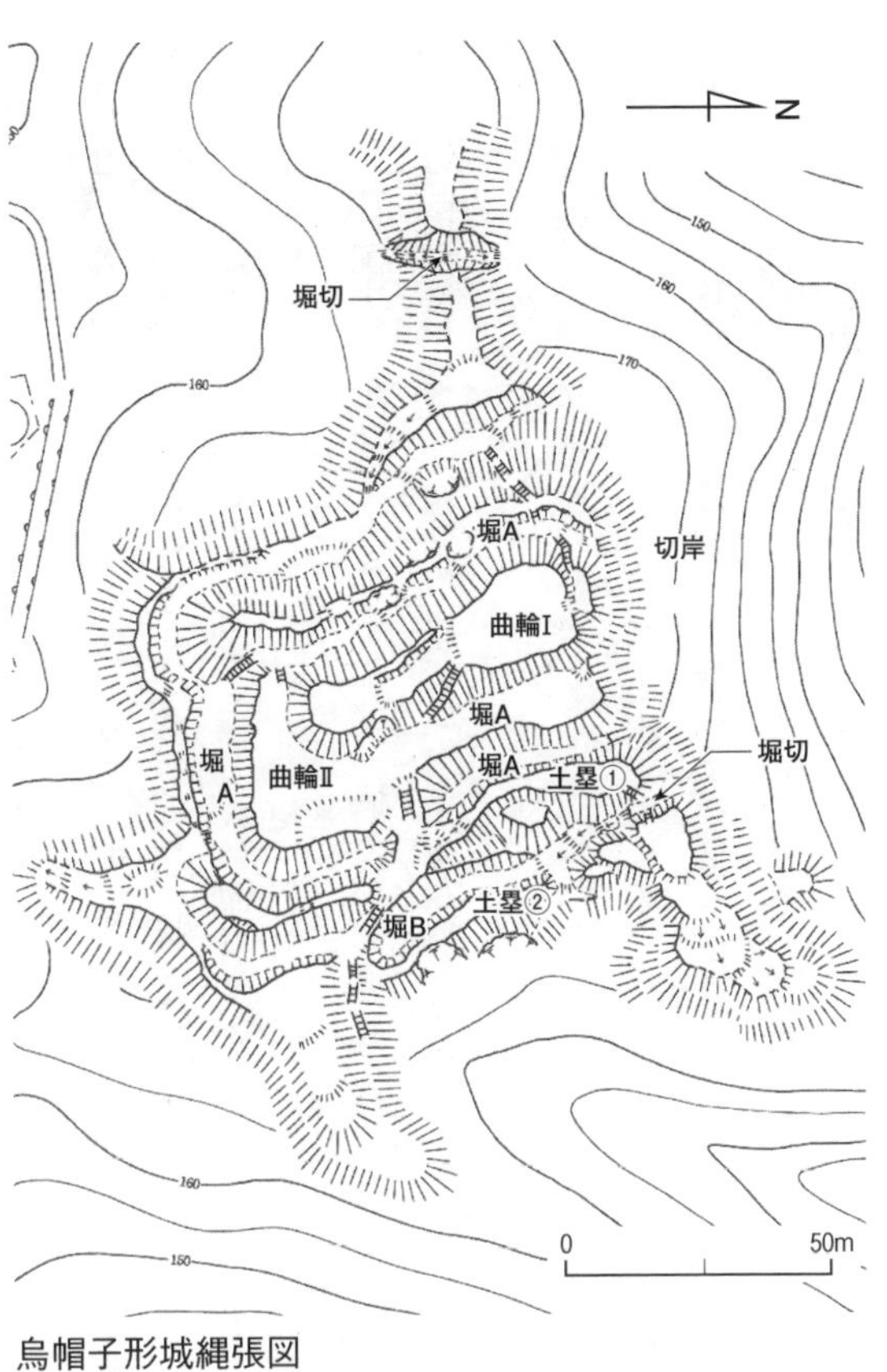


烏帽子形城縄張図

さらに、平成十七年（二〇〇五）度から開始した史跡指定のための範囲確認調査では、曲輪Ⅱの東側堀A・堀Bの堀底、土塁①・土塁②の下層に曲輪らしい平坦面が確認された。その平坦面の直上に瓦が含まれる層が確認され、その上に土塁が築かれていることが判った。つまり、曲輪Ⅰの瓦葺建物が廃絶後に土塁①・土塁②が築かれている。

**【堀内障壁の検出】** 曲輪Ⅱの南東角、堀Aが南側から東側に屈曲する付近の堀底の調査で、約一・五メートルの段差が設けられた堀内障壁を検出した。障壁は東に向かって高くなっているもので、敵が堀内を移動するのを防ぐためのものである。

**【城の変遷】** 発掘調査の結果から、この城はおおむね三期の変遷があることがわかる。一期は曲輪Ⅰに瓦葺建物が建てられる以前で出土遺物から十五世紀中頃以降である。二期は曲輪Ⅰに瓦葺建物が建てられた時期で出土遺物から十六世紀中頃から後半である。この一期・二期には横堀や土塁がなく、地形を生かした小さな曲輪によって構成されていた。三期は、一・二期の縄張りを改変し、方形プランとして横堀、土塁が造られた時期で、これが現在まで残された縄張りである。

この城は、周辺の山城とは違い、市街地の都市公園にある。縄張りもコンパクトで、市民が気軽に訪れることができ、地域史を肌でかんじることができる場所である。国史跡に指定され、今後の整備により、市民の資源として活用されることを期待する。

【参考文献】河内長野市教育委員会『烏帽子形城跡総合調査報告書』（『河内長野市文化財調査報告書』五一、二〇一一）

（尾谷雅彦）

●繰返された軍事的緊張を示す山城

# 上赤坂城〔国指定史跡〕

〔所在地〕南河内郡千早赤阪村桐山
〔比　高〕約二一〇メートル
〔分　類〕山城
〔年　代〕十四世紀～十六世紀後半
〔城　主〕楠木氏、畠山氏
〔交通アクセス〕近鉄長野線「富田林駅」下車後、金剛バス「千早赤阪村役場前」下車、徒歩約二キロ

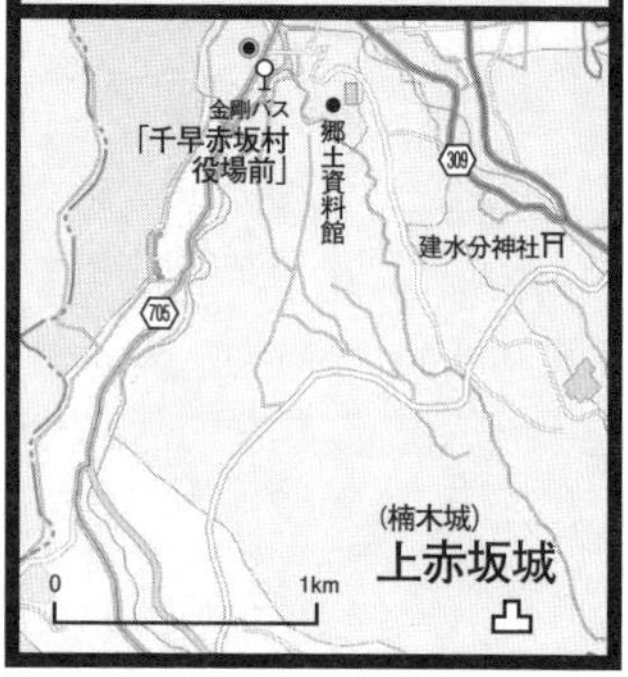

**【金剛山塊に築かれた楠木正成の城】**　上赤坂城は、大阪府と奈良県の境界を成す金剛山塊から北西に伸びる稜線突端のピークに立地する。別名を小根田城、桐山城、楠木本城という。昭和九年（一九三四）に同じ金剛山塊の千早城と下赤坂城とともに国史指定史跡となり、名称は「楠木城跡」である。指定の目的は文字通り、南朝の忠臣である楠木正成の顕彰にあった。

同じ稜線上には、南東に約七〇〇メートル離れた地点に猫路山城、同じく約二キロ離れた金剛山中腹には国見山城が存在し、上赤坂城を含め一連の城塞群として機能したことが想定される。高低差は激しいが、周辺は大和国南部の宇智郡方面へと至る千早街道、そして枝道が複数通じており、この稜線にも同様のルートがあったのだろう。城が所在する河内国南部（南河内）は大和国や紀伊国と接した地域で、たびたび国をまたぐような大規模な戦乱に見舞われた。

上赤坂城の歴史は南北朝の動乱期に遡る。周辺は楠木正成一族の拠点であり、正成は元弘三年（一三三三）に鎌倉幕府打倒を目論む後醍醐天皇に与して籠城したが、間もなく城は落ちた（『太平記』）。しかし、千早城（千早赤阪村）では、有名な百日に及ぶ籠城戦を成功させている。なお、赤坂城と呼ばれる地は、下赤坂城と上赤坂城の二つある。下赤坂城跡（国指定史跡 赤阪城跡）は、千早赤阪中学校の裏手とされ、石碑が建てられている。しかし近世以降の改変も激しく、城郭遺構は確認できない。

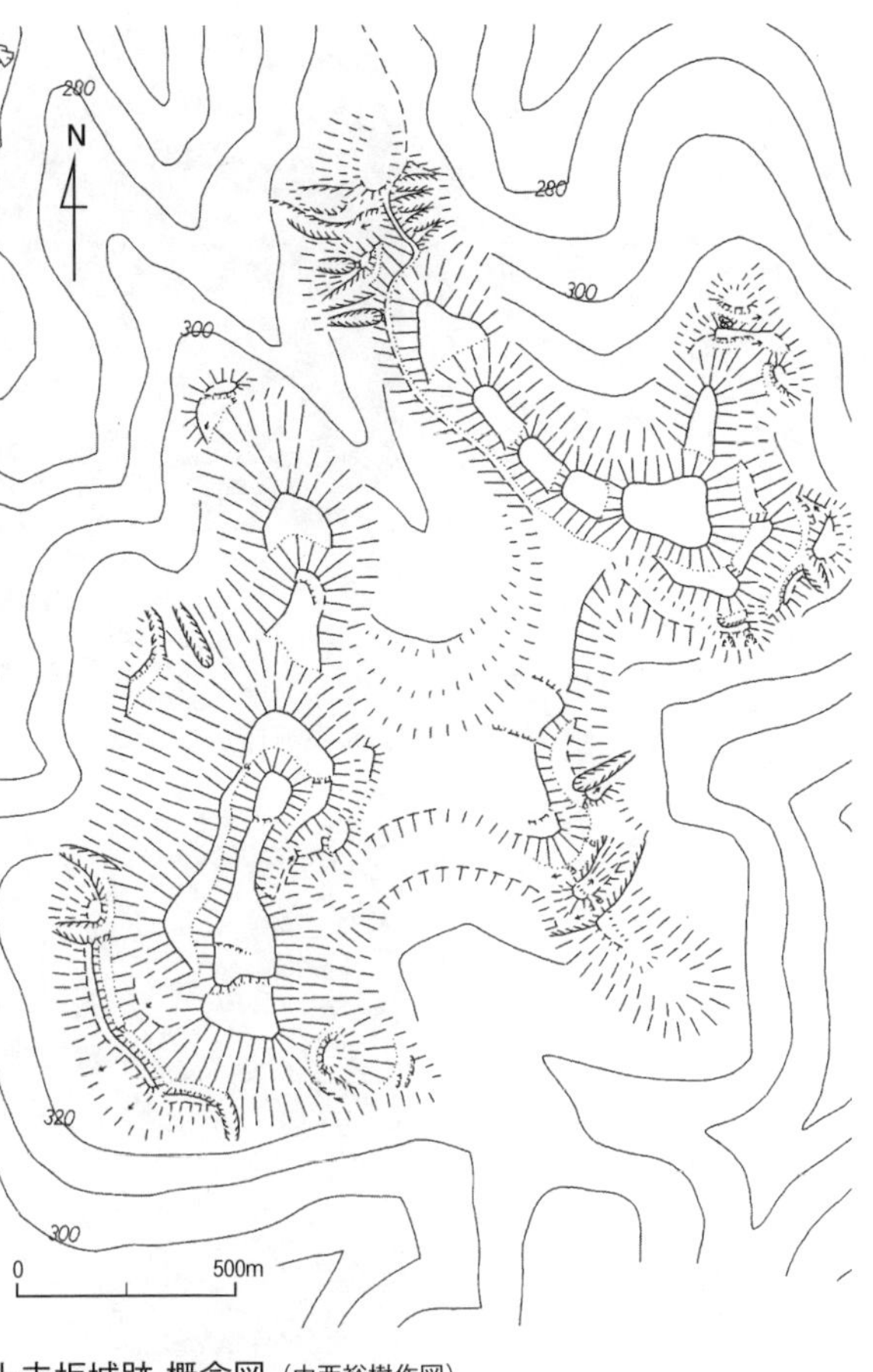


上赤坂城跡 概念図（中西裕樹作図）

以降も正成の子孫たちは、北朝を相手に戦いを繰り広げていく。しかし、この時期の城の歴史は不詳であり、むしろ城の遺構は戦国期の特徴をよく示す。また、発掘調査では十四～十六世紀の遺物が出土している。そこで、続いて戦国期の河内における戦乱の中心となった守護畠山氏周辺の動向を確認していく。

【守護畠山氏と国境周辺の戦い】　畠山氏は将軍足利家の一門で、将軍を支える管領職に就いた。河内国に加えて紀伊国、越中国の守護職を兼務する家柄で、戦国期まで幕府や畿内に大きな影響力を持った。十五世紀紀半ばに家督争いを生じ、家中は畠山政長派と畠山義就派に分裂した。幕府が政長派を支持したため、畠山義就は長禄四年（一四六〇）以降、三年にわたって南河内の嶽山城・金胎寺城（ともに富田林市）に籠城する。

義就の嶽山籠城戦は、戦国期直前の畿内における大規模な戦乱となった、結果的に義就は没落していくが、没落先となった紀伊国や大和国で勢力の拡大を図る。そして文正元年（一四六六）、大和の壷阪寺を発った義就は「千破屋城ノ間」を通って金胎寺に陣を置く。続いて嶽山城を奪還し、「押子形城」（烏帽子形城か）を奪った（『経覚私覚抄』）。一方、畠山政長は将軍の後押しを受け、やがて河内復帰を果すが、明応二年（一四九三）の将軍廃立が行なわれた明応の政変で自害を遂げた。以降も畠山氏の両流に分かれた争いは継続し、畿内の戦乱に大きな影響を与える。

畠山氏は、河内国の高屋城（羽曳野市）を本拠に取り立て、

上赤坂城跡の西側ピークに建つ石碑

上赤坂城の東側ピークの横堀

のちには巨大な外郭を持つ拠点城郭とした。畠山氏当主は「高屋屋形」と表現されるようになり、当主の座は高屋城の確保とイコールとみなされていく。この結果、両流の争いが継続していくと、当主の座を失った一方は高屋城奪還を目指すことになる。そして紀伊へと没落し、態勢を立て直すというパターンを繰り返した。たとえば、畠山稙長は守護代遊佐(ゆさ)氏が台頭するなか、天文三(一五三四)～同十一年の間、紀伊に没落した。また、畠山高政は、戦国大名の三好長慶と対立し、永禄元年(一五五八)から同十一年にかけて、四回の紀伊への没落を繰り返している。

紀伊に逃れた畠山氏の軍事行動は、南河内に進出することからはじまる。大永四年(一五二四)には、金胎寺城や烏帽子形城(河内長野市)で合戦があり、逆に享禄元年(一五二八)には、畠山稙長が高屋城から金胎寺城へと退却している。また、永禄十年には、畠山高政を推す紀伊の根来寺が烏帽子形城に攻撃を仕掛けた。

このような河内と大和、紀伊の国境周辺をめぐる合戦において、上赤坂城は使用された可能性が高い。それは、猫路山城や国見山城などの遺構の構造からもうかがうことができる。

**【横堀の発達と戦国の城塞群】**　上赤坂城の城域は、三四九・五メートルのピークを中心とする西側と、三四〇・二メートルのピークを中心とする東側に大きく分かれ、その間の谷地形となる部分も曲輪(くるわ)として利用した。西側部分はピークを中心に曲輪を尾根(おね)上に配置し、地形が続く部分に堀切を設ける。ただし、南西斜面に横堀を使用し、横堀が堀切と接続するため、あたかも巨大な一つの堀切のような形態になっている。

東側部分は、ピークを中心として連郭式に曲輪を配置する。北側の尾根に対して二重の堀切を設け、南東の尾根に設けた二本の堀切は段差のある帯曲輪で接続し、一つの横堀として機能させている。北西の尾根続きにルートが取り付く部分は、「そろばんばし」と呼ばれる連続堀切とし、その西側に曲輪直下に至るまで竪堀群(たてぼりぐん)を設ける。これらは、一種の畝(うね)状空堀群(じょうからぼりぐん)と評価できる。

西側ピークと東側ピークの間は、畑として使用され、大きな改変を受けている。ただし、まとまった面積の曲輪であり、土器などの遺物が散布する。なお、ここから南東に派生する尾根には二重堀切を設けている。

まとめておくと、上赤坂城は、大きく東と西の曲輪群に別れ、城全体の東~南~西の切岸下を横堀とし、北側では、多重堀切と竪堀群によって城への強烈な遮断線を構築している。特に横堀で城の範囲を決める構造は、戦国末期の畿内における築城技術を端的に示し、上赤坂城が当該期に改修され、使用されていたことを示す。

同一稜線上にある猫路山城では、二本の別々の尾根に設けた堀切を切岸でつなぐ。この切岸は尾根間の谷の間をつなぐもので、非常に珍しい。これらの尾根がピークの曲輪と接する地点には横堀がある。国見山城では、同様の構造は認められないが、曲輪を取り囲む帯曲輪が発達し、城域をまとめる遮断意識という点で共通性を見出すことも可能であろう。また、規模という点では、国見山城は河内国内でも屈指の城である。

上赤坂城を含む、これらの山城は楠木正成との関係でも語られるが、遺構観察からは明らかに戦国期の城塞群であり、繰り返された厳しい軍事的緊張が実感できる。大阪府下において特筆すべき山城であり、ぜひ城塞群として訪ねたい。

【参考文献】河内長野市教育委員会編『河内長野市城館分布調査報告書』(河内長野市文化財調査報告書三四、二〇〇一)、中西裕樹「戦国期における地域の城館と守護公権」(村田修三編『新視点中世城郭研究論集』所収、新人物往来社、二〇〇二)、大阪府教育委員会編『南河内における中世城館の調査』(二〇〇八)

(中西裕樹)

●堀で囲まれた商業都市

# 堺環濠（さかいかんごう）

〈所在地〉堺市堺区
〈比　高〉〇〜三メートル
〈分　類〉環濠都市、守護所
〈年　代〉十四世紀末〜
〈城　主〉不明
〈交通アクセス〉南海本線「堺駅」下車、東へ徒歩一分、南海高野線「堺東駅」下車、西へ三分

**【新旧の環濠】**　堺には、町全体を囲む堀があった。町は低地にあり、常時ではないにしろ、雨水を集める水堀（濠）が多かったようである。通常、環濠と称しているが、西側は海であり周濠と呼ぶべきかもしれない。戦国時代後期から豊臣秀吉によって埋められるまでの環濠と、その後江戸幕府によって掘られた環濠の新旧二種類がある。

最初の環濠であるが、これを旧環濠（戦国期の堀）とする。その造営時期はわからないが、記録上の初見は、永禄五年（一五六二）に堺に滞在していたイエズス会宣教師ヴィレラの「西側は海に、また東側は常に満々と水をたたえる深い堀によって囲まれている」という書簡である（『十六・七世紀イエズス会日本報告集』Ⅲ期二巻）。『言継卿記』永禄七年七月条やフロイス『日本史』一五六六年の記事にも、同様のものがある。

旧環濠の大きさは幅八〜一二メートルほどであり、場所によって異なる。計画的に一気に掘られたものではないのかもしれない。平成十九年（二〇〇七）の調査では、南部の少林寺町東三丁で幅一七メートル、深さ四・五メートルと、これまで最大の旧環濠と思われる堀が発掘された。

『細川両家記』などの戦記物には、大永七年（一五二七）のいわゆる「堺幕府」開設などに伴う堺を舞台とした騒乱の記事も多いが、そこに旧環濠は記されていない。現在までに一〇〇〇ヵ所を超える堺環濠都市遺跡の発掘事例からも、十六世紀前半まで明確にさかのぼる環濠はわかっていない。

# 堺環濠都市遺跡（SKT）

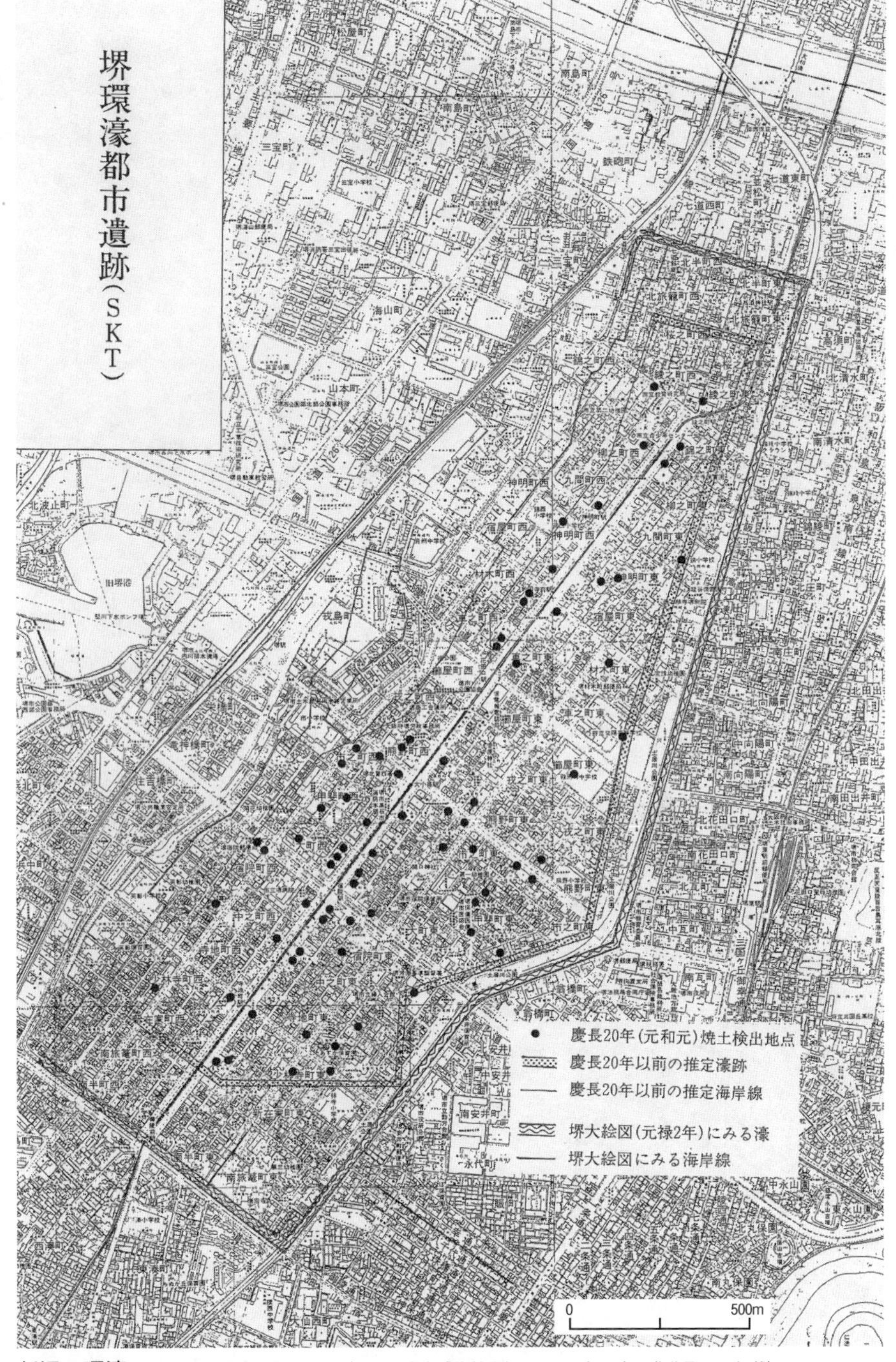


新旧の環濠（『堺衆―茶の湯を創った人びと―』堺市博物館図録、1989年、奥田豊作図より転載）

天正十四年（一五八六）、旧環濠は秀吉によって埋められた。このような堀や壁で囲まれた都市は、ヨーロッパの自由都市に多い。イエズス会宣教師フロイスによれば、秀吉は堺の「町が外敵に備えて構築していた濠を埋め、町の周囲にめぐらされていた繁茂した大樹をことごとく伐採するように命じ」、自由都市堺の自由を奪ったとする（フロイス『日本史』三十三章）。このフロイスの見方が通説になっているが、疑問もある。誕生したばかりの大坂の発展にとって、堺の経済力はまだまだ不可欠であった。たとえば前記少林寺町の堀は四条あり、町が拡大するたびに埋められまた掘り直されたとも考えられる。後述する新環濠も、同様である。

囲う規模が小さな環濠集落は、奈良盆地のほか、近くは遠里小野（大阪市南部）などにもあるが、これらは防御用だけではなく水利にも用いたという説もある。規模の大きな都市としては、摂津の平野（平野郷）、大和の今井、近江の堅田などの商業都市、そして御土居による京都がある。

**【現在も残る環濠】**　慶長二十年（元和元年・一六一五）大坂夏の陣の戦火で町の大半が焼失した後、江戸幕府によって一回り町の面積を拡張して新環濠（江戸期の堀）が掘られた。当初の堀幅は一〇間（約一八メートル）である。堀のほかに土居を伴っており、江戸時代に徐々に削られてしまったが、今も堀を土居川と呼んでいる。堀より内側はすべて、堺環濠都市遺跡として現在登録されている。また西側は、江戸時代の海岸線が今は堀となっており、内川と呼ばれている。新環濠の全長は、内川を除き四・二キロ余りあった。

堺には、町の周囲をめぐる堀（外堀）だけでなく、内部にも大小さまざまな堀（内堀）があったことが、環濠都市遺跡の発掘調査でわかっている。寺社の周囲を区画する堀が多いが、海岸部の砂洲に立地するため低地であり、排水用の溝もあったようである。堺の発祥地とも推定される住吉大社御旅所の開口宿院を囲む大溝は、旧環濠よりもずっと以前に造営されたようである。

新環濠は、阪神高速道路の建設などで昭和三十年代までに東側と北側が埋められ、現在でも残っているのは南側のみである。内川は大半が残っているが、内堀はほぼ埋められている。

**【守護所と堺城】**　堺は商業都市であったが、領主の代官などもいた。堺南北庄の庄官のほか、たとえば和泉守護の勢力である。古代的な国府・国衙に変わって守護所が軍事だけでなく行政・司法機能の中心になるのは南北朝時代ころからであるとされる。特に和泉地方は府中（和泉市）の国衙機能が強く、守護所が中心となるのは、山名氏清が和泉守護となり堺を拠点としたころからである。

氏清が明徳の乱で室町幕府に敗れ、次の和泉守護は大内義弘になった。彼は、応永の乱で堺を拠点とし、この兵火で「堺一万間」が全焼したという。この時堺の町には、大内氏によって一七〇〇個の櫓が造られた（『応永記』）。堺城（大内城）である。一〇〇〇ヵ所を越える堺環濠都市遺跡の発掘調査では、中心部に応永期と思われる古い焼土層がいくつか見つかっているが、その範囲は狭く、とても一万間（軒）が全焼したとは思えない。

細川氏など以後の守護も、堺に守護所を置いた。室町時代になって府中ではないところに守護所が置かれることは、全国的にみれば一般的な事例ではないとされる。堺は古代から住吉大社を支える経済都市として発展してきたが、特に南北朝時代においては住吉とともに南朝方の拠点となった。こうして南北両朝にとって堺の役割が大きくなったため、山名氏清は和泉府中から堺に守護所を移動したのであろう。

この時期の守護は在京が原則であり、領国に大きな問題が生じない限り、細川氏も在京であった。山名氏や大内氏が一時期堺にいたのは、戦時体制だったり、領国が新しくなった直後でその経営に直接乗り出すためであったり、例外的だったと思われる。

仁徳陵（大仙古墳）の西側にある大仙遺跡が、和泉守護所であったとする説がある。しかしこの地は、堺の市街地から少し離れすぎているように思われる。軍事拠点としてはよかったとしても、行政・司法機能は堺の町中か町に接したところでないと不便であろう。京都のように、市街地に居住地があったのではないだろうか。

その後のいわゆる堺幕府においても、堺公方足利義維（あしかがよしつな）の御座所（ござしょ）であった引接寺（いんじょうじ）（四条道場）や、三好元長の自害した顕本寺（けんぽんじ）は、市街地の中心部にあった。細川晴元の居所は不明であるが、いずれにしろ堺の市中において方一町以上の広大な居館を構えていたようにはみえない。守護所も同様であり、寺院の敷地を借りていたのではないか。

【参考文献】吉田豊「堺中世の会合と自由」（『堺市博物館報』一七、一九九八）、續伸一郎「戦国時代の自治都市堺」（『戦国時代の考古学』所収、高志書院、二〇〇三）、廣田浩治「武家政権・地域公権の都市としての中世堺」（『堺市博物館研究報告』三二、二〇一三）

（吉田　豊）

大阪府

●都市堺の南の守りの城

# 家原城（えばらじょう）

〔所在地〕堺市西区家原寺町
〔比　高〕四メートル
〔分　類〕平山城
〔年　代〕十六世紀
〔城　主〕松浦孫八郎および配下の和泉国衆、三好義継、池田丹後、寺町左近
〔交通アクセス〕JR阪和線「津久野駅」下車、南へ約八〇〇メートル

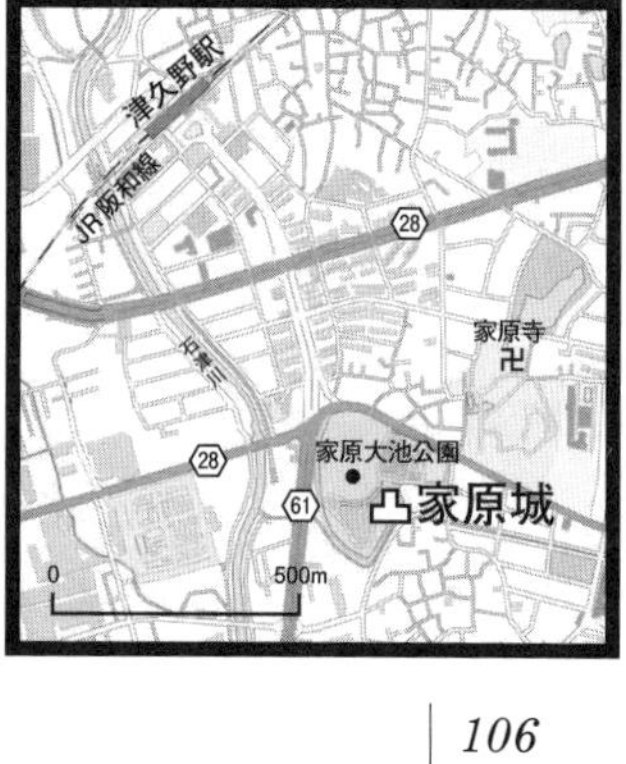

**【発達した虎口を持つ城】** 家原城は、古代の高僧行基の生誕地とされる和泉国大鳥郡の家原寺（えばらでら）（中世には律宗西大寺の末寺）のすぐ西方の丘陵の先端にあたる。丘陵上は住宅地で、西の端の曲輪（くるわ）の堀の痕跡は古城公園のなかに存続したが、平成二十五年（二〇一三）に完全に破壊され、公園の故地に家原城の説明板だけがある。

近世後期の岸和田藩士による『和泉国大鳥郡城跡図』（大阪歴史博物館蔵）の「大鳥郡半陀郷家原城」の図によれば、家原城の跡地は「城山」とよばれ、「本丸」と南西・南東の二つの「曲輪」がある。本丸には内側に「土居」があり、「出張」という突起箇所（おそらく横矢）がある。本丸と曲輪は三間半～四間（約六・三～七・二メートル）の堀で囲まれ通路でつながる。堀で囲まれる二つの曲輪は本丸より低く、馬出（うまだし）・虎口（こぐち）と考えられる。本丸より二間（約一・八メートル）低いとされる西南の曲輪の堀が、かつて古城公園にあった堀跡であろう。

古城公園にあった説明板（堺市教育委員会設置）は、明治時代の絵図をもとに家原城の規模を南北一七五メートル・東西二四五メートル、南西の曲輪を南北二六メートル・東西二〇メートル、南東の曲輪を南北二四メートル、東西一六メートル、堀幅を六メートルとし、家原寺の境内丘陵や西を流れる石津川も家原城の天然の要害として機能したと思われる。

**【戦国合戦のなかの家原城】** 家原は和泉国守護所・都市堺より東南約四・五キロにある。熊野街道に近いが町場や宿はな

い。応仁・文明の乱の時期、和泉下守護の細川常泰（持久）の被官和田氏が家原で戦った。和泉国守護は上守護・下守護の二名で、それぞれ半国守護、合わせて両守護という。室町幕府の実力者の管領（京兆）細川家が分裂すると、永正八年（一五一一）、阿波の細川澄元軍が京兆の細川高国軍と「家原

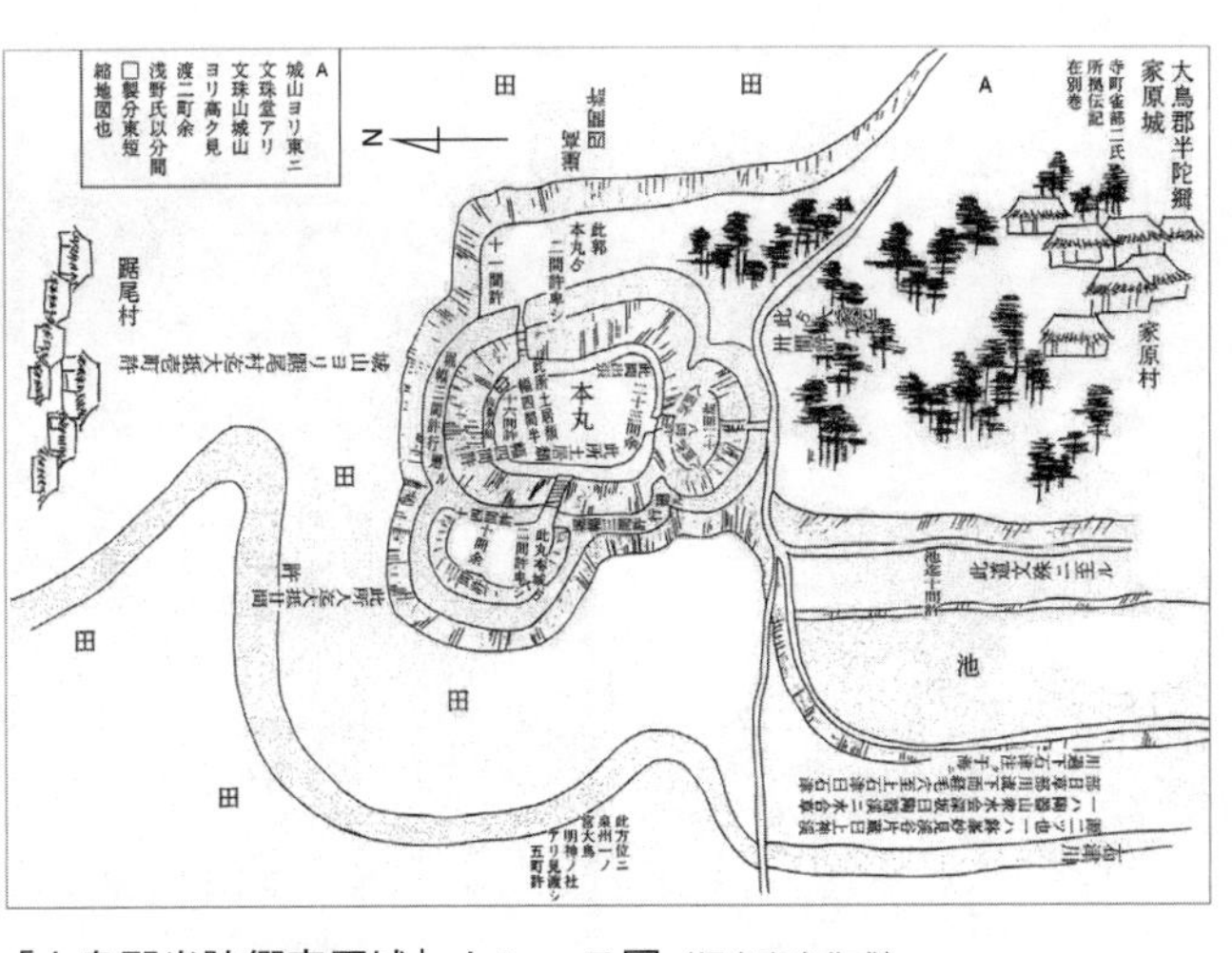

「大鳥郡半陀郷家原城」トレース図（福島克彦作成）

攻口」で戦った。家原が澄元軍の「攻口」（攻撃対象）となっている。

十五世紀末期の下守護細川基経の時期に「大鳥虎口」すなわち虎口をもつ大鳥城が現われる。大鳥城は家原寺の約一・五キロ西の和泉一宮大鳥社の付近と思われ、十六世紀前半にも和泉守護の被官衆が守備した。大鳥城は以後姿を消し、虎口をもつ大鳥城の機能は虎口が発達した家原城が継承したとみられる。

三好長慶の没後、三好三人衆と松永久秀が争うと、永禄九年（一五六六）、久秀と結んだ根来寺衆が家原城に入った（家原城の初見）。久秀方の松浦孫八郎（分裂した岸和田城主松浦氏の一方）と和泉国衆も家原から出撃して三人衆方と戦った。織田信長・足利義昭が上洛すると三好三人衆は同十一年十二月、信長についた三好義継・松永久秀方の「江原ノ城」（家原城）を攻め、池田丹後・寺町左近を討ち取った。

家原城は都市堺の南を守る城であり、和泉国の城でも虎口や横矢の機能が発達した城の一つであったと考えられる。

【参考文献】福島克彦「『和泉国城館跡絵図』と城館研究—鬼洞文庫旧蔵絵図を中心に—」（大澤研一・仁木宏編『岸和田古城から城下町へ—中世・近世の岸和田—』所収、和泉書院、二〇〇八）

（廣田浩治）

●三つの曲輪を持つ中世城館

# 岸和田古城（きしわだこじょう）

〔所在地〕岸和田市野田町二丁目
〔比　高〕五メートル
〔分　類〕平城
〔年　代〕十四～十六世紀前半
〔城　主〕岸和田氏
〔交通アクセス〕南海電鉄南海本線「岸和田駅下車」、南へ徒歩五〇〇メートル

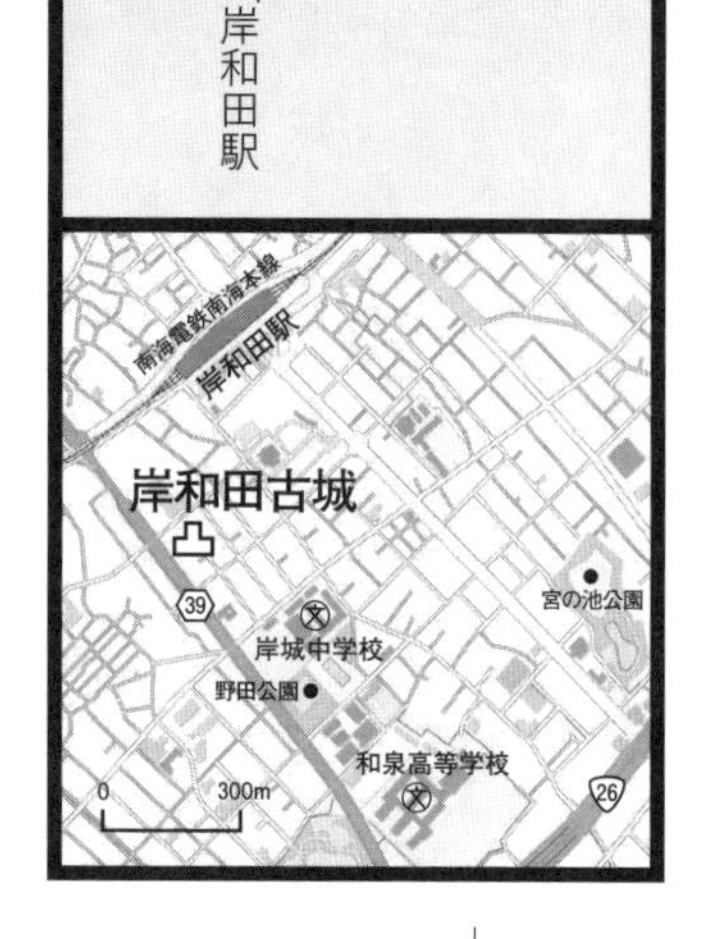


**【古城図と発掘から復元された古城】**　大阪府南部の岸和田の町は、近世岸和田城の城下町として発展した。これに先行して、中世には岸和田氏のものと推定される城郭があった。これを近世の岸和田城と区別するために岸和田古城と呼んでいる。

岸和田古城は、近世岸和田城本丸の東南東約五〇〇メートルのところに立地した。南海本線岸和田駅からは徒歩五分あまりで、緩傾斜地の途中にあった。全体に南東が高く、北西に低い地形条件にあって、三つの曲輪（くるわ）が連なっていた様子が復元できる。地籍図などから知られる現地の地形と、「岸和田古城図」（大阪歴史博物館蔵）の比定にもとづくものである。

最も南東側に一番大きな曲輪があり、「古城図」では、「二之郭」「二（「三」の誤りヵ）之郭」が重なった構造になっている。長辺約一〇五メートル、短辺約九〇メートルの紡錘形をしている。その次に位置するのは「古城図」で「本城」とされるもので、直径約三五メートルの円形であった。その北西側に三角形の小さな曲輪があった。

城域には南東側から古城川が流れ下っており、「古城図」には、その水を引き入れる形で水堀が三つの曲輪を取りまくように描かれている。いつも十分な水をたたえる堀ではなかったかもしれないが、城のまわりが湿潤な低湿地になっていたことは間違いないだろう。

三つの曲輪のうち、「古城図」で「二之郭」と記された最大の曲輪は、すでに昭和四年（一九二九）ころの土地区画整

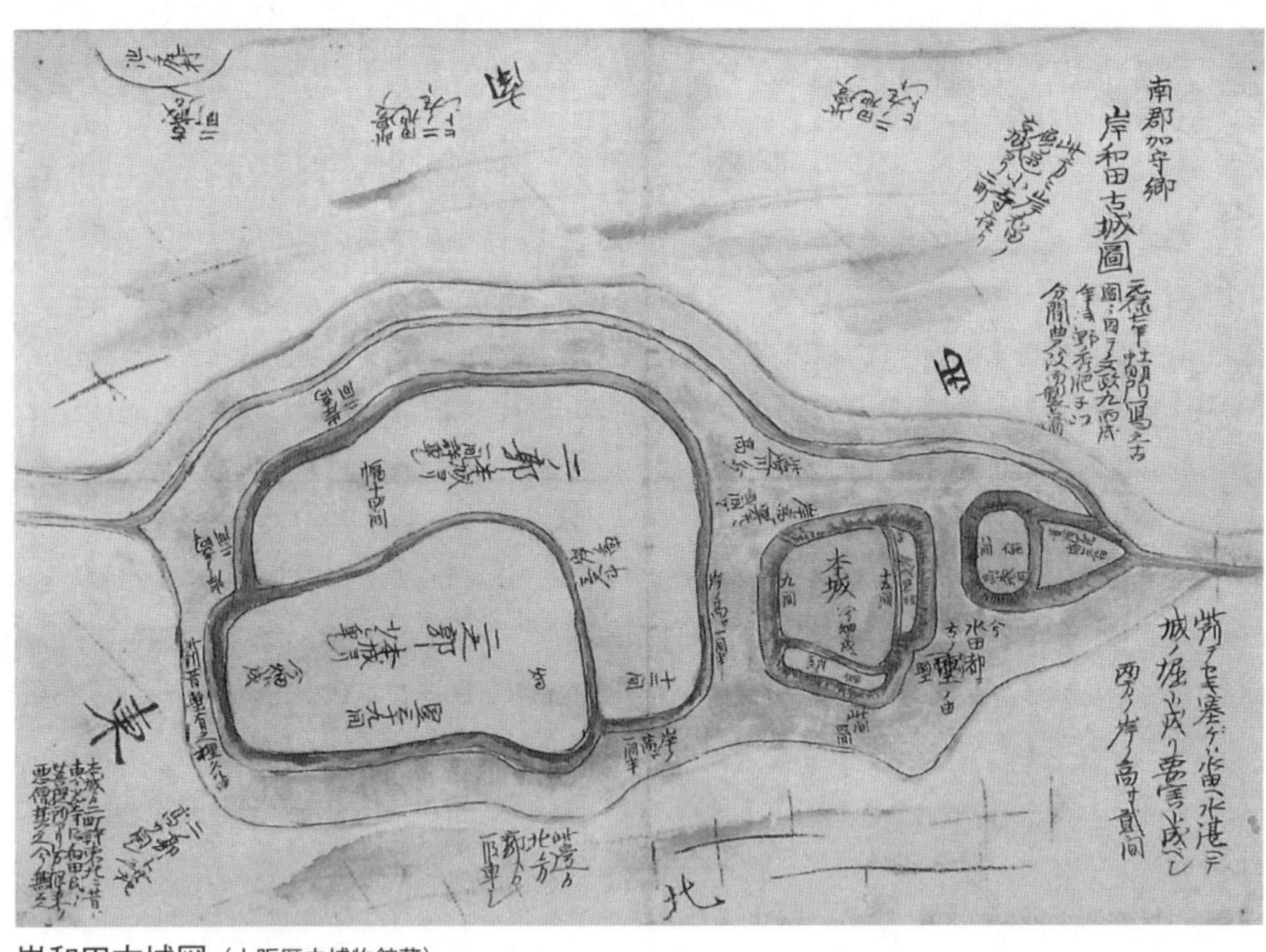


岸和田古城図（大阪歴史博物館蔵）

理事業によって地上から完全に姿を消していた。現在、その一部は住宅地の地下に眠っているかもしれないが、地上でその痕跡を見つけることはできない。北西端に位置する三角形の曲輪も同じ時期に失われたのであろう。

「古城図」で「本城」とされた円形の高台とその周辺の低地が長く岸和田古城として知られてきた。地元では「照日（てるひ）山（やま）」とよばれ、子供たちの遊び場であった。大正十年（一九二一）、大阪府はここに「和田氏古城伝説地」の石碑を立てている。開発に伴う事前調査で、平成十八年（二〇〇六）、この「本城」部分の発掘調査がなされた。調査の結果、地山を整形し、その上に土塁を構築したこと、十五世紀後半から十六世紀初頭が主な使用年代であることなどが確認された。「本城」は、もともと狭小な上に、周囲を土塁で囲まれているためほとんど平坦面がない。室町時代後期になって、軍事的な要塞として築かれたものかもしれない。より古い時代から存続していたであろう居館は「二之郭」にあったのではないかと推定される。

**【岸和田氏と岸和田古城】**　岸和田古城は、南北朝時代の「岸和田」氏の城であると伝承されてきた。また岸和田氏とは、河内楠木氏一族の和田氏が、大阪湾岸に移住したことで「岸の和田」氏を名乗ったものとされ、これが岸和田の地名の由来であるとも伝えられてきた。南朝を重視する、近世中期以降に流布した歴史観によるものであり、そのまま事実とは認められない。

では、岸和田古城は実際にはどのような勢力によるものであろうか。堀内和明によれば、岸和田氏は、和泉南郡の在地領主の庶流が岸和田村に分出して成立したものであるという。その時代は鎌倉時代中期であろうか。岸和田氏は、南北朝内乱期から室町時代に活動したことがさまざまな史料によって確認される。山中吾郎によれば、天文末期ころまで岸和田地域を支配した岸和田城主は岸和田氏であったが、十六世紀前半に、「岸和田古城」から岸和田城へ拠点が移されたと推定している。「古城」の機能は徐々に失われ、やがて廃城になったものと推定される。

さらに、大澤研一は、岸和田古城の外港というべき港が室町・戦国時代に存在したのではないかという。近世岸和田城下町の北端にあたる欄干橋、堀口門のあたりで、ここは、中世においては古城川の河口部に位置する。小規模ではあるが、この河口部に港湾があったことが推定される。近世に紀州街道として整備される湾岸沿いの街道筋にもあたる。岸和田古城は、この港湾・街道と、熊野街道を結ぶ往還の途中に立地することになる。

以上のような理解から、岸和田古城は、岸和田氏が拠点をおいた城館であり、戦国時代の半ばまで利用されたのではないかと考えられる。遺構・遺物からは不明であるが、文献史料にみえる岸和田氏の活動時期からみるかぎり、居館の成立時期を鎌倉時代までさかのぼらせることも無理ではなさそうである。

**【岸和田古城から岸和田城へ】**　戦国時代、和泉守護細川氏の家臣から頭角をあらわした松浦氏は、天文末年から弘治年間（一五五五〜五八）に、岸和田に居城した。この段階の「岸和田城」は、岸和田古城ではなく、近世岸和田城の地に新たに築かれた城郭であったことはまちがいない。松浦氏は、織田政権期に事実上、滅亡し、寺田氏が岸和田城を嗣いだ。さらに、津田・蜂屋氏が岸和田城に入ると、中央政権による和泉国統治の拠点城郭としての性格を濃厚にしていった。天正十年（一五八二）すぎには、早くも「天主」が築かれている。

この後、岸和田城には、中村一氏、小出秀政、松井松平氏、岡部氏などが入った。松平氏の時代以降、城下町の本格的な整備も始まったことが知られている。和泉国の要衝として岸和田は発展していった。堺より南部の拠点都市として中心地性を高めていったのである。

このように見てくると岸和田古城は、近世以降の岸和田発

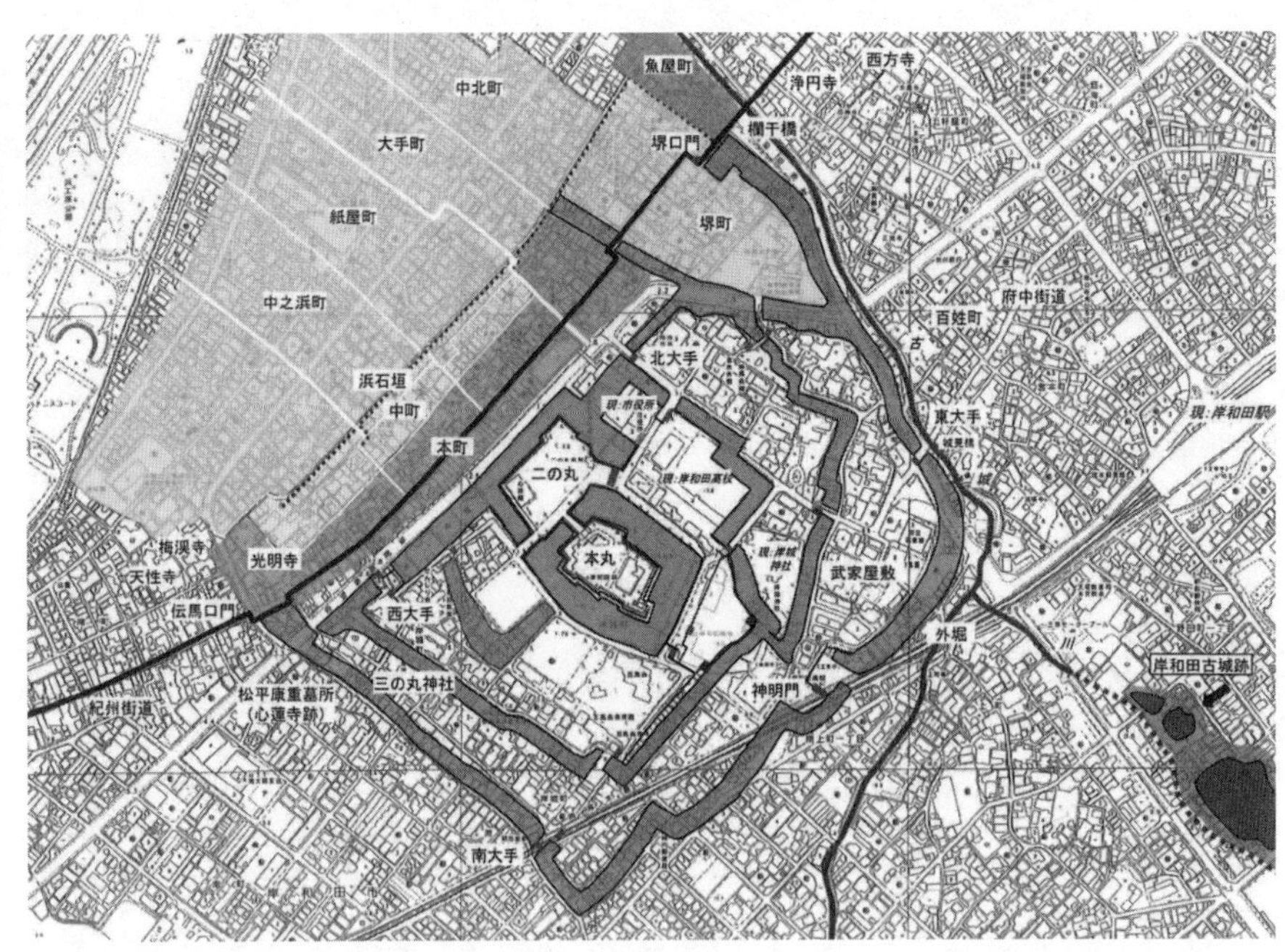


岸和田城・城下町復元図（岸本直文氏原図を一部加筆・修整、大澤研一・仁木宏編『岸和田古城から城下町へ』より）

展の礎であり、現代の岸和田城のルーツであったことがわかる。しかし、平成十八年、岸和田古城のうちわずかにのこっていた「本城」部分＝「照日山」は、宅地開発のために破壊されることになった。地元の市民の方々が岸和田古城を考える会を作り、開発に反対する運動をおこされた。当時、大阪歴史学会の委員であった著者もお手伝いし、四回にわたる連続シンポジウムを実施するなどして、市民の関心を高めることに成功した。

しかし、岸和田市当局の文化財保護の姿勢は最後まで積極性を欠き、国史跡化による遺跡の保存、買い上げにはいたらなかった。結局、開発のため「本城」の遺構は破壊され、現在は住宅地にその姿を変えている。

【参考文献】大澤研一・仁木宏編『岸和田古城から城下町へ—中世・近世の岸和田—』（和泉書院、二〇〇八）、「小特集　岸和田城・岸和田古城を考える」（『ヒストリア』二三七、二〇一三）

（仁木　宏）

●和泉国最大、摂河泉屈指の山城

# 根福寺城

〔所在地〕貝塚市秬谷
〔比　高〕一三〇メートル
〔分　類〕山城
〔年　代〕天文四年（一五三五）～天正十三年（一五八五）以前
〔城　主〕松浦氏、根来寺
〔交通アクセス〕水間鉄道「水間観音駅」下車、南へ三キロ

**【畝状竪堀群を持つ一城別郭の山城】**　根福寺城は水間寺から秬谷川をさかのぼった秬谷・大川の集落の北側の山上にある。標高は二八三メートルだが四周を山に囲まれ、山頂でも南と西以外の眺望はよくない。根福寺城は南北三八〇メートル、東西五二〇メートルの大規模な山城である。和泉の他の山城や国人衆の城とは隔絶し、摂津国の芥川山城、河内国の飯盛山城にも匹敵する畿内最大級の山城である。ただし根福寺城の周辺には市町や宿はない。非常時の防衛や軍の集結に使用される純軍事的な城郭と考えられる。

根福寺城は多数の曲輪をもつ連郭式城郭で、東の曲輪群と西の曲輪群に分かれる一城別郭の城である。城の大手口は東南の尾根の登り口と思われ、東の曲輪群から西の曲輪群へと進むと思われる。東の曲輪群は小規模な曲輪が東・西・北に複雑に連なり、曲輪は東から北に高く西にかけて低い。東の曲輪群の西側曲輪に古瓦片が散乱し、寺院の存在が推定されている。大正十一年（一九二二）の『大阪府全志』は城域に礎石があると記す。東の曲輪群の西に尾根道に沿って鞍部があり、崩れた石積み遺構がある。西の曲輪群は尾根沿いに曲輪が配置されるが、曲輪の数は少ない。東と西の曲輪群では縄張の構造が異なる。西の曲輪群の山頂の曲輪は「千畳敷」とよばれ、根福寺城でも最も広い。西の曲輪群の西南に根福寺城の最大の特徴というべき大規模な畝状竪堀群がある。竪堀は上部の横掘でつながる。麓の道（水間道）が通る城の南側は急勾配であるが竪堀があり、竪堀の上の中腹に曲輪があ

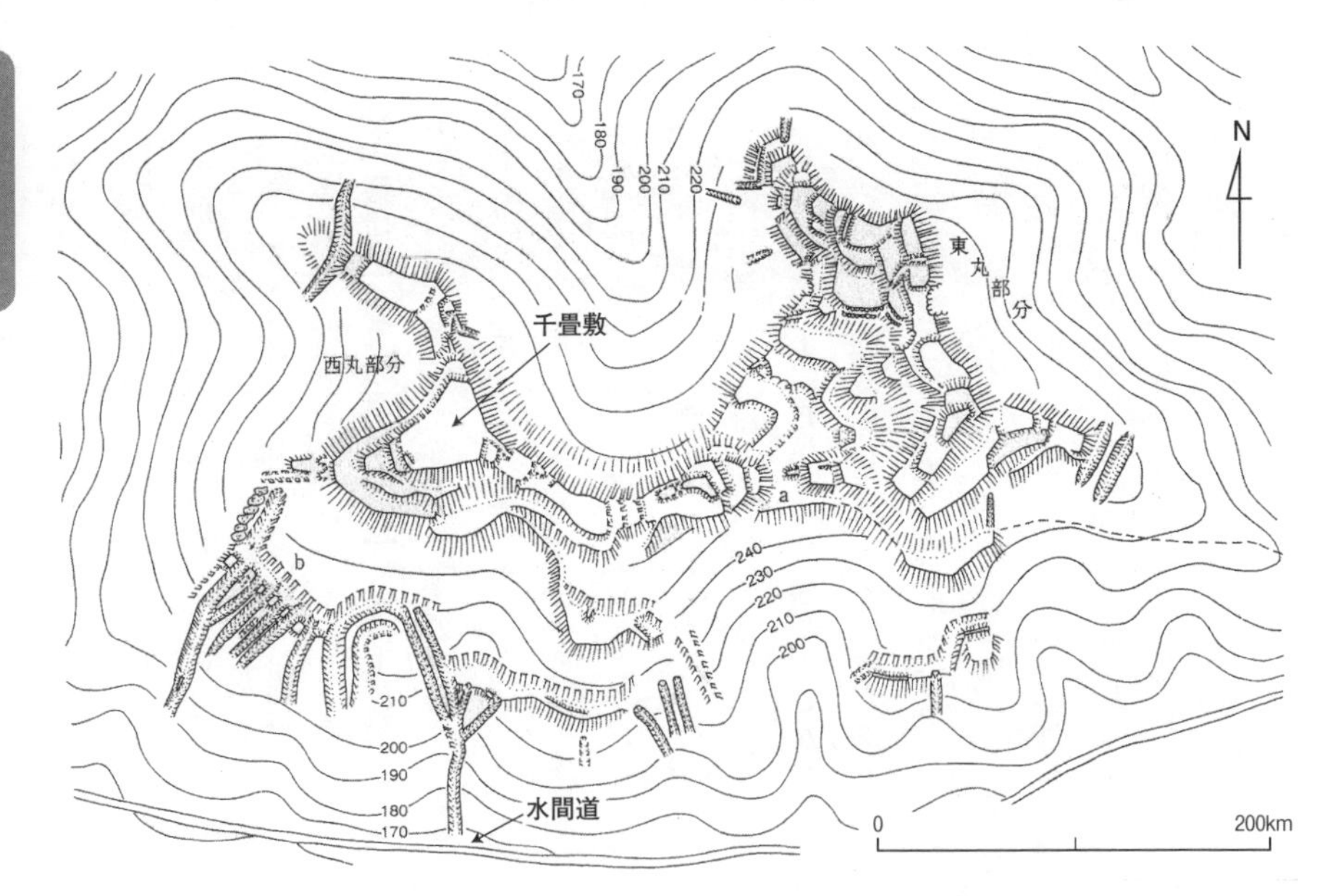


根福寺城縄張図（福島克彦作成）

根福寺城

る。根福寺城の縄張は南側および竪堀群のある西南側からの攻撃に備えたものである。

根福寺城の絵図に近世の「南郡麻生荘根福寺城」の図（岸和田市教育委員会蔵）がある。城の入口は東南の尾根の登り口にあり城の西南にも坂がある。東の曲輪群の最も北の曲輪を「東丸」、西の曲輪群の最も広い曲輪（現在の「千畳敷」）を「西丸」とよぶ。鞍部の「石壁」を「土門址」とし、この西に「櫓台」があったとする。現在も鞍部に石積み遺構があり「大門」の地名もあるので、ここが城の大手門または寺院の門と考えられている。東南の登り口の近くの「墓所」は大川村の村墓である。ここに松浦(まつら)肥前守の墓と伝える天正九年（一五八一）の「殿の墓」（板碑）がある。ただし松浦肥前守は織田信長政権の下で天正四年以前に和泉国から姿を消している。

【和泉守護代松浦氏の野田山城】　根福寺城は和泉国南(みなみ)郡の最も南の山間部に位置する。同時代の史料に城の名はほとんど現われない。天文六年（一五三七）の和泉守護代の松浦守(まもる)（肥前守）の水間寺あての文書（『井手文書』）の注記（後筆）に、根福寺城は松浦守が築城し野田山城とよび、紀伊の根来寺が天文十二年に根福寺と改めたと記される。大川村の菅原神社には、野田山城主松浦肥前守による天文五年の造立棟札があったという。浄土宗知恩院派の僧燈誉良然(とうよりょうねん)の和歌集『朽木集』に、燈誉が「のた山にて」詠んだ歌があり、「登城の後、肥州（松浦肥前守）へつかはしける」歌であった。「のた山へまかしり時、山のけしきをよめる」歌もある。燈誉が「登城」して歌を詠み、おそらく居城していた松浦守に対面して歌を贈った「のた山」とは、松浦守の野田山城に他ならない。また『朽木集』は「のた山」の古名を「仙人かたけ」とすることから、根来寺とも関係の深い山岳修行や修験の場が存在した可能性もある。

野田山城は西の熊取谷から大木（中世の日根荘入山田村(いりやまだむら)）・犬鳴(いぬなき)越え道を経て根来寺に通じる。根来寺僧は代官として日根荘を支配し、熊取谷でも根来寺僧が土豪の中左近(なかさこん)と結んで進出した。和泉守護細川氏・守護代松浦守の野田山城は根来寺の和泉進出を防ぐための城であった。根福寺城の縄張が和泉の平野部を見渡す方向になく、南側の防御を強く意識しているのもこのためであろう。『朽木集』によれば守護代の松浦守自身が一時期在城していたと思われる。野田山城が守護代の入る城として当初から大規模に築城されたことをうかがわせる。

【根来寺の根福寺城】　「抑大伝法院の末寺根福寺と号して最興仕事」（熊取の中(なか)盛彬の著作『かりそめのひとりごと』、木積(こつみ)の南川家文書、「最興仕事」と略す）は、近世の写しであるが根福寺城についての貴重な叙述がある。「最興仕事」は根福寺を大伝法院（根来寺）の末寺とするが、それは根福寺城に古瓦片が散乱することと符合する。

中盛彬は弘治三年（一五五七）に根福寺城の大手門と矢倉が築かれたと記す。「最興仕事」によれば弘治三年、松浦一族の松浦孫五郎（虎）が根福寺城の北東、木積に蛇谷城(じゃたにじょう)を築き、三好政権から離反した。翌永禄元年（一五五八）に岸和田城の三好軍（十河一存(そごうかずまさ)）・松浦軍が水間寺周辺の木島荘を攻撃、木島荘の百姓が防戦して根来寺に支援を要請した。根来寺惣分（行人方）は木島荘の北、近木川沿いに積善寺城を築き、松浦孫五郎とともに三好・松浦軍と戦った。同年、根来寺衆は三好・松浦方の「怒田山」（野田山）城奪回を阻止し、根福寺（城）と改称した。木島荘の東方の神於寺の僧衆も協力して根福寺城に入り「小屋」をかけた。東方の五ヶ畑が根福寺城領とされた。三好軍の攻撃も退けた。永禄三年、蛇谷城の「別心」に備えて、根来寺の芦室坊が坊内の同宿衆に鉄砲を持たせて根福寺城に派遣し、大木・熊取・木島の百姓を根福寺城の結番に動員した。以上の叙述には史料批判が必要だが、根来寺が戦闘において村や一揆の武力を動員したとする。近年の研究とも合致する。戦国末期には根来寺は和泉の近木川流域以西を支配下に置いた。根福寺城の麓の水間道は根来寺が和泉の平野部に侵攻する最短の道であるとともに、神於寺を経て和泉の山間部から河内の金剛寺に至る最短の交通路にもつながる。これは根来寺が河内・紀伊守護畠山氏（政長流）を河内や和泉山間部で支援する際の重要な軍事ルートと思われる。平野部から隠れている根福寺城はこの作戦上の軍勢集結の拠点であったと思われる。

**【根福寺城の廃絶】** 天正十三年、羽柴秀吉は近木川流域の根来寺の出城を陥落・開城させ、根来寺を攻略した。根福寺城も秀吉に攻略されたとする説と、それ以前に廃絶していたとする説がある。根福寺城は秀吉軍と根来寺の戦闘の史料に現れない。根福寺城は近木川流域の出城から遠く、秀吉の和泉・紀伊攻略の進軍路とは離れている。秀吉軍との戦闘において根福寺城の役割は高くなかった。近木川流域の根来寺の出城を描いた後世の「根来出城図」（岸和田市教育委員会蔵）にも根福寺城はみえない。根福寺城に城割の痕跡も見当たらないため、秀吉との戦闘以前に根来寺により廃城とされた可能性はある。

**【参考文献】** 村田修三「根福寺城」（『図説中世城郭事典』三所収、新人物往来社、一九八六）、山中吾朗「戦国期和泉における一浄土宗僧の和歌と布教」（『泉佐野市史研究』五、一九九九）、多田暢久「根福寺城」（『図説近畿中世城郭事典』所収、城郭談話会、二〇〇四）、福島克彦「『和泉国城館跡絵図』と城館研究—鬼洞文庫旧蔵絵図を中心に—」（大澤研一・仁木宏編『岸和田古城から城下町へ—中世・近世の岸和田—』所収、和泉書院、二〇〇八）、中西裕樹「城郭史からみた岸和田古城と戦国期・近世初期岸和田城」（同）

（廣田浩治）

●和泉国の小規模在地領主の平地城館

# 樫井城（かしいじょう）

〔所在地〕泉佐野市南中樫井
〔比　高〕〇メートル
〔分　類〕平地城館
〔年　代〕十六世紀
〔城　主〕樫井氏
〔交通アクセス〕南海電鉄南海本線「吉見ノ里駅」下車、南へ約一・五キロ。JR阪和線「新家駅」下車、北へ約一・五キロ

**【街道沿いの集落の城館】** 樫井城は樫井の集落内の熊野街道（小栗街道）沿いにある。街道沿いに元和元年（一六一五）の大坂夏の陣の樫井合戦で戦死した淡輪（たんのわ）六郎兵衛重政の墓がある。この墓と近くの水路（樫井川から取水する二ノ井水路）より北の水田一帯が樫井城の跡地である。樫井城の東には重要文化財の奥家（おくけ）住宅がある。樫井城跡の北と西を水路がめぐり、北・西・南に直角の細長い帯状の土地（字「沼」）がある。樫井城の周囲をめぐる堀跡と考えられる。享保五年（一七二〇）の「樫井村鑑」（『新修泉佐野市史』史料編六）は、樫井城跡の地名を「つめ」、樫井城を「つめの城」と記す。樫井城跡の小字名は「詰」である。樫井城は発掘遺物から十六世紀の城館と考えられる。

近世後期の岸和田藩士による『和泉国南郡日根郡城跡図』（大阪歴史博物館蔵）の「樫井村城蹟」図は、樫井城を水路が四周をめぐる五十余間四方の方形城館に描き、熊野街道に面した城の南を俗に大手とよんだとする。樫井城は現在の帯状の土地と水路からみると、東西約九〇メートル（約五〇間）、南北約四〇メートル規模の方形城館と推定される。しかし「樫井村城蹟」図は現存しない東側と南側の堀も描き、五十余間四方の規模とする。樫井城の規模の推定が課題である。

**【在地領主樫井氏と城館の変遷】** 樫井城は樫井の在地領主樫井氏の城館と考えられる。樫井（杒井）氏は中世を通じて続いた領主である。「樫井村城蹟」図や近世近代の地誌・郷土史は城主を籾井氏とするが、「籾井」は「樫」の異体字「杒」

の誤読である。中世の樫井は「杁井」と記した。

十六世紀以前の樫井氏の城館は、樫井の集落の西北、日枝（ひえ）神社の北（字「土居」）の樫井西遺跡（堀を持つ城館遺構）である。遺物から十四～十五世紀の城館である。これが南北朝期の「杁井城」と考えられる。初見は『日根文書』で、建武三年（一三三六）の室町幕府和泉守護の畠山国清が「杁井城」で挙兵している。近世近代の地誌・郷土史は「籾井城」とするが、これも「杁井」の誤読である。樫井には熊野詣の樫井（杁井）王子社があり、樫井川の渡河点にあり河口にも近く交通の要衝であるため、南北朝期以後は合戦の舞台となった。文亀二年（一五〇二）九月、紀伊の根来寺衆が攻撃した和泉守護方の「櫟之井館」は樫井氏の館と考えられる（『政基公旅引付』）。

樫井氏の城館は樫井の集落の北西（樫井西遺跡）から街道に沿った集落の中心部（樫井城）に移動した。樫井城は樫井村および街道を支配する在地領主の城館にふさわしい。和泉国には村落規模の小規模な在地領主が多い。樫井城は和泉の在地領主の平地城館の姿をよく示している。

樫井城跡地・周辺地図

【参考文献】『新修泉佐野市史』一（二〇〇八）、福島克彦「『和泉国城館跡絵図』と城館研究―鬼洞文庫旧蔵絵図を中心に―」（大澤研一・仁木宏編『岸和田古城から城下町へ―中世・近世の岸和田―』所収、和泉書院、二〇〇八）

（廣田浩治）

●戦国の人々と山城との関係を示す

# 土丸・雨山城（つちまる・あめやまじょう）

〔国指定史跡〕

〔所在地〕泉佐野市土丸・泉南郡熊取町成合
〔比　高〕約二一〇メートル（城ノ山）
〔分　類〕山城
〔年　代〕十四世紀前半～十六世紀後半
〔城　主〕根来寺など
〔交通アクセス〕JR阪和線「熊取駅」下車後、南海バス「成合口」下車、徒歩約一・三キロ。またはJR阪和線「日根野駅」下車後、南海バス「土丸」下車、徒歩約一キロ

**【南北朝にさかのぼる歴史】**　土丸・雨山城は、和泉国に属する標高三一二メートルの雨山（熊取町）と二八七メートルの城ノ山（泉佐野市）の相耳峰を利用した山城である。雨山の城跡が雨山城、城ノ山の城跡が土丸城跡と呼ばれてきたが、両者の間にも城郭遺構が確認できるため、現在では一つの城跡として理解されている。

平野部から見た城跡は美しい山容を見せ、山々の中でもひときわシンボリックである。周辺は、中世に九条家領の日根荘があったことで知られ、城からは紀伊国へと続く街道が続く入山田方面の谷筋が眼下に広がり、反対側では大阪平野の全域が見渡せる。極めて優れた眺望であり、築城主体が広範囲に影響力を持つ存在であったことを連想させる。

城の歴史は、南北朝時代に遡り、貞和三年（一三四七）以降の軍忠状などには「槌丸城」「土丸城」などの表現が確認できる（『日根文書』『淡輪文書』）。和泉国は、京都の北朝方と吉野の南朝方との勢力の狭間となり、城はたびたび攻防の場となった。楠木正成一族の橋本正督も入っており、近世以降は南朝方の城として有名になった。将軍足利義満と各国の守護をつとめた山名一族が衝突した明徳の乱では、明徳三年（一三九二）に紀伊守護の山名義理の兵が「雨山・土丸」「土丸ノ城」に楯籠ったといい（『明徳記』）、この時点で雨山の表現が確認される。ただし、地表面観察では南北朝期を含み、当該期に断定できる明確な遺構はない。

戦国期になると、周辺では和泉国の守護細川氏に属した勢

土丸・雨山城跡 概念図（中西裕樹作図）

力と、和泉国南部の村落に強い影響力を持つ紀伊国にある根来寺の勢力とが衝突した。しかし、土丸・雨山城の使用を示す史料はなく、確認できるのは織田信長が大坂本願寺と対決し、紀伊雑賀を攻めた天正五年（一五七七）である。雑賀攻めののち、信長は佐野（泉佐野市）に在番衆を置いた。この在番衆が信長方に属した根来寺衆に「土丸・雨山与申所」での要害を拵えるように命じている（『淡輪文書』）。

天正五年以前の土丸・雨山城をめぐる動きは不明であるが、和泉の平野部と紀伊を結ぶ街道に近い立地や優れた眺望を含めると、根来寺方の勢力が関与していた可能性が高い。南北朝期以来、土丸・雨山城は和泉国をめぐる戦乱を左右する山城であったはずである。

**【山入り・山あがり】** 文亀元年（一五〇一）、前関白の九条政基は日根荘に下向し、『政元公旅引付』という日記を書き残した。日記からは、守護方と根来寺方に挟まれつつ荘園を運営する政基の姿や、日々を生き抜く地域の人々の暮らしぶり、風俗などを知られる。そこでは、土丸集落などの住人がたびたび「山入り」「山あがり」などと呼ばれる行動を取り、山中の「小屋」に避難していた。

これらの行動は、戦乱に際して身の安全を図るためであった。かつ、守護や根来寺などの外部から来る軍勢に服さないという意思表示でもあり、年貢などの軽減を政基に求める逃散という抵抗運動の意味を持つこともあった。その場所は、「深山」とあるが不詳である。ただし、近隣の山という意味では、土丸・雨山城の場所と重複する可能性がある。

雨山は名の如く雨乞いの山として知られ、今も山頂に雨山龍王社が祀られ、山麓の成合集落では、八朔などの関連行事が連綿と継承されてきた。城ノ山にも龍王社があり、麓の土丸集落の人々が信仰した。地域の人々は旱魃の際、山に登って雨乞いをし、太鼓踊りを奉納している。

近年まで、広く山は燃料などの生活の糧を供給する場であり、人々の間で山争いとなることも珍しくはなかった。城跡の山は、地域の人々にとっては身近な存在であり、それは「山入り」などの行動を取った戦国時代も同様である。土丸・雨山城の遺構を見るに際しても、視野に入れておくべきだろう。

土丸集落から見た城ノ山（Ⅰ地区）

土丸・雨山城Ⅰ地区の「武者隠し」の土塁と堀

**【城の構造】** 城跡は、大きく西から城ノ山のⅠ地区、東の谷地形を利用したⅡ地区、さらに東のピークから北の斜面に認められるⅢ地区、そして東端の雨山のⅣ地区に分かれる。Ⅰ地区は、まとまった一つの連郭式山城である。注目すべきは、ピークの曲輪の東側斜面に土塁と堀が設けられ、下位の曲輪に対する「武者隠し」の様相を呈する構造である。土塁と堀の延長は、北側のピークへと向かうルート部分の段差に接続するようで、本来は横堀に近い形態であったのかもしれない。

ピークの曲輪は、北側と西側の曲輪が連続する尾根に対しても、切岸直下に堀切を設けている。「武者隠し」を含め、山頂部を中心に防御を固めようとする意識が読み取れ、形態からは戦国末期の改修が想定される。

Ⅱ地区は、湧水のある谷地形を粗雑な平坦面とした部分で、北端に小さな滝がある。この周辺には多くの石積や祠の跡が認められ、土丸集落からの道が取りつく。滝の部分を除き、山麓から最も城跡にアプローチしやすい道である。おそらく信仰の道としても機能していたのだろう。城ノ山と山麓の住民との深いかかわりを示す地区といえる。

Ⅲ地区には、成合集落からの道が到達し、道を遮るような土塁状の地形が認められる。神社などの建物があるⅣ地区ピークの曲輪にも近い。

Ⅳ地区には、「千畳敷」との看板が立つ、城内で最もまとまった面積の曲輪があり、北側に現在整備された山道が到達している。道は堀切に遮断され、直前の「伝馬場跡」付近に平坦な地形が確認されるが明確な城郭遺構ではない。北東に伸びる尾根には小規模な曲輪を続き、尾根の両サイドには竪堀がある。南の谷状地形部分には山城には珍しい井戸があり、現在も滞水が認められる。南東に地形が続く場所には非常に浅い堀切があり、東側の斜面にかけて浅い横堀が認められる。

おそらく、戦国末期の遺構であろう。なお、南西の地形続きに「小屋谷」と呼ばれる場所があり、戦国の人びとの「山入り」や「小屋」への避難が連想される。ただし、付近は平坦な地形になるものの、城郭遺構としての評価できない。

発掘調査は行なわれていないが、土丸・雨山城では、多くの遺物が採集されている。南北朝期の遺物がⅠ地区とⅣ地区で確認され、当該期の史料上では「土丸城」と表現されるものの、すでに現城域が使用されたことを示唆する。一方、十六世紀の遺物はⅣ地区に集中し、Ⅰ地区がピークを中心とする防御を構えるのに対し、Ⅳ地区の堀切などの遮断施設がⅣ地区と反対方向にのみ存在する点で整合的に理解できる。つまり、Ⅰ地区は城域全体の「詰城」で、広い面積の曲輪を持つⅣ地区は居住機能という機能分担があったのであろう。

中世の瓦がⅣ地区周辺で採取されており、Ⅱ地区の滝や平坦面、Ⅳ地区の井戸、そして地域の雨乞い信仰を加味すると、城以前、もしくは同時期に山には水に関する宗教施設が存在し、瓦葺きの建物があった可能性がある。土丸・雨山城は、戦い以外の視野から山城を見直す機会を与えてくれる。

【参考文献】泉佐野市教育委員会・熊取町教育委員会編『土丸・雨山城跡—日根荘遺跡関連調査報告書—』（二〇一二）

（中西裕樹）

黒井城：春の城跡に集う人々（丹波市教育委員会提供）

●集落防衛の大規模土塁

# 富松城（とまつじょう）

〔所在地〕尼崎市東富松
〔比　高〕約一メートル
〔分　類〕平城
〔年　代〕戦国時代
〔城　主〕富松氏
〔交通アクセス〕阪急神戸線「武庫之荘駅」から、市バス「富松城跡」下車

**【阪神間に残る貴重な土塁遺構】**　富松城は阪神間では数少ない土塁を残す城館遺構である。塚口城と同様、尼崎市北部の更新世段丘の端部に位置する。富松神社境内をはさんで東西二つの集落で構成されるが、東側集落については不明な部分が多く、ここでは西側集落を中心に考察を進める。なお、図は西側集落の範囲を示すもので、城域を表すものではない。

地名としての富松が登場するのは正平十七年（貞治元、一三六二）である。このとき、和田・楠木の軍勢が富松に攻め込んでいる（『太平記』）。一方、富松城の初見は長享元年（一四八七）の「如意庵領年貢算用状」で「百文、富松城縄竹代」として築城に関わる記事が登場する。

その後、享禄三年（一五三〇）八月二十七日には細川高国が神呪寺に陣取って細川晴元と対陣し、晴元側の薬師寺三郎左衛門が富松城に在城した。同九月二十一日には、細川高国方によって富松城が落城し、二四人が討ち死にした。さらに同十月十九日にも富松南において合戦が行なわれ、高国が富松城に本陣を移している。天文十年（一五四一）には河原林対馬守が西富松に籠城し、同十八年には東富松が登場する。さらに、翌十九年には三好長慶が伊丹城攻めの足掛かりとして富松に着陣している。このように富松は西摂の拠点として争奪の場となっていた。

**【現存遺構と富松地区】**　富松城の構造や規模については不明な点が多い。集落西北端の道路沿いにコの字型に残る土塁が唯一の現存遺構である。この土塁は地元では城山と呼ばれ、規

（右）富松全体図、（左）富松土塁

模は長さ五〇メートル、基底幅一〇メートル、高さ四メートルである。馬踏みはコーナー部で膨らみをもち一〇平方メートル程度の平坦地となるが、その他の部分では幅一メートル前後である。土塁の軸線は道路の方向よりやや西に振るもので、北西隅が最も高くなる。これに伴う堀は現市道下に埋もれているが、幅一〇メートル前後の規模と推定されている。

土塁の北側には市道をはさんで北方土壇と呼ばれていた遺構が昭和五十年代まで残されていたが、現在は稲荷社の土台としてわずかに地形が残るのみである。平成五年度には土塁の北東側A、平成六年度には南側Bで発掘調査が行なわれている。これらの調査では、いずれも土塁より古い堀が検出された。さらに、平成六年度の調査ではCで土塁外側の堀が南側に続くことが確認されている。一方、東側についても地籍図によれば北辺が東側に伸びていたようで、現存土塁はさらに広いものであったようである。

このほか富松城神社境内の北・西側にも小規模な土塁が昭和二十年代まで残されていた。このことから富松には集落内に複数の城郭遺構が存在した可能性がある。

【参考文献】仁木宏「戦国富松都市論—尼崎市富松城・富松集落の研究—」（『地域史研究』三三—一、尼崎市立地域史料館、二〇〇三）

（山上雅弘）

●寺内町を囲む惣構遺構

# 塚口寺内町（つかぐちじないまち）

〔所在地〕尼崎市塚口
〔比　高〕ほぼ〇メートル
〔分　類〕平城
〔年　代〕戦国時代
〔城　主〕――
〔交通アクセス〕阪急神戸線「塚口駅」下車、北西側へ徒歩一分

**【寺内町の席率】** 塚口は猪名川と武庫川に挟まれた伊丹段丘（更新世段丘）に位置し、南辺は沖積低地との境界部にあたる。このため南縁で段差を持ち、南東縁で最大一・五メートル前後の段丘崖となるが、西南から西側では緩やかな傾斜地形となって境界部に接続する。その一方、北側には段丘平坦面が続き、正玄寺境内から東側の中心部は平坦な地形となる。

この場所はもともと興正寺の兼帯所である塚口御坊（現在の正玄寺）の寺内とされる。塚口の地名は文明十五年（一四八三）の「蓮如御文」に名がみえ、御坊としては天文二十二年（一五五三）が初出となる。このようなことから塚口はもともと寺内として建設されたのではなく、天文一向一揆を契機として惣構構造をもつ寺内になったのではないかとの指摘がある（藤田実、二〇〇〇）。

**【城郭としての構造】** 城郭構造を持つことが確実になるのは、天正六年（一五七八）の荒木村重謀反に関連した攻防戦においてである。この時、当初は荒木方、ついで織田方によって城郭（特に陣城）として取り立てられた（『信長公記』）。これはもともと周囲を土塁・堀で防御した惣構構造が城郭として転用が容易であったことからであろう。

塚口の規模は東西二六一メートル、南北二一六メートルで周囲を土塁・堀で囲み、北町門・清水町門・東町門・南町門の四ヵ所に虎口（こぐち）があったといわれる。それぞれの虎口は後述する四町に対応するが、街道にも接続していた。東町門は南東からの尼崎への道、北側の清水町門は伊丹へ向かう道、さ

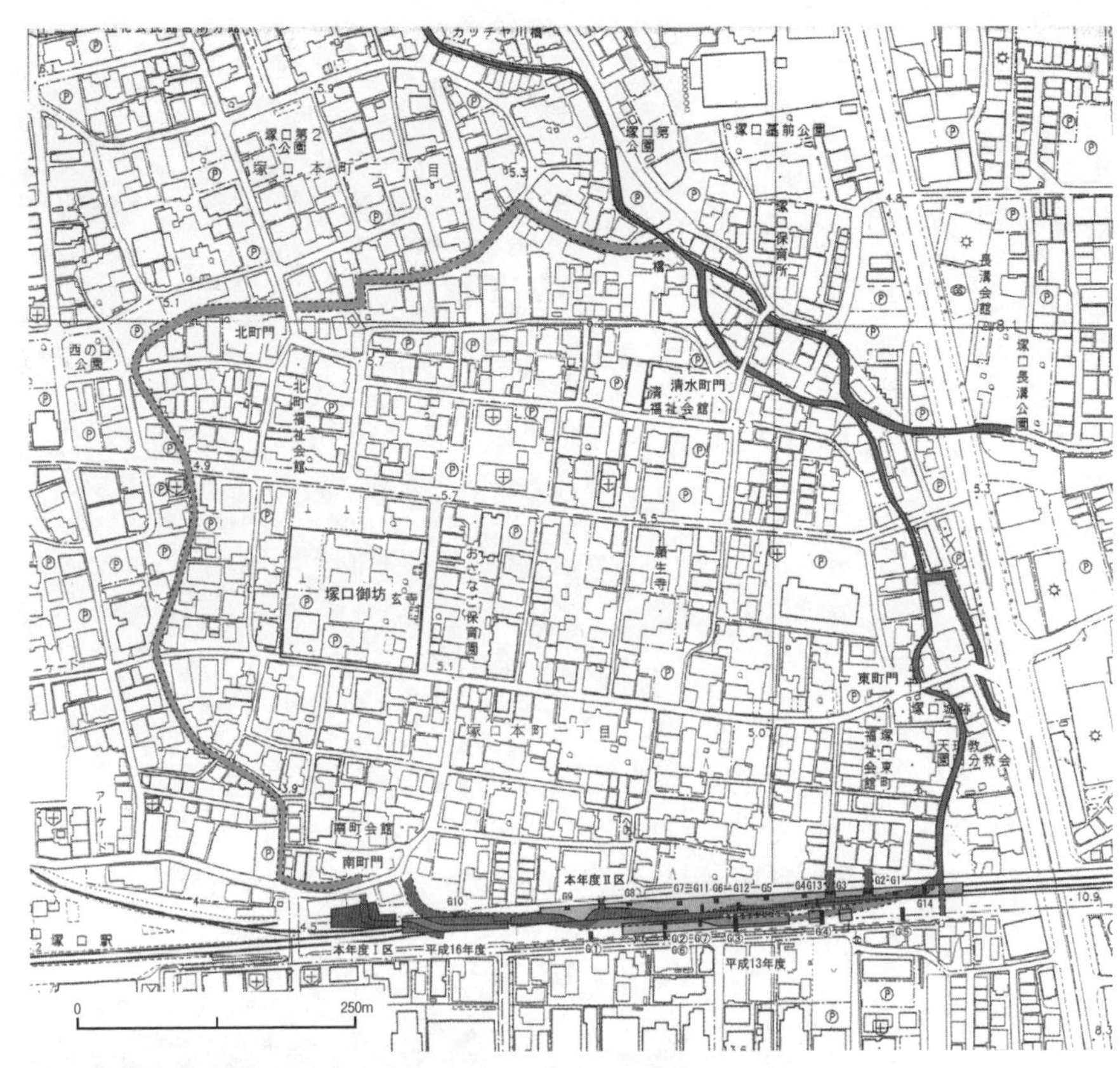


塚口城全体図（兵庫県まちづくり技術センター埋蔵文化財調査部編『塚口城跡』より）

らに北町門は昆陽から有馬に向かう道、南町門は西に隣接する富松への道が通じていた。これらの虎口のうち現在でも清水町門と東町門が景観を留める。東町門には虎口脇に小丘状の地形として、わずかに土塁が残されるが、これは上に建つ祠によって残されたものであろう。

堀は現在、町の北側から東側にかけてコンクリートの擁壁で固められた用水路として面影を残している。一方、土塁は屋敷地への崩落や、排水や衛生上の問題から明和三年（一七六六）以降、町の人たちの手によって切り崩されてしまったという（『尼崎市史』）。

内部は西側に御坊のあった正玄寺が位置し、これに接して北町・南町、東側には清水町、東町の合計四町がある。ただし、碁盤目状の整然とした構造ではなく、御坊の敷地の南北にある東西方向の道を基軸とするものの、周縁部では屋敷地が細分され、街路も規則性が見られない。また、東町の南側は起伏の残される地形であったようで、空白地となっていた。ここはかつて城ノ内・城ノ山と呼ばれる古墳が残されて

塚口寺内町　東町門土塁

おり、埴輪片などの採取が報告されている。

**【発掘調査からわかること】** 一方、南辺には土塁・堀に並行して阪急神戸線の線路が通るが、平成十三年度にこの線路の高架化に伴って発掘調査が行なわれた。この調査では南辺の堀や土塁の一部が検出され、その概要が明らかとなった。南辺の堀は段丘端の裾部に掘削されるもので、調査では東西約二九〇メートルが検出された。さらに堀は地形に合わせて屈曲して検出され、二重堀となることが判明した。内堀の幅は五・五メートル、外堀が五メートル前後である。内堀の深さは東隅で内側から一・七メートル、南側では〇・六メートル前後で、西端で内側から〇・九メートル、外側から〇・六メートルとなり西側では段丘との段差が低いことがわかる。ただし、周囲の削平もあるので堀の深さは実際にはさらに深いと推測される。外堀については部分的な調査でその存在が僅かに確認されたにとどまっている。

また、調査の成果によれば二重の堀は、南町門付近で北側

塚口寺内町　堀の景観

にL字形に折れて虎口部分で屈曲構造を持つという。また、堀の検出状況からすると、虎口部分では内堀と外堀の間に東西方向二五メートル前後の空間が造られることになり、枡形虎口などの発達した虎口が構築された可能性があり、この地点に厳重な防御意識があったことが窺われる。

一方、土塁については、確認調査で部分的に土塁盛土の基底部が検出されたほか、東側では土塁下層に弥生時代の竪穴住居跡が検出され、高杯などの土器が出土している。このほか塚口城以前の中世の溝なども検出されている。特に、中世の溝は集落内部から南側の堀へと続くもので、北側の古墳とともに各時代に渡って人々の営みが周辺にのこされていることが明らかになっている。

堀内部からは比較的下層から戦国時代の備前焼擂鉢(すりばち)・壺、丹波焼壺や中国産白磁などの陶磁器や、漆碗・下駄・切匙(さじ)などの木製品、さらに一石五輪塔などが出土しているが、一方で近世後半の陶磁器も混じった形で出土している。その他、これらの遺物を含む層には十八世紀代の火災の片づけ層などもあり、土塁が切り崩される前後頃から堀周辺がゴミ穴として利用されていたことが窺われる。

一方、発掘調査は塚口内部においても多数行なわれているい。ただし、削平が著しいためか成果の顕著なものは少ない。塚口の西端の調査で土塁基底部と堀肩部を検出した事例があるほかは、柱穴が数基見つかった事例や小溝の検出事例が知られているに過ぎない。数百平方メートル単位の調査によって広く確認する必要が望まれるが、今後に期待したい。

**【防御性集落のネットワーク】** 尼崎周辺には七松環濠・栗山環濠・武庫環濠・次屋環濠・東富松環濠など多くの環濠集落の存在が指摘されており、地域的な特色として知られている。戦国時代前半における細川高国と細川晴元両派の内紛やこれを引き継いだ三好氏と細川の対立などの騒乱の舞台となったことや、天文年間(一五三二—五五)に摂津一向一揆が正玄寺に立て籠もったこと、信長による有岡城攻めなどの戦乱がこういった防御施設構築を促進し、地域的な防御集落の形成に至ったのであろう。

**【参考文献】** 村田修三他編『日本城郭体系』一二(新人物往来社、一九八一)、『尼崎市史』一(一九六六)、藤田実「中世真宗寺内町割りの一類型」(『大阪の歴史』五五、二〇〇〇)、兵庫県まちづくり技術センター埋蔵文化財調査部編『塚口城跡』(兵庫県教育委員会、二〇一三)

(山上雅弘)

●総構で城と町を囲った近世初源期の城郭

# 伊丹城（いたみじょう）（有岡城（ありおかじょう））〔国指定史跡〕

〔所在地〕伊丹市伊丹一丁目地内ほか
〔比　高〕約一八メートル（主郭部）
〔分　類〕平城
〔年　代〕十四世紀後半～十六世紀後半
〔城　主〕伊丹元扶、伊丹国扶、伊丹親興（伊丹忠親）、荒木村重、池田元助
〔交通アクセス〕JR福知山線「伊丹駅」下車すぐ、阪急電鉄伊丹線「伊丹駅」下車、東へ徒歩一〇分

JR福知山線
市立美術館
伊丹城
（有岡城）
本泉寺
伊丹駅
阪急電鉄伊丹線
伊丹駅
13
189
55
0
300m

**【伊丹城から有岡城へ】**　伊丹城は鎌倉時代末期から三百年にわたり活躍した伊丹氏の居城である。その名称は文和二年（一三五三）にはじめてみえる（『北河原森本文書』）。戦国時代に入ると細川氏の家督争いに巻き込まれ、たびたび合戦の場となり、少なくとも二回落城している（『細川両家記』）。伊丹氏は織田信長入京の際には織田方につき、池田勝正・和田惟政とともに摂津三守護に任じられた。しかし、天正二年（一五七四）池田勝正の家臣であった荒木村重に攻められ伊丹城は落城し、村重は有岡城と改名した。その後村重は信長に反旗をひるがえし、約十ヵ月の攻防の末、有岡城は天正七年に落城した。落城後、城は信長により池田元助に与えられ、ふたたび名称を伊丹城に戻した。天正十一年には池田元助が美濃国へ国替えとなり、豊臣秀吉が直轄領とし廃城となった。国史跡の名称は、指定の際有岡城期の総構をもつ城郭という点に着目され有岡城跡となった。伊丹城（有岡城）は伊丹台地の東縁辺部に位置し、標高一五～二〇メートルの間の段丘面に築かれている。北は標高二〇メートルの等高線上を東西に伊丹断層が走り、東は約六～八メートルの段丘崖、西から南は約二～三メートルの段丘差を利用した自然の要害である。総構もこの地形を利用している。

**【水陸交通の要衝】**　東には猪名川（いながわ）が流れ、その河口には神崎・尼崎などの主要な港が位置する。また伊丹からは、池田・多田への道、尼崎・大坂への道、西宮・有馬への道が放射状に延び、約一キロ北方には山陽道（西国街道）が東西に通る。

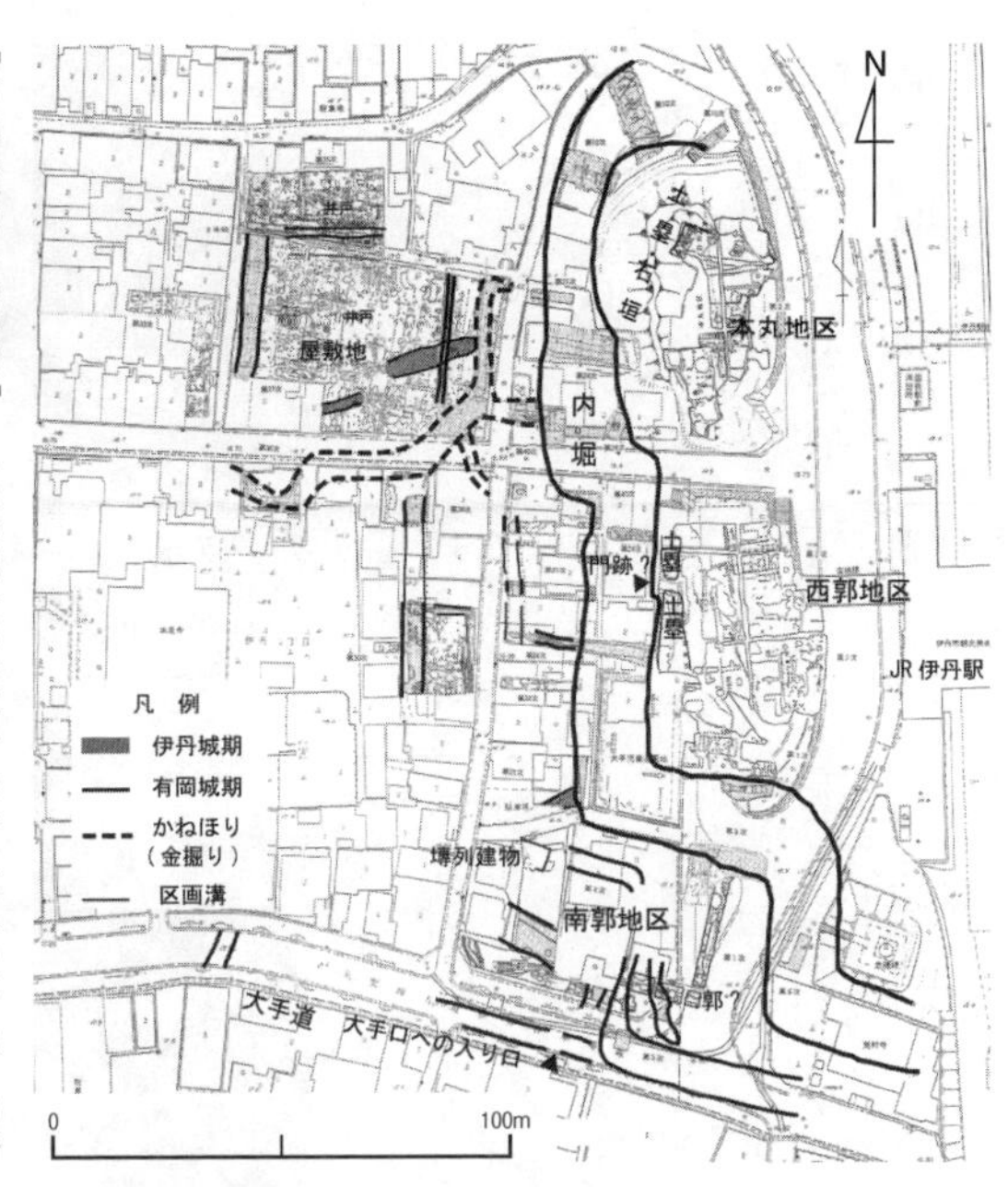


有岡城跡主郭部周辺遺構図（伊丹市教育委員会・大手前女子大学史学研究所編『有岡城跡・伊丹郷町』Ⅱ付図に加筆転載）

【伊丹城の主郭部】　主郭部は、寛文九年（一六六九）の伊丹郷町絵図をみると堀で囲まれ、内部は東西二筋、南北三筋の空堀で分割され、北の区画は「本丸」、中央東の区画は「天守土台」、その東には「古堀」、南東の区画は「二之丸金之間」と記されている。城の東半は、明治になり鉄道（現JR福知山線）が開通した際に失われた。昭和五十年（一九七五）から本丸・西郭・南郭の三地区に分け、主郭部西側の発掘調査が実施された。西側の調査で、内堀は幅一五～一七メートル、深さ六～七メートル、断面が逆台形を呈する箱堀でかぎ形に折れながら主郭部を取り巻くことがわかった。現在、この堀と本丸地区は史跡公園となり、堀・土塁・石造物をはめ込んだ石垣・礎石建物・井戸が復元されている。また出土品、城跡と町を描いた近世絵図は、伊丹市立博物館に展示されている。

有岡城総構空間復元図
（基礎図：大正４年地籍図〔伊丹市立博物館蔵山村敏郎氏文書〕接合・製図）

〔**本丸地区**〕　整地層上面で有岡城期の石垣・土塁・礎石建物・溝・井戸を検出し、下層では伊丹城期の礎石建物・土塁・柵列を検出した。西縁から北縁にかけて現存する土塁の最高位は約五メートルで、内側に野面（のづら）積みで約二・五メートルの高さの石垣を検出したが、その後の調査でこの石垣は土塁頂上まで積まれていなかったことが確認されている。

〔**西郭地区**〕　有岡城期の土塁・縁石に石造物を利用した溝、

有岡城跡史跡公園（全景）（伊丹市教育委員会提供）

有岡城の石垣（伊丹市教育委員会提供）

その下層では伊丹城期の庇（ひさし）をもつ礎石建物・溝を検出した。土塁は裾の土留め石を強化した程度で、伊丹城期の形態を有岡城期も踏襲している。土塁の一部が途切れた箇所は地盤面が高く、入口的な施設（門）が造られていた可能性がある。西郭と南郭間で、幅一七・五メートル、深さ三・六メートルを測る空堀を検出した。この堀の北壁の上には土塁の基底部が残り、堀と土塁を組み合わせた防御施設と思われる。

**〔南郭地区〕**有岡城期の遺物が多く、村重により拡張された区画とも考えられる。溝・堀を検出し、堀の一部は内堀をかぎ状に囲み郭を形成しているようである。また、南郭地区の南で検出した東西堀はかぎ状の堀のすぐ西で途切れており、有岡城期にはここに大手口への入り口を設けた可能性もある。その北西では櫓台（やぐらだい）とも考えられる塼列（せんれつ）建物も検出された。

**【総構内の空間構造】**主郭部、大溝筋をはさんで東側の内郭（侍町）、西側の外郭（町屋）と大きく三つの区画からなる。

**〔内郭（侍町）〕**堀・建物・井戸・溝などを検出した。伊丹城期の堀は全長約二〇メートル、幅約四メートル、深さ約二メートルで断面が逆台形を呈する空堀であった。有岡城期は幅四～五メートルと幅二～三メートルを測る中・小規模の堀を複数検出した。堀の方向は伊丹城期の堀が現行道路と異なる方向を示し、有岡城期の堀はほぼ現行道路に沿う。また有岡城期の蛇行し、鉄製の鋤先が出土した堀は、信長軍が攻める際に掘った「金掘り」の可能性もある。そして、各一基井戸を配し、東西四五メートル、南北三五メートル以上と広い区画の屋敷地も検出した。出土した輸入陶磁器は質・量ともに主郭部出土品に匹敵し、有力家臣の屋敷地と考えられる。

〔**大溝筋**〕内郭と外郭を分ける大溝筋の堀は幅約六メートル、深さ約三メートルの規模で、近世絵図の描写と似た形で検出された。主郭部西側では、屈曲する堀とその堀をかぎ形に囲う堀を検出、この部分は虎口状を呈していた可能性がある。

〔**外郭**（**町屋**）〕現在の県道13号線に沿う形で総構内の中央を有馬道が南北に走っていたと考えられ、この道は文禄年間（一五九二〜九六）の伊丹を描いた文禄伊丹之図では総構北端と南端、主郭部西にあたる中央部が屈曲する。これは村重による総構の整備に伴う造作と推定される。絵図では南北の有馬道沿いとその西に一筋町名を記すが、有岡城期の町もこの程度であったと思われる。近年、有馬道の西で町の西部を画す南北溝や、複数の堀が検出されており、伊丹城期・有岡城期の外郭の様相については今後の課題である。

**【有岡城の総構】**有岡城期に築かれたと考えられる総構は、南北一・七キロ、東西〇・八キロ、外周四・五キロにおよぶ。総構北端部と北西部の昆陽口付近では堀を検出した。昆陽口には砦があった可能性もある。総構の輪郭は近世絵図には木が繁茂した状況で、大正四年（一九一五）の地籍図では細長い区画で示され、いずれも土塁を表現したものと思われる。このように総構は、段丘崖などの自然地形も利用し、一部は堀と土塁によって城と町を囲う構造であった。

**【総構に築かれた砦】**総構内の北に岸（北）の砦、西に上臈塚砦、南に鵯塚砦を配す。岸の砦は現在も一部土塁が残る猪名野神社境内と推定され、神社の南では砦の補強を目的とした東西堀も検出された。上臈塚と鵯塚の両砦は、五世紀の古墳を利用している。また総構内の要所には、有事の際に砦の役目も果たす寺院がおかれた。天正以後の開基をもつ寺院が多く、主郭部の西には現在も寺院が集まり、寺町の様相を示す。

**【戦国期から近世移行期の城郭】**有岡城周辺には池田城など戦国期の城郭、塚口寺内町、港湾都市兵庫津が位置する。戦国期から近世移行期の城跡、土塁が残る砦跡、段丘崖によって総構の輪郭線が示され、戦国期の町が近世には伊丹郷町に発展し、現在にその形態を残す有岡城は、同時期の城や都市を研究するうえで稀少な文化遺産といえる。昭和五十四年（一九七九）十二月に国史跡に指定（昭和六十三年五月追加指定）された。

**【参考文献】**『伊丹城跡発掘調査報告書』Ⅰ〜Ⅴ（伊丹市文化財保存協会、一九七六—八三）、伊丹市教育委員会・大手前女子大学史学研究所編『有岡城跡・伊丹郷町』Ⅱ（一九九二）、藤本史子「中世都市伊丹の考古学研究」（『ヒストリア』一八八、二〇〇四）

（藤本史子）

## ●摂津西部支配の象徴となった城

# 越水城（こしみずじょう）

**【西宮を睨む平山城】** 越水城は夙川東岸に、六甲山地の甲山から延びる台地の突端に築かれた。越水城が存在していた時には、京都と下関を結ぶ西国街道（旧山陽道）は、摂津国内を南西に進み、城の東南麓にある越水集落で真南へ向きを変え、西宮に至るルートをとった。越水から西宮に至る、約一キロの直線道は特に「八町畷」や「札場筋」と呼ばれ、越水城と西宮は深く結びついていた。

十五世紀後期から十六世紀中期にかけて、神戸市須磨区から大阪府吹田市にかけての平野部は、「摂津下郡」と呼ばれていたが、西宮はその下郡を支配する政庁であった。

明治十八年（一八八五）や大正十二年（一九二三）の陸測図によると、越水集落の東側と南側を取り囲む堀が鈎の手状に

〔所在地〕西宮市越水町・桜谷町・城山
〔比　高〕約二五メートル
〔分　類〕平山城
〔年　代〕永正十三年（一五一六）～永禄十一年（一五六八）頃
〔城　主〕瓦林政頼、三好長慶ら
〔交通アクセス〕阪急電鉄神戸線・甲陽線「夙川駅」下車、徒歩北東へ約一キロ

ニテコ池
越水城
阪急甲陽線
大社小学校
西田公園
夙川駅
阪急神戸線
0
500m

存在していた。東側の堀は西国街道から南へ四五〇メートルに及び、横矢掛けらしい折れがあった。南側の堀はそこから西へ八丁畷まで続いていた。堀の南東角には現在も「城ヶ堀町」の地名が残る。

城の中心部は、現在は住宅地や大社小学校となっており、城の遺構は残っていないが、小学校の南東には「越水城趾」の石碑と看板が設置されている。

**【細川・三好氏の戦いの中で】** 十六世紀の摂津国は、幕府の管領細川氏の家督争いの主戦場となった。そうしたなか、京都に基盤を置く細川高国は、阿波に撃退した細川澄元の来襲に備えるべく、芥川山城（大阪府高槻市）と越水城を築いた。永正十三年（一五一六）正月六日に行なわれた連歌会の記録で

ある『那智籠』に「新城」と記されており、能勢頼則が芥川山城、瓦林政頼が越水城の築城を担当していた。

『瓦林政頼記』によると、毎日五〇人や一〇〇人の人夫が堀や壁、土居をめぐらし、矢倉を建て、鍛冶・番匠・壁塗・大鋸引が働いていたという。そして、政頼が越水城の「本城」に、息子の春綱や一族・与力・被官は「外城」に在城し、その他の家人は西宮に住んだとする。

その後、越水城には、高国を滅ぼした澄元の子細川晴元の重臣三好長慶が天文八年（一五三九）に入城した。長慶は父親を晴元に謀殺されていたため、越水城を拠点にして下郡を掌握し、やがて細川晴元やそれを支援した将軍足利義輝を戦いで破った。その後、長慶は天文二十二年に芥川山城に移り、近畿や四国を支配していった。

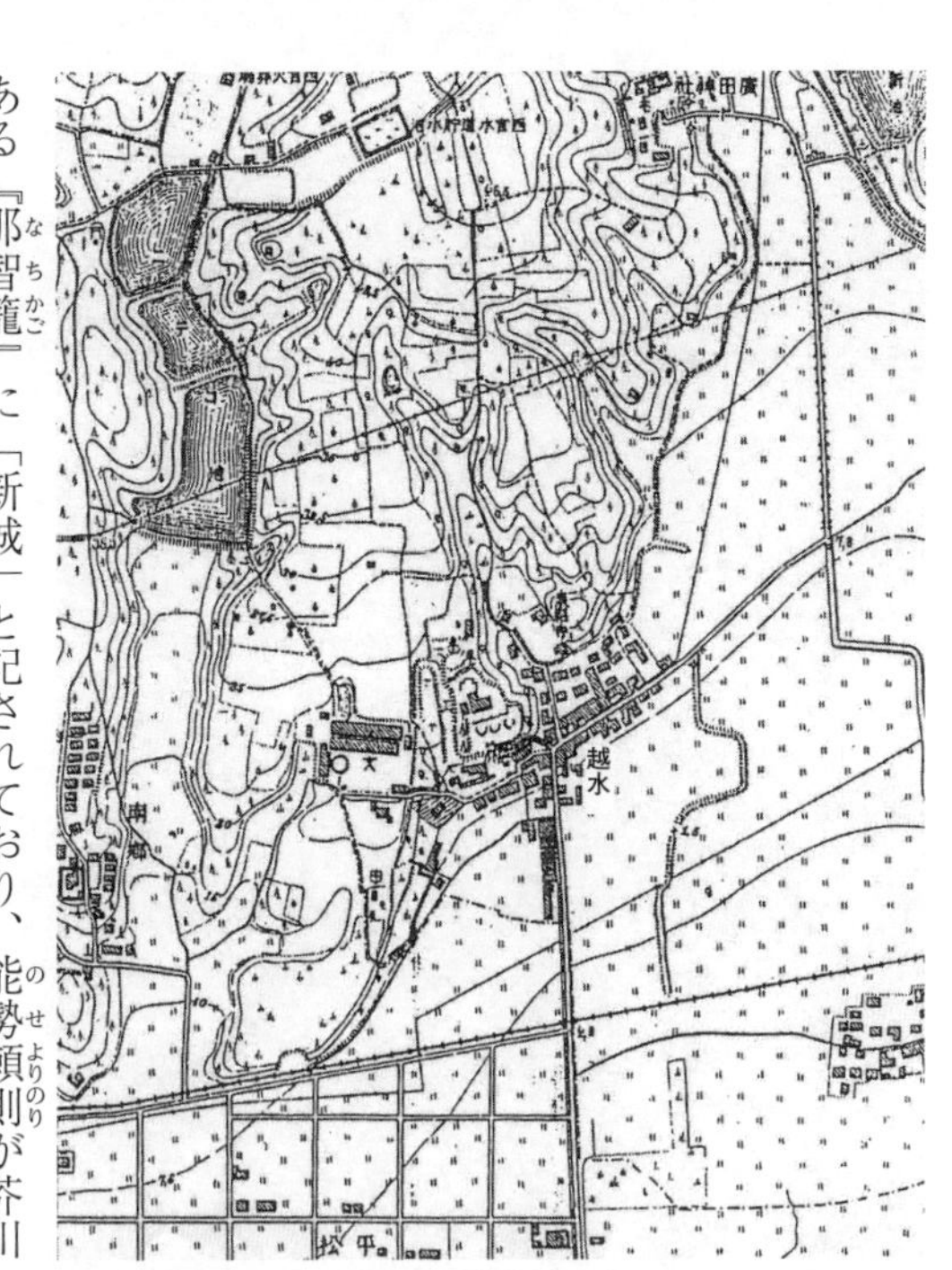

陸地測量部一万分の一地形図（橘川真一・角田誠編『ひょうごの城』神戸新聞総合出版センター、2011年）

越水城 石碑

長慶の死後に起こった三好氏の内紛で、越水城は松永久秀方の拠点となるが、三好三人衆に味方した篠原長房に攻略され、その居城となった。永禄十一年（一五六八）の織田信長との戦い以後、越水城の姿は見えなくなるので、廃城となったのであろう。

【参考文献】天野忠幸『戦国期三好政権の研究』（清文堂出版、二〇一〇）、橘川真一・角田誠編『ひょうごの城』（神戸新聞総合出版センター、二〇一一）

（天野忠幸）

●出城を備えた国人の拠点山城

# 山下城（やましたじょう）

〈所在地〉川西市山下・一庫
〈比　高〉約九〇メートル
〈分　類〉山城
〈年　代〉十六世紀前半〜後半
〈城　主〉塩川氏
〈交通アクセス〉能勢電鉄日生線「山下駅」下車、北へ徒歩約一キロ

**【国人塩川氏の興亡を語る城】**　山下城は、「古城山」（標高一八八・四メートル）の山頂部から派生する二本の尾根上に曲輪を配置した大規模な城郭である。「龍尾城」ともいう。また、西に谷を挟んだ「向山」（一八一・四メートル。別名「甘露寺山」）にも単郭の山城が所在し、一体として機能したと考えられる。

周辺の多田庄は、清和源氏発祥時の拠点であり、鎌倉時代には地域の武士層が源満仲らを祀る多田院に奉仕する「多田院御家人」として幕府に編成された。彼らは一般の御家人とは異なって比較的村落に近い階層を含む一方、隣接する能勢郡の御家人能勢氏も名を連ねた。鎌倉時代末期、この筆頭にいたのが塩川氏であり、やがて戦国時代には摂津国を代表する国人として多田庄を中心に成長を遂げた。

天文十年（一五四一）、摂津国守護細川京兆家の細川高国と細川晴元の争いに際し、塩川国満は高国方に属して「塩川城郭」に晴元方の攻撃を受けた（『惟房公記』）。この塩川氏の拠点城郭が山下城と思われる。やがて国満は晴元に属し、四年後には、丹波国人の波多野与兵衛（秀親）とともに能勢郡の西郷諸侍中に攻撃を加え、能勢氏の勢力を削ぐことに成功した（『波多野家文書』『能勢文書』）。

同十八年、三好長慶と対立した細川晴元が丹波を経由し、「多田塩香城」に逗留している（『厳助往年記』）。国満は、晴元を支える有力武将として信頼されていたのだろう。この後、ほどなくして晴元は江口の戦いで長慶に敗れるが、その後も国満は変わることなく、晴元方として活動していく。

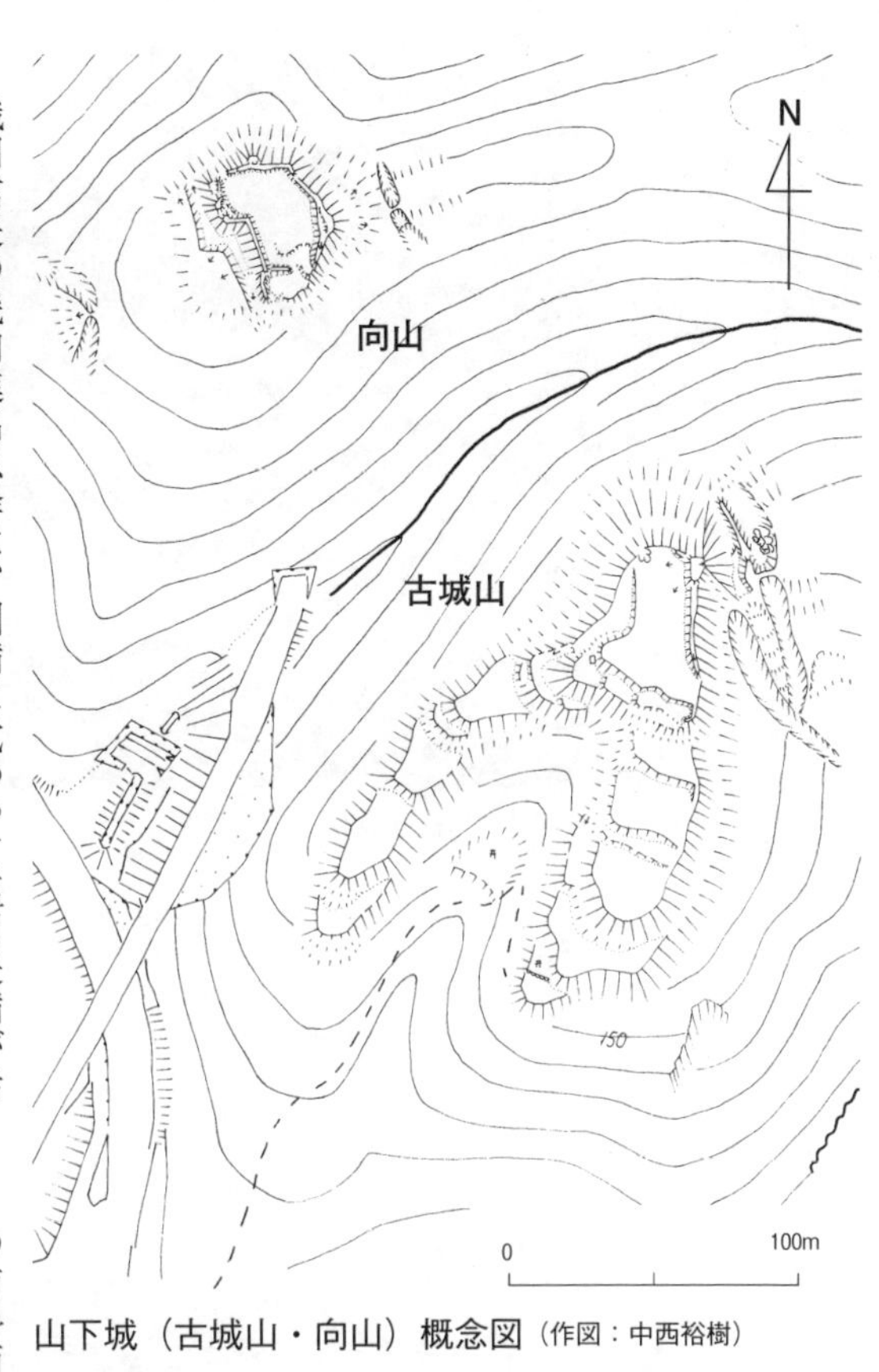


山下城（古城山・向山）概念図（作図：中西裕樹）

　織田信長の畿内進出以降は、国満に代わって塩川長満が活動している。元亀元年（一五七〇）には、信長から上洛を促され、以降の塩川氏は織田方として行動していく。同六年に荒木村重が信長に謀反を起こした際には、信長の本陣となる古池田（池田城）を守った。

　翌年に信長が「多田谷」で行なった鷹狩では一族の塩川勘十郎が一献を進上し、同十年の本能寺の変直前には塩川橘大夫が毛利氏攻めに備えている（以上『信長公記』）。一貫して信長方としての行動が確認できるが、興味深いのは信長の息子の織田信忠が長満の娘を妻に迎えたともされる。織田家当主との婚姻関係は、織田政権が塩川氏を重く扱ったことを示していよう。

　ただし、羽柴秀吉が天正十一年に大坂に築城した後、摂津国や河内国では大半の在地勢力が転封、改易に処され、秀吉の直臣が配置された。その理由は明確でないものも多く、同様に塩川氏の足跡も途絶えた。豊臣軍による山下城攻めも伝わるが、あくまで伝承の域は出ない。

**【巨大な堀切と横矢の発達】**　古城山の遺構は、山頂に長辺五〇メートルを超える主郭を設け、背後にあたる東側に土塁と巨大な二重の堀切、城内側の南斜面に一本の竪堀を設ける。堀切の末端は竪堀となり、最も長いものは五〇メートル以上にも及ぶ。一部は岩盤を砕いており、強烈な遮断意識がうかがえる。ただし、堀切は土橋を伴っており、城内へのルートは確保していたようだ。

　主郭の南に延びる二本の尾根には曲輪を連なり、各々主郭との接点を帯曲輪とする。主郭は、西側の帯曲輪に対して張り出しを設け、付近が虎口である可能性が高い。一方、東側は、帯曲輪東端の土塁と付属する小規模な平坦面が虎口を形成する。二つの帯曲輪は明確な段差を伴い、尾根間の連絡は主郭を介したものと思われる。

山麓から主郭へは、東の尾根上の曲輪群を経由するが、取りつきは尾根間の谷が開口して山麓への尾根となる部分である。その付近には平坦地が認められ、曲輪の可能性を示すものの現状では大きく改変がなされており、断定はできない。

古城山主郭の現状

山下城を望む（右：古城山、左：向山）

向山の遺構は、古城山と谷を挟み、北西約二〇〇メートルに位置する。四〇メートル四方の単郭であり、東・北・西の三面に土塁を設ける。東側の尾根続きには土橋を残した堀切を設ける一方、西側は曲輪に沿った横堀とする。曲輪西側の塁線は直線であるが、途中で城外側へ突出する折れを設け、横堀への横矢を可能としている。この部分は土塁幅が広く、堀切の屈折も連動する。また、曲輪の北にも直線の土塁が続き、一部に張り出しが見られる。

曲輪の南側には土塁を伴う内枡形状の窪地がある。前面は西側に土塁を持つ小曲輪となり、枡形に近い虎口と評価できる。向山に見られる塁線の折れや枡形状の虎口は、畿内では他に多くの類例を見ないテクニカルな構造である。また、古城山の遺構と比較すると、向山の虎口は古城山主郭の東側帯曲輪の虎口に若干類似する平面形態である。しかし、古城山には塁線の折れや横矢は確認できず、曲輪を囲む土塁も存在しない。両城の構造上の違いは、時期差や構築主体の差が原因に想定されるが、歴史的経過などから明確にすることは難しい。

　畿内では、地域支配の拠点城郭において主郭周辺に土塁を使用せず、むしろ縁辺部に土塁囲みの単郭を配置する事例がある。摂津国の芥川城（芥川山城跡、大阪府高槻市）や山辺城（同能勢町）、河内国の高屋城（同羽曳野市）などであり、この構造差は城郭内部で機能差を示すものではないかとも思われる。つまり、山下城では古城山が政治や居住の場であったのに対し、向山は限られた人数で守る軍事に特化した出城であったと考えたい。

　なお、古城山南の谷の対岸の山に竪堀状の遺構が存在する。塩川氏ゆかりの大昌寺の背後にあたり、現在は祠などの宗教施設が点在している。ただし、曲輪に相当する平坦面は確認できず、竪堀状の遺構も湾曲している。また、現状の断面を観察すると自然の崩落部分が多い。このような遺構は周辺地域に類例がなく、城郭遺構としての可否は決め難い。

**【城の周辺と多田銀山】**　山下城周辺は、多田銀銅山と呼ばれた銀と銅の産出地であり、古城山南麓には近代に至る製銅所が所在し、山下町は銅の吹場町として栄えた。町の成立は天正期とされ、慶長十年（一六〇五）の「慶長十年摂津国絵図」では、方形の町場として「多田庄内 山下町」、その背後に「多田古城」と記された岩山が描かれている。

　城と山下町との間は、谷地形が入り込み、銅の製錬で発生する多量のカラミが散布している。現在、川西郷土資料館となる旧平安家住宅（銅の精錬場跡）周辺は、大字「下財屋敷」であり、塩川氏の屋敷地に比定されることもある。ただし、町並みは屋敷地が直線道路に沿う整然としたもので、近世には幕府の直轄領として役所もおかれた。豊臣期の銀山は豊臣直轄領であったが不明な点も多く、戦国期の畿内では城の麓に城下町が設定される事例が稀である。山下城と町との関係は、慎重に検討を加える必要があるだろう。

**【参考文献】**角田誠「山下城」（朽木史郎・橘川真一編『ひょうごの城紀行』下所収、神戸新聞総合出版センター、一九九八）、西股総生「摂津山下城の縄張をめぐって」（『中世城郭研究』二七、二〇一三）

（中西裕樹）

●松永久秀の栄華の地

# 滝山城

〔所在地〕神戸市中央区神戸港地方
〔比　高〕約二五〇メートル
〔分　類〕山城
〔年　代〕十六世紀前半～後半
〔城　主〕松永久秀
〔交通アクセス〕JR山陽新幹線「新神戸駅」、神戸市営地下鉄「新神戸駅」下車、駅裏よりハイキングコースに沿って西北へ進む（駅より約〇・七キロ）

【神戸沖を見下ろす立地】　滝山城は戦国時代には「多喜山城」とも記され、六甲山地のなかでも、最も神戸の平野部に近い場所に位置し、要港兵庫津や灘を航行する船を見下ろすことができる。その眺望は、飯盛山城を擁する生駒山地や、大阪湾の対岸である和泉にまで及んだ。

城の北東には日本三大神滝の一つである布引の滝があり、古代以来の景勝地として、『伊勢物語』などで和歌に詠まれてきた。その滝の水は生田川となり、海に注がれる。

また、布引の滝は役小角が開いた修験場とされ、現在は布引ハーブ園や滝山城から西へ再度山や諏訪山へ至るハイキングコースとして整備されている。また、新神戸ロープウェイに乗れば、滝山城を西側に見下ろすことができる。

【赤松氏の城として】　滝山城は、鎌倉幕府に対して挙兵した播磨の赤松円心が、正慶二年（一三三三）に京都へ攻め上るが撃退され、「生田之布引之城」に籠ったというのが初見とされる（『正慶乱離志』）。

本丸櫓台上に建つ「瀧山城址」の石碑（橘川真一・角田誠編『ひょうごの城』神戸新聞総合出版センター、2011年）

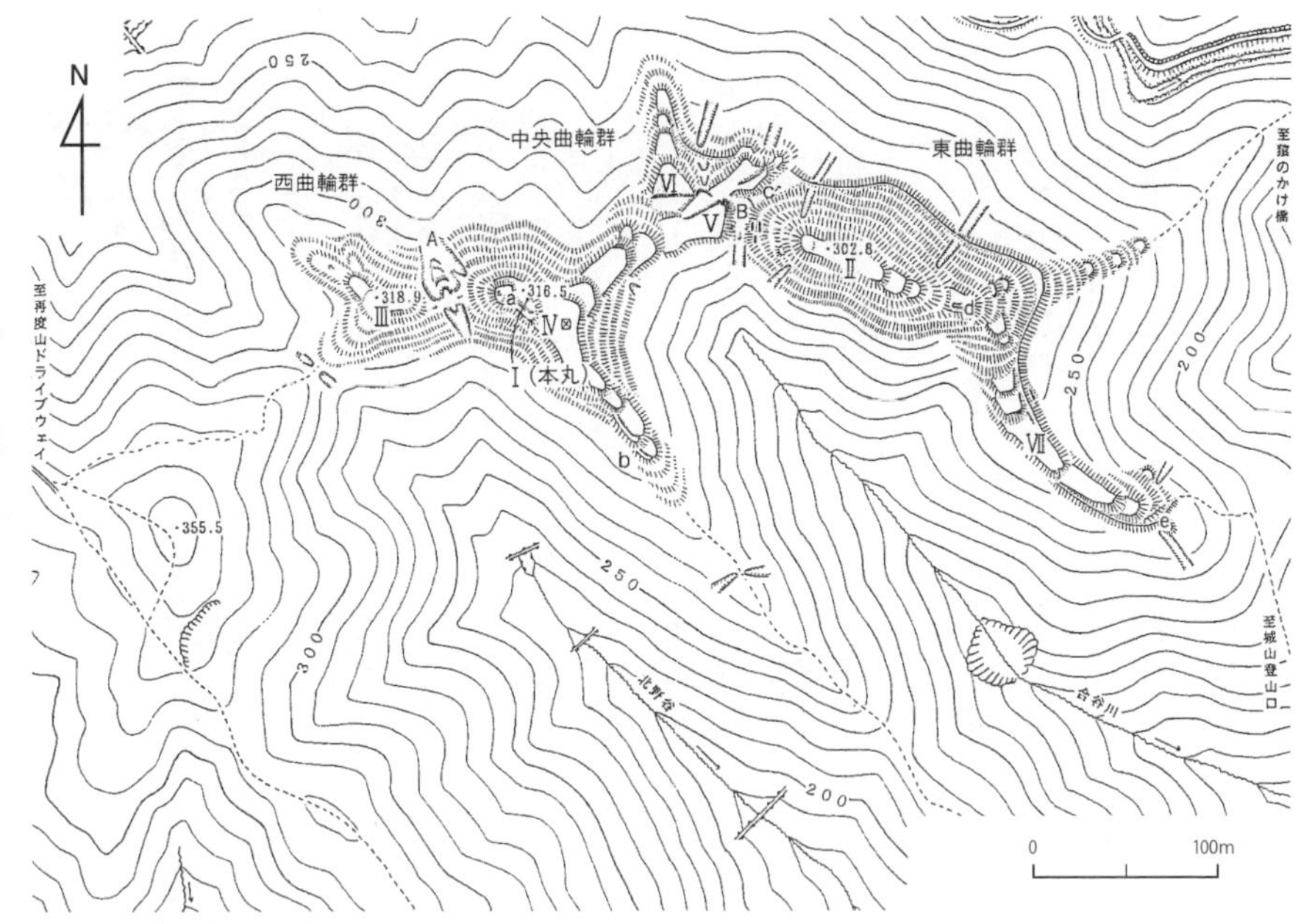


滝山城現状図（橘川真一・角田誠編『ひょうごの城』神戸新聞総合出版センター、2011年）

滝山城　崩れた石垣

その後、建武の新政を経て、摂津守護には赤松氏が任じられていたが、十五世紀になると管領家の細川氏が任じられるようになった。ところが、赤松氏は六甲山地の北側の有馬郡を支配し続けたため、六甲山地を挟んで細川氏と赤松一族の有馬氏の両勢力が対立するという政治状況が長く続いた。滝山城はそうした軍事境界線上に位置していたのである。

　そして、再び滝山城が登場するのが、天文八年（一五三九）で、出雲より尼子氏が播磨に侵攻した時であった。戦いに敗れた赤松晴政は置塩城を退去し、滝山城に逃れた後、堺へ没落した（『証如上人日記』）。

**【松永久秀と滝山千句】**　やがて、内紛で衰退した将軍足利氏や管領細川氏に代わり台頭したのが、阿波から畿内に進出してきた三好氏であった。三好長慶は、阿波と京都を結ぶ兵庫津とその海上ルートを守るため、最も信頼する松永久秀を滝山城に配置した（久秀が主家三好家をないがしろにしたというのは江戸時代に作られた根拠のない俗説）。

滝山城主となった久秀は、当代随一の儒学者で神道や幕府法にも通じた清原枝賢を城に招待し、その講義を受けた。この頃の久秀に仕えた家臣として、後に織田信長や豊臣秀吉の右筆として活躍する楠正虎などが知られる。

また、弘治二年（一五五六）七月十日には、長慶の御成を請い、千句連歌や観世能を興行して、丁重にもてなした。その栄華を、世上の人々は「嘉辰令月」ともてはやしたという（『細川両家記』）。この『滝山千句』（群馬大学総合情報メディアセンター図書館所蔵）には、谷宗養ら連歌師だけでなく、摂津武士の池田氏や、兵庫津の豪商樽井氏を檀那とする久遠寺の快玉、芦屋神社の範与など摂津国内の有力者が参加し、難波・住吉・水無瀬川・玉江・湊川・初島・須磨・生田・芦屋・布引・羽束山など摂津各地の名所を歌に詠み込むことで、それらの地域が長慶の支配下にあることを言祝いだ。

滝山千句と同日に、東寺より派遣された安井宗運が記した報告書（『東寺百合文書』）によると、滝山城内には妙蔵寺という寺院があり、訪問客の宿泊施設となったこと、その寺僧が久秀への取次役を果たしていたこと、山上と山下の往来は不便で銭を使用できる場所がないこと、飯米を持参すべきこと、本庄氏や加成氏といった家臣が居住していたことが判明する。

滝山城は寺院や家臣の屋敷を山上の城内に集中させる一方で、麓に町場を設ける志向は持っていなかったようだ。

また、久秀夫妻は長慶の居城である芥川山城（大阪府高槻市）にいることが多く（『厳助往年記』『北野社家日記』）、どの程度の期間を滝山城で過ごしていたのかは不明である。

松永久秀が永禄二年（一五五九）以降、大和支配を担当するようになると、喜多定行・松永彦一・柴石方吉・犬伏頼在・松山広勝が滝山城衆として、周辺の支配にあたった（『平野協議会保管文書』）。

ところが三好長慶の死後、三好氏は久秀方と三好三人衆・篠原長房方との間で内紛がおこり、永禄九年二月以降、滝山城は三人衆方の安宅氏の攻撃にさらされた。六月には滝山城衆が反転攻撃を仕掛け、堺にも出兵した。しかし、安宅氏に味方した播磨の別所氏・明石氏・衣笠氏・真嶋氏の諸軍が攻め寄せると、衆寡敵せず、八月十七日に水の手を奪われ落城した。

その後、永禄十一年の織田信長と三好三人衆の戦いでは、三人衆方は滝山城に籠城することなく退去している。天正六年（一五七八）の織田信長と荒木村重の戦いでは、信長方が滝山を占領しているが、戦いはなかったようで、すでに廃城になっていたようである。

**【滝山城の構造】** 滝山城はおよそ西・中央・東の三つの曲輪群からなり、それぞれ堀切によって区画されている。中央曲輪群は最高所が標高三一六・五メートルに達し、西端の櫓台には、昭和十三年（一九三八）に神戸市観光課によって設置された「史蹟滝山城阯」の石碑が立つ。中央曲輪から南東に伸びる尾根筋上には南西側に土塁を有する曲輪が連なっている。曲輪Ⅳ・Ⅴ・Ⅵでは、現在は崩れているが石垣が用いられている。

最高所が標高三〇二・八メートルの東曲輪群から、南東に伸びる尾根筋上の曲輪群が城の大手道と考えられ、城域の東端には竪堀が設けられている。曲輪Ⅱの内部やその斜面、堀切Bにかけては、瓦が散乱し石積みが残るが、これが『東寺百合文書』に見える妙蔵寺のものか、その後に立てられた神社に関わるものかは不明である。

西曲輪群の最高所は標高三一八・九メートルで、滝山城内では最も高い位置にあるが、その内部は削平されておらず、他の場所も自然地形が残る。松永久秀の段階にはほとんど改修を受けていないであろう。中央曲輪群と西曲輪群の間にある二重堀切Aが、城域の西端を示すと考えられる。

天正十五年、楠正虎は豊臣秀吉の九州攻めに従軍した際、滝山城跡や近くの春日野に葬った父母の墓を訪れ、次のように在りし日を偲んだ（『楠長諳九州下向記』）。

滝山方へ久しく在城せし所なれば
　むかしすむ　城はいつかは　あれぬらし
　　いざこの山に　行きてたづねん

【参考文献】橘川真一・角田誠編『ひょうごの城』（神戸新聞総合出版センター、二〇一一）、天野忠幸「松永久秀と滝山城」（『歴史と神戸』二八九、二〇一一）

（天野忠幸）

兵庫県

戦国時代屈指の長期籠城戦

# 花隈城

〈所在地〉神戸市中央区花隈町
〈比　高〉約一〇メートル
〈分　類〉平山城
〈年　代〉天正三年（一五七五）頃～同八年
〈城　主〉荒木元清
〈交通アクセス〉阪急電鉄神戸線「花隈駅」下車、東へ約〇・一キロ、JR東海道本線「元町駅」下車、西へ約〇・二キロ、神戸市営地下鉄西神山手線「県庁前駅」下車、南西へ約〇・三キロ

**【港町兵庫津の東の玄関口】**　花隈城は生田川と宇治川に挟まれた、六甲山地から神戸港へ向かって伸びる台地の突端に築かれた。城の周辺は、山から海まで一・二キロ程で非常に狭い。そうした城の南麓には西国街道（現在の元町商店街）が通っており、陸路を掌握できる位置にあった。

花隈城は、天正三年（一五七五）四月十五日に、薩摩の島津家久が伊勢神宮へ参拝するため、兵庫津に立ち寄ったのちに海上より、「花山といへる城」を見たと日記に記したのが初見である（『中務大輔家久公御上京日記』）。おそらく築城直後で名前が知られていなかったのであろう。戦国時代の文書では「花熊」と表記される。

現在は地下には市営駐車場が、地上には花隈公園が整備され模擬石垣があるが、戦国時代の花熊城とは全く関係がない。侯爵池田宣政による「花隈城趾」の石碑が残る。

**【一年八ヵ月にわたる籠城戦】**　築城年代は諸説あるが、摂津の有力な国人池田氏の重臣であった荒木村重が織田信長に属し、摂津を平定するなかで築城したと考えられることから、村重が有馬氏を滅ぼした天正三年頃と推定される。城主には一族の荒木元清が起用された。

城の構造は、岡山藩池田家が寛文七年（一六六七）頃に作成した『摂津国花熊之城図』から推測される。中心部には「殿守」と「櫓」を持つ「本丸」があり、それを「二丸」や「三丸」が取り巻いた。その東側に「侍町」と「足軽町」、西側に「花熊町」と「町」が配置され、これらを切岸と堀で全

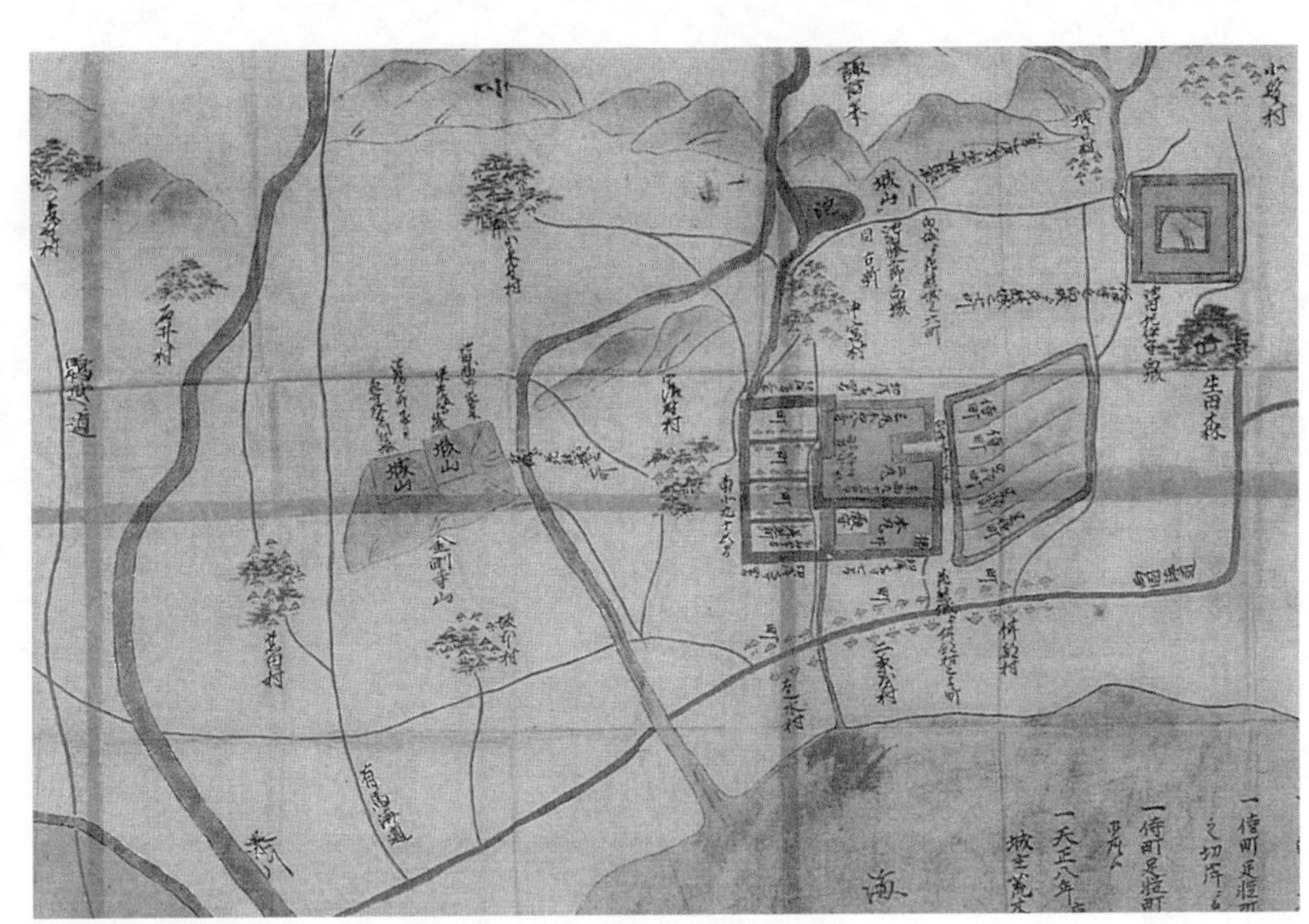

「摂津花熊之城図」（池田家文庫」岡山大学附属図書館所蔵）
（橘川真一・角田誠編『ひょうごの城』神戸新聞総合出版センター、2011年）

面的に囲い込む惣構という防御施設が設けられた。城の膝下には「町」と記された「餌（紺）部（神戸）村」「二茶屋村」「走水村」があって、事実上の城下町を形成していた。

絵図からは不明であるが、たびたび多くの石塔が発掘されており、石垣に使用された可能性が高い。

周辺には諏訪峯（現在の諏訪山）や金剛寺山（現在の大倉山）があり、城内が見下ろされることから、花熊城は本来籠城戦を想定しておらず、兵庫津の支配や兵庫津沖を航行する船に対する監視や示威が目的であったと考えられる。

ところが、天正六年十一月に村重が信長から離反し、将軍足利義昭や毛利輝元、本願寺顕如に味方して挙兵すると、籠城戦において、その戦略的価値が発揮された。

花熊城は、神戸村の村民らも籠城するとともに（『花熊落城記』）、毛利氏からの援軍の上陸拠点となった（『乃美文書』）。兵庫津にも雑賀鉄砲衆がやってくるなど、制海権を活かした戦いにより、天正八年七月まで戦い抜いた。

その後、花熊城は、摂津西部の地を信長から与えられた池田恒興によって破城され、その石垣は兵庫城や大坂城に転用された（『花熊落城記』）。

【参考文献】天野忠幸「中世・近世の兵庫―港と城の歴史―」（『ヒストリア』二四〇、二〇一三）

（天野忠幸）

# 兵庫城

●古代以来の港町に築かれた海城

〔所在地〕神戸市兵庫区中之島
〔比　高〕〇メートル
〔分　類〕平城、海城
〔年　代〕天正九年（一五八一）〜十七世紀初期
〔城　主〕池田恒興、豊臣秀次ら
〔交通アクセス〕神戸市営地下鉄海岸線「中央市場前駅」下車、西へすぐ

JR山陽本線
兵庫港
2
兵庫城
神戸市営地下鉄海岸線
中央市場前駅
●中央卸売市場本場
阿弥陀寺卍
新川
0　500m

**【幻だった城跡】**　兵庫城は、平清盛が築いた大輪田泊、のちに兵庫津と呼ばれた港町に築かれた。室町時代の繁栄ぶりは、通行税を徴収した記録『兵庫北関入舩納帳』に詳しい。

織田信長の重臣池田恒興が兵庫城を築城し、江戸時代前期には尼崎藩の陣屋が、後期には大坂町奉行所の勤番所が置かれた。明治時代には最初の兵庫県庁が設置されたが、新川運河や中央卸売市場の開設により、遺構は失われた。

しかし、平成二十四年（二〇一二）の発掘調査で、築城当初の石垣が発見され、転用石として文亀四年（一五〇四）銘の石塔が使用されたことなどが判明した。現在は、新川運河沿いに「兵庫城跡」の石碑が立つのみである。

**【築城と戦災・震災からの町の復興】**　荒木村重の花隈（熊）城を攻略した池田恒興は、摂津西部を信長から与えられた。制海権の確保に苦しんだ恒興は、兵庫津を直接支配下に置くため、天正九年に花隈城を破城し、その資材を利用して、兵庫関が置かれたと推定される関屋町に接して築城を始めた。

ところが恒興は天正十一年に大垣に移封され、三好孫七郎（のちの豊臣秀次）が入城した。秀次も二年後には近江八幡へ移り、片桐且元の弟の貞隆などが代官として配された。慶長十二年（一六〇七）に朝鮮使節が兵庫津に宿泊した際には、堀や三重の門が設けられていたが（『海槎録』）、元和の一国一条令で、廃城となったようだ。

元禄九年（一六九六）の『摂州八部郡福原庄兵庫津絵図』によると、「御屋敷」と記された城は、室町時代以来の町場

の一部を立ち退かせて築かれたようだ。他の町場は城の北側に残るが、寺院の多くは北西の都賀堤（とがのつつみ）という土塁に沿って並んでおり、移転したのであろう。

天正六年の織田軍による焼き討ちや、慶長元年の慶長伏見大地震からの兵庫津の復興において、兵庫城は大きな影響を与えたのだ。

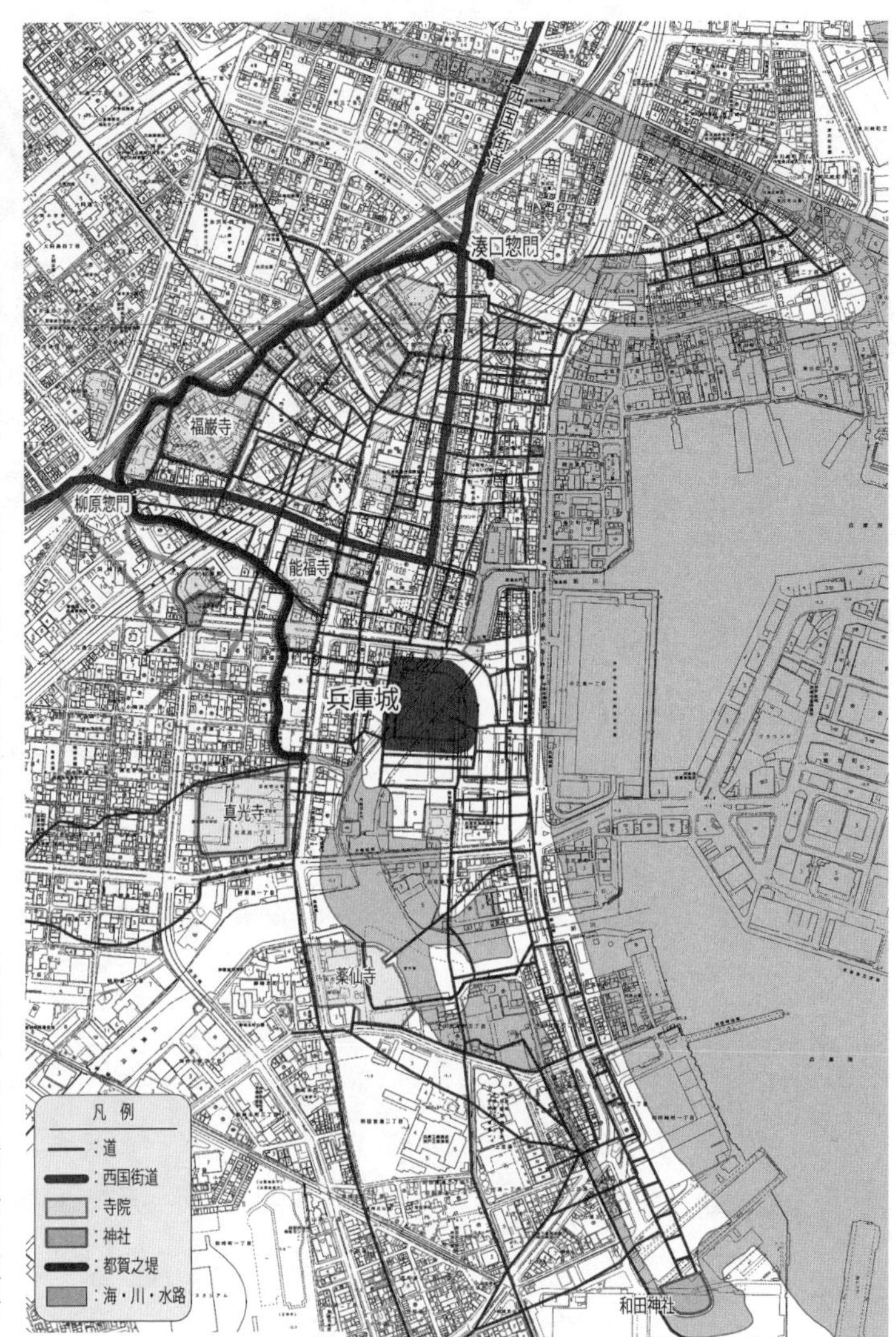

現在の地図と元禄絵図の合成図（神戸市教育委員会提供）

【参考文献】天野忠幸「中世・近世の兵庫―港と城の歴史―」（『ヒストリア』二四〇、二〇一三）

（天野忠幸）

●楽市の城下町をもつ湯山街道の要衝

# 淡河城（おうごじょう）

〔所在地〕神戸市北区淡河町淡河
〔比　高〕二五メートル
〔分　類〕丘城
〔年　代〕十五世紀～十六世紀
〔城　主〕淡河氏、有馬氏
〔交通アクセス〕JR福知山線「三田駅」、神戸電鉄三田線「岡場駅」下車後、神姫バス「淡河本町」下車、南へ約二〇〇メートル

**【立地と縄張】** 六甲山地の北側を東西に通る湯山街道。その宿駅の一つ淡河町から南を望むと、淡河川の支流を隔てた河岸段丘上に城跡がみえる。段丘の東側と西側には谷が入りこみ、南側のみが丹生山へと続く要害の地である。

主郭は段丘の北東隅に位置し、東西が約五五メートル、南北は約七〇メートル。段丘が続く西側と南側に幅約一五メートルの堀を設け、その内側に土塁を築く。このうち南辺の土塁は高さが約三メートル、馬踏幅が約一〇メートルあり、天守台の可能性が指摘される。堀は一部が水堀となり、北端は本丸北側の帯曲輪と続き、城域の防御ラインを画する。東堀の南寄りに土橋を設け、ここを虎口とする。土塁の一部が、張り出すが枡形などの虎口遺構としては疑問がある。

主郭の南には城主淡河氏の墓所といわれる竹慶寺跡があり、その南側にも幅約八メートルの堀跡が一部残る。この堀はさらに西へと続き二の丸を区画したとされる。城は台地に広がっていたとみられ、「西の丸」などの存在を推定する説もあるが、主郭周辺以外は圃場整備を受けたため不明である。

**【淡河城の初見と開城】** 暦応二年（一三三九）赤松則祐により三田城や櫨谷城などとともに攻められたのが淡河城の初見（『越前島津家文書』）。ただ、当時の城は臨時に設置されるものであり、城の位置や規模は不明である。戦国期には淡河氏の城となり、三木合戦では別所方として丹生山経由の兵糧搬入路の一角を担った。天正七年（一五七九）五月二十五日に丹生山の砦が羽柴秀吉の夜襲により落城すると、翌日に淡河城も明け

淡河城縄張図（作図：宮田逸民，橘川真一・角田誠編『ひょうごの城』より引用）

渡されている（『信長公記』）。

【城下と楽市】 開城直後の六月二十八日、秀吉は「淡河市庭」宛に楽市の制札を出している。署名は「秀吉（花押）」のみ。この時期、秀吉の制札や禁制は「筑前守」か「藤吉郎」に花押が基本で、それに秀吉を足す事例が少しだけある。依藤保が指摘するように、ほかに単独で用いるのは翌年正月に三木町へ出されたもののみ。仁木宏によれば播磨周辺における「楽市」の使用もこれだけ。淡河町の成立については、既設の安堵と新設の二説があるが、署名の丁寧さは新設を示唆し、そこに城と城下との緊張感がうかがえる。

その後、有馬則頼が城主となったが、慶長六年（一六〇一）に三田へ移り廃城になったとされる。主郭に残る堀や土塁は、播磨におけるほかの中世城郭と比較して大きく、豊臣時代に入った有馬氏時代のものであろう。

【周囲に残る付城】 『信長公記』によると、織田方の淡河城攻めにあたり、周囲に付城が築かれたようである。そのうち、入り込んだ谷により隔てられた西側の段丘尾根と、北側の天正寺山に遺構が残る。天正寺付城跡には山頂の曲輪と堀切、西の付城跡は土塁を有する二重の曲輪と堀切が残る。播磨において三木以外の城攻めで付城が残る事例は少ない。織田方の城攻めを解明する資料として貴重である。

（多田暢久）

●赤松有馬氏の守護所、摂北を守る堅城

# 三田城（さんだじょう）

〈所在地〉三田市屋敷町・天神二丁目
〈比　高〉一五メートル
〈分　類〉平山城
〈年　代〉十五世紀中頃～十七世紀初め（近世は三田陣屋）
〈城　主〉有馬氏、荒木重堅、山崎片家・家盛、有馬則頼
〈交通アクセス〉ＪＲ福知山線「三田駅」、神戸電鉄「三田駅」下車、西へ徒歩二〇分

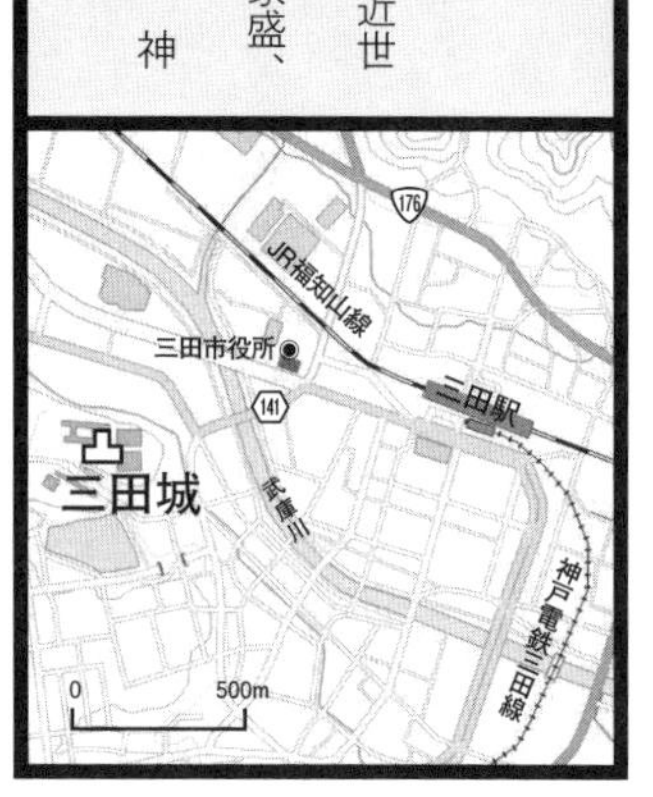


【旧有馬郡の位置】　六甲山系北麓の湯治場である、有馬温泉が名高い旧摂津国有馬郡。その中心として栄えた町が三田町である。この地域は、古来より播磨国や丹波国との関係が深く、姫路から三木を経て有馬を結ぶ湯乃山街道、南北に丹波道が通る兵庫内陸部と大阪平野を結ぶ交通の要所であった。

【有馬郡守護所の城館】　南北朝時代から播磨国の守護大名赤松氏が摂津国に進出し、赤松則祐と義則が有馬郡のみに守護権を行使する分郡守護に任じられた。その後、嘉慶二年（一三八八）から応永元年（一三九四）ころに、弟の義祐に守護を交代した。以後、義祐の家系が代々当地の守護に任じられ、赤松有馬氏と呼ばれた。発掘調査による室町時代の最も古い遺構は、将軍の側近として「三魔」と揶揄された有馬義祐の子の教実、あるいは孫の元家の時期に相当する。当初の有馬郡における守護権力の拠点は明らかでないが、このころに三田城が形成され、以後拠点となったことが想定される。

【荒木氏の進出】　天正年間（一五七三―九二）はじめに、織田信長の力を背景に摂津国に勢力を広げた荒木村重が当地へ進出、有馬国秀は滅ぼされ、配下の荒木平太夫（重堅、のちに木下氏）が三田城に入る。このとき、南の道場（神戸市北区）の町場を当地に移し、三筋の町場を整備したという（三田町『西方寺文書』）。村重が信長に叛旗をひるがえすと、天正六年十二月、三木城攻めの背後の脅威となる「御敵さんだの城」として、羽柴秀吉や明智光秀・佐久間信盛・筒井順慶ら織田方の諸将により付け城が構築された（『信長公記』）。

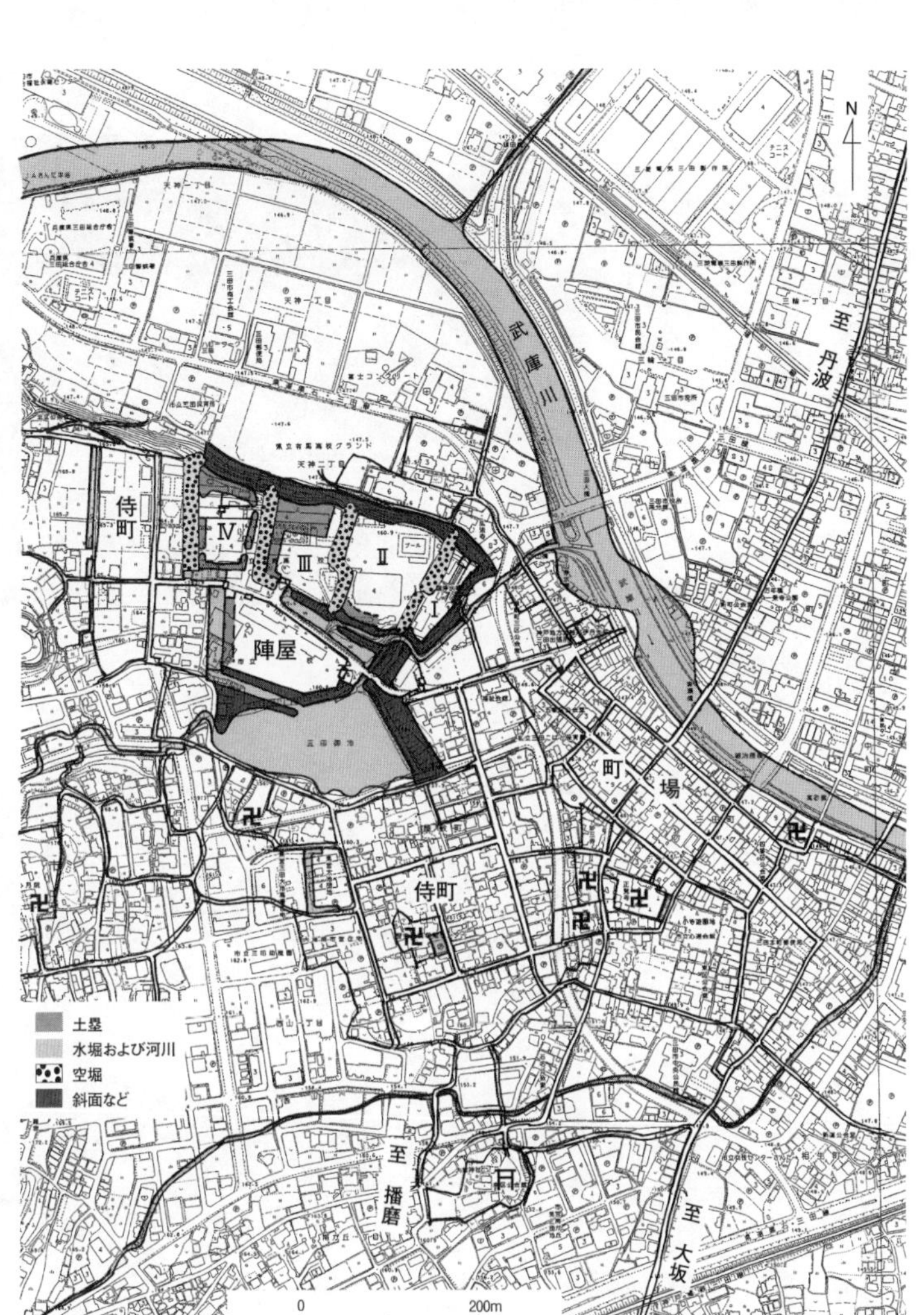


三田城縄張図（絵図より推定。廃城直後〜陣屋初期頃）

**【摂北の要の城として】** 安土桃山時代には有馬温泉は秀吉の蔵入り地となり、湯山（ゆのやま）御殿が築かれるが、三田へは山崎片家が天正十三年ころに入り、二代にわたり慶長六年（一六〇一）まで在城する。そのあと、豊臣秀吉のお伽衆（とぎしゅう）であった有馬則頼が入るが翌年没し、遺領は福知山藩主有馬豊氏に引き継がれた。豊氏は代官稲次氏を在番させたが元和年間に廃城し、資材は福知山へ引かれたとする（『九鬼家資料』）。

その後、幕府の代官支配となり、寛永二年（一六二五）に松平重直により南の曲輪（くるわ）に三田陣屋が整備され、かつての三田城跡は「古城（ふるしろ）」とされた。以後、寛永十年に三重県鳥羽から九鬼久隆が入り、九鬼氏が明治初年まで在城した。

**【三田城の遺構と構造】** 三田城は、三田町西の段丘端（一六一メートル）に立地する。

近世には南の曲輪に陣屋が置かれ、三田御池を隔てた同じ段丘の屋敷町と天神二丁目に侍町、段丘のすぐ下の三田町に町場が形成された。陣屋の大手道は「桜の馬場」と呼ばれ、沿道に下屋敷の土塁の一部、明治の擬洋風建築である旧九鬼家住宅（県指定文化財）が残る。

城跡は県立有馬高等学校、市立三田小学校、市水道事業所古城浄水場となっている。当地では三田城は、近世三田陣屋を含めており、陣屋跡の三田小学校正門脇に城跡の碑が建つ。城跡の遺構は廃城以後失われ、特に明治以降の改変が大きい。そのなかで埋め立てられた空堀は、有馬高校のグラウンドへの斜路、浄水場への道などにわずかに痕跡がみられる。南側の小学校敷地との間の堀跡は、満々（まんまん）池と名付けられている。

近世三田陣屋を描いた絵図資料が複数残されており、そこに描かれた「古城」を参考に復元した城跡は、西から東に張出す河岸段丘を四本の空堀によって分割し、曲輪を連ねる。東端の曲輪Ⅰは、東側中央部に屈曲部があり、曲輪Ⅱの屈曲部へと通路が描かれるが、本来の登城道であった可能性がある。曲輪Ⅱは、東西一〇〇メートル、南北一五〇メートルの最大の曲輪である。この曲輪は発掘調査が進み、その成果から廃城前段階の主郭であったことが推定される。ただ、絵図を詳細に検討すると、西側の曲輪Ⅲもほぼ同規模の曲輪であり、西側と北側をL字状に土塁を築き、北側の陣屋「御茶屋」が置かれた部分は、幅が広く櫓台状の高台となっていたことがわかる。曲輪Ⅳは、陣屋「二ノ丸」となり、北辺に地形に沿った土塁が描かれ、ほかの三方を土塀で囲う。この部分は

三田城跡碑

主郭南側の堀跡

別の絵図では柴垣となり、発掘調査では土塁の痕跡であったことが確認されている。陣屋による改変も想定されるが、絵図や地形からは、曲輪Ⅱより高い位置にある土塁囲みの曲輪Ⅲ・Ⅳのいずれかが、当初の主郭であった可能性がある。このことについて、曲輪Ⅱの発掘調査では、十五世紀後半～十六世紀初めの掘立建物群、甕を複数据えた倉、埋桶、区画溝、畠跡、十六世紀前半～中葉の竈を伴う建物跡がならび、内部を区画する断面V字型の堀が検出された。これらから古い時期の曲輪Ⅱは、居住区あるいは作業空間であり、城の中心はほかの曲輪にあったことをうかがわせる。

荒木平太夫の時期の遺構は、大型建物跡などがあるが、火災に見舞われており、焼き討ちにあったという伝承と符合する。そのほか、曲輪Ⅱの西北で数百の一石五輪塔を木口積みした井戸が発見された。金心寺（天神三丁目）に伝えられていた板札の一枚に、平太夫が城を築く際に同寺の石塔を用いたところ、異変が起こり元に戻したことが記され（吉井良尚『摂播史蹟研究』）、何らかの関連を物語るものかもしれない。

山崎氏段階の曲輪Ⅱでは、礎石建物と園池状遺構が形成される。礎石建物は会所または書院と考えられ、東西十三間（二三メートル）、南北八間（一五メートル）以上の規模をもつ。調査区の土坑や井戸からは、多量の山崎氏家紋の桧扇紋瓦が出土し、鯱瓦の破片もみられた。瓦は検出された礎石建物のものか検討を要するが、城内に瓦葺き建物があったことを示す。また、この北側に「天主跡有」の記述がある絵図がある。これらから、この段階に曲輪Ⅱを主郭として、天守や瓦葺き礎石建物を整えたと考えられる。ただ、石垣は未確認であり、土塁囲みの前代の構成を踏襲した整備であったといえる。

西摂津から東播磨地域には、池田城跡（池田市）、伊丹城跡（伊丹市、のち有岡城）、越水山城跡（西宮市）、枝吉城跡（神戸市西区）、三木城跡（三木市）などの有力国人や戦国大名が段丘を利用して築いた城館が多くみられる。そのなかで三田城跡は、近世にも継続して利用された数少ない城館である。地域史だけでなく、戦国時代末期から近世の政権による大坂周辺の城館配置のなかで位置づけを考えたい城跡である。

【参考文献】『三田市史』一・八（二〇一二・二〇一〇）

（山崎敏昭）

●秀吉による「三木の干し殺し」の舞台

# 三木城・付城

〔国指定史跡〕

〔所在地〕三木市上の丸町ほか
〔比　高〕二〇メートル
〔分　類〕丘城
〔年　代〕十五世紀後半～慶長二十年（一六一五）
〔城　主〕別所則治、別所長治、中川秀政、伊木忠次ほか
〔交通アクセス〕神戸電鉄粟生線「三木上の丸駅」下車、すぐ

**【概要】**　三木城は、戦国期東播磨最大の勢力である別所氏歴代の居城である。東西に流れる美嚢川左岸の上の丸台地上に築かれた丘城であり、北麓・西麓には姫路と有馬を繋ぐ湯の山街道が通る。天正六年（一五七八）三月から同八年一月十七日までの一年十ヵ月にわたる毛利輝元を後ろ盾とする別所長治方と羽柴秀吉を主将とする織田信長方との間で播磨一円を巻き込んで繰り広げられた三木合戦の主戦場となった。

三木市内には、織田方の付城やそれを繋ぐ土塁の多くが現存している。これらの遺跡群は、平成二十五年（二〇一三）三月に国史跡「三木城跡及び付城跡・土塁」として指定された。

**【別所時代の三木城】**　別所氏は、播磨守護赤松庶流家に出自をもつ。三木城を築いたのは、三木別所氏の初代当主則治とみられる。長享二年（一四八八）、赤松政則が播磨・備前・美作の三ヵ国を回復し、則治が三木郡久留美荘を拠点として、東播磨八郡を管轄する守護代に任じられてからであろう。

則治の孫村治の代には、三木城での合戦が確認できる。赤松晴政と浦上村宗との対立により、大永二年（一五二二）十月六日、浦上村宗に「別所館」が攻撃されたが、村治はこれを撃退した（『春日社司祐維記』）。これが三木城の初見である。

享禄二年（一五二九）十月三日、再び村宗に三木城が攻められ、「当城山下、於西之口合戦」におよんだが、牢人衆の活躍により、三木城は持ちこたえた（『上月文書』）。

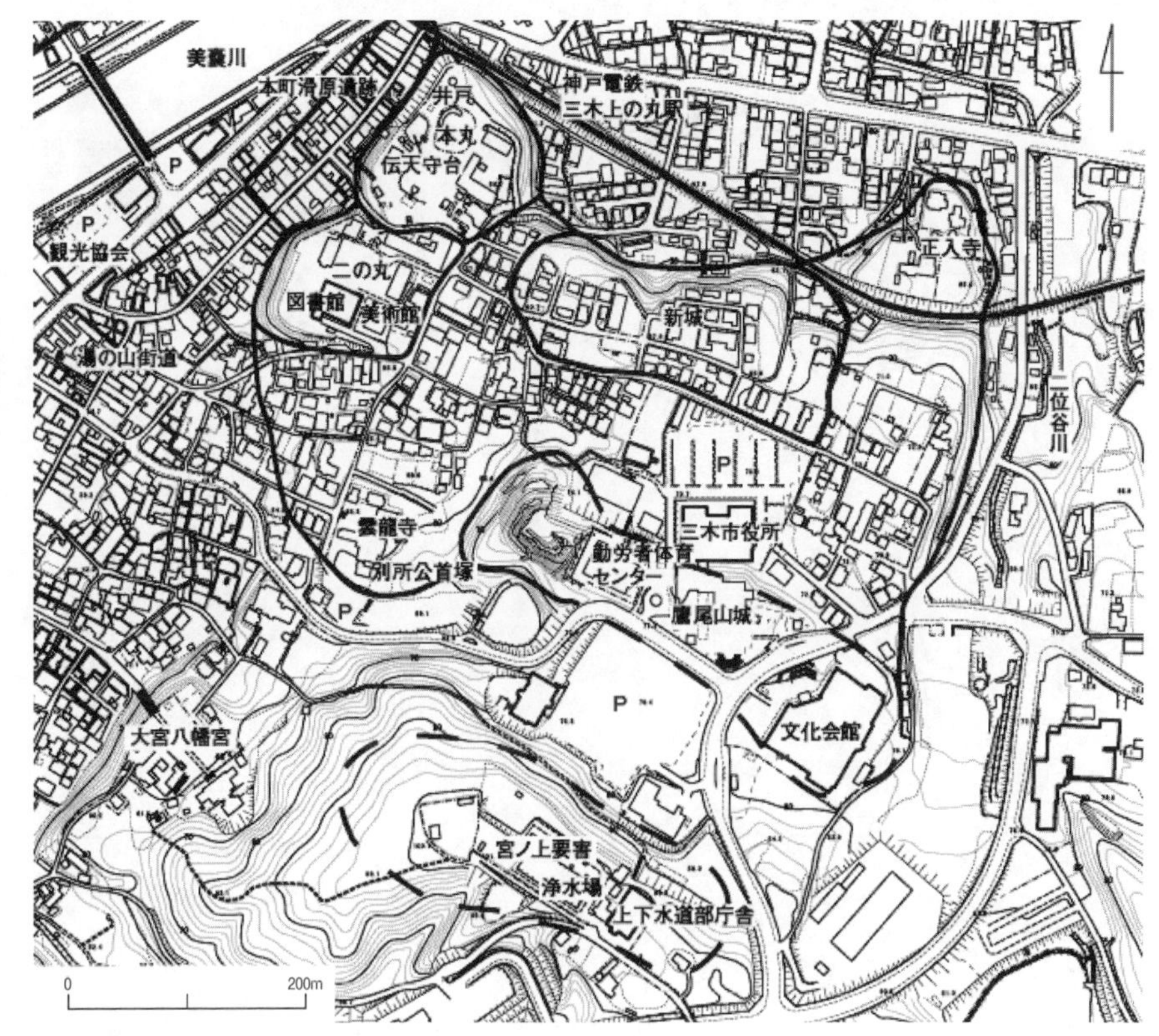


三木城跡　現況図

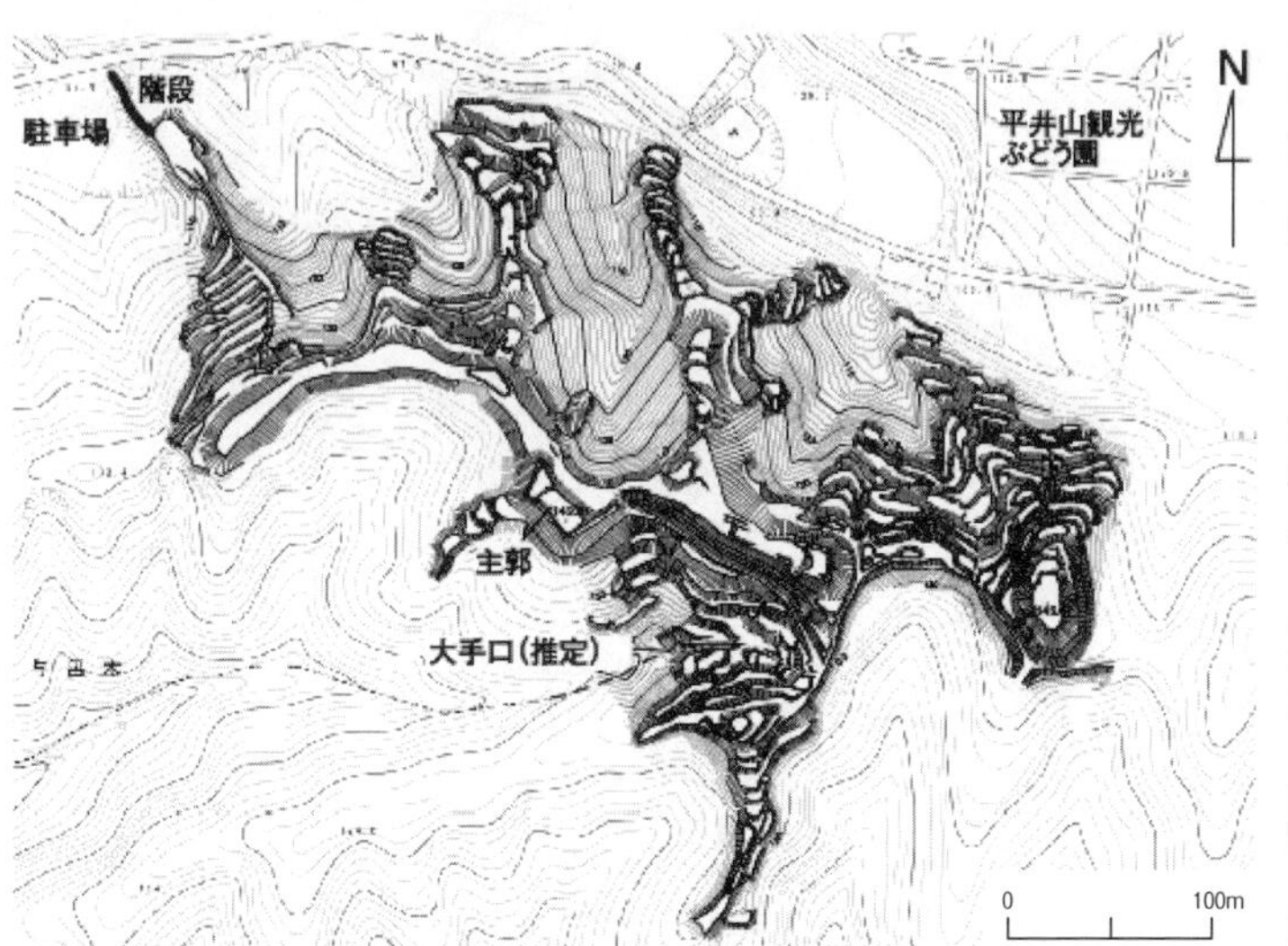


平井山ノ上付城跡（秀吉本陣跡）測量図

翌年六月二十九日、村治とともに浦上方の依藤秀忠の豊地城（小野市）を攻めていた柳本賢治が暗殺された。これにより、味方諸城が落城、村治は三木城を捨てて国外に脱出した（『細川高国晴元争闘記』）。同四年

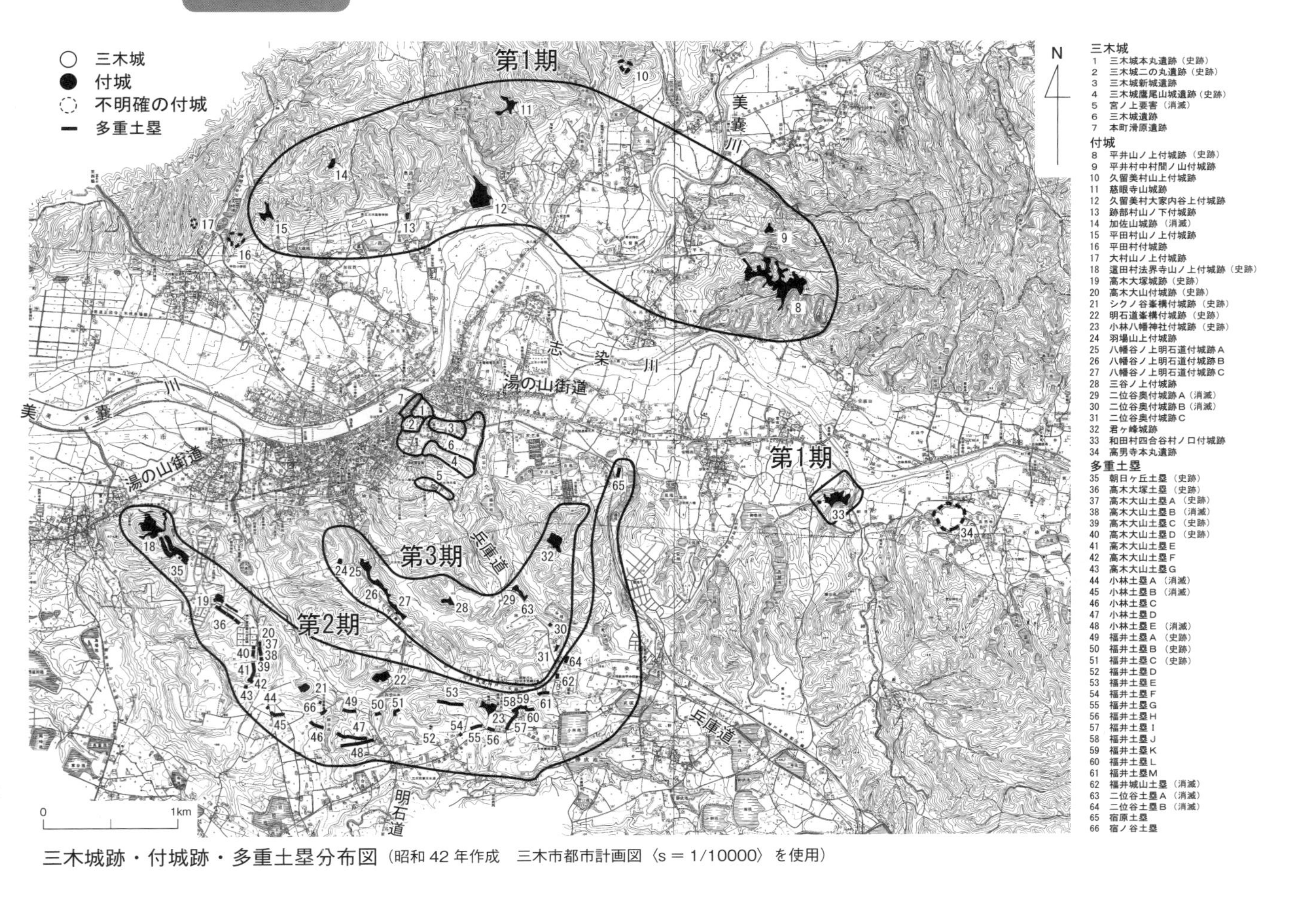


三木城跡・付城跡・多重土塁分布図（昭和42年作成　三木市都市計画図〈s＝1/10000〉を使用）

六月、摂津天王寺において赤松晴政が浦上村宗を討ったことにより、村治は三木城に復帰したようである。

天文七年(一五三八)十一月、出雲の尼子詮久(のりひさ)方により「三木要害」が攻められたが、村治はこれを撃退した(『飯尾文書』)。

天文二十三年八月末、村治は京都の細川晴元になびいたことにより、赤松晴政と対立関係となった。それにより、三好長慶が、摂津国人を播磨へ出陣させた。三木城は十一月頃から翌二十四年初めにかけて、三好方に攻められたようであるが堅固に守り切り、二月に三好方は撤退した(『細川両家記』)。

**【三木合戦】** 村治の孫長治の代になると、畿内で台頭していた織田信長方に与する。天正五年(一五七七)十月、織田信長は羽柴秀吉に中国地方の毛利攻めを命じた。秀吉が播磨へ出陣すると、長治も織田方に与したが、同六年三月初め、長治は秀吉と対立し、毛利方へ味方した。秀吉はこれを許さず、三木城へ押し寄せ、近隣に火を放った(『播州御征伐之事』)。信長も長治の離反を「言語道断」とし、黒田官兵衛に対し、これを成敗するよう命じた(『黒田家文書』)。

七月下旬、神吉(かんき)・志方(しかた)(加古川市)の城を落とした織田方の軍勢は三木に向かい、三木城攻略のための付城の構築を開始した(『信長公記』)。秀吉は平井山に本陣を置いた。

同年十月、織田方の荒木村重が三木城攻めの陣を退き、毛利方に与して居城の有岡城(伊丹市)に籠った。こうした情勢を受けてか、十月二十二日、別所方は三木城から平井山の秀吉本陣への襲撃を試みる。しかし、長治の弟治定(はるさだ)が討死するなど別所方の敗北となった(『播州御征伐之事』)。

翌同七年四月、信長は、信忠らを再び播磨へ派遣、二十六日には、信忠が付城を新たに六ヵ所築くなどして三木城の包囲をさらに厳重なものとした(『信長公記』)。

六月以降に本格化するとみられる毛利方による明石浦魚住から三木城への兵糧搬入に対し、織田方は、三木・魚住の通路を塞ぐために、周辺の付城の間に番屋・堀・柵などの防御施設を設置した(『播州御征伐之事』)。

このようななか、六月十三日、秀吉の軍師であった竹中半兵衛が三木の陣中で病死している(『寛永諸家系図伝』)。

九月十日、兵糧搬入を遂げたい毛利方と別所方は、織田方が守る平田・大村付近を襲った。織田方は谷大膳が討死したが、別所方も多くの武将が討ち取られた(『信長公記』)。

十月七日、平田大村合戦に勝利した織田方は、さらに付城を寄せて築いた(『播州御征伐之事』)。三木城包囲網を狭めたことにより、毛利方からの組織的な兵糧搬入は行なわれなくなり、三木城内に蓄えた食糧は尽き、餓死者が数千人出た。

はじめは糠（ぬか）・秣（まぐさ）を、中頃には牛馬・鶏・犬を食し、ついには人を刺し殺してその肉を食べたという（『播州御征伐之事』）。

天正八年を迎え、秀吉は三木城への最終攻勢を開始した。正月六日、秀吉は調略により宮ノ上要害を乗っ取り、十一日には鷺山構を乗り崩し、長治の弟友之が守る鷹尾山城と叔父賀相（よしすけ）の籠る新城を攻略した（『反町文書』）。十五日になり、織田方である叔父別所重棟（しげむね）は、長治・賀相・友之の切腹を促し、長治は城兵の助命を条件に秀吉の降伏勧告を受諾した。そして、十七日に長治ら一族が自害することで三木城が開城となり（『信長公記』）、三木合戦は織田方の勝利で終結した。

**【三木合戦以後】** 天正八年正月十七日、三木開城直後、秀吉は荒廃した三木町に対し、地子免許・諸役免除の特権を認める制札を発給した。これにより、三木町の復興が図られた。

同八年からの豊臣期二十年間、三木城には、主に城代、城番が置かれた。しかし、断片的にしかその実態は明らかにならない。同十一年六月頃、前野長康が播磨国主羽柴秀長の配下として、「東郡三木城」に配された（『秀吉事記』）。同十三年閏八月、国替により長康は但馬国主となり、中川秀政が「東郡三木城」に配された（同）。文禄元年（一五九二）十月、秀政が文禄の役時、朝鮮にて戦死したことにより、弟秀成（ひでしげ）が家督を継いだ。秀成は同三年二月、豊後岡城主として国替となった。三木は豊臣氏蔵入地となり、同四年九月には、但馬豊岡城主福原長成が代官を勤めた（『雲龍寺文書』）。

慶長五年（一六〇〇）の関ヶ原の戦後、徳川方の池田輝政の姫路入封に伴い、池田領六支城の一つとなった三木城には、同年十月、家老の伊木忠次が入城した（『正入寺伝』）。同八年、忠次死後、忠繁が跡を継いだ。伊木氏の在城は元和三年（一六一七）まで続くが、城郭部分は同元年の一国一城令によって廃城になったと考えられる。同三年には池田氏の転封、小笠原氏の明石入部が行なわれた。その際、三木の侍屋敷には一時的に小笠原家臣団が入居したが、同六年明石へ移住した。これにより、三木町は城下町から在郷町へ転換した。

**【三木城の構造】** 川に面した丘陵端の本丸およびその南に空堀を隔てて位置する二の丸を中心部とし、新城・鷹尾山城・宮ノ上要害などで構成され、各曲輪が並立する構造である。規模は東西六〇〇メートル、南北七〇〇メートルを測り、南側は山と谷、他三方を崖に囲まれている。南側に鷹尾山城と宮ノ上要害を配置し、背後の防御性を高めている。石垣は確認できず、土造りを基本とする。戦国期における播磨屈指の大規模城郭といえる。現在、本丸には伝天守台と井戸が残り、二の丸は美術館などが建ち並ぶ。新城は昭和三十年（一九五五）頃まで土塁や本丸側に数段の帯曲輪が残っていたが、すでに宅地化されている。鷹尾山城は東西に細長い尾根上に遺構が展開していたが、西端のみが残存し、周囲に土塁・空堀が巡る。宮ノ上要害は浄水場などの建設により遺構は消滅している。

発掘調査により、本丸・二の丸では、瓦葺き礎石建物が存在していたこと、内部が堀で区画されていたこと、本丸の伝天守台は堀が埋まったのちに造成されたことが明らかとなった。二の丸では、貯蔵庫とみられる一六個分の埋められた備前焼大甕群が検出された。本丸・二の丸ともに瓦が数多く出土している。中心時期は戦国時代後半とみられる。

**【付城の構造】** 三木合戦の際、織田方は三木城攻略のために平井山に本陣を置き、周囲に数多くの付城を築いた。付城は三木城の周囲を東西約六キロ、南北約五キロの範囲に展開する。付城については、近世に作成された『別所軍記』（十七世紀後半）などに織田方の付城および城主名が記されている。付城の総数は、四〇城程が存在していたとみられる。遺跡登録された上で明確な付城は二三城、現存は二〇城を数える。

織田方が三木城周辺に築いた付城は、文献史料から第一期（天正六年七月末～八月中旬）・第二期（同七年四月）・第三期（同七年十月）に大まかに分けられる。

第一期と考えられる三木城から美嚢川・志染（しじみ）川を隔て北の山上に位置する付城は、山の地形に合わせて曲輪を上下に連ねる構造のものが多く、背後の尾根続きに対して堀切などがほとんど見られず、遮断防御はあまり意識していない。これは、川を隔てており、安全な地域に築かれたためであろう。

一方、第二期と考えられる三木城の南の山上に位置する付城は、平坦な尾根・丘上に立地し、付城間を基底部幅約五メートル、高さ約一メートルを測る多重土塁で連結している。櫓台を備える土塁囲みの主郭に、複雑な虎口が設けられているものが主流である。周囲に軍勢の駐屯用の曲輪を付属させるなど、主郭に対して求心的な構造を基本とする。これらは、毛利輝元方が明石魚住から三木城へ兵糧を搬入するのを防ぐための最前線であるため、より高度な築城技術が用いられたものといえる。

第三期に築かれたと考えられる付城は、さらに包囲を狭め、八幡山・二位谷奥の尾根全体を城郭化した大軍勢が駐屯可能な付城を中心とし、主要街道を押さえるという、力攻めを意識したまさに最前線の付城と評価できる。

**【参考文献】**『三木城跡及び付城跡群総合調査報告書』（三木市教育委員会、二〇一〇）

（金松　誠）

●守護の城か、織豊系城郭か

# 中道子山城（ちゅうどうしさんじょう）

〔所在地〕加古川市志方町岡
〔比　高〕二五〇メートル
〔分　類〕山城
〔年　代〕十五世紀～十六世紀
〔城　主〕不明
〔交通アクセス〕ＪＲ山陽本線「加古川駅」下車後、神姫バス「城山登山口」下車、徒歩北へ約四〇分

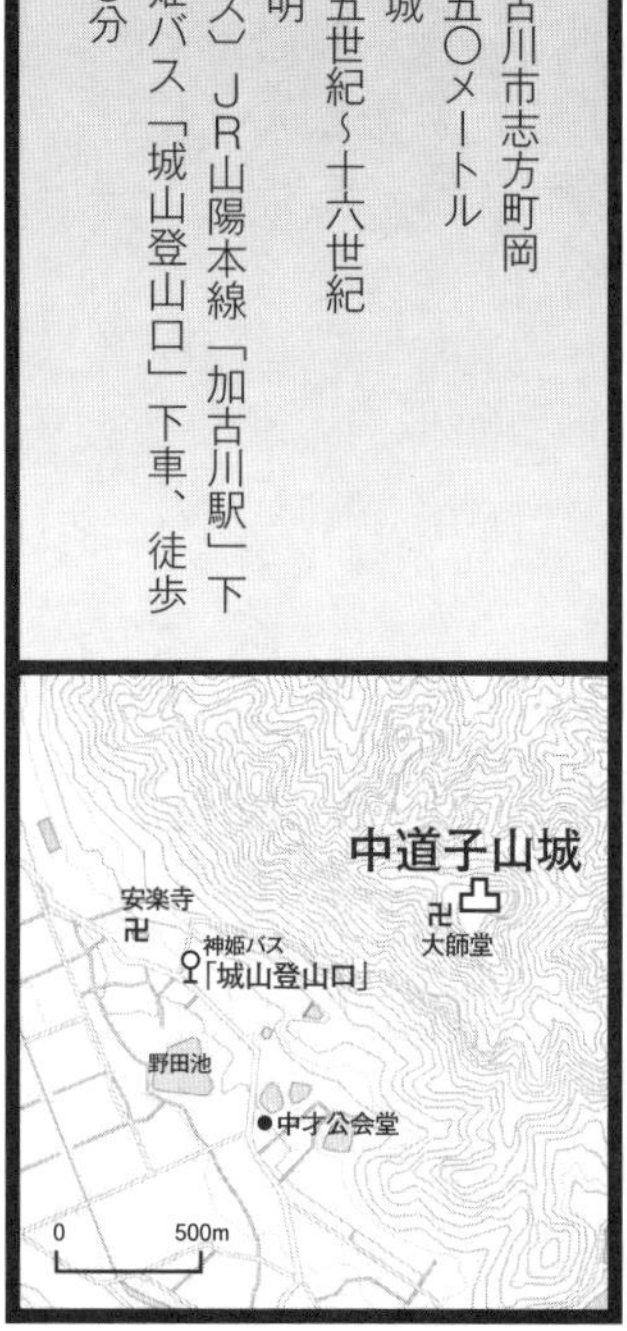

【守護の公の城か】　亨禄四年（一五三一）十月、櫛橋（くしはし）豊後守と高橋平左衛門尉は「中道寺（子）」城へ入城した（『高橋家文書』）。前年の大物崩れ（だいもつくずれ）で敗死した浦上村宗方の反攻に、姫路の英賀（あが）から撤退したもの。同時に明石へ逃れた守護の赤松政村（晴政）が二人へ宛てた感状が残っており、当時はここが守護方の拠点であったことがわかる。城の南を通る湯山街（ゆのやまかい）道（どう）は府中（姫路）から三木へと通じ、のちに政村が府中を奪還するときの主要通路ともなった。ただ、この二人が城主なわけではなく、赤松氏の支配のもとに家臣が派遣され、特定の城主をもたない守護の城とみられる。のちに街道沿いの志方城（しかたじょう）が櫛橋氏、神木城（こうぎじょう）が高橋平左衛門尉の居城となるが（『赤松家播備作城記』）、これも街道掌握のため政村が側近を配置したのが固定化したものであろう。

【東播磨有数の規模と縄張】　山頂に築かれた城跡は、東西約二〇〇メートル、東西二五〇メートル。西側へ続く尾根に対しては二本の堀切を設けて城域を画す。眺望の良さは播磨でも有数で、東播磨の城郭を四〇ヵ所以上も望むことができる。この点も守護の城にふさわしい。

城内東部の最高所に位置する主郭と、それについで高い西側中央部の曲輪（くるわ）が並立する一城別郭の縄張であるが、虎口の脇に「米蔵跡」と呼ばれる土塁囲みの一郭を設けることにより、主郭の優位を高めていた。また、大手や搦手などの主要な虎口は土塁と石積で固め、屈曲して進入させる通路設定など複雑な手法を用いる。そのほか、北東側の一段下った曲輪

には石積みの井戸を設けており、その水源を保つため谷部には堤防を設置して池としていた痕跡もある。

【発掘調査と廃城】　昭和六十二年（一九八七）―平成二年（一九九〇）にかけて城内の発掘調査が行なわれている。主郭の北西部では石積を二メートル余り埋めて土塁とする改変が発見され、城が二時期あったことが明らかになった。また、「米蔵跡」では内部から建物の礎石と土塁内側に石階の雁木も見つかっている。

主郭の土壙から十六世紀中ごろの京都系土師皿が大量に出土し、同時期の備前焼もみられた。さらに、波状文の軒平瓦を含む瓦も少量出土しており、棟部のみに瓦を載せた建物が存在したらしい。

『信長公記』では天正六年（一五七八）に神吉城とともに志方城が落城するが、その後も天正八年まで「しかたの城」(『反町文書』)の活道がみえ、これを中道子山城に比定する説がある。また、播磨でも屈指の複雑な縄張からは、播磨平定後に織田政権が支城として改修した可能性もある。

【伝説】　地元では「志方の城山」として親しまれ、攻城方を滑らすため敷いた竹の皮に逆に火をつけられての落城や、それが原因で焼け米が出土するなどの伝説が伝わる。

【参考文献】加古川市教育委員会社会教育文化財課編『中道子山城跡発掘調査報告書』（一九九三）、木内内則『中世播磨の国遠見の城と館』（加古川市文化振興公社、二〇〇九）、上月昭信「秀吉による播州平定と志方城」（『東播磨』七、二〇〇〇）

（多田暢久）

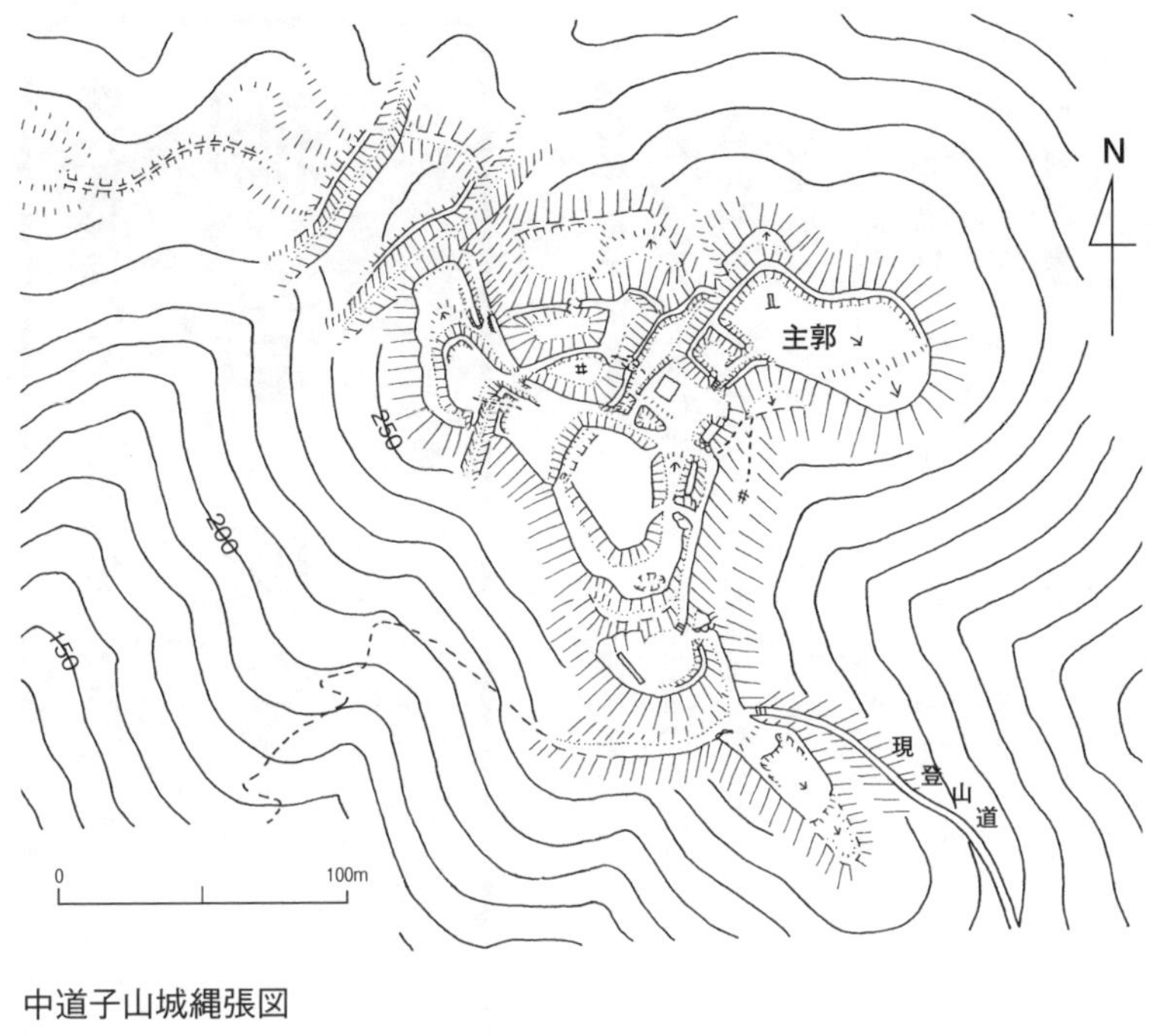

中道子山城縄張図

●惣構に守られた戦国城郭と城下町

# 御着城（ごちゃくじょう）

〔所在地〕姫路市御国野町御着
〔比　高〕三メートル
〔分　類〕平城
〔年　代〕十五世紀末～十六世紀
〔城　主〕小寺氏
〔交通アクセス〕ＪＲ山陽本線「御着駅」下車、北東へ約六〇〇メートル

**【惣構の城と城下】**　現在、城跡の中心部は国道二号線により分断される。その北側は姫路市の東出張所、南側は城主の小寺氏を祀る祠となる。明確な城の遺構はみられないが、出張所とその東隣のグランドの北側から東側にかけての高さ一～三メートルの段差は、城域を区画した土塁の痕跡である。最近まで、その外側に堀の跡が一段低く水田として残っていた。

南側の御着集落は東西に山陽道が通り、江戸時代にはその宿駅であった。城も街道を意識して設置されたのであろう。宝暦五年（一七五五）に描かれた城跡絵図では、出張所と祠を「本丸」、グランドを「二の丸」とする。本丸から集落へ続く内堀が描かれ、いまもこれが暗渠の水路となる。また、内堀の東端では対応する山陽道の屈曲を見ることができる。

絵図によれば、西側から南側を流れる天川と北と東側を区画する外堀により、城下全域を取り囲む惣構の構造であったらしい。播磨では神吉城や志方城にも惣構が存在したとされ、播磨における城下町の発達がうかがえる。また、『芥田家文書』に出てくる「御着西市」と「佐土市」を惣構の外の山陽道沿いに比定する説もあり、信長の岐阜や近江六角氏の石寺などと共通する二元的な城下町であった可能性もある。

**【発掘調査の成果】**　城の中心部では、御国野小学校の移転に伴う発掘調査が昭和五十二年（一九七七）から三ヵ年かけて行なわれ、「二の丸」から蔵と推定される塼列建物や石垣、石積井戸、礎石建物などが確認された。また、瓦が出土しており瓦葺き建物が存在したとみられる。それらは調査後に埋

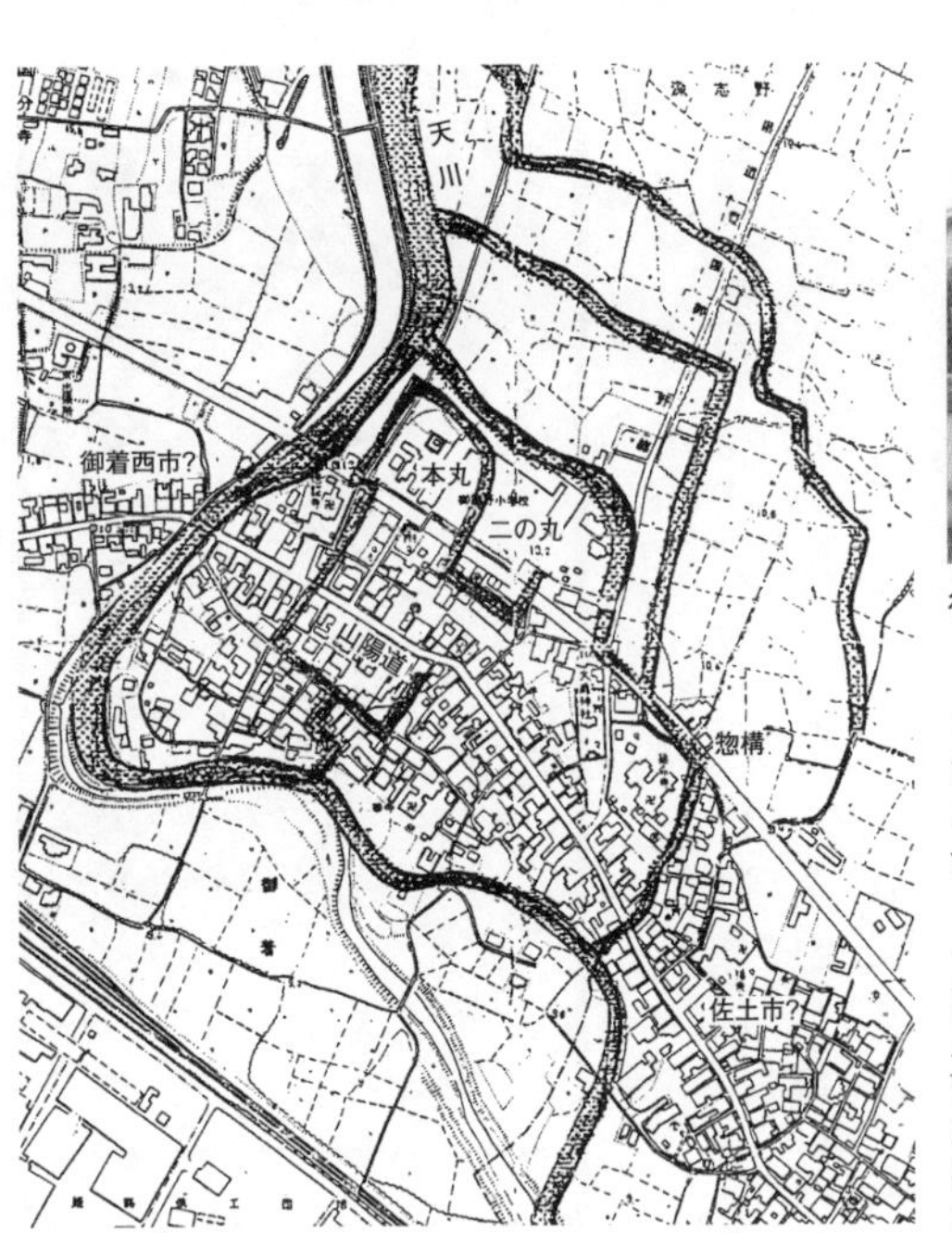


御着城縄張図（『御着城跡発掘調査概報』より引用）

御着城　黒田家廟所

め戻して保存されたが、出張所の裏には江戸時代の石橋が天川から移築されており、その下の窪みは発掘で確認された内堀の一部である。

**【段銭奉行所から城郭へ】**

通説では永正一六年（一五一九）に小寺政隆が築城したとされるが、それ以前の明応四年（一四九五）には守護の段銭や諸公事徴収のため御着に納所が存在した（『九条家文書』）。段銭奉行は小寺氏と薬師寺氏なので（『蔭涼軒日録』）、小寺氏がそれを戦国期に自己の城郭化していったのであろう。

御着を拠点とした小寺氏は則職・村職・則職と続くが、その次の政職の時に播磨へ侵攻してきた織田勢力と対立し、天正八年（一五八〇）正月に羽柴秀吉の攻撃を受けて落城した（『反町文書』）。翌年には、播磨平定を終えた秀吉が命じた播磨の城割の（『一柳家文書』）の対象となる。ただ、この城割の実行性については疑問もあり、廃城時期は不明である。

黒田官兵衛とその父・祖父は小寺氏の家臣であり、その居城の姫路城も御着城の「端城」であったとされる（『黒田家譜』）。現在、本丸西隅には祖父重隆と母明石氏の廟所が設けられている。これは江戸時代に二人の墓が再発見されたのを契機に福岡藩の黒田家が整備したものである。黒田家廟所のみ姫路市指定史跡となっている。

【参考文献】『御着城跡発掘調査概報』（姫路市教育委員会、一九八一）

（多田暢久）

●守護所から戦国期城郭の萌芽へ

# 坂本城

〔姫路市指定史跡〕

〔所在地〕姫路市書写
〔比　高〕〇メートル
〔分　類〕平城
〔年　代〕十五世紀～十六世紀初頭
〔城　主〕赤松氏
〔交通アクセス〕ＪＲ山陽本線「姫路駅」下車後、神姫バス「県立大工学部」下車、南東へ徒歩五分

**【播磨の小京都】**　姫路市街の北西、約六キロの所に天台宗の山岳寺院である書写山円教寺が所在する。南側山麓には姫路から因幡へと通じる街道が通り、そこから東坂と西坂という二つの登山路が分岐する。そのうち西坂の入口となる西坂本集落の南はずれに坂本城跡は築かれていた。

室町時代の坂本は、守護の赤松氏の行政拠点となっていた。書写山は西の比叡山ともいわれるので、その山麓という選地に、守護による播磨の小京都といった意識がうかがえる。

**【土塁囲みの平城】**　現在、城跡中央には市道書写東西線が通り、周囲も住宅などが建ちつつある。そのなかで、市道沿いに城の西側土塁の一部が残り、堀の痕跡である外側の水路とあわせて、わずかに城の面影をしのばせる。

城は夢前川支流の河岸段丘端に位置する。南側が段丘、西側を北から続く谷が区画し、約一～二メートルの段差がある。こちら側には、近年まで高さ約二メートルの播磨でも有数の土塁と、堀の痕跡が水田として残っていた。一方、北側と東側は段丘続きであり、城外との比高差は少ない。特に北側は、書写山へ向かって城外が高くなり、西坂本集落から城内が見下ろされる。こちら側は、遺構も江戸時代には失われ、城の範囲も明確でなかった。

ただ、江戸時代初期に描かれた「慶長六年飾西郡東坂本地検帳々図」では城跡は「かまへ池」というため池となっていた。その堤防は城跡の土塁を転用したと推定されるので、北

側と東側も城が機能した時期には土塁が巡っていたのであろう。

**【発掘調査の成果から】** 城跡は姫路市教育委員会により一九次にわたる発掘調査が行なわれ、堀や井戸、土坑などが発見されている。初めての調査は、市道の建設に先駆けて昭和五十六年（一九八一）十二月から翌年三月まで行なわれた。井戸や城の西側土塁の内側で素掘りの溝などが発見されている。溝からは十六世紀初頭頃の京都系の土師器皿がまとまって出土している。ただ、城の中心部には建物跡などの遺構がほとんどなく、ため池として城内が大幅に削平されたものとみられた。

城の東側では内外二本の堀が見つかっている。そのうち外側のものは幅四・五メートル、深さ約一・八メートルの素掘りの箱堀で、堀内に低い障壁が確認された。これにより、城の東西が長さ約一七〇メートルであったことが分かった。堀内からは備前焼や土師器のほか、薄い板に経典を書いた柿経の破片も多数出土している。

一方、内側の堀も素掘りであるが、幅は約一〇メートルある。外側の堀よりも深く、調査では堀底まで到達できなかった。ただ、この二本の堀が同時に機能したかは不明であり、改修による時期差が存在した可能性は高い。堀や土塁の形状からは方形平面を基本とした単郭の城といえる。

**【播磨守護所の坂本】** 円教寺が平安時代中期には建立されたことから、坂本も早くから町場が発達したとみられる。また、西国への交通の要所でもあり、南北朝時代には隠岐を脱出した後醍醐天皇が東坂本に止宿している（『捃拾集』）。建武三年（一三三六）には、赤松円心の白旗城を攻める途中に新田義貞方の江田行義と大館氏明が陣を置いたほか（『太平記』）、観応の擾乱では足利尊氏も坂本に滞在している（『園太暦』）。

『播磨鑑』などの江戸時代の地誌では、応永二十九年（一四二二）に赤松満祐が築城し、「堀之城」とよばれたとある。しかし、応永の初めには守護役が「坂本両納所」から賦課されており、その頃には城の原型が設けられていた可能性は高い。応永三十四年に赤松満祐が将軍足利義持と対立した時には、矢野庄へ坂本から兵糧米が徴収されている（『東寺百合文書』）。ただ、同時に城山城（たつの市）の普請も行なわれており、白旗城など複数の城が並立して機能していたのであろう。

嘉吉の乱では赤松方の本営となったが、最終的に赤松満祐は坂本を放棄して山城である城山城に撤退している（『建内記』）。乱後の山名氏領国下でも「坂本犬馬場」にて勧進猿楽

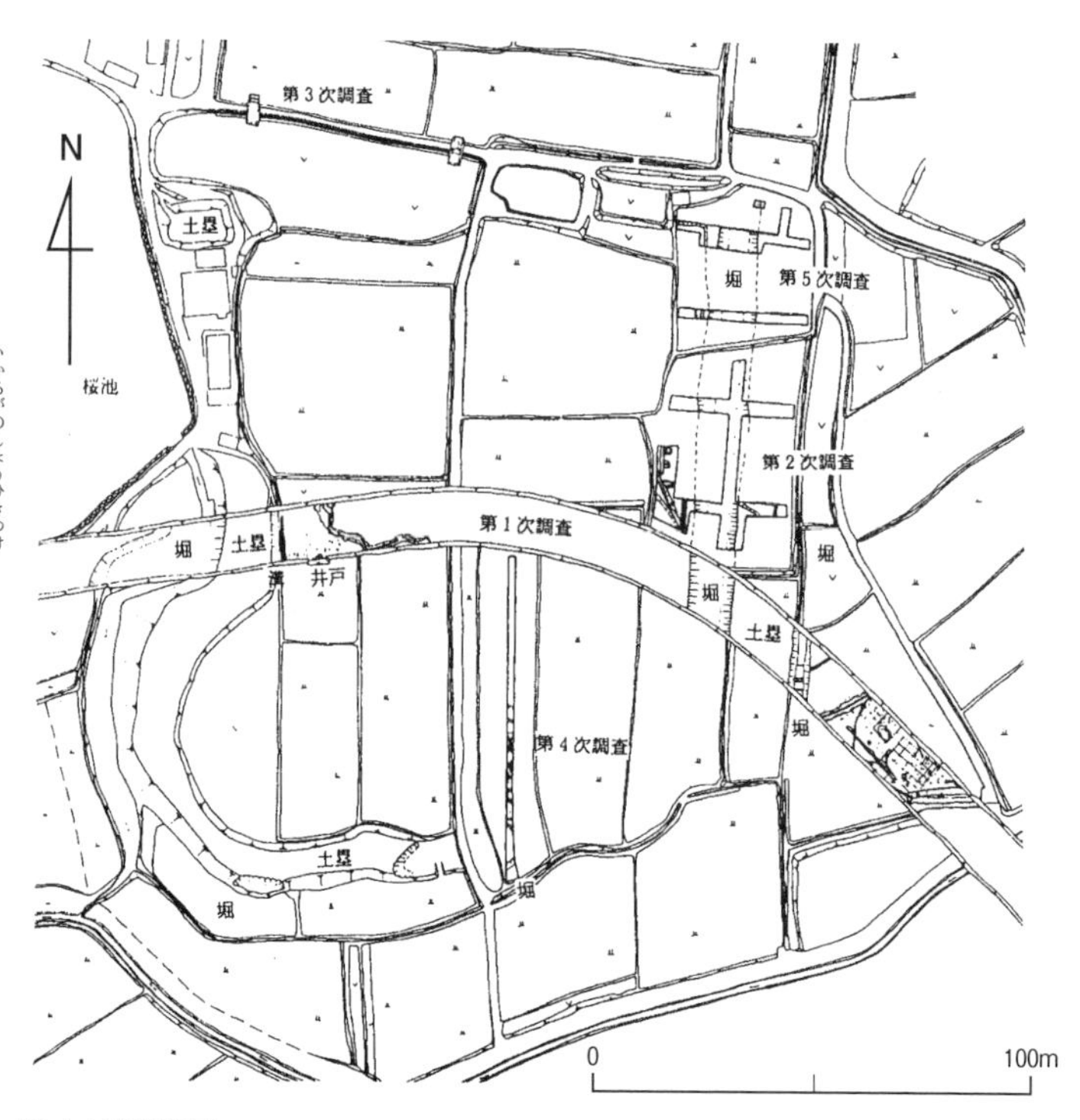


坂本城縄張図（『城郭研究室年報』vol.1 より引用）

が催されるなど（『鵤庄引付』）、拠点として機能していた。

応仁の乱後に赤松政則が播磨支配を回復すると、政則は坂本において家臣に与える刀の作刀を行なっている。ただ、文明十五年（一四八三）に真弓峠の戦いで政則が但馬の山名政豊に大敗すると、坂本は再び一時期山名方の拠点となる。その後、赤松方の反攻では、たびたび攻防戦の舞台となり、「坂本東口」や「西口」での合戦が確認できる（『蔭凉軒日録』『吉川家文書』）。嘉吉の乱では放棄されていたので、この頃に

坂本城南西部実測図（『大手前大学史学研究所紀要』6号より引用）

防御が強化された可能性が考えられる。
政則の没後も、宿老の浦上則宗や奉行人の芦田友興らが坂本におり、守護支配の拠点として継続していたようである。さらに、文亀元年(一五〇一)には「坂元(本)城普請」の負担が播磨国内に命じられている(『鵤庄引付』)。ただ、翌年には則宗が没すると、その後は置塩(おじお)へ守護拠点は移動していく。大永二年(一五二二)に浦上村宗が坂本に出陣しているが、政治拠点として機能したのかについては不明である。

**【戦国期城郭の初源として】** 坂本城の基本的な構造は単郭であり、戦国大名の居城のような複雑なものではなかった。平城でもあり、これらの特徴は政庁としての守護所の系譜をうかがわせる。その一方で周囲を囲む土塁の規模は、播磨でも突出し、堀幅も他の館城と比べて広い。

さらに、南西隅部では平面形が西側へと張り出す。平成十二年(二〇〇〇)に行なわれた西側土塁の発掘調査では、この部分のみ中心部の盛り土から周囲に向かい水平に土を積上げていたことが確認された。これにより、土塁上の幅を広く確保しており、櫓台状となる。土塁の他の個所では、土を斜めに積上げただけであったので、ここが重視されていたことがわかる。

城郭における、このような塁線の張り出しからは、敵に対する側面攻撃が可能となり、横矢掛(よこやが)かりとよばれる。このような手法は戦国期後半の城郭の特徴とされる。その出現時期については議論が分かれており、決着を見ていない。しかし、天文元年(一五三二)に落城した山科本願寺(やましなほんがんじ)(京都市)にみられることから、近畿の平城では十六世前半ごろからとされる。坂本城の屈曲は地形の影響であるが、城は十六世紀初頭に廃城となっており、張り出し部分の土塁の強化は、横矢掛かりを意識した初源的な事例として注目される。

また、坂本城では、最初に芯となる盛土を行ない、それをつないで土塁を築いていたが、これも山科本願寺のものと共通する。

守護所としての坂本は、十五世紀初頭から十六世紀初頭ごろまで確認できる。ただ、縄張をみると古い要素を残しながらも、戦国期城郭へのつながりがうかがえる。出土遺物の中心が十六世紀初頭であることと合わせると、現遺構は守護所そのものではなく、戦国時代の直前に、新たに城郭化されたものである可能性が高い。

現在、櫓台状の部分が姫路市の史跡に指定されている。

【参考文献】『赤松氏と播磨の城館報告集』(大手前大学史学研究所、二〇〇七)

(多田暢久)

●守護の格式を誇る大城郭

# 置塩城（おじおじょう）

〔国指定史跡〕

〔所在地〕姫路市夢前町宮置
〔比　高〕二五〇メートル
〔分　類〕山城
〔年　代〕十六世紀前半～後半
〔城　主〕守護赤松氏
〔交通アクセス〕ＪＲ「姫路駅」下車後、神姫バス「宮置」下車、東の登山口まで徒歩一〇分、山頂まで約五〇分

**【播磨守護赤松氏の拠点】** 置塩城は播磨守護赤松氏の本城で、姫路の北約一一キロの山間部に所在する。山城は標高三七一メートルの夢前川東岸に張り出した城山に選地する。遺構の規模は東西六〇〇メートル、南北四〇〇メートルで、大規模な七〇以上の郭で構成される播磨最大のものである。この山は麓から望むと険峻であるが、山頂部は広く、大規模な曲輪を構築することに適している。

山城が立地する置塩の地は姫路の西側を流れる夢前川（ゆめさきがわ）の流域に位置し、山城の南山麓には狭小な盆地が広がる。一方、南西四キロの山頂には天台宗の古刹書写山円教寺（姫路市）があって、膝下に町場として発展した坂本があった。坂本は赤松満祐が嘉吉の乱に際して本陣とした坂本城があるなど守護家との関係も深い。さらに、夢前川河口には戦国期に繁栄した英賀があった。

通説ではこの山城は赤松政則以後五代の赤松氏の居城とされ、築城は文明元年（一四六九）とされてきた。しかし、近年の研究では十六世紀前半頃の築城とする説が有力であるが、山城が大規模なものとなるのは十六世紀後半であることが発掘調査で明らかにされた。このため当初は山麓の居館などに拠点機能があったものが、戦国時代後半に山城に機能が移行したと考えられている。

**【発掘調査と大規模山城】** 平成十三年度から史跡指定に伴って発掘調査が行なわれ、城内各所の曲輪（くるわ）の様子が明らかになった。調査を進めてみると山頂の曲輪は多くが門構えや

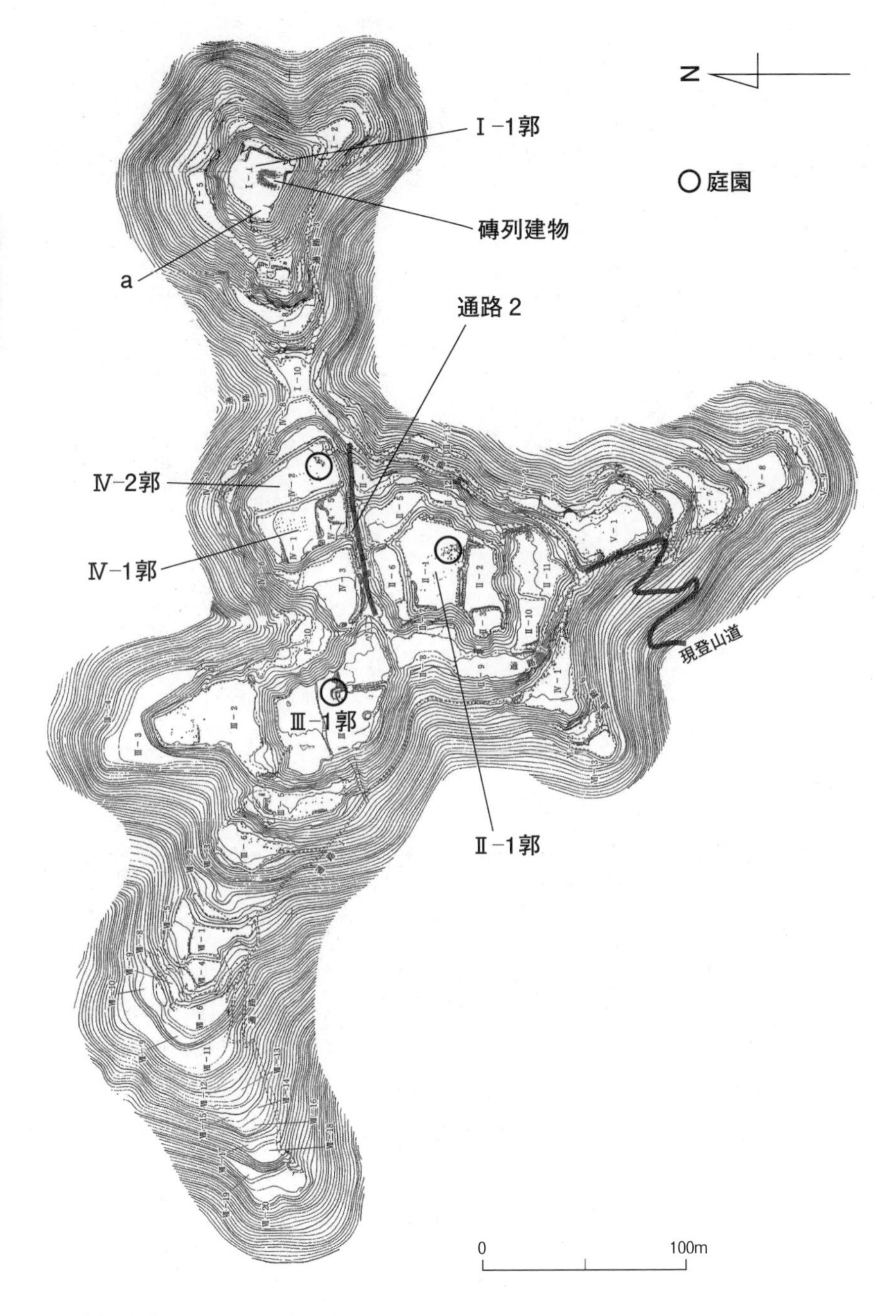


置塩城縄張図（『置塩城跡発掘調査報告書』〈夢前町教育委員会，2006〉に加筆）

礎石建物を有した本格的な屋敷として構築されたことが明らかになり、それらの曲輪群がすべて永禄—天正年間（一五五八—九二）という戦国末期に構築されていることが判明した。つまり、山城が大型化し本格的な屋敷構えを伴う構造になるのは、城の最終に近い時期であったのである。この成果によって、赤松氏はすでに守護大名としての権力を失い大規模山城の築城はありえないという見方は、見直されることとなった。

**【二つの中心曲輪をもつ縄張り】** 置塩城には二つの頂に中心があるが、東側の頂は円錐形をした標高三七一メートルの城内の最高所になる。ここには第Ⅰ曲輪群（中心はⅠ—1郭）が構築され、詰の丸としての機能をもつことがわかっている。西側の頂は台状をした標高三五〇メートルの頂で、第Ⅱ曲輪群を中心に第Ⅲ・Ⅳ曲輪群などがある。この周辺では周囲を築地土塁で囲んだ居館形態の郭が多数存在する。これらは屋敷曲輪と呼ぶべきもので上級武士の居住施設が集中することが明らかになった。これらのことから、この周辺が実質的な中心機能を持つと考え主郭曲輪群とした。

Ⅰ—1郭は南北二八メートル、東西三一メートルで、平面は方形に近い形状を持つ、城内では中規模の郭である。調査によって曲輪の南縁部中央に塼列建物が検出された。規模は長さ一〇メートル、幅五メートルで、周囲に塼列が立て並べられ、外側を土盛して基部を被覆する構造を伴っていた。建物周囲には列状に礎石を並べ、内部は礫敷で、中央に中仕切りの列石が敷かれ、東辺に出入口となる張り出しが検出された。この種の建物は堺環壕都市などの都市遺跡で多く検出されるが、播磨では城館からも多く検出されており、蔵建物であることがわかっている。しかし、麓を眺望する立地から本事例は蔵ではなく、櫓と考えられるが、直接的な防御機能を担うのではなく城を象徴するような機能をもった建物であることが想定される。一方、郭の現登山道側にも瓦葺きで礎石構造をもち、切岸側を石垣で防御した櫓（a）が検出されている。この櫓は城道を押さえるためのもので防御的な機能を担ったものと考えられる。つまりⅠ—1郭では城の象徴となる櫓と防御を担った二つの櫓が建つのである。

Ⅰ—1郭では前述の塼列建物が曲輪の中心を占めることから、居住のための建物は規模がかなり制限されるため、御殿建物など本格的な居住建物を持つことはできない。つまり、Ⅰ—1郭は置塩城跡の詰城としての機能に特化した郭である。

Ⅱ—1郭は主郭曲輪群の中心で、東西四六メートル、南北三三メートル、平面は五角形に近い形状を呈している。調査の結果、周囲を築地塀の基礎となる石積を伴った土塁が囲み、曲輪内には大規模な建物と、南東側に庭園が設けられていた。部分的な調査のため建物の全貌は明らかではないが、数棟の建物が郭の三分の二の範囲に建てられていたと思われる。これらの建物は軸方位が揃い、柱間はすべて一・九五メートルで統一される。ただし、周辺に瓦の出土はないので、建物は桧皮葺と推定される。郭の入口は北側で、通路2から坂道を上る構造と推定される。そして、入口東脇に瓦が集中する小規模な広がりが検出された。ここにも礎石が検出されたことから、瓦葺建物が建ったことが判明した。ただし、この瓦葺建物はⅠ—1郭のように郭の縁辺部に位置するものではないため、蔵ではないかと思われる。

置塩城　南側から城跡遠望

この瓦のなかに「甚六作」のヘラ書き銘のある鳥衾がある。甚六は瓦工人として活躍した橘氏の一族として知られ、付近の書写山や弥勒寺などでも制作を行なっている。また、Ⅰ—1郭から出土した軒瓦は近くの書写山円教寺に同文が認められるなど、当城から出土した瓦は寺院を建築した播磨の技術者の深い関与が認められる。

Ⅳ—1郭はⅡ—1郭の北側に通路2を挟んで所在する郭である。調査を行なってみると曲輪の東側に四間×六間（南庇）前後の南北棟が検出された。曲輪の南辺は石垣が築かれ入口を持つが通路2の手前に前庭のような空間を持つ。Ⅳ—2郭も同じく通路2から登るが入口の脇に庭園を持ち、部分的に築地塀が巡る。Ⅲ—1郭は通路2西側の突きあたりに位置する大規模な曲輪で内部は少なくとも三区画される。このうちの西南区画において庭園および礎石建物が検出され、周囲を築地基礎が囲んでいる。

【庭園】　置塩城には三ヵ所の庭園が確認されている。Ⅱ—1郭、Ⅲ—1郭の中央区、Ⅳ—2郭の三ヵ所であるが、Ⅱ—1・Ⅳ—2郭の二ヵ所が平庭、Ⅲ—1郭のものが築山を伴う構造となっている。これら庭園を持つ曲輪はすべて通路2から入るもので、格式の高い屋敷曲輪に限られている。

なかでもⅡ―1郭の庭園は建物の雨落ち溝の際まで配石が並ぶもので、建物から眺める庭として築庭されたことがわかる。庭園は立石を中心に、扇型に北側に広がった形で景石を配置するもので、特に顕著な築山状の地形は認められないが、視覚的に立石周辺が高くなるように設えられる。庭の規模は南北八メートル、東西一一メートルである。立石は地表からの高さ〇・九メートルで座敷から眺めるとやや目線より下になる高さに置かれている。左右の影石はさらにこれより低く、長さ一～一・五メートルで地表より五〇センチ前後の高さである。

置塩城　大石垣

置塩城　Ⅱ―1 郭庭園全景

Ⅲ―1郭の庭園は中央区の北東隅の土塁を拡張して築山に見立てるもので、この周辺の土塁は周辺に比べ高さも高く幅も広い。さらに、コーナーを馬蹄形に作り、庭の景観を整えている点が興味深い。

Ⅳ―1郭の庭園は郭の入口正面に構築されるもので、北東～南西に向かって五メートルほどの範囲に影石が配石される小型のものである。屋敷の奥側に建物があるため、建物から望むと庭は遠方の山岳を借景に取り込んでいる可能性がある。

【序列化された曲輪群構成】　以上のように主郭曲輪群の屋敷曲輪では防御的な側面よりも、格式を意識した屋敷が多数構築される。その上、主郭曲輪群の中央には通路2が直線で通り、主要な屋敷曲輪がすべてこの通路に面する構造もつ。このため主郭曲輪群の屋敷曲輪は中心街路に接道する構造を有した都市に近い構造を持っていたと思われている。さらに、主郭曲輪群にはII—1郭を頂点として規模や格式の点で序列化された秩序が認められる。II—1郭は周囲を石組みで囲む築地塀が巡り、内部には大規模な御殿構造の建物とこれに面して庭園が構築される。これに対して、III—1郭・IV—2郭でも庭園が構築され、周囲を築地基礎が巡るが、III—1郭の築地には石垣が積まれない。IV—2郭では築地は南面のみで、背後には築かれない。この三者を高低差で考えるとII—1郭→III—1郭→IV—1郭の順となる。このように、曲輪規模や高低差などの位置関係、築地基礎・石垣・庭園の有無などの要素を屋敷曲輪間で比較してみると、II—1郭を頂点として山を下るに従って簡易な構造になる。つまり、主郭曲輪群の序列化された構造や、街路との計画的な構造はまさに守護所の景観に酷似したものであることがわかる。つまり置塩城では守護所を模した都市のような景観が形成され、赤松氏を中心とした階層性が如実に反映された姿がそこには見られるのである。

【防御施設と石垣】　当城では主郭曲輪群を中心に格式をもった屋敷曲輪が、幹線道である通路2によって区画される守護城下のような都市構造を持つことが明らかにされた。一方、防御施設については、高い切岸によって曲輪を隔絶させ、防御の要所で射撃点を個別に構築することが指摘される。ただし、石垣は多用するものの、それは高い切岸を補完する目的で構築され、石垣独自の城壁構築の段階には至らないものであった。そして、横堀や畝状空堀などの、この時期の中世城郭に通有の防御施設は全く排除されており、播磨の築城史の中においては独自の築城思想を持つものであった。

以上から読みとれるのは、守護赤松氏の築城は軍事的な経験を生かした築城専門の技術者を主体とせず、守護としての威厳を確保する〝場の演出〟を可能にする寺社などの技術者を中心に行なわれたと考えられる。つまり、置塩城跡では当時の築城の主流ではない技術者を中心にしたことによって、守護の独特な立場が表現されたのである。

【参考文献】『置塩城跡発掘調査報告書』（夢前町教育委員会、二〇〇六）

（山上雅弘）

●湊に集う城・市・寺

# 英賀寺内町（あがじないまち）

〔所在地〕姫路市飾磨区中浜町・英賀宮町・英賀西町・英賀東町
〔比　高〕〇メートル
〔分　類〕寺内町
〔年　代〕十六世紀
〔城　主〕三木氏他
〔交通アクセス〕山陽電鉄網干線「西飾磨駅」下車、西へ徒歩五分、またはJR山陽本線「英賀保駅」下車、南へ徒歩約二〇分

**【湊に集う人々】**『播州円教寺記』に寛和二年（九八六）、書写山円教寺への参詣を済ませた花山天皇が「英賀河尻」から船出したことが記されており、港としての機能や夢前川を介した書写山との関わりが窺える。

文明年間の「文明道場」開設以来一向宗との結びつきが強くなり、明応二年（一四九三）以前には「東かりや道場」も開設される。『天文日記』によると、「英賀三ヶ村」「老衆六人」「中老衆十一人」などと見える。また、守護赤松氏も奉行人であった「少桂院」を英賀代官として派遣していた。

夢前川河口近く、現在の海岸線より約一・五キロ内陸部の東西に連なる砂堆上に英賀の集落は立地している。北側は広い後背湿地、西は夢前川、東は水尾川に囲まれている。

明治四十年頃作成の地形図を見てみると、『天文日記』に見える「英賀三ヶ村」に対応するように、中浜を中心とする地域、明蓮寺を中心とする地域、英賀神社を中心とする地域の三つの集落が確認できる。

詳細に見ていくと、中浜地域は、字「城内」の範囲に収まっている。字「城内」は字「井上口」との間に幅の広い水田があり堀の跡と考えられることから、ここに英賀城跡が比定される。

明蓮寺地域は、字「中町屋敷」を中心に東西に伸びる街道に沿っている。字「市場屋敷」「市場前」「市場裏」など、市場関連の地名が示すように経済・流通活動を基に発展したと

考えられる。字「御坊」は本徳寺の遺称地と考えられ、字「鰰新田」付近には「田井ノ浜」という港があったとさる。

英賀神社地域は、英賀神社前を東西に走る幅広い道を中心に広がっており、ここには定期市が設けられていた可能性が考えられる。明蓮寺近辺のまとまりとの間には水田地帯が広がっており、「明神道」で結ばれている。

**【湊を囲む】** これらの三つのまとまりを囲むように堤防が築かれている。この堤防は英賀城の土塁と紹介されることが多いが、類似する中世都市との比較から考えると、この土塁の内側すべてを英賀城と考えるよりは、土塁の内側は寺院・神社・市場・港などを基盤として発展した町場であり、その一画である字「城内」のみが城郭域と考えられる。

英賀と同様に真宗寺院を核として形成された町は寺内町と呼ばれ、土塁や堀によって外部と区画されているものが多い。なかには山科本願寺のように塁線に屈曲を伴った複雑な形態を持つものもあり、軍事的な観点から議論されているものもある。しかし英賀の場合は東西を川に挟まれ南は海、北も旧河道と考えられる後背湿地であることから、集落を水害から守る堤防としての役割が大きかったと考えられる。

前述したように英賀は古くから港として利用されていたらしく、それに伴って市場が形成され、町場ができ、そこに真宗寺院ができたという過程からして寺内町としての性格をもつようになるのは本徳寺が建立されて以降で、英賀を囲む土塁遺構も寺内町以前に集落を水害から守るために築かれたものである可能性も考えられることから、今後の考古学的な検討による土塁の成立時期の解明が待たれる。

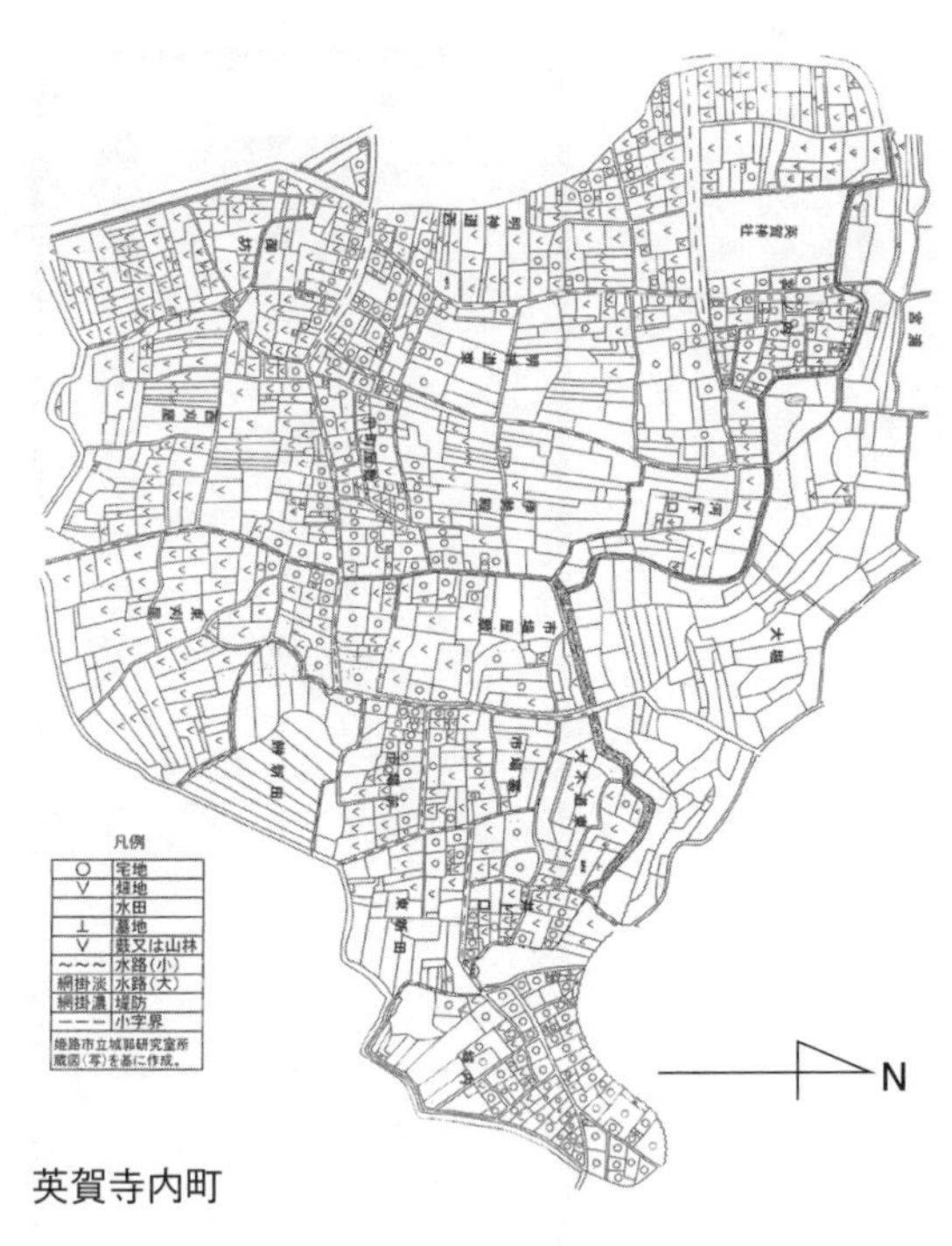

英賀寺内町

**【参考文献】** 山下晃誉「英賀」（高田徹編『図説近畿中世城郭事典』所収、二〇〇四）、姫路市立城郭研究室「姫路市中世城館跡調査報告（2）」（『城郭研究室年報』二一、二〇一二）

（山下晃誉）

●居館を囲む横堀と竪堀

# 篠ノ丸城（ささのまるじょう）

〔所在地〕宍粟市山崎町山崎
〔比　高〕約二三〇メートル
〔分　類〕山城
〔年　代〕十六世紀後半
〔城　主〕宇野氏
〔交通アクセス〕ＪＲ姫新線「播磨神宮駅」下車後、神姫バス「山崎」下車、北西へ徒歩約六〇分

【宇野氏の城】　篠ノ丸城は播磨国宍粟（しそう）郡の国人領主宇野氏の居城である。近世地誌類に城の来歴などが記されるが、良好な一次史料は現在のところ確認されていない。城主とされる宇野氏およびその被官衆（ひかんしゅう）が「広瀬衆」として史料に散見されること、現在の山崎の中枢部がかつて広瀬と称される地域であったことから、山崎を見下ろす位置にある篠ノ丸城が宇野氏の居城であったことはまず間違いないものと判断される。

天正初年、宇野氏に内訌（ないこう）があり、当主政頼は長水城を居城として、対立する篠ノ丸城主宇野満景を討ったという。その後、天正六年（一五七六）七月五日、佐用郡の上月城が毛利の包囲によって落城すると、宇野氏は毛利氏へと帰属するようになる（『吉川家文書』）。当時、毛利に与する三木城を攻略中であった羽柴秀吉ら織田信長の軍勢は、天正八年正月十七日に三木城を落城させると、西播磨の寺内町英賀及び宍粟郡の宇野氏攻略へと向かう。『信長公記』や羽柴秀吉書状に詳細に記される宇野氏攻めは長水城を舞台とする。

宇野氏滅亡後、宍粟郡には神子田正治（みこだまさはる）・黒田孝高（くろだよしたか）が入ったとされるが、その居城については判然としない。天正十五年に木下勝俊が山崎城を築き、廃城になったものと考えられている。

なお、近年紹介された新出『沼元家文書』に、関ヶ原合戦直前の宇喜多氏領国における支城在番状況を記したものと思われる史料があり、その中に「広瀬宍太郎右衛門・牧藤左衛

門両人事」とあり、この段階では広瀬が宇喜多領国に含まれていたことが推測され、篠ノ丸から近世山崎城への移行期を埋める史料として注目される（『久世町史』資料編一）。

**【居館と防御施設】**　篠ノ丸城の遺構は主郭Ⅰを中心に主に西と北に延びる尾根上に広がる。Ⅰは南北約五〇メートル、東西約四〇メートルの方形を呈し、南・西に土塁・横堀を有する。南の土塁は開口部があり、虎口(こぐち)であろう。虎口を出るとⅣを経て南に続く尾根を歩いて山崎の街へと至る。Ⅰの西には曲輪(くるわ)Ⅱ・Ⅲがあり、その先は三重の堀切A・B・Cによって尾根筋を絶つ。堀切は両端を竪堀(たてぼり)とするが、北側斜面には堀切間にも竪堀を設け、連続竪堀とする。Ⅰの北側には雛段状に曲輪Ⅴ・Ⅵ以下が続き、それぞれ二〇メートル×一〇メートル程度の規模を持つ。曲輪Ⅱ～Ⅵの北西斜面には横堀がDからEまで続いており、一部は二重になっている。内側の横堀は帯曲輪となって曲輪群を取り囲んでおり、これが防御ラインとして機能していたものと思われる。さらに横堀の外側に連続竪堀F・G・Hがある。近年、宍粟市によって行なわれたレーザー測量調査によって竪堀群G周辺にはさらに多数の竪堀が存在するようであるが、F・G・Hとそれぞれ小さな尾根ごとに横堀が突出し、そこを起点に竪堀群が構築されていたものと思われる。

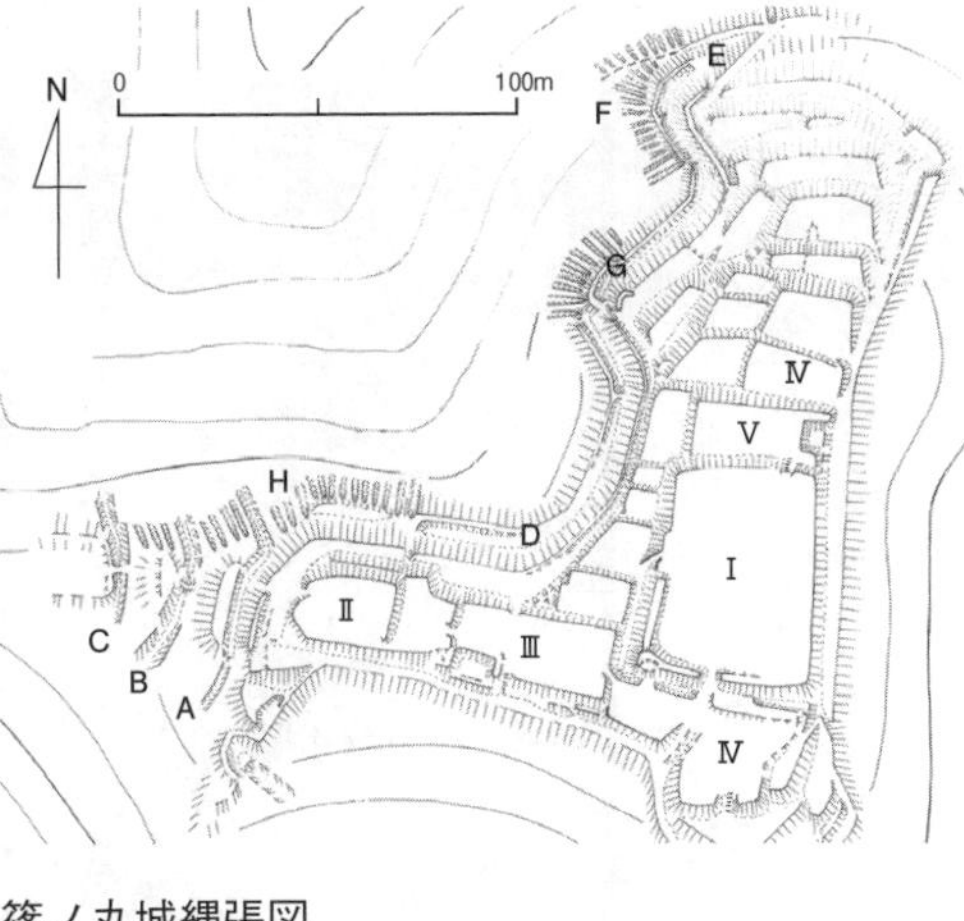

篠ノ丸城縄張図

　このような篠ノ丸城の遺構は、主郭Ⅰがその規模や形状、土塁・横堀の存在から方形居館を山上に造り上げたものと評価でき、周辺の二〇メートル×一〇メートル程度の曲輪群は従属する階層の屋敷地と推測され、屋敷地の集合体の様相を呈する。同様の事例として播磨守護職赤松氏の居城である置塩城が挙げられよう。篠ノ丸城はこれら曲輪群の周囲を横堀と帯曲輪によって一体的に区画し、北西側に向かって厳重に防御施設を設けている。そしてその北西方向約三・五キロ先にある長水城と対峙する位置関係となるのである。

【参考文献】宮田逸民「篠の丸城」（高田徹編『図説近畿中世城郭事典』所収、二〇〇四）、北播磨城郭研究会編『宇野氏と篠の丸城』（二〇〇五）

（山下晃誉）

●山城と平山城をつなぐ大竪堀

# 龍野城（たつのじょう）

〔所在地〕たつの市龍野町上霞城・北龍野
〔比　高〕一七〇メートル
〔分　類〕山城・平山城
〔年　代〕十六世紀〜十九世紀
〔城　主〕赤松氏・蜂須賀氏・京極氏・脇坂氏
〔交通アクセス〕JR姫新線「本竜野駅」下車、北西へ約一・三キロで山麓登山口、そこから約三〇分で山頂の城跡

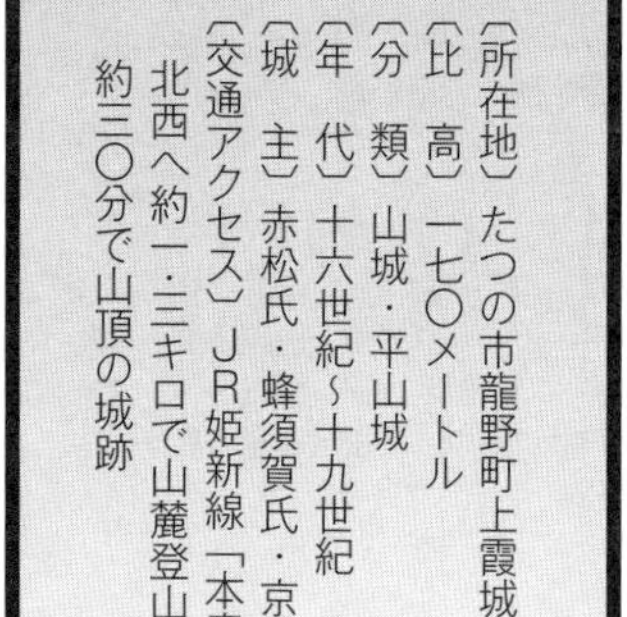

**【西播磨の小京都】**　西播磨の小京都とよばれる龍野では城下町の街並みが良好に残る。その北側、標高二一八メートルの鶏籠山（けいろうさん）の山頂と南麓に城跡はある。山麓の平山城は、江戸時代にも龍野藩の城として機能していた。絵図では南側に櫓門、南東隅に単層の多聞櫓、内部に御殿の存在がみえる。現在、石垣の一部が残り、門や櫓、絵図の外観を模した御殿が復元されている。ただ、石垣は大幅な改変を受け、南西隅の二重櫓も本来なかったので注意が必要である。城内の龍野歴史文化資料館では絵図など関係資料を展示している。

　また、城から谷を挟んで西側の山麓には、江戸時代藩主の「上御屋敷」があり、今も庭園と茶室「聚遠亭（しゅうえんてい）」が残る。

**【龍野山城】**　復元された御殿の裏から登ると、三〇分ほどで山頂の山城に着く。ここは江戸時代には廃城となっていた。南東側の峰に築かれた前城と北西側の後城に分かれる。前城には置塩（おじお）城跡などと共通する戦国期播磨の石積や横堀が残り、赤松氏時代の遺構とみられる。前城よりやや高い位置にある後城には、いわゆる穴太（あのう）積みの石垣があり、豊臣時代に改修された可能性が高い。ただ、石垣の残り具合は悪く、江戸時代初めに意図的な破却を受けたのであろう。

　注目されるのは山腹に掘られた大竪堀（たてぼり）で、山麓の城の西東両端付近から山頂近くまで続く。東側のものはやや幅が狭く、山麓では谷と合流してやや不明瞭になるが、東側のものは幅約四メートル、深さ約二メートルの大型のもので城内側には土塁も設けていた。御殿の裏から山麓の遊歩道を北西の

紅葉谷に向かうと途中に表示板があり、下から見ることができる。

近世の山城や平山城における竪堀については、彦根城跡のものが有名であるが、兵庫県下でも出石城跡や洲本城跡で見られる。山麓と山頂の城跡を結び、平山城の背後を固めていた。最近、同じく播磨の姫路城跡で類似する竪堀状の遺構が見つかっており注目される。

**【中務少輔の生害と築城】** 大永五年（一五二五）に赤松下野守家の村秀が弟の「中務少輔」を龍野城で殺害した（『鵤庄引付』）。村秀の父の則貞は姫路の網干港に近い「塩屋第」を拠点としていたので、村秀が跡を継いだ十六世紀前半に城は築かれた可能性が高い。

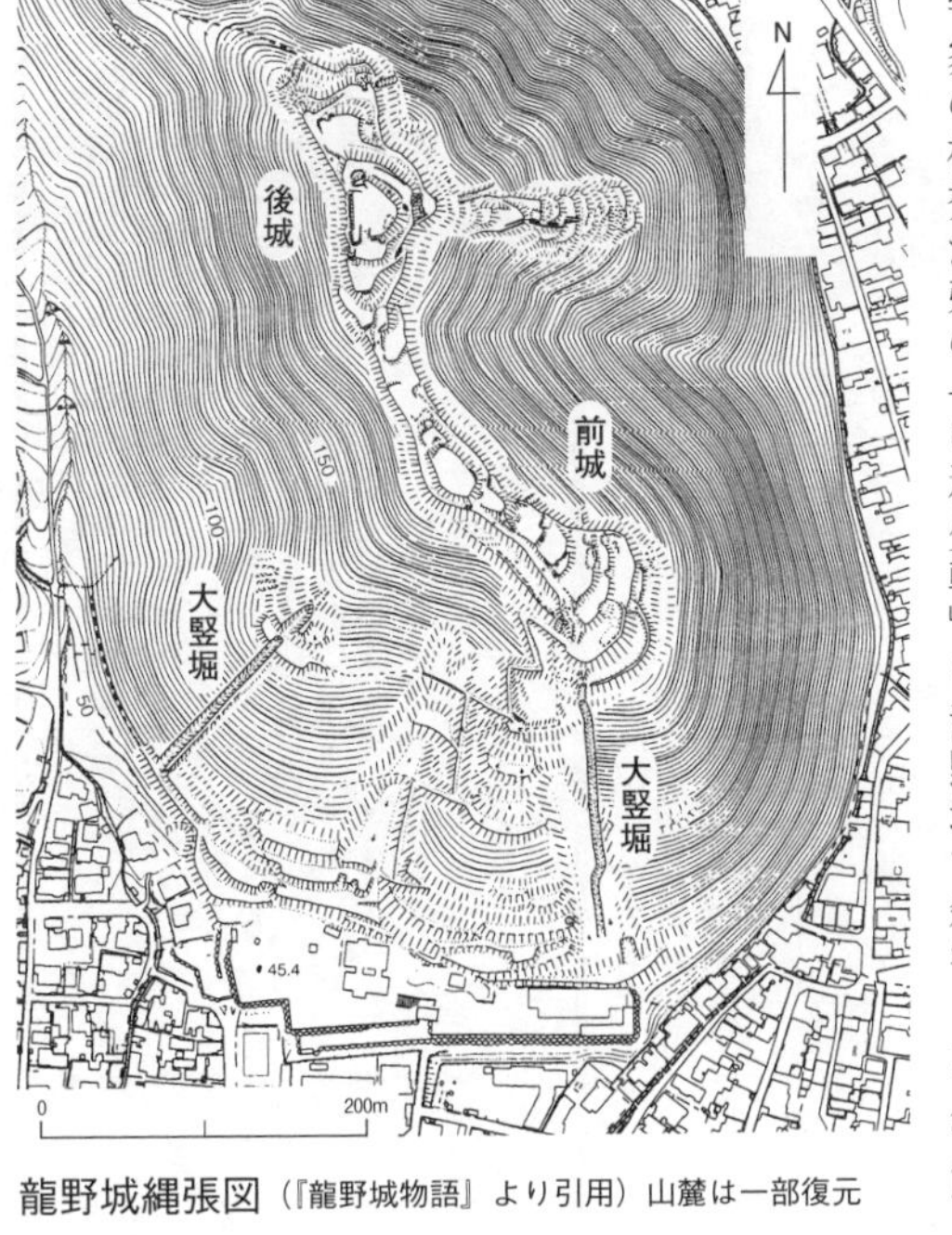

龍野城縄張図（『龍野城物語』より引用）山麓は一部復元

龍野城遠景

次の政秀は、置塩城で息子の義祐との主導権争いに敗れた守護の赤松晴政を龍野に迎えたが、元亀元年（一五七〇）には毒殺されており、その後の下野守家は弱体化していったようである。

天正に入ると城主の広英は、播磨に侵攻してきた織豊勢力に城を明け渡したようで、その後は蜂須賀、福島正則、木下、小出、石川など秀吉配下の城主が短期間で交代する。江戸時代にも初期には京極氏など城主が目まぐるしく交替するが、寛文十二年（一六七二）に脇坂安政が入って以後は、明治まで脇坂氏が城主として続いた。

【参考文献】たつの市立龍野歴史文化資料館編『龍野城物語』（二〇一二）

（多田暢久）

●宿遺跡に形成された方形館

# 福田片岡遺跡（ふくだかたおかいせき）

〔所在地〕たつの市誉田町福田
〔比　高〕〇メートル
〔分　類〕平地居館
〔年　代〕十四世紀～十六世紀初頭
〔城　主〕不明
〔交通アクセス〕ＪＲ山陽本線「網干駅」下車後、神姫バス「福田」下車、南西へ徒歩一〇分

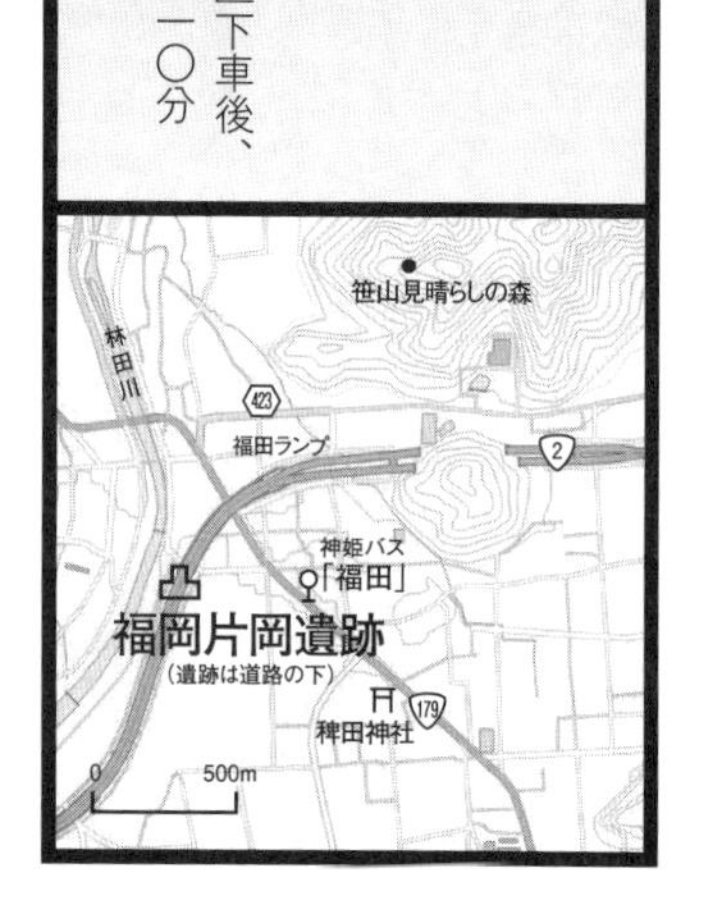


**【遺跡とその周辺】**　福田片岡遺跡は播磨西部の揖保（いぼ）川流域の平野部にある。西側には揖保川の支流、林田川が流れるが、遺跡はこの川の東岸に築かれた。この場所は中世鵤荘（いかるがのしょう）の北西端にあたり、居館は川に面するとともに中世の山陽道が東西に走る宿であった。昭和五十六（一九八一）～五十九年にかけて兵庫県教育委員会によって道路建設に伴う発掘調査が実施され、この調査によって居館が発見された。

調査の結果、遺跡は平安時代（十二世紀）に集落が成立し、以後十六世紀初頭まで存続する都市的な場となるが、このうち居館が存続したのは十五～十六世紀初頭とされる。十四世紀には簡易な溝で区画された満願寺（鵤荘の荘園絵図）が、元寇の危機により山陽道を再興した筑紫大道に面して建つが、この寺域を継承して居館が築かれたとされている。居館は遺跡中央部を占めるが、この時期の集落はそれまで北側にあった集落①が、居館の南側の集落②に中心が移っている。居館の成立は交通の要衝にあったことと密接に関わっていると思われるが、寺院を継承するという特殊な変遷を経た点で、その経緯の検討が望まれる。一方、十三～十四世紀代にかけて遺跡中央を東西に筑紫大道（中世山陽道）が通るが、居館の成立と同時に道路を分断して堀が掘削されたために、筑紫大道は廃絶したという。ちなみに、近世には現国道二号線周辺に山陽道が南下し、徐々に街道の場所が移動したことが推測され、その変遷と居館の廃絶は重要な意味を持った可能性が高い。

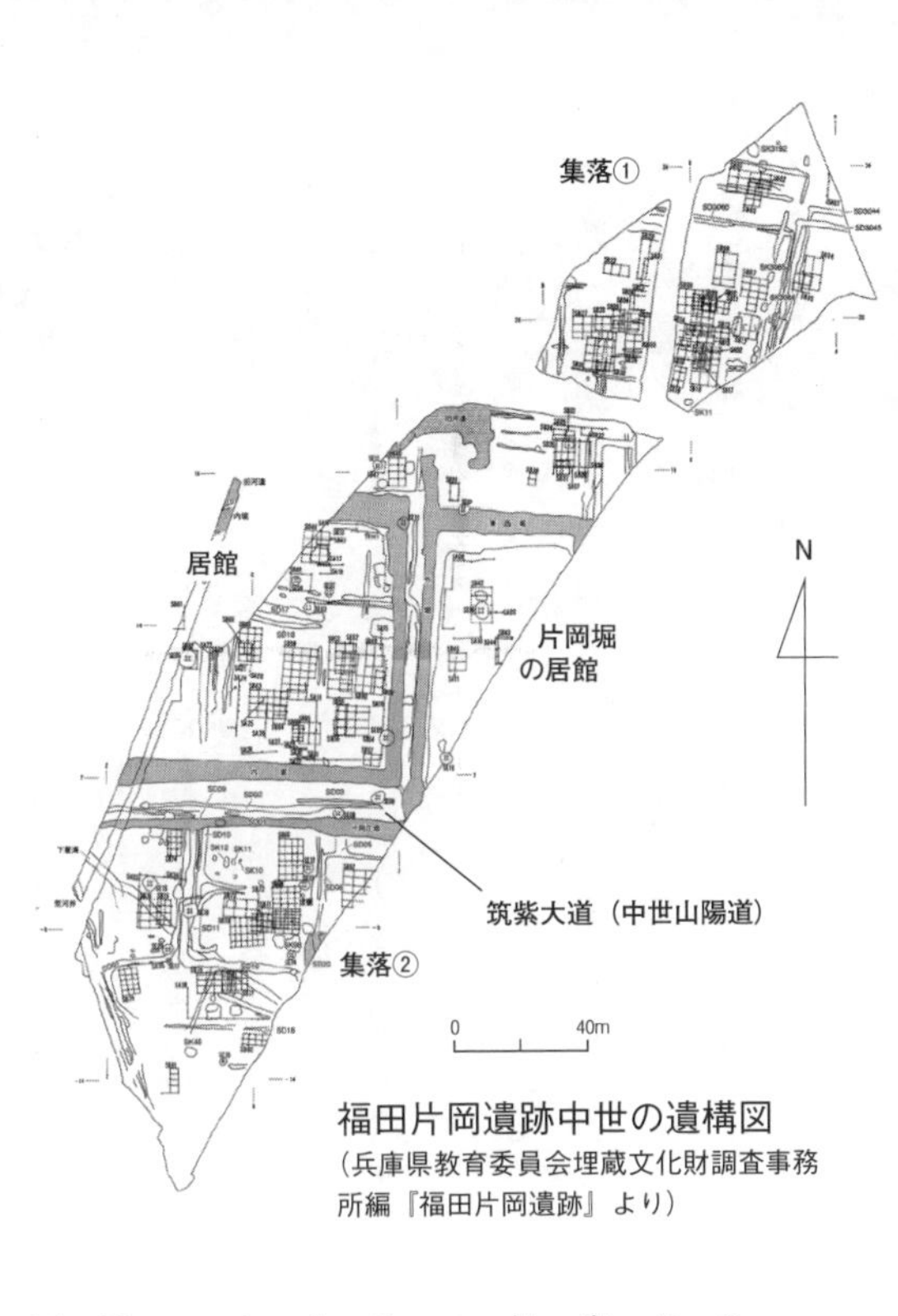


福田片岡遺跡中世の遺構図
（兵庫県教育委員会埋蔵文化財調査事務所編『福田片岡遺跡』より）

十二世紀の集落の段階から屋敷の軸は条里に則った方位を志向しており、以後も居館の構築、廃絶を通して周辺は条里に規制された地割りが維持される。

**【規模と構造】** 調査によって居館の五分の四が明らかにされたが、規模は南北九〇メートル、東西八〇メートルで、周囲を土塁と堀で囲繞（いにょう）することが明らかになった。土塁部分を除くと内部は一辺七〇メートル前後と推定される。その一方、堀は東側にも確認され、片岡堀と呼ばれる堀が巡る居館が隣接することが部分的に確認されている。

検出された居館の堀は幅五メートル、深さ二メートルを測るもので、土塁は居館廃絶時に堀に崩して埋めたことが確認されている。居館内部の建物構造のものが小規模な建物が検出されるのみで不明な部分が多いが、寺院段階のものが比較的多く検出され、建物規模も一〇〇平方メートルを超えるものが数棟含まれる。このほか中世墓が検出され、寺院に関わる段階の遺構について稠密（ちゅうみつ）に見つかっているが居館に関連する遺構は少ない。このことは上層の居館遺構面が削平されたためと推定されている。

遺物量は膨大でかつ豊富な磁器や国産陶器を含んでおり、播磨西部の当該期遺跡の中では特筆される。主な遺物には土師器皿・煮炊具（播磨型堝など）、瓦質土器火鉢・風炉、備前焼・瀬戸焼・貿易陶磁器などの土器のほか、鍋・鎌・釘・火打金などの鉄製品、下駄・漆器碗・曲物・羽子板・櫛・橋・木簡などの木製品、五輪塔・一石五輪塔・石臼・茶臼・砥石・硯・石鍋などの石製品、瓦・磚がある。中でも磁器に威信財を多く含み広域流通品の量が膨大である点が注目される。

**【参考文献】** 兵庫県教育委員会埋蔵文化財調査事務所編『福田片岡遺跡―太子・竜野バイパス建設工事に伴う発掘調査報告書―』（一九九一）

（山上雅弘）

●山陽道を抑える総石垣郭

# 感状山城（かんじょうさんじょう）

〔国指定史跡〕

〔所在地〕相生市矢野町森
〔比　高〕二一六メートル
〔分　類〕山城
〔年　代〕十六世紀前半～後半
〔城　主〕――
〔交通アクセス〕ＪＲ山陽本線「相生駅」下車後、神姫バス約二〇分、「瓜生」下車、北へ徒歩五〇分

**【定まらない城の歴史】**　中世荘園矢野荘の北部山間に所在する山城である。山城が立地する感状山は標高三〇一メートルで、同荘中央を流れる矢野川の支流、能下川（のうげがわ）の西岸に位置する。この山の背後は霊場三濃山（みのうさん）から派生した山稜へと連なっている。城跡は別名、瓜生城あるいは下原山城ともよばれる。南約一キロには古代山陽道が東西に通り、山陽道の西側は揖保（いぼ）郡から佐用（さよう）郡への境となる二木峠へ通じている。

感状山の呼称は、建武三年（一三三六）赤松則祐が、新田義貞を防いだ功績により足利尊氏から感状を賜わったことに由来するという（『播磨鑑』『播磨古城記』）。瓜生の呼称は鎌倉時代に瓜生左衛門尉が築いたとの伝承による（『岡城記』）。戦国時代に赤松守護家が代々在城したが、天正五年（一五七七）羽柴秀吉の播磨侵攻に伴って落城したという（『播磨古城記』）が、事実に反しており後期赤松氏在城は疑わしい。一方、近年では主要部が石垣構造であることから、天正年間（一五七三～九二）に下ると評価され、宇喜多氏による改修が指摘されている。

**【山陽道の要衝に築かれた総石垣城郭】**　遺構は山頂尾根部のⅠ・北Ⅱ・南Ⅱの曲輪（くるわ）群を中心に、尾根の南続きに南曲輪群、同じく北西に北曲輪群、西側中腹にⅢ曲輪・出曲輪群・大手門①・搦手門②などが配置され、西斜面には土造の造成段③が広がる。城跡の規模は南北二五〇メートル、東西一五〇メートルに及び、山頂尾根部や大手門周辺を中心に尾根上の多くの郭が石垣で構築される総石垣の遺構となる。これに

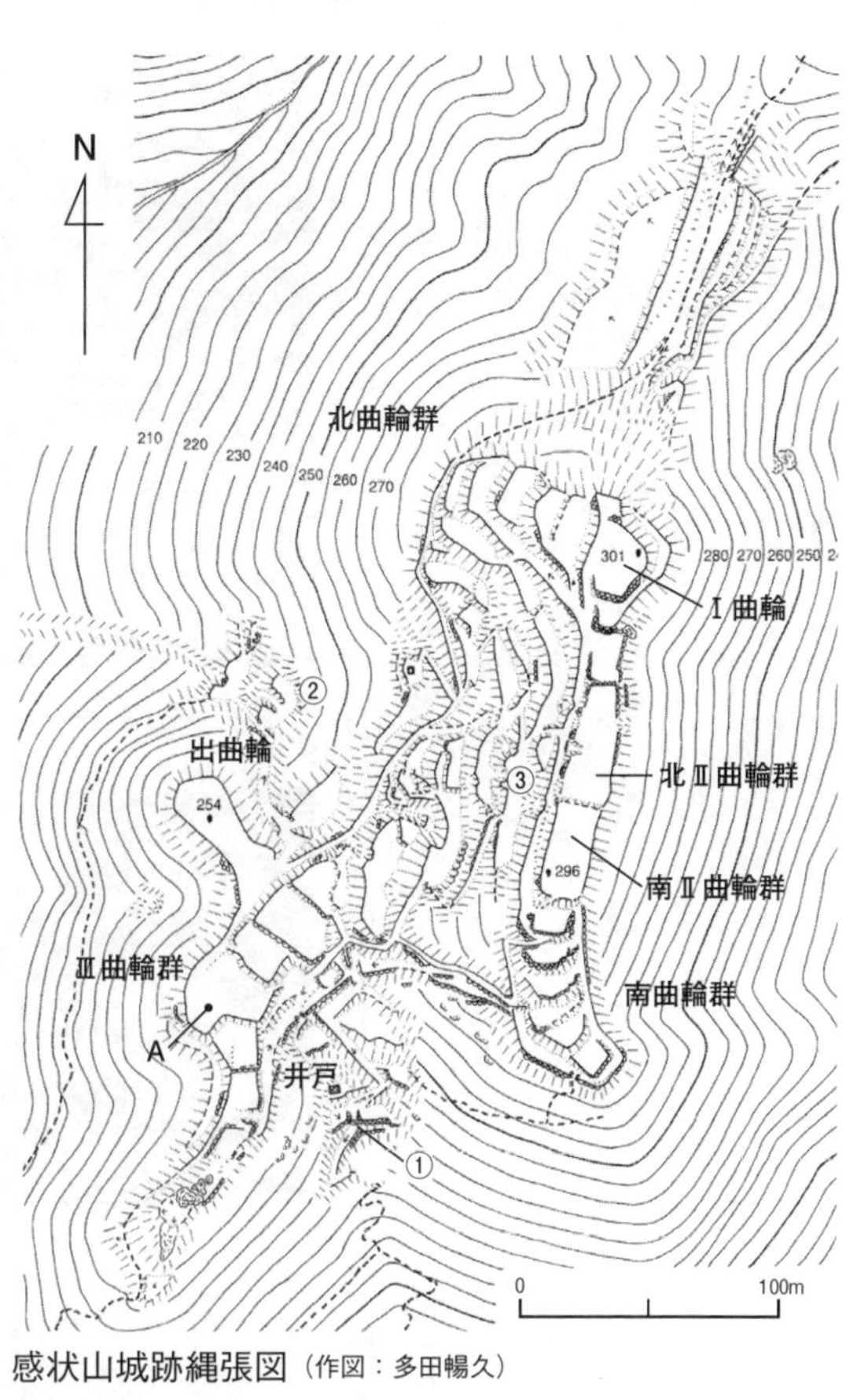


感状山城跡縄張図（作図：多田暢久）

対して周囲の防御施設には堀切や土塁といった中世城郭に一般的に認められる遺構が確認されない異質な構造をもつ。

**【発掘調査の概要】**　昭和六十年（一九八五）から六十三年にかけて史跡整備に伴う発掘調査が行なわれた。調査は山頂曲輪群（Ⅰ曲輪・北Ⅱ曲輪・南Ⅱ曲輪）や南曲輪群・Ⅲ曲輪群・出曲輪・大手門について実施したもので、郭内部の構造や大手道などの構造、これに続く城道などの様相が明らかにされている。この結果、城の中心郭となる山頂曲輪群では西側に通路が通り、通路に接して主要な曲輪が配置されることが判明した。さらに、山頂の通路は南曲輪群を通過して西下のⅢ曲輪へ通じ、大手門へと下るもので、この導線が城内の大手道であることが確認されている。大手門とされる場所には虎口（こぐち）があるが、ここから城外には遺構がないので、この虎口が城の内外を画すと考えてよい。虎口は両側を石垣で固める厳重なものである。一方、大手道は前述の通り山頂曲輪群周辺では直線となるが、ほかの部分では直線とならず、幅の広い部分も認められない。

**【異質な防御施設・自然石を用いた石垣】**　曲輪周辺の切岸については二メートル前後のところが多く、それより高くなる箇所はほとんどない。城内の石垣は幅一メートル前後の石材を最大とし、概ね五〇～六〇センチ前後の未加工の角礫が中心となるが、小礫で石材間を埋める部分も随所にみられる。技法は布積みを意識した積み方の部分もみられるが、乱積み状になる箇所が多く、隅角部が円弧状になるなど稚拙な印象を受けるものである。また、石垣の高さは南曲輪群で最大二メートルとなるが、大半はこれより低いもので占められている。また、Ⅰ曲輪では岩盤の上に

感状山城　石垣

感状山城　第一曲輪

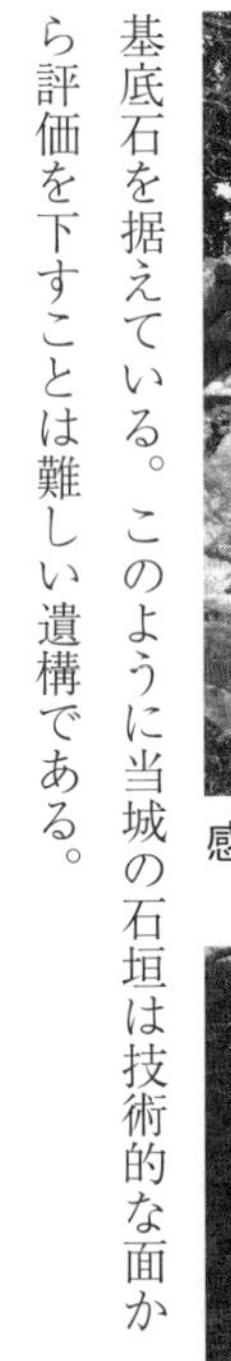
基底石を据えている。このように当城の石垣は技術的な面から評価を下すことは難しい遺構である。

【屋敷の構造】　山頂曲輪群で調査を実施したのはⅠ曲輪と南Ⅱ曲輪である。Ⅰ曲輪は南北二八メートル、東西二三メートルで、北側と西南側に張り出し部を持ち、郭への侵入は南西隅に通じる前述の大手道からとなる。大手道はまずⅠ曲輪下の小曲輪に侵入するが、この部分はⅠ曲輪の前庭部あるいは横矢掛りを意識した郭となる。内部からは礎石建物とともに建物前面に石組み排水溝が検出された。礎石建物は六間半×南北六間（南北一一メートル、東西一一メートル）の主屋と、北側の南北四間×東西四間の二棟がある。さらにこの建物が建つ以前の礎石建物も検出され変遷のあったことが確認されている。このほか、検出された柱穴の一つに土師器皿を埋納した地鎮め遺構も検出されている。

南Ⅱ曲輪でも幅一五メートルほどの郭の北側の敷地いっぱいに礎石建物が建つ。南北九間×東西六間半（南北一六メートル、東西一二メートル）の城内最大の建物で複雑な部屋割りが想定される建物である。なお、この建物も前身建物が存在しており変遷があった。

山頂曲輪群から一段南側に下ると六段の郭からなる南曲輪群があり、多くの郭の切岸に石垣が構築される。調査は最下段の郭のみ部分的なトレンチ調査が実施され、礎石が検出されている。

第Ⅲ曲輪群は山頂から南西に下った位置にあるが、いくつかの小郭で構成される。この郭の南端では磚列建物（A）や備前焼の埋甕遺構を建物内部にもつ礎石建物が検出された。埋甕遺構は礎石建物の内部に納められたもので、脂肪酸分析の結果、甕内部にイノシシの塩漬肉が貯蔵されていた。このほか、磚列建物も蔵と考えられる遺構で八×六・九一メートルの規模を持つ。さらにⅢ曲輪の南側にも礎石建物が検出されている。この結果、磚列建物と埋甕遺構が並ぶ曲輪には二棟の蔵が並ぶが、周囲の小郭でもほぼ建物が敷地規模に納まる曲輪で構成されており、建物単位に区画が決定されている印象である。その上、磚列建物や埋甕を伴う建物の検出も含めて考えると、これらの小区画に建てられた建物では集中して蔵が並ぶもので、Ⅲ曲輪は、貯蔵機能のための郭と考えられる。

【異質な城郭の縄張りと石垣の存在】　当城は石垣の使用や横矢が掛かる虎口を有する反面、中世城郭に一般的に認められる横堀・堀切をもたないなど特異な点が多い。石垣を持ちながら横堀や堀切がない事例は、播磨では守護城郭である置塩城に類似する。さらに城道の設定が顕著である一方で、求心性が乏しい点も同様である。一方、当城の石垣は隅角部に湾曲が見られ、石材構築の稚拙さが目立つなど天正期の遺構とは異質な点が多い。大手門および大手道周辺に石垣が集中する点は、見せるための石垣を意識したともみることができるが防御施設としては織豊期のものとは異なる。

【多彩な出土遺物と年代】　出土遺物は土師器皿・堝・備前焼擂鉢・壺・甕・徳利・耳杯小壺・筒型容器、瀬戸美濃焼の丸皿や中国産の白磁碗（精製品を含む）・皿、青磁香炉、華南産灰釉陶器壺などの陶磁類のほか、銅銭、石臼・茶臼、刀の切羽・笄・小柄・鉄釘などの鉄製品がある。主として山頂曲輪群からのものであるが、Ⅲ曲輪からも多くの遺物が出土した。

これらの遺物は土師器皿では京都系土師器がほとんどを占める。そして備前焼や瀬戸美濃焼などを含めても、天正期に下るものは見られない。また、中国産の磁器は染付が少なく青磁や白磁で占められ、十五世紀代のものも含まれるなど全体的に年代が古いことが近年の検討で明らかにされた。このことから近年では、浦上氏と本城の関わりが注目されるなど、出土遺物の検討を含めて、広い視野からの再検討が求められている。

【参考文献】　相生市教育委員会編『感状山城跡発掘調査報告書』（一九八九）、兵庫県立考古博物館編『動乱！播磨の中世—赤松円心から黒田官兵衛まで—』特別展図録（二〇一三）

（山上雅弘）

●播備作の守護・赤松氏本貫地の山城

# 白旗城（しらはたじょう）〔国指定史跡〕

〔所在地〕赤穂郡上郡町赤松・細野・大富・野桑
〔比　高〕約三九〇メートル
〔分　類〕山城
〔年　代〕建武三年（一三三六）～十六世紀前期
〔城　主〕赤松円心から義村までの赤松氏一族
〔交通アクセス〕智頭急行智頭線「河野原円心駅」下車、南東約三キロ。城跡まで徒歩約一時間二〇分



【赤松氏の本貫地、佐用荘赤松】　白旗城は、西播磨の千種川上流域に営まれた鎌倉時代の荘園佐用荘南端にあり、南北朝時代に活躍し、室町幕府の播磨・備前・美作守護となった赤松氏発祥の地、赤松村を見下ろす山上に構えられた。

山麓には、法雲寺・宝林寺・栖雲寺跡・白旗八幡神社跡・赤松五社八幡神社・赤松居館跡など、赤松氏ゆかりの寺社や旧跡が多くのこり、赤松円心（則村）お手植えと伝えられる法雲寺のビャクシンと、宝林寺の赤松三尊像（赤松円心・則祐・雪村友梅・覚安尼像）は、兵庫県指定文化財となっている。

【白旗城合戦】　白旗城は建武三年（一三三六）、足利尊氏に与した赤松円心が築城、約五十日にわたる新田義貞勢の城攻めを防ぎ尊氏の反攻を助けた白旗城合戦で著名である。『続群書類従』所収の「赤松家系図」に、「白幡寺」に城を構えた際、白旗影向の瑞兆があり、八幡・春日両社を勧請したという伝承がみえることから、観音寺城（滋賀県近江八幡市）や霊山城（福島県伊達市）などと同様、山岳寺院を改修して城を構えた可能性がある。『安養寺文書』にも建武三年、同寺（岡山県和気町）で「白旗」出現の霊瑞が記され、観応元年（一三五〇）赤松範資が亡父円心から白旗鎮守八幡・春日両社神主職を継いでいる。城名の由来となったとされる「白旗」出現の奇瑞はその後の赤松氏と同城の歴史に深く関わることになる。

【赤松氏累代の本城】　白旗城合戦後も、白旗城は赤松範資・

則祐・義則・満祐の赤松家累代の惣領により、有事の際に籠城かその準備がなされたことが史料にみえる。播磨国守護の拠点、城山城・「越部守護屋形」（たつの市）などとともに、白旗城は山麓の「赤松御屋形」や諸寺社とあわせ、赤松惣領家の拠点として機能していたとみられる。

康安元年（一三六一）には南朝方の京占拠のため、足利春王丸（のちの義満）が白旗城に避難している。『建内記』や『満済准后日記』によると、正長二年（一四二九）に白旗城に旗が降るという風聞があり、吉兆として足利尊氏（白旗城合戦）・義満（応永の乱）の際にも同様のことがあったという。正長の土一揆直後の情勢下、将軍家と守護赤松氏の絆を印象づけ、その権威を高める風説の舞台装置として、白旗城と白旗八幡神社が機能していることがうかがえる。

嘉吉の乱（一四四一年）での詳細は不明であるが、享徳三年（一四五四）、山名氏からの播磨奪回を目指し、赤松則尚が白旗城籠城の準備をしている。赤松政則の惣領家再興以後も、政則死後の混乱期に浦上則宗・宇喜多能家が籠城（一四九九年）、赤松播磨守（大河内勝範）が白旗城で滅んでいる（一五〇七年）。政則の跡を継いだ義村も、浦上村宗と対立し白旗城に入っている（一五二〇年）。その後の史料には白旗城の使用はみえず、天文七年（一五三八）の尼子勢播磨侵攻によって赤松氏の播磨支配が事実上終焉する頃までに廃城となったとみられる。

江戸時代には、城跡は赤松氏の故地として、遠祖季房までさかのぼる白旗降下伝承が語られるようになった。広島藩によって踏査され、『諸国古城之図』に絵図がのこされている。

**【戦国前期までの遺物と遺構】**白旗城は築城以来、約二百年近くにわたって使用されていることが史料にみえる。戦国後期の発達した縄張は確認されず、一部の後世の改変を除くと戦国前期までの遺構とみられる。採集遺物も備前焼などの中世遺物が十五世紀後半を下限とする。

城跡の遺構は、標高四四〇メートルの白旗山頂を中心とした尾根上と、一部南側の谷底にかけて多くの曲輪群が分布し、城域は東西約三五〇メートル、南北約八五〇メートルにわたる。曲輪群は、その構造上、北からⅠ〜Ⅳ群に分けられる。

南北両端のⅠ・Ⅳ群は、尾根主脈を中心とする狭小で削平の弱い曲輪群からなり、南北朝・室町期の古段階の遺構とも考えられるが、Ⅳ群（「櫛橋丸」、Dの伝承地を含む）の南端には石積により弓射の足場を確保した小曲輪aがのこり、直下の堀切bと対になって進入ルートの防御強化が図られるなど、戦国後期の鉄砲を使用した櫓台の発達につながる新段階の遺構のひとつとみられるため、城兵の駐屯部として改修・使用されてきたと思われる。各頂部などから山麓への眺望は良好である。

城域中央部のⅡ・Ⅲ群は、尾根主脈上の「本丸」A、「馬場丸」B、「二の丸」Cと伝えられる広大で削平の強い曲輪群を中心とする。城主などが詰める中核部として改修が重ねられた結果とみられ、山頂の本丸跡を中心とする求心的な縄張が形成されている。Ⅱ・Ⅲ群の南側支脈に残るⅠ・Ⅳ群と共通する狭小な曲輪群も城兵の駐屯部とみられ、頂部からの眺望も良い。西側の支脈からⅠ・Ⅱ群境の鞍部へと導かれる進入ルートが本来の大手とみられ、Ⅱ群北端には横矢をかけるための張出しcとつながる土塁dが設けられ、Ⅰ群南端の堀切eと対になった防御の強化が図られており、本丸までの部分が、山城として最も体裁が整えられている。

Ⅲ群は二の丸などの主脈部の広大な曲輪に加え、南側の谷筋に「侍屋敷」Eや「墓所」Fと伝えられる曲輪群がのこり、一部後世の積み直しもみられるものの、縁辺部の各所に高さ約一・五メートル程度の石積が築かれている。「侍屋敷」において井戸あるいは園池跡とみられる石組fや、庭園遺構の一部と指摘される立石がのこるなど、他の城域に比べると平時の居館的な特徴を示すが、国内各地で戦国大名による山城の居城化が進む天文年間（一五三二―五五）以前に、白旗城は廃城となっていたとみられ、常設的な居館が設けられていたとは考えにくい。立地や石積遺構からみて同時代の山岳寺院に酷似し、前述の白幡寺伝承や白旗鎮守八幡・春日両社

白旗城跡遠望（赤松から）

白旗城跡「侍屋敷」の石積

の存在も考慮するならば、城内の寺社区域と評価できる。城山城でも本堂を修造するなど寺院との共存がみられ（一三六二年ほか）、「侍屋敷」周辺で編年上一四〇〇年頃の古瀬戸花瓶が採集されていることからも、単に築城時の転用に止まらず、平時に城域を寺社として維持管理していたとも考えられる。

白旗城跡概要図（作図：荻 能幸）

**【居城化以前の守護本城】** 白旗城跡は、城山城・置塩城（姫路市）とあわせ、播磨国の守護大名赤松氏の本城として、その変遷を知ることができる貴重な山城跡である。特に守護本城として、白旗城は戦国前期まで使用され、嘉吉の乱後の廃城とみられる城山城と、戦国後期に居城化された置塩城との間をつなぐ重要な存在といえる。

**【参考文献】**『相生市史』八上（一九九二）、上郡町教育委員会・白旗城跡調査委員会編『国指定史跡 赤松氏城跡 白旗城跡』（一九九八）、『上郡町史』三（一九九九）、『上郡町史』一（二〇〇八）

（荻　能幸）

●戦国期・境目の平地城館か

# 土井ノ内城館（どいのうちじょうかん）

〈所在地〉赤穂郡上郡町船坂
〈分　類〉〇メートル
〈年　代〉十五世紀～十六世紀代
〈城　主〉安室氏？
〈交通アクセス〉ＪＲ山陽本線「上郡駅」下車、北西約二キロ、徒歩約三〇分

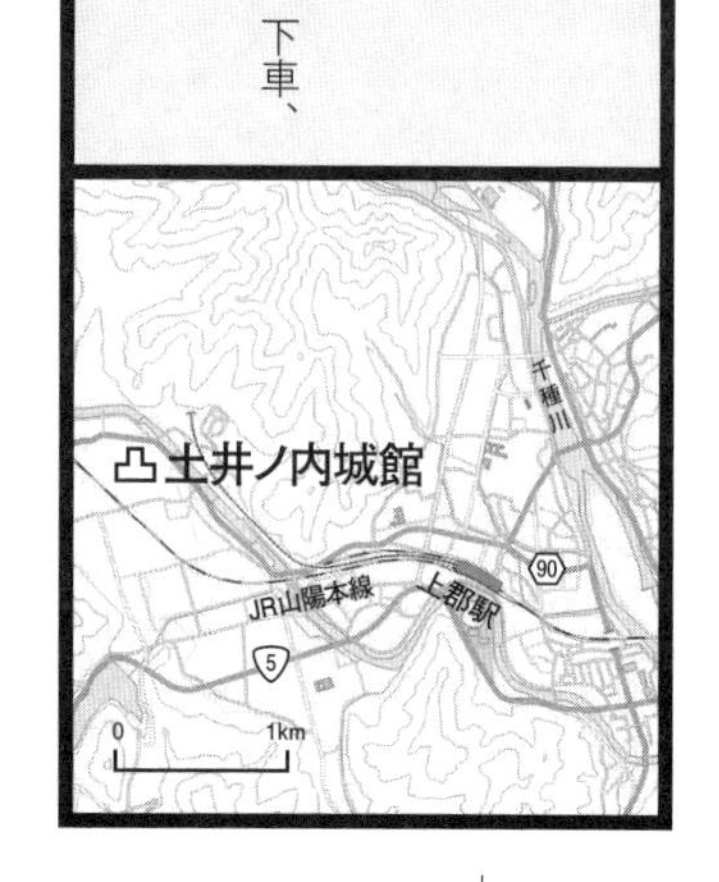


**【中世「安室郷」の一画】**　土井ノ内城館跡は、弥生～江戸時代の複合遺跡、船坂遺跡の一部である。播磨西端の千種（ちくさ）川支流、安室（やすむろ）川流域の盆地北部に位置し、南側には近年まで条里地割がのこり、中世には山陽道が東西に通っていた。

室町時代の安室川流域では、赤松氏庶流の春日部（かすかべ）家領竹万（ちくま）荘が営まれた。城館跡北方約〇・八キロの谷部には、同家の赤松満貞（みつさだ）（満則（みつのり））創建と伝えられる西方（さいほう）寺跡が残り、その一画に永仁六年（一二九八）銘の石造宝塔（兵庫県指定文化財）がある。西方寺の西尾根上にある大聖寺山（だいしょうじやま）城主は赤松氏末裔の安室氏と伝えられ、「播磨国知行割覚」には宇喜多秀家が「安室郷」の知行を「安室殿」へ命じていることから、戦国期の当地の領主とみられる。

**【周濠をもつ平地城館】**　城館跡は通称地名、土井ノ内に所在し、旧条里地割の北隅の水田中に位置する。平成七年（一九九五）の発掘調査で、幅約五メートル、深さ約二メートル以上の周濠をもち、一辺約九〇メートルの方形をなすことが確認された。城館内部の実態は不明であるが、周濠内から備前焼の壺・甕・擂鉢（すりばち）・鉢片（十五世紀～十六世紀代）、青磁香炉・碗・盤片、土師器（はじき）皿・小皿が出土し、遺物の構成や年代観から在地領主の館城（方形館）と評価でき、館の主として安室氏が想定できる。

**【館城か、陣城か？】**　一方、周濠は南辺部において条里地割の枠をはみ出して内外に二重化し、南東隅に張り出した小曲輪ａから西側の帯曲輪ｂに横矢をかけるなど複雑な構造を呈

し、地山削り出しの土塁痕跡cも確認されるなど防御の厳重化が図られている。

戦国期末の天正三（一五七五）～七年、千種川流域は毛利方に与した宇喜多氏と織田方との境目となり、城館跡東方の駒山城（上郡町山野里・井上）や八幡山城（赤穂市東有年）の宇喜多勢が、天正六年に織田勢を撃退している（『鷺森別院文書』）。また、城館跡北方の大聖寺山城は畝状空堀群と横堀、虎口をもち、駒山・八幡山城とは異なる発達した縄張が残ることから織田方の築城とみられる。山麓の西方寺跡北尾根から東側の鳳張一・二号墳（兵庫県指定史跡）周辺に至るまで、土塁・空堀跡などの陣城遺構も残ることから、織田方となった宇喜多氏への、天正八年の羽柴秀吉勢による後詰の陣と考えられる（『利生護国寺文書』）。以上のような軍事的緊張を背景に、城館跡は陣城として周濠が掘削・拡張された可能性がある。

現在、城館跡は周辺の圃場整備で地形が変わり、地上から痕跡が確認できなくなっているが、現地からは北方に大聖寺山・西方寺・鳳張などの山谷を、南方に旧安室郷の田園風景を見渡すことができる。

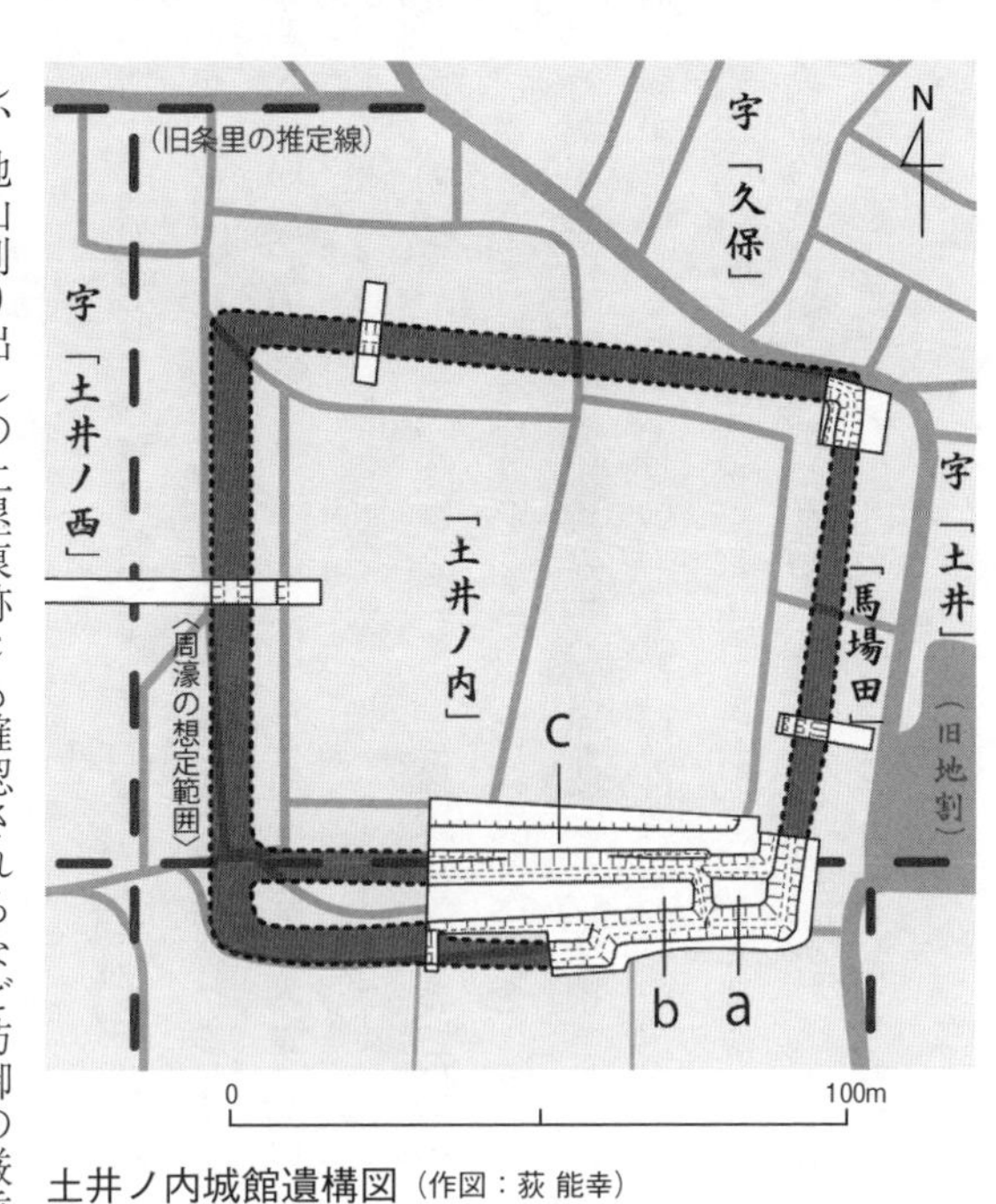

土井ノ内城館遺構図（作図：荻 能幸）

土井ノ内城館跡など遠望（南から）

【参考文献】『上郡町史』三（一九九九）、『上郡町史』（二〇〇八）

（荻 能幸）

●「備作播磨之堺目」の城

# 上月城（こうづきじょう）

〔所在地〕佐用郡佐用町下上月
〔比　高〕約一一〇メートル
〔分　類〕山城
〔年　代〕十六世紀後半
〔城　主〕赤松七条家
〔交通アクセス〕ＪＲ姫新線「上月駅」下車、南へ徒歩約六〇分

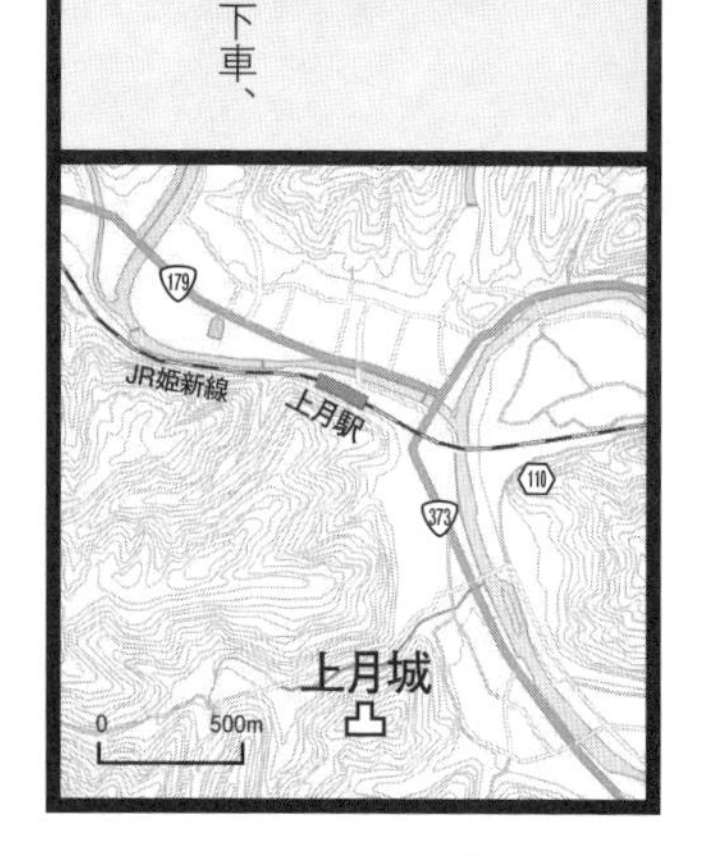


**【三ヵ国の中心から境目へ】**　築城年代など詳細は不明であるが、戦国末期には赤松七条家の居城となっていたことが判明している。赤松七条家は赤松則村（円心）嫡男範資の嫡男光範を祖とする赤松嫡流家であった。その七条家が播磨・備前・美作三ヵ国の守護職を務めた赤松氏領国のまさに中心に位置する上月城を居城としたことは偶然ではなかろう。ところが、戦国末期に赤松氏の求心力が弱まり、領国各地で国人層が割拠すると、上月城の位置付けは変わっていき、羽柴秀吉が上月城を「備作播磨之堺目」と評しているように、中国攻めの最前線として重要視される。「上月合戦」として知られる一連の戦いはまさにこの地理的環境によるところが大きい。

天正五年（一五七七）十一月、天下統一を進める織田信長が配下の羽柴秀吉に命じて毛利方であった上月城をはじめとする佐用郡内の城郭を攻撃させた。十二月三日に上月城を攻め落とした羽柴秀吉は「備作播磨之堺目」である上月城にかつての出雲の雄である尼子氏の残党を入れ、美作方面の調略に当たらせている。その後、毛利氏の反撃により翌天正六年七月五日に落城。廃城となったとみられる。

**【「上月合戦」の舞台】**　現在上月城とされる城郭遺構が残る荒神山の北に太平山と呼ばれる山があり、もとはここに上月城が築かれ、のちに荒神山に移ったとされるが、詳細は不明である。太平山には削平地が残るが、「浅野文庫諸国古城之図」の上月城の描写から上月合戦に際して毛利氏が陣を敷い

たと考えられ、太平山上月城の実在を明示することは現状では困難である。

荒神山上月城は標高約一九〇メートルの尾根先端に位置し、東西の尾根筋をそれぞれ堀切で区画している。東側の堀切Aは浅く、現在、中央に土橋状に登山道が通過している。西側の堀切は二重になっており、堀切Bは城域西端に位置するがやはり浅い。堀切Cは曲輪Ⅱ直下に位置し、土塁を伴う。北側に竪堀となって続き、途中に横堀を派生させて連続竪堀を形成している。「ヤクラ丸」の下にも短い竪堀状の遺構が確認できるが、あるいは構築途中の遺構であろうか。

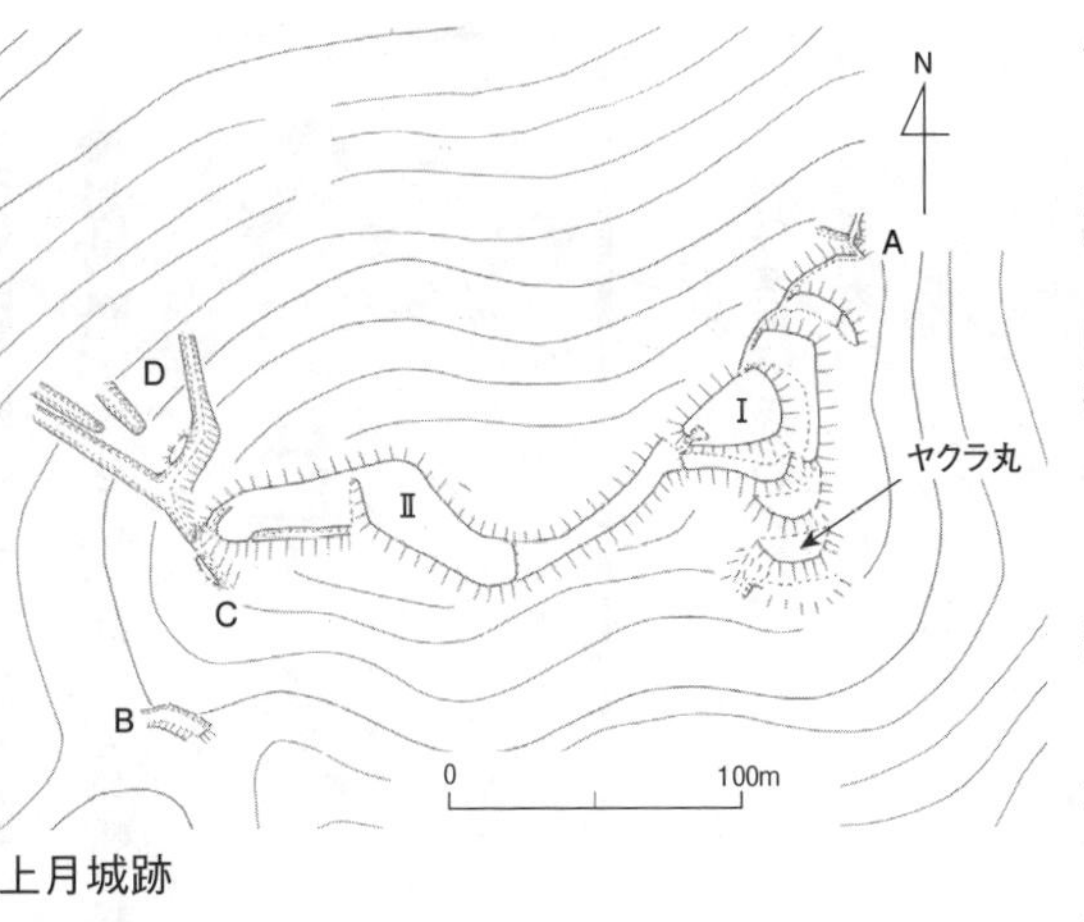

上月城跡

曲輪Ⅰは城主とされる赤松政範の供養碑があることや、遺物の分布状況から主郭に位置付けられる。西側に虎口状の窪みがあり、北西を除く周囲に腰曲輪を設けている。これらは高低差を持つ切岸によって区画されている。一方、曲輪Ⅱは尾根上に平坦面を確保しただけの単純な造りで、明らかに曲輪Ⅰとは性格が異なる。

このように、激しい合戦が行なわれたわりに発達した縄張りを示さない上月城であるが、東西約二〇〇メートル、南北約八〇メートルという規模は佐用郡では近世利神(りかん)城の石垣普請エリアにほぼ相当し、佐用郡において上位クラスの城であったことを物語っている。

先述の浅野文庫絵図によると、天正六年七月の落城直前には上月城の周囲には多数の毛利軍陣所が築かれていたようである。現在でも上月城を取り囲む周囲の尾根上には削平地と思われる平坦面が多数確認でき、それらの大半は陣跡であろう。また、付近には上月合戦に由来する「戦」という地名が残っていたり、天正五年十二月五日付で羽柴秀吉が上月での戦況を報告した書状に記される、戦死者を弔うために築かれた塚に関連する可能性のある「ミツヅカ」と呼ばれる五輪塔の存在など、古戦場としても注目すべきものがある。

【参考文献】寺井毅「上月城」(高田徹編『図説近畿中世城郭事典』所収、二〇〇四)、山下晃誉『上月合戦—織田と毛利の争奪戦—』(上月町、二〇〇五)

(山下晃誉)

●丹波戦国史を物語る波多野氏の山城

# 八上城（やがみじょう）

〔国指定史跡〕

〔所在地〕篠山市八上内他
〔比　高〕約二五〇メートル
〔分　類〕山城
〔年　代〕十六世紀初頭〜十六世紀後半
〔城　主〕波多野氏、前田茂勝、松平康重
〔交通アクセス〕JR福知山線「篠山口駅」下車後、神姫グリーンバス「十兵衛茶屋」下車、南東へ徒歩約一キロ

【八上城と波多野氏の興亡】　八上城は、丹波富士と呼ばれる円錐形の山容が美しい高城山（四五九メートル）を利用した丹波屈指の規模を持つ山城である。そして、周辺には法光寺城跡などの城郭や砦が約三・五キロの範囲に分布し、これらは八上城の支城、もしくは攻撃のための陣城として構築されたと考えられている。現在の篠山は大阪方面からのアクセスが良く、これらの城にも開発の危機が迫ったが、さまざまな研究や運動の結果、破壊の危機は回避され、現在は八上城中心部が国指定史跡になっている。

八上は丹波・摂津国境の山並みと篠山盆地が接する場所にあたり、山裾には山陰道（京街道）が通過し、前面には篠山川が流れる。室町時代には丹波国多紀郡の郡代役所が設置され、年貢の集積や市が開かれる場であった。

戦国時代、この八上に城を築き、丹波を代表する権力へと成長を遂げたのが波多野氏である。もともとの波多野氏は、石見国の国人吉見氏一族であり、母方の姓を名乗った波多野清秀が戦国時代の初期に細川勝元に仕えた。勝元は、室町幕府管領をつとめる細川京兆家の当主であり、丹波国等の守護でもあった。清秀は応仁の乱などで活躍した結果、多紀郡の八上を拠点として京兆家の多紀郡代となった。清秀以降は波多野元清・秀忠・元秀・秀治と代を重ねていく。

波多野元清は、細川澄元に属して京都に屋敷を構え、のちには細川高国の配下に転じて丹波での勢力を拡大し、摂津方面でも活動した。大永六年（一五二六）には、高国に反旗を

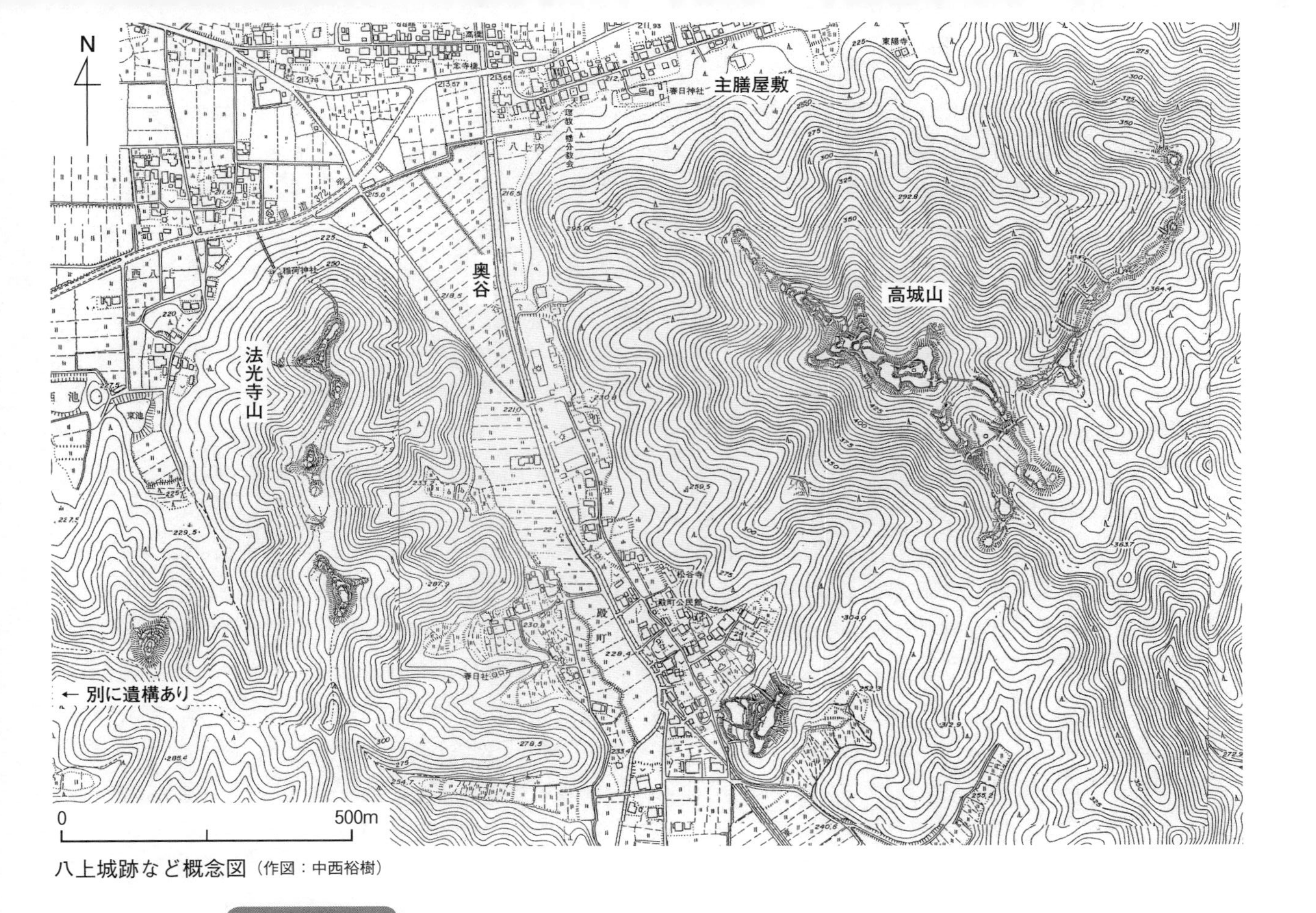


八上城跡など概念図（作図：中西裕樹）

翻して八上城に籠城し、翌年には京都へ攻め入った。跡を継いだ波多野秀忠は、細川晴元に属して丹波守護代となり、丹波守護（『言継卿記』）とも呼ばれる実力を誇った。

続く波多野元秀は、細川晴元を追って畿内を掌握した三好長慶と対立した結果、たびたび八上城に攻撃を受け、城には長慶配下の松永久秀一族の松永孫六が入るなどしたが、永禄九年（一五六六）には城の奪還に成功している。次の波多野秀治は、上洛した織田信長に属したものの、天正四年（一五七六）に離反し、やがて八上城は明智光秀による大規模な攻城戦にさらされた。秀治らは籠城の上で激しく抵抗したが、天正七年に降伏し、安土（滋賀県近江八幡市）で処刑され、波多野氏の歴史は終焉した。

**【織豊政権下の八上城】** 明智光秀は、新たな丹波の支配者となり、八上城には明智一族が入ったと思われる。しかし、天正十年の本能寺の変で信長を葬った直後の山崎合戦で羽柴秀吉らの前に横死し、支配は短期に終わった。その後、丹波は羽柴秀吉の養子御次秀勝、同じく小吉秀勝らが支配したが、八上城に誰がいたのは定かではない。天正十六年に山改めが行なわれた際には「古城坂」との表現がみえており（『荒木文書』）、城は機能を停止していた可能性が高い。やがて丹波は豊臣家の直轄領という性格を強めていくことになる。

文禄四年（一五九五）になると、丹波支配の拠点である亀山城（京都府亀岡市）に豊臣五奉行の一人となった前田玄以が入り、八上城を子の前田茂勝に任せたと考えられている。玄以は関ヶ原の合戦に際して西軍に属したが、本領は安堵された。慶長七年（一六〇二）の玄以の死去後、茂勝は亀山城から八上城に移される。八上城北麓の居館遺構は茂勝の官途にちなむ「主膳屋敷」と呼ばれる。この茂勝は慶長十三年に改易され、城には常陸国笠間（茨城県）から松平康重が入った。

康重は、八上城を新しい城に整備しようとしたようである。おそらくは近世城郭として、城の姿を一新しようとしたのではなかったか。しかし、「於丹波主膳屋敷上山急被普請ケルガ、城ニ成間敷トテ、従十二月比被止ケルト也」（『当代記』）とあるように、間もなく普請を中止する。そして、翌年には城を廃し、天下普請として築城された篠山城（篠山市）へと移り、八上に存在した町も移転した。

篠山城は、近世城郭の見本のような平山城である。石垣を多用し、馬出を備えて城下町は城を中心として同心円状に展開している。八上城から篠山城への交代は、単純に丹波で城が変わったというだけでない。大きくは城郭史における山城から平山城へという大きな流れとともに、全国的な時代の転換を端的に示すものであった。

**【八上城と周辺の城郭遺構】** 高城山の遺構がいわゆる八上城であるが、大きくは、高城山と北側山裾の遺構、西側の奥谷という谷地形に存在する遺構、そしてこの谷を挟んだ向かいの法光寺山の遺構に分かれている。

八上城は高城山山頂部を主郭とし、そこから延びる尾根上に曲輪を連ねる。基本的には土造りであるが、主郭北側の道の取り付き周辺には石垣が使用されている。また、北側山裾から高城山に道が取り付く「右衛門丸」周辺にも石垣が確認でき、これらは明智氏以降の改修部分とも評価されている。なお、「右衛門丸」は城内の道が集約される場であり、他の多紀郡の山城と共通した構造になっている。

主郭背後を下った「池番所」「蔵屋敷」という二本の尾根を利用した曲輪に挟まれた谷には「朝路池」があり、現在も滞水がみられる。この水場を守るように両脇の尾根の巨大な堀切が谷にまで延長し、城の背後

八上城の遠望

八上城の主郭を見る

を守る最大の防御施設として機能している。周辺の山城では堀切が発達しており、八上城もその一例なのだろう。ただし、この堀切の規模と構造は、突出したものになっている。

法光山城を見る（手前の谷間が奥谷）



高城山の北裾には春日神社があり、現在の登山道の入り口である。この一帯が主膳屋敷と呼ばれる城主の居館で、大振りの石材を用いた石垣の一部が残る。前田茂勝に由来する名称を冠したこの空間は、少なくとも豊臣期の段階で居館になっていたことは確かであろう。目の前には街道が走り、山裾周辺には家臣団の屋敷地と思しき多くの削平地を確認できる。また、この付近には町場が存在したが、後の篠山城下町のような本格的な城下ではなかったようである。

「奥谷」は、波多野氏が八上城を取り立てる以前からの本拠と考えられており、八上城へと続く丘には奥谷城という小規模な山城が設けられている。八上城の前段階の城と考えられ、畝状空掘群を備えている。八上城にない土塁による虎口を設定するが、同様の虎口は周辺の同規模の城郭にも確認できる。奥谷には波多野氏や家臣の一部が屋敷地などを構え、八上城整備の後も使用し続けていたと想定されている。

奥谷を挟んだ「法光寺山」には、粗雑で小規模な山城が点在し、まとめて法光寺山城とも呼ばれる。これらは波多野氏の砦でもあり、八上城を攻めた三好氏、明智氏の陣地としても利用された。永禄二年には、当時の丹波を支配下に置いた内藤宗勝（松永長頼、松永久秀の弟）が「八上法光寺山於相城敵夜討之時」（『波多野家文書』）との文書を出しており、周辺の山々の城が攻防の場になったことがわかる。

【明智光秀の丹波攻めと八上城】 明智光秀の八上城攻めでは「波多野が舘取巻き、四方三里がまはりを維任一身の手勢を以て取巻き、堀をほり塀・柵幾重も付けさせ、透間もなく塀際に諸卒町屋作に小屋を懸けさせ、其上、廻番を丈夫に、警固を申付けられ、誠に獣の通ひもなく在陣候なり」(『信長公記』)という有様であった。多くの陣所=陣城が周辺の山々の構築されており、その遺構は城郭研究者の高橋成計氏によって明らかにされている。ただし、同時期の羽柴秀吉による播磨三木城攻めの陣城群と比較すると、その普請は脆弱である。

光秀の攻撃は、八上城だけに行なわれたわけではない。『兼見卿記』の天正五年十月の記事には「モミ井館へ手遣」とあり、同じ多紀郡内の籾井城(篠山市)が攻撃を受けた。そして「就多喜郡在陣之儀、為見舞御状殊鴨五贈給候誠毎々御懇之段難謝候、彼表之様子、籾井両城乗取候、競を以、郡内敵城十一ヶ所落去候、依之荒木・波多野之両城ニ罷成候」(『三宅文書』)とあるように、多紀郡内の十を超える城が攻撃され、籾井城が落城し、八上城と荒木城(同)だけが残っていたとされる。荒木城は光秀の援軍である丹羽長秀らの軍勢が「水之手」を止めて落城に追い込んだ(『清水寺文書』)。籾井城と荒木城は、現在も良好に遺構が残り、八上城に次ぐ多紀郡内の大規模な山城であったことが判明している。

八上城は、周辺の山城と構造の共通項が多く、戦国から織豊にかけての山城の麓の様相はもちろん、周囲の山々の城郭遺構が合戦の実態を考える貴重な内容を持つ。そして、近世の初頭に平山城の篠山城に移って本格的な城下町が誕生し、現在へと至っている。八上城は丹波を代表する山城であることに加え、広く戦国時代を物語る重要な山城として評価できる。

【参考文献】 八上城研究会編『戦国・織豊期城郭論 丹波国八上城遺跡群に関する総合研究』(和泉書院、二〇〇〇)、中西裕樹「丹波国多紀郡東部の中世城郭構造と在地勢力—荒木・籾井・波々伯部氏関連の城郭から—」(『愛城研報告』五、二〇〇〇)、篠山市教育委員会編『八上城・法光寺城跡調査報告書』(二〇〇三)、福島克彦「織豊系城郭論と地域史研究—丹波国を中心に—」(『城館史料学』三、二〇〇五)

(中西裕樹)

●丹波に残る貴重な平地居館

# 初田館（はつたやかた）

〈所在地〉篠山市初田
〈比　高〉〇メートル
〈分　類〉平地居館
〈年　代〉十六世紀前半
〈城　主〉酒井勘四郎
〈交通アクセス〉JR福知山線「篠山口駅」下車、南へ徒歩一キロ

**【城の位置】**　篠山盆地の南西には大阪湾にそそぐ武庫川の最上流部が谷中にある。初田館はこの武庫川最上流部東岸の微高地上に築かれた居館である。篠山盆地に残される居館では大渕館とこの居館のみが平地中央に立地することが知られている。

『丹波志』に記載される「初田古館」とされ、同書によれば酒井勘四郎が居住したが、天正十年（一五八二）六月に近江で討死し、子孫は帰農し初田に帰ったという。

**【発掘調査】**　昭和六十一年（一九八六）度に高速道路建設に伴って東側四割ほどについて発掘調査が行なわれた。この結果、堀から天文十七年（一五四八）銘の大般若経転読札が出土したが、共伴する土器群ともこの年代は符合するもので、堀の埋設が十六世紀前半頃であることが明らかになっている。居館は基本的に平面方形（南北九〇メートル×東西八二メートル）を呈し、北東隅は入角（いりずみ）構造になる。しかし、この場所には平安時代後期まで旧河道が流れており、鬼門の方位にあたるが、入角構造は単に旧河道を避けてのことと考えられる。

一方、周囲を囲む堀の幅（南辺）は四～四・五メートル前後、深さは〇・六～一・二メートル前後と小規模であることが判明した。また、堀内側に沿って遺構の空白が周囲に巡ることから、かつて内部に土塁が存在したことが窺われるが、幅は二～三メートル前後でこれもあまり大型のものではないと推定される。なお、土塁痕跡は現在も未調査区である居館北

側の小祠周辺にわずかな高まりとして残されている。

**【細分される居館構造】**　居館の内部は大きく三区画されており、北側に館主の区画が配置される。南辺中央に堀を跨ぐ橋脚が検出され、入口の存在が明らかになった。入口内部には小型の堀が検出され、入口正面をふさぐため直進できない構造となる。防御を意識したものの可能性があるが、全体を検出できていないため詳細は不明である。

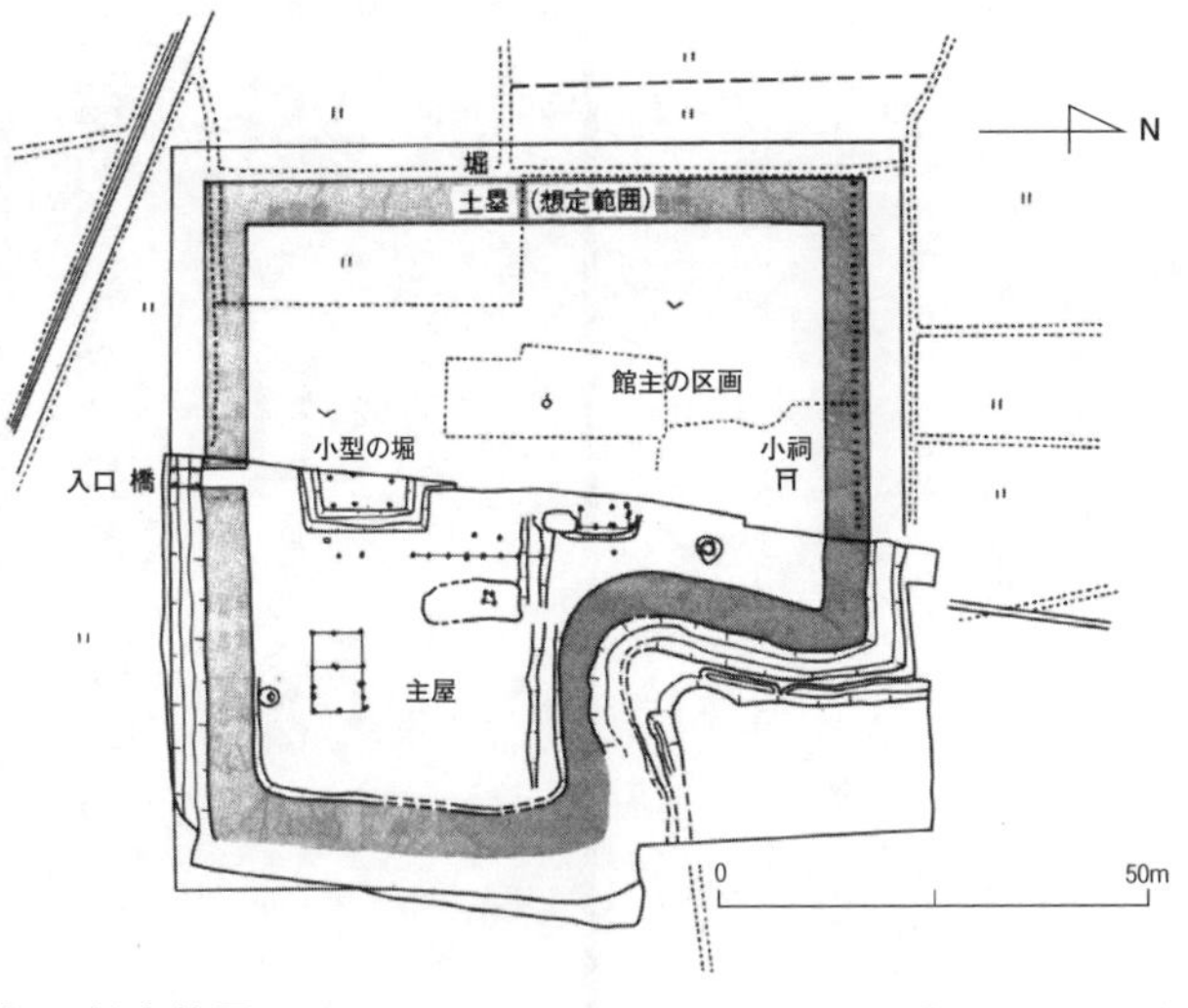


初田館全体図（兵庫県教育委員会埋蔵文化財調査事務所編『初田館跡』より）

検出遺構では掘立柱建物・井戸・土坑・溝・柵などがある。北側の居館中心部の区画では井戸が、東側の区画では掘立柱建物と井戸が検出されており、区画ごとに建物と井戸のセット関係が認められた。このほか、東側の区画では区画北側が空白地となるが、この場所には主屋の存在が想定されるが、礎石構造であったために痕跡が残らなかったと推測される。

出土遺物は土師器皿・擂鉢、丹波焼擂鉢・捏鉢・壷・小壷・甕、備前焼擂鉢・鉢・徳利・壷・甕、瀬戸・美濃焼碗・皿・卸皿・天目碗・耳付水注（水滴）、瓦質土器風炉・輸入陶磁器青花皿・碗、白磁碗・小杯・皿、青磁碗などの土器、転読札・羽子板・下駄・曲物・桶・枡・漆垸などの木製品、五徳・鎌・釘・鏃・笄・火打金などの金属製品がある。

以上のように遺物は多種類にわたるが、決して豊富な土器量ではなく、嗜好品や威信財の類も多くない。これは調査区大半が従属的な屋敷にあたり、居館の中心が調査区外側の北側の屋敷地になることを示唆しているのではないかと思われる。

【参考文献】　兵庫県教育委員会埋蔵文化財調査事務所編『初田館跡』（一九九二）

（山上雅弘）

●明智光秀の丹波攻略の前線基地

# 金山城

〔所在地〕篠山市追入・丹波市柏原町上小倉
〔比　高〕二八〇メートル
〔分　類〕山城
〔年　代〕十六世紀〜
〔城　主〕——
〔交通アクセス〕ＪＲ福知山線「下滝駅」下車、北へ約三キロ

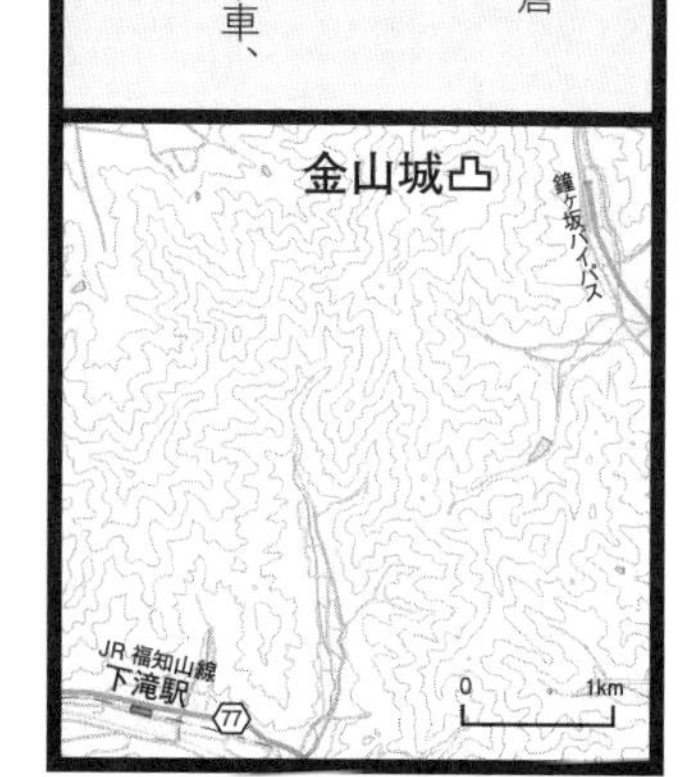


【城の位置】　城は、多紀郡と氷上郡の境界にあたる標高五三七メートル、比高二八〇メートルの金山山頂に位置する。東麓には近世期宿場の追入集落があり、多紀郡を通る山陰道は、金山の北から鐘ヶ坂を越えていた。現在は国道一七六号線がトンネルで通過する。近世後期は金山周辺にある奇岩、鬼の架橋が鐘ヶ坂から見ることができ、景勝地として知られていた。

この金山山頂に築城が確認できるのは、天正六年（一五七八）十一月頃である。丹波攻略を進めていた明智光秀は、みずからに服属した丹波国衆の小畠越前守に対して、陣城への見廻りを命じた。その際、光秀は「錦山」への見廻りを労い、これが「堅固」であることを喜んでいた（『大東急記念文庫所蔵文書』）。当時城が補強されつつあった様子がわかる。

光秀は、同年六月から波多野氏の籠る多紀郡八上城（篠山市）を攻めつつあった。さらに一方で氷上郡黒井城（丹波市）に籠る荻野氏とも敵対していた。光秀にとって波多野氏と荻野氏の連携がもっとも憂慮されていた。そこで両者の関係を断つため、多紀郡と氷上郡の境界にあたる当地に築城することになった。城域の南側に追入から柏原方面へ直接抜ける古い峠道が残り、これを抑えようと意識していた。

【主郭と曲輪の配置】　城跡へは追入集落から西の山地へ登る。この道自体が前述した古い峠道に当たる。郡境にあたる稜線までたどり着くと、そこから山頂への尾根を北上し、以前の園林寺跡の平坦地を越える。さらに登ると主郭Ⅰのある

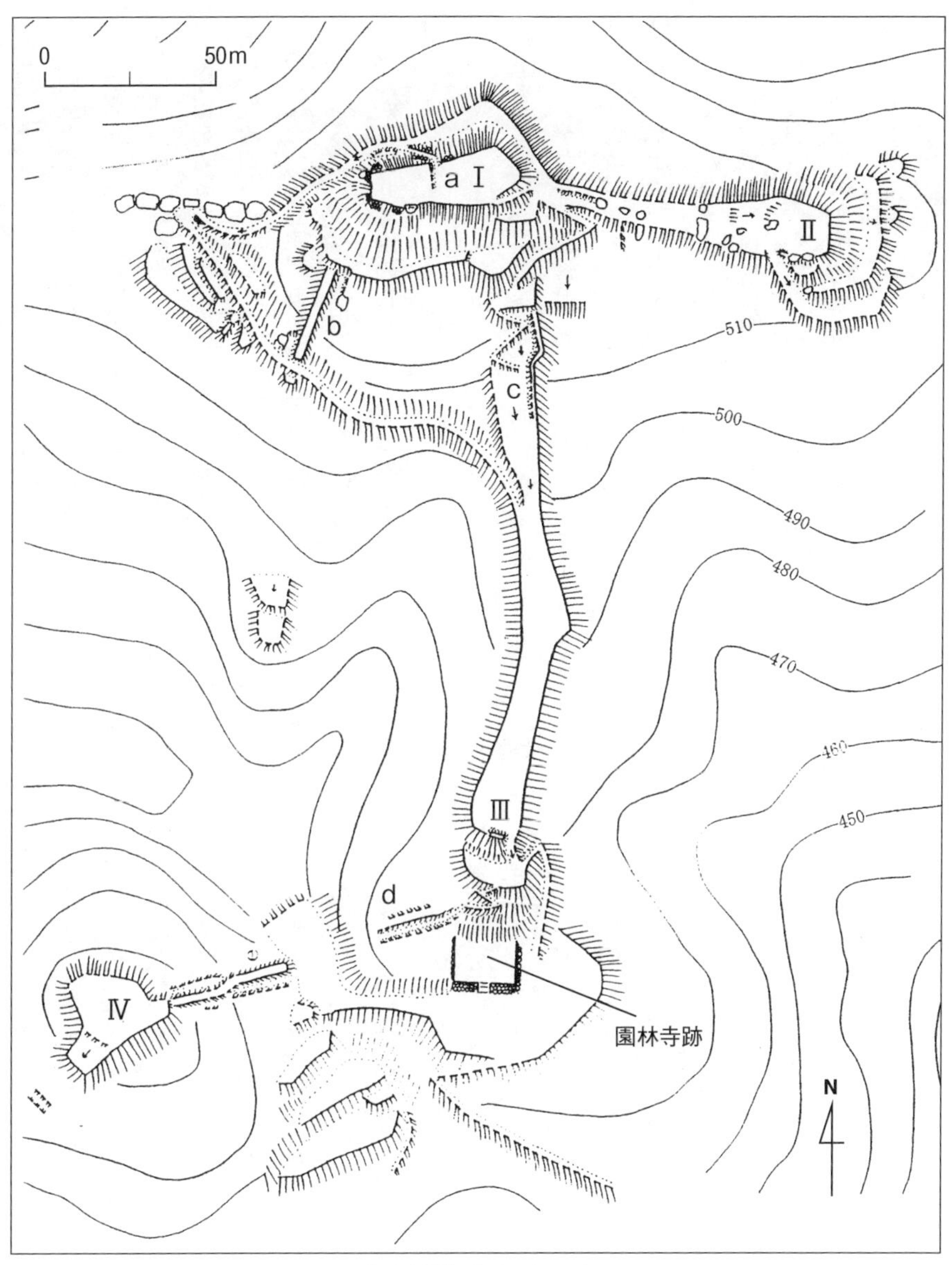


金山城跡（福島克彦作図）

山頂にたどり着く。主郭は東西三二メートル、南北一〇メートルの長方形を呈し、全体としては小規模である。ただ、側壁には石垣があり、恒常的に城を維持しようとした意図を感じる。石垣は、やや崩壊の度合が強いが、織田権力期の石垣の様相を知ることができる。主郭は北側の帯曲輪（おびくるわ）へと開口し、一度西側へ折れる虎口（こぐち）aを形成している。一方、主郭の南側には二つの竪土塁b・cがあり、南尾根からのルートを守っている。ちなみに山頂からの眺望は良好で、北の山並みの鞍部から黒井城山の頂（主要部）を覗くことができる。敵対する城を眺望するという点で、金山城は絶妙な立地である。

【峠道をおさえる城】　まとまった曲輪としては、主郭の東側の曲輪Ⅱがあるが、露出した岩盤がそのままになっており、切岸も明確ではない。また曲輪Ⅲは南北に長細いが、これは歴然とした土の城である。

なお、Ⅲの南端から西南西一〇〇メートルの地点に頂があり、この地点に曲輪Ⅳが残っている。このⅢとⅣの間には谷が続いており、その底部には前述した古い峠道が走っているが、この谷の斜面には竪土塁と竪堀が残存している。すなわちⅢの南端からは竪土塁d、Ⅳからは竪土塁eがあり、ともに連続して築かれている。残念ながら通路の谷の底部には遺構が残っていないが、d、eはⅢとⅣを連結させ、峠を封鎖できる防御施設であったと思われる。

このように当遺構は、石垣や岩盤で恒久性を高めた主要部と、二つの曲輪で竪土塁と連結させて峠道を遮断できる施設と、大きく二つの側面がある。特に竪土塁は、主要部でも使われており、斜面も城域として守ろうとした姿勢がみえて興味深い。当遺構は戦国期の使用が伝わっていないため、やはり明智光秀の築城と捉えてよいだろう。

もっとも、当遺構は全体として岩盤に制約されて築かれている。そのため、まとまった面積を持つ曲輪が少ない。さらに各曲輪も分離して築かれており、分立して構築された印象を受ける。

ただし、竪堀d、eは、斜面の防御施設をもって、峠道への影響を駆使しようとしたものであり、道と城の構造を考える上で、重要な箇所である。多紀郡と氷上郡の遮断を狙う光秀の意図とともに、峠道をおさえる城の一事例としても注目される。

【参考文献】八上城研究会編『戦国・織豊期城郭論』（和泉書院、二〇〇〇）

（福島克彦）

●豊臣時代の石垣の山城

# 岩尾城

〔兵庫県指定史跡〕

〔所在地〕丹波市山南町小野尻
〔比　高〕二六〇メートル
〔分　類〕山城
〔年　代〕十五世紀〜十六世紀
〔城　主〕佐野氏
〔交通アクセス〕ＪＲ加古川線「谷川駅」下車後、神姫バス「和田上町」下車、北へ徒歩三分で登山口

【丹波における織豊系城郭】　和田集落の背後、標高三五八メートルの蛇山を登りきると、目前に野面積みの古風な石垣が姿をあらわす。中世城郭の研究の進展に合わせ、このような石垣の城の多くが遺構の年代評価を織田・豊臣時代へと引き下げられている。特に、丹波ではこれを明智光秀と結び付けて行なわれた。そのなかで岩尾城の遺構は、光秀に続く豊臣時代の可能性が高く、貴重な資料といえる。

【戦国期和田氏から織豊系城郭へ】　城は『丹波志』や『和田庄内和田邑之由来』など江戸時代の地誌や由緒書をもとに、大永三年（一五二三）ないしは永正十三年（一五一六）に和田日向守により築城とされる。織田政権の丹波侵攻では、和田氏が赤井氏側についたため、天正七年（一五七九）頃に光秀の攻撃を受けて落城という。

その後しばらくの空白期間を経て、天正十四年から文禄四年（一五八六）間は、近江出身の佐野下総守栄有が城主となった。佐野氏が転封になると前田玄以が代官となり、慶長二年（一五九七）に「要害不善」で廃城になったといわれる。

このような経緯から、今日みられる遺構は和田氏が築き、それを佐野氏か改修したものとされてきた。

ところが、一九八〇年代に入ると、光秀が関わった黒井城（丹波市）や金山城（同）などとの類似から、石垣づくりの中心部を明智時代とする考えが出てきた。

しかし、黒井城や金山城の石垣使用は限定的で、岩尾城のように明確な天守台もみられない。丹波では同じく全面石

垣で天守台のある周山城が光秀によるものとされていたが、近年は豊臣政権下の改築とする意見が強い。当時の近畿は、秀吉の直轄地や旗本的な家臣の知行地が錯綜する非大名領国的な様相であった。このため、この地域における城は、個別大名の居城というより政権が要所を抑えるために配置した側面が強い。但馬竹田城が城主の赤松広秀の石高に比して大規模なのもそう理解できる。岩尾城も、その中で佐野氏を城番として改修された可能性が高いであろう。

**【中心部の構造】** 遺構は蛇山の山頂に中心部があり、そこから南側と西側の尾根とに出丸が残る。また、東へ続く尾根にも、先端に出城とみられる遺構がある。

中心部は東西約九〇メートル、南北が約二〇〇メートル。北東から南西に延びる大土塁が中央を区画するため、北部と南部にわかれる。南部は石垣の天守台を中心に、大土塁以外の三方向の曲輪周囲を石垣で固める。中央、天守台は東西六メートル、南北九メートルあり、石垣の高さは約二メートル。現存天守で比較的規模が小さい弘前城や丸亀城天守台でも一辺は九～一〇メートルなので、かなり小ぶりである。望楼式の天守が想定されるので、二層程度であった可能性が高い。

天守台の西側には、石垣で固めた内枡形があり、そこを出ると南側が石垣を前後に喰違わせた虎口となる。ともに典型的な織豊系の出入口といえる。

曲輪周囲の石垣は高さが約三メートル。隅角部分をみると算木積みが未発達で、カーブを描く反もみられない。ただ、平面形は直線的で自然地形の影響はほとんどない。虎口の形態と合わせると、明智時代よりもやや発達した佐野時代にふさわしい。なお、石垣は比較的良好に残るが、一部に隅角部分の崩落があり、これを人為的な城割とする説がある。

中心部の南端には堀切を設ける。現在はここから尾根をまっすぐ登って城へ入る。しかし、西側斜面に低い石積によるつづら折れの痕跡がみられることから、当時は堀切からいったん西側へ迂回して登ったとみられる。また、その途中には一部で岩盤をくり抜いた石積井戸があり、現在も水が溜まっている。

一方、中心部の北部では石垣はみられない。南部に対し中世段階の様相を残す可能性が指摘される。北側尾根に対し、土塁囲みの腰曲輪と堀切を備える。西側へは二本の堀切を設け、それを超えて進むと西側の出丸へ至る。

南部と北部間を仕切る大土塁は高さが約二メートルあり、天守台よりも高い。本来、こちらの方が城の中心にふさわしいが、それにもかかわらず天守台を南部に設けていた。石垣の使用も南部に限定しており、南麓の城下からの景観を意識した結果と思われる。そこに、象徴性を重視した見せる城の意識を読み取ることもできよう。

【城内に散布する瓦】発掘調査が行なわれていないため、地

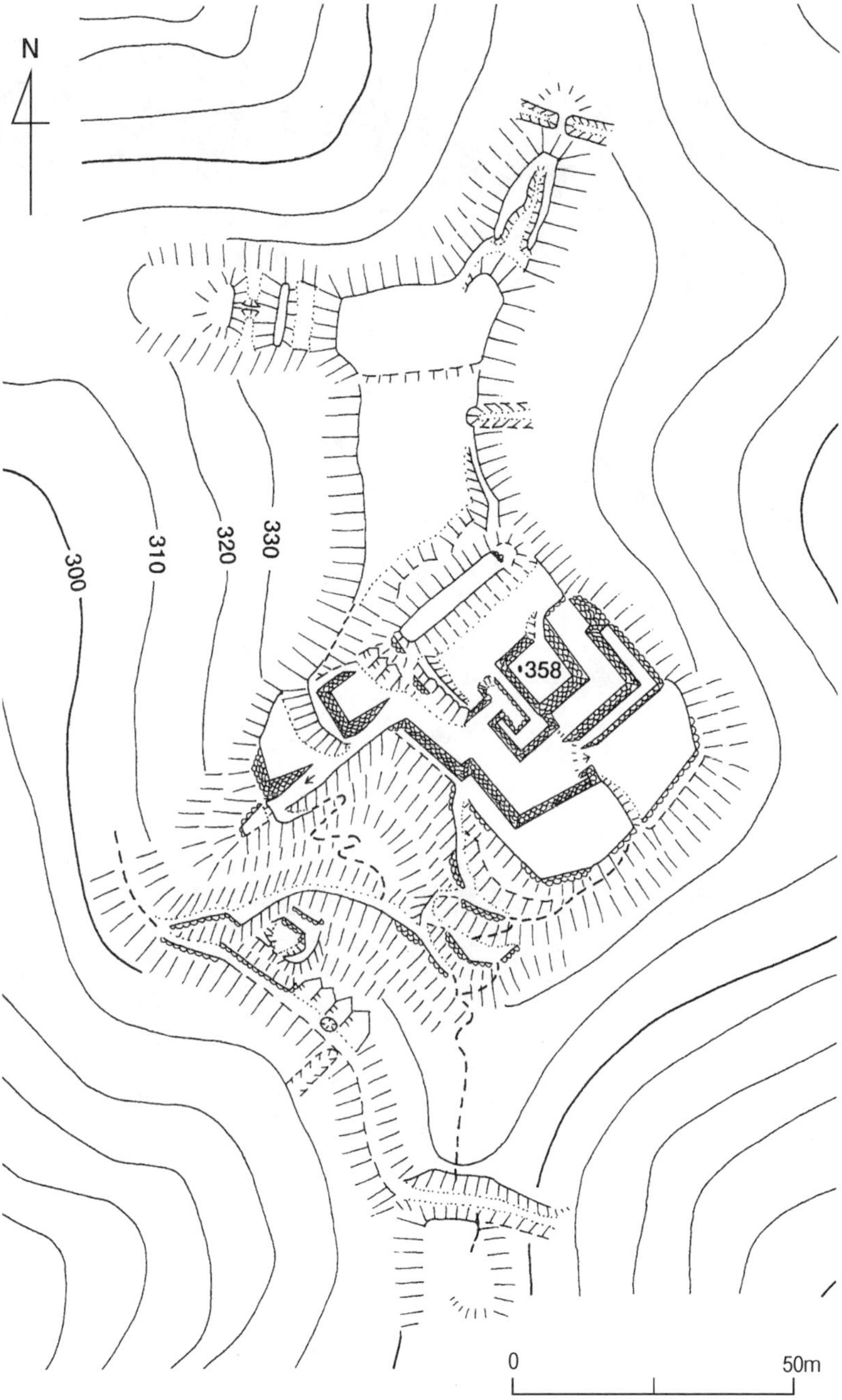

岩尾城中心部縄張図（『史跡岩尾城跡調査報告書』より引用）

下の遺構や遺物の状況については不明である。

　ただ、現在も多数の瓦が天守台とその西側の虎口を中心に散布し、天守や周辺の虎口が瓦葺建物であった可能性は高い。採集された軒平瓦には唐草紋様があり、軒丸瓦は巴紋様でコビキA技法であった。地域によりバラつきはあるものの、天正末から慶長頃にコビキAからBへ移るので、瓦の時期も佐野時代の改築と一致する。

**【出丸と出城】**　山頂から和田集落へ続く南側の尾根途中の出丸は、下から「大手門曲輪」「南曲輪」「下知殿丸」とよばれている。ただ、現状では下知殿丸に細長い平坦地と土塁らしき高まりがみられるだけで、その他の出丸では遺構は確認できない。また、この尾根を東側へ下った山麓の親縁寺には、佐野栄有の文書が伝わり、その周辺に居館が存在したと推定されている。

　山頂の中心部北部から西へ延びる尾根は、鞍部を経て標高約三三〇メートルで二〇〇メートルばかり西へ続くが、ここに三本の堀切と土塁が築かれている。出丸として西側からの攻撃に備えたのであろう。

　このような出丸は黒井城などにもあるが、織豊期になると中心部へ城郭機能の集約が進むので、戦国期岩尾城の名残と考えておきたい。

　一方、東側の尾根は途中から南へと方向をかえ、和田集落の東側へ延びる。出城はその先端に位置し、現在は稲荷神社となる。曲輪の削平は十分でないが、二本の堀切が残る。ここは城下町の東端を区切る位置にあることから、佐野時代にも町の関門として機能した可能性を推定しておきたい。

**【城下町としての和田】**　和田集落の南側は牧山川が流れ、自然の防御ラインとなる。地籍図では東西に通る街路沿いに町屋の存在を示す短冊型の地割があり、西から「上町」「中町」「下町」とよばれる。人為的な総構は見られないものの、東を限る出城も存在し、計画性が読みとれる。

　戦国時代以前は、川の南側に上下の二つの市場が存在し、永正十五年に和田氏がこれを今の位置に移したとされる。ただ、計画的な城下町の様子からは、豊臣政権下に入り移設された可能性が高いと考えられる。

　大坂の陣で豊臣氏が滅びたため、当該期の近畿周辺の地域支配については不明な点も多い。岩尾城は、規模は小さいものの、当時の城と城下町が凍結されて残る。豊臣政権の地域支配を解明するための資料として注目されよう。

（多田暢久）

【参考文献】　山南町編『史跡岩尾城跡調査報告書』（一九九八）

●交通の要衝を扼する丹波衆の城

# 朝日城（あさひじょう）

〔所在地〕丹波市春日町朝日
〔比　高〕四〇メートル
〔分　類〕丘城
〔年　代〕十六世紀
〔城　主〕荻野氏
〔交通アクセス〕ＪＲ福知山線「黒井駅」下車、西へ徒歩約一キロ

【山城と麓の居館】　黒井城跡から南西へ一・七キロの地点に位置する。尾根の先端に位置する城跡である。朝日集落の北側にはＪＲ福知山線、国道一七五号線が走っている。この朝日から二キロの地点は、日本海へ注ぐ由良川（ゆらがわ）流域と、瀬戸内海へ注ぐ加古川流域の分水嶺にあたり、もっとも標高差の低い地点である。そのため、この周辺は、古い時代から陸上交通のルートがみられた。実際、集落内部には「大道」という主要街道が存在していた。

さて、朝日城跡は、尾根上の山城跡と、集落内部にある土塁囲みの方形館群に大別される。こうした複雑な様相は、当地が荻野氏の拠点であったことと不可分の関係にある。すなわち、従来荻野氏は十四世紀頃に天田（あまた）郡、氷上（ひかみ）郡全域で勢力を振るったが、十六世紀中葉には、この朝日集落に一族が集住する体制を取っていた。大永三年（一五二三）が記されている「荻野氏交名注進状」（『荻野文書』）には一八名で荻野氏同名中を構成していたと伝える。荻野氏の軍事的拠点として、前述の黒井城が知られているが、これとは相違して荻野一族が住む朝日も一族の本貫地として注目される。実際、天正六年（一五七八）の『丹波国御祓日記』にも荻野氏を名乗る人物が数名、朝日に住んでいた。しかし、この時代、明智光秀による丹波攻略が進められた時代であり、天正三年や同七年の黒井城攻めの際、朝日は明智方の陣が置かれたという（『赤井伝記』ほか）。

【山城と集落の一体化した城】　まず、山城跡から紹介した

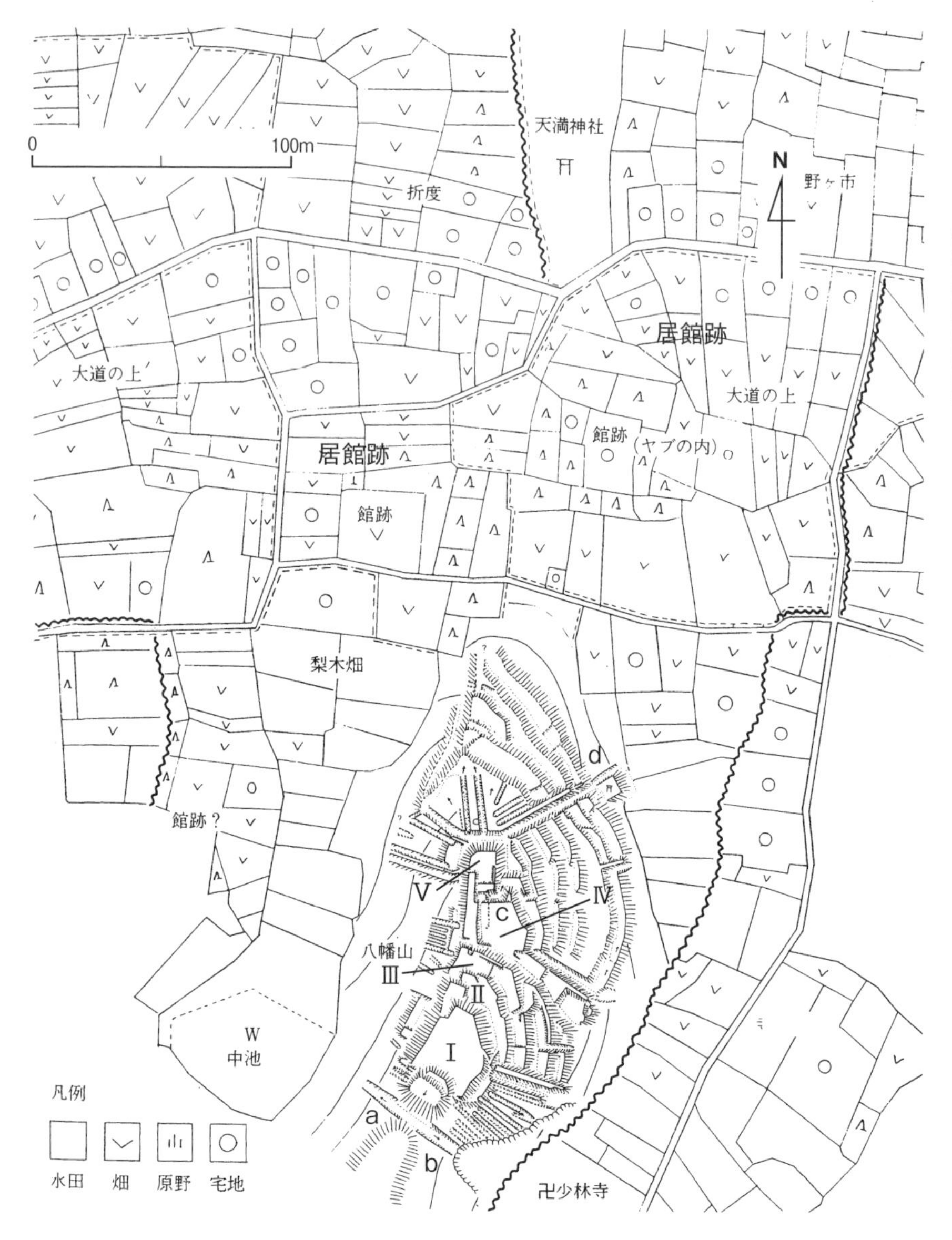
0
100m
天満神社
折度
N
野ヶ市
居館跡
大道の上
大道の上
居館跡
館跡（ヤブの内）
館跡
梨木畑
館跡？
d
V
IV
c
八幡山
III
II
I
W
中池
a
b
卍少林寺
凡例
水田
畑
原野
宅地

朝日城跡（福島克彦作図）

い。尾根の突端にある山城跡は、標高一四五メートル、比高四〇メートルの丘陵上に立地している。残念ながら、平成三年（一九九一）頃、土砂取のため北半分が破壊された。現在は、主郭周辺のみが残されているが、掘削された崖面がそのままになっており、踏査は注意を要する。以前は、主郭Ⅰから北へ階段状にまとまった曲輪が続いていた。Ⅰの南の背後には土塁と大きな堀切aが残る。この堀切は東斜面に竪堀bが延長し、これに接して畝状空堀群が刻まれている。また、曲輪Ⅳには掘り窪めた枡形状の虎口cがあり、北側を画する堀切と竪堀dと接続していた。この東斜面には竪堀bとdによって画された長細い曲輪群が段々に続いていた。これらは北東側に対する陣跡と想定される。光秀による黒井城攻めの陣として改修された可能性がある。従来からあった荻野氏の山城跡を、天正三、七年の黒井城攻めの際、陣城として改修したものであろう。なお、竪堀dの北側の斜面にも削平地が見られるが、発掘調査によって礎石建物が一部検出されるため、これらは山麓の居館跡の延長で築かれたものであろう。

地籍図によれば、山城の北の麓には、方形区画が少なくとも二ヵ所看取できる。一部には土塁が廻っており、これが戦国期の荻野氏同名中の居館跡と推定できる。現在の集落のなかに埋没されつつあるが、比較的残存度は高い。

このように、朝日城跡は、従来の荻野氏の居館群とその背後の山城という時代と、明智軍が黒井城攻めのために改修された時代に大別されると考えられる。特に山城部分は、それが共存する遺構として重要である。ただし残念ながら、近年の破壊のため、山城跡は大きく変容している。また集落内部の居館遺構は、個人宅であるため、見学に充分配慮したい。

【参考文献】『史跡黒井城跡保存管理計画策定報告書』（春日町、一九九二）

（福島克彦）

●明智光秀の猛攻を耐えた山城

# 黒井城（くろいじょう）

〔国指定史跡〕

〔所在地〕丹波市春日町黒井
〔比　高〕二七〇メートル
〔分　類〕山城
〔年　代〕十六世紀
〔城　主〕赤井氏、明智氏（斎藤氏）、堀尾氏
〔交通アクセス〕JR福知山線「黒井駅」下車、北へ徒歩一時間一〇分、麓の興善寺に駐車場有り

**【中世から近世城郭へ】**　国道一七五号を丹波柏原から北へ進むと石生を過ぎたあたりで、道が東へ大きくカーブすると、やや左手の山頂にある石垣が目に入る。城が機能した頃は、その上の建物とあわせて白く輝いていたであろう。

兵庫県下で、このように山麓からでも石垣が望める山城は、ほかに竹田城や利神城がある。いずれも中世以来の山城であるが、中心部の石垣は織田から豊臣時代に改修を受け、ともに江戸時代初頭には廃城となった。そのため城郭構造が大変革していく過渡期の姿が凍結されて残っている。

**【本城と出丸】**　その中心は、標高三五六メートルの城山山頂の本城部。そこは北西から南東に細長く、本城部も長さ約一五〇メートル、幅約四〇メートルと意外とせまい。

しかし、そこから北と南東方向へ延びる主要な尾根には「西の丸」と「東出丸」を築く。また、周囲の短い尾根にも「石踏の段」「太鼓の段」と呼ばれる小曲輪があり、本城の北東側斜面を下ると「北の丸」がある。

このように、本城部への通路を、周囲に設けた出丸により固めていた。出丸には本城への退路だけでなく、相互の連絡道もあった。たとえば、東出丸の背後には本城へ至る道とともに、北の丸と太鼓の段へ行く道が分岐している。

東出丸は南東端に堀切を設け、その内側に櫓台状の幅広土塁を築く。現在はその中央を登山道が破壊して進むが、本来は土塁の東側面を迂回させて入ったと推定される。このように土塁と堀切をセットにし、土塁側面を迂回させる通路設定

は、西の丸にもみられる。そこでも東出丸と同じく本城と反対側に設定していた。一方、出丸における、本城側への防御はほとんどない。そこに本城の優位性を確保しながら、戦術的な衛星として出丸を利用したことが読み取れる。

**【本城の縄張】** 本城部は、中央に堀切を設け、曲輪を前後二つに分ける。ここを中心に腰曲輪や虎口空間などを設けていた。そのうち北西側の曲輪がやや高く、主郭となる。その北側に二段の腰曲輪がある。現在は、ここから西の丸への通路があるが、本来は北の丸へ下り、そこから横移動で西の丸へ連絡していたとみられる。

　主郭と南東の曲輪の連絡は、南西側面に張り出した石垣造の小曲輪を経由する。ここは一種の出枡形であり、織豊系の虎口(こぐち)空間と評価できる。明智光秀の支城となって以後に付加された可能性が高い。石垣は野面積(のづらづみ)のいわゆる穴太積(あのうづみ)であ

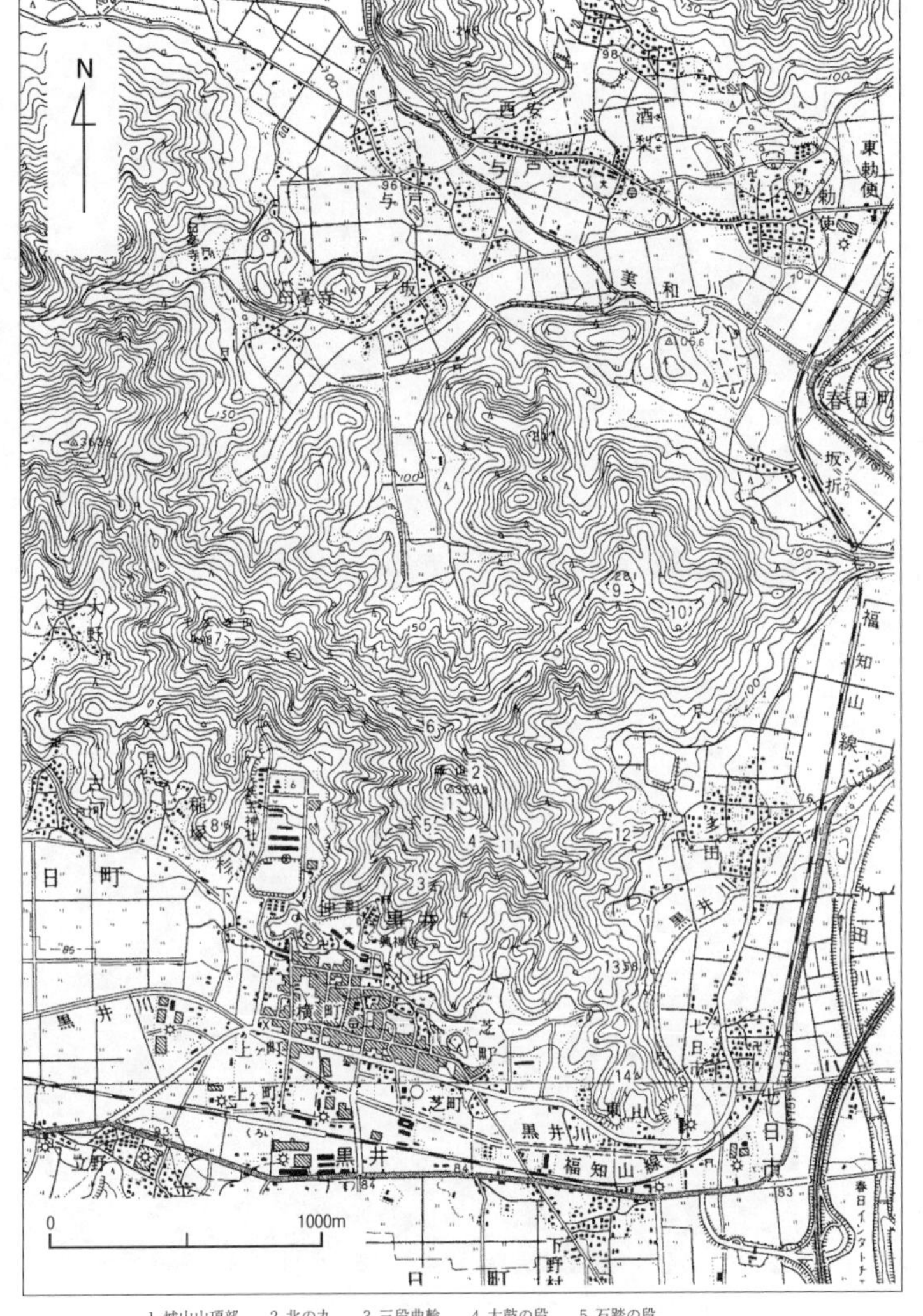


1. 城山山頂部　2. 北の丸　3. 三段曲輪　4. 太鼓の段　5. 石踏の段
6. 西の丸　7. 千丈寺砦　8. 兵主神社西砦　9. 龍ヶ鼻砦　10. 百間馬場
11. 東出丸　12. 多田砦　13. 的場砦　14. 東砦

黒井城遺構配置図（『史跡黒井城跡保存管理計画策定報告書』より引用）

り、城内の石垣では最も高い。黒井城の天守は存在そのものが不明であるが、一階を通路とし、その上を櫓とするような建物を想像することも可能である

南東曲輪の先には二段の小曲輪がある。その先端も高さ二メートルほどの石垣となり、内側に低い石列が残る。石列上には土塀が存在し、通路を屈曲させた虎口であったと推定される。さらに、小曲輪全体を虎口空間とする織豊系の「くちばし状虎口」と評価することもでき、虎口部分を織豊期に集中的に強化した様子がうかがえる。なお、石垣の南東隅には拡張した痕跡もあり、さらに数回の縄張の変更があったらしい。

黒井城跡遠景

黒井城跡山上部の石垣（丹波市教育委員会提供）

一方、本城部の北東側は数段の帯曲輪を経て、北の丸へ通じるが、規模も小さく、戦国期の遺構と考えたい。このように本城部は二つの曲輪と、それを強化する虎口空間、補助的な腰曲輪や帯曲輪により構成される。特に虎口部分を石垣で強化し、それを城下側に配したのは、新たな支配者としての織豊政権の威容を示すためと考えられよう。

**【出城の構成】** 連携して機能する本城と出丸にたいし、離れた尾根上には出城が存在した。西の丸から主尾根は北東と北西に分かれるが、北東の尾根を約九〇〇メートル進むと、標

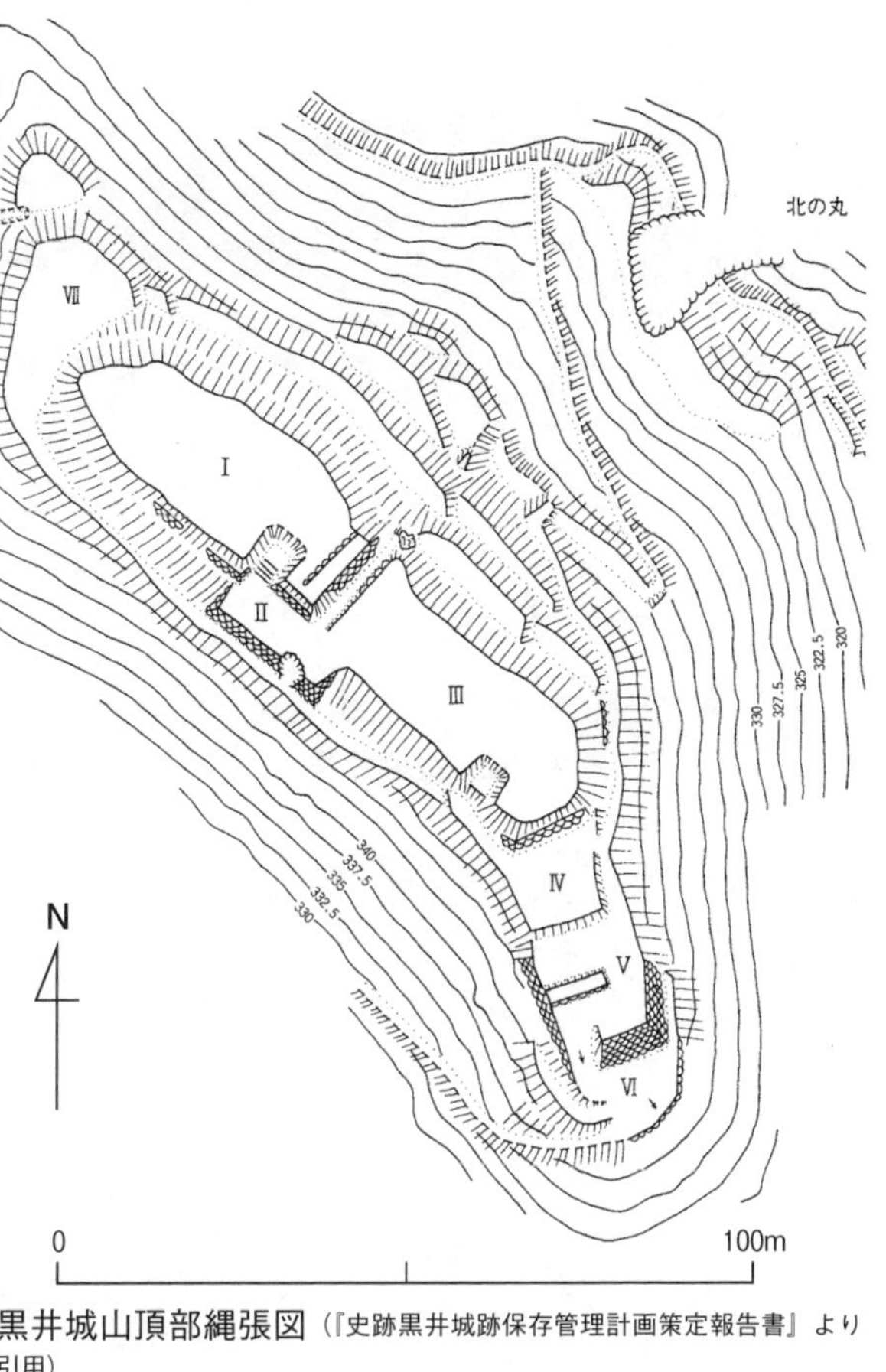


黒井城山頂部縄張図（『史跡黒井城跡保存管理計画策定報告書』より引用）

高二八一メートルのピークがあり、ここが「龍ヶ鼻砦」。東西に細長い曲輪と北側の帯曲輪からなり、外辺には低い土塁を設ける。内部の削平は不十分ながら周囲の切岸は明確で、出丸と異なり独立性は高い。すぐ東には「百間馬場」と呼ばれる平坦な尾根があるが、遺構は確認できない。

北西へ向かった尾根も九〇〇メートルほどで、標高三四六メートルの富士山型のピークへ至る。ここに築かれたのが「千丈寺砦」。頂上の東西・南北が約三〇メートルの台形の曲輪と北西側斜面の腰曲輪、竪堀とがある。規模は小さいが北側と南側に土塁を築き、東側尾根に対しても腰曲輪を設けるなど、やはり独立性が高い。

また東出丸から南東へ下る尾根先端の標高一四五メートルのピークが、「東山砦」。ピークから南西へ曲輪が続き、その間を堀切が区画する。

これらの出城に共通するのは、出丸までの間の尾根上は城郭として利用していない点である。東出丸と東山砦の間には「的場砦」と呼ばれるピークがあるが、曲輪は確認できない。唯一ある堀切状の遺構も、切通し道の痕跡である。また、千丈寺砦までの尾根も、平坦地はあるが堀切などの区画は確認できない。出城は大黒井城域と呼べる戦略的な防御範囲を画する施設として計画的に配置された可能性が高いであろう。

そのほか、城下へ通じる旧福知山街道を監視する「兵主神社西砦」や多田集落背後の「多田砦」など、補助的な出城も存在していた。

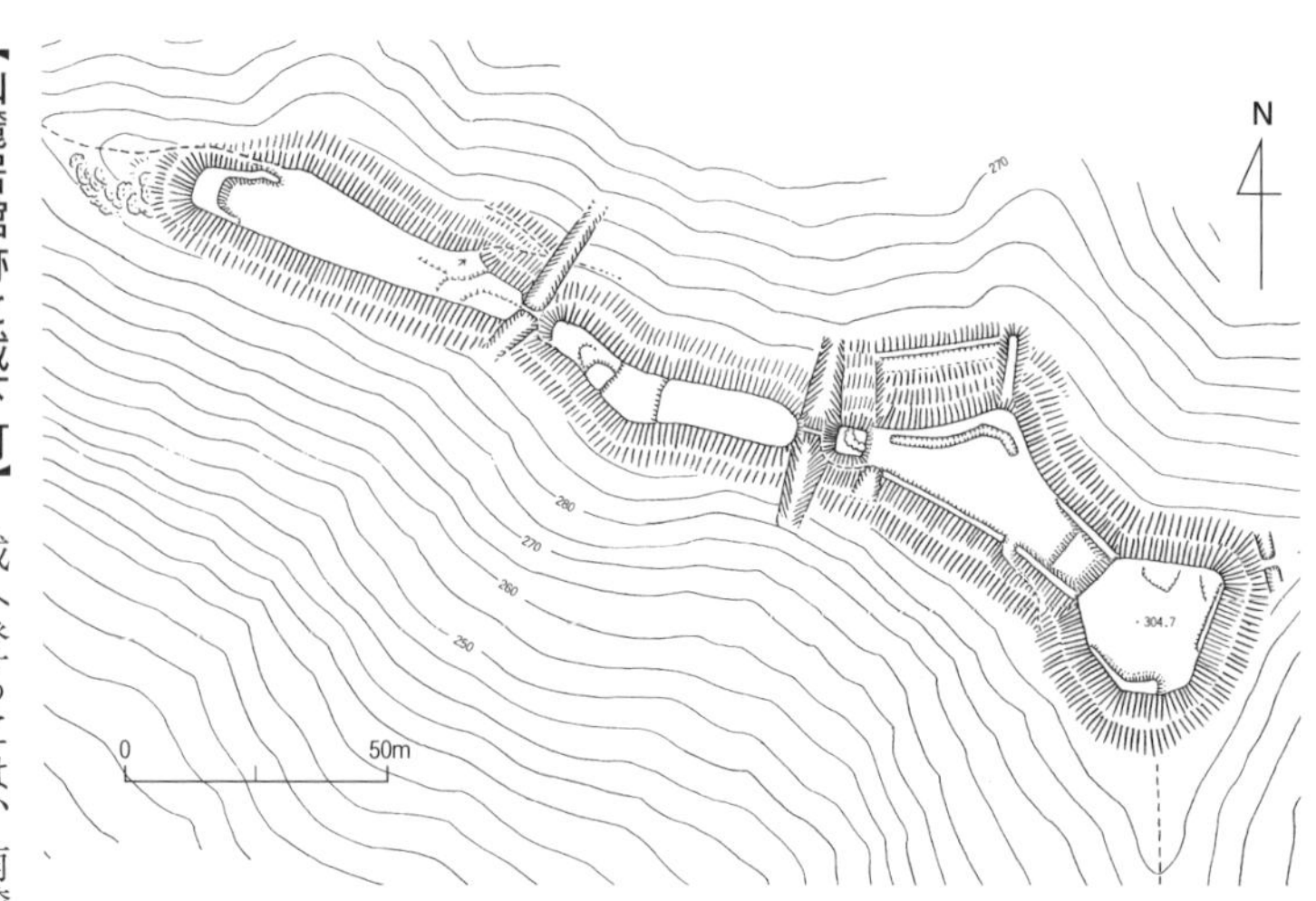


黒井城西ノ丸縄張図（『史跡黒井城跡保存管理計画策定報告書』より引用）

黒井城東出丸縄張図（『史跡黒井城跡保存管理計画策定報告書』より引用）

**【山麓居館跡と城下町】** 城へ登るには、南麓の興禅寺からが駐車場もあり便利である。興禅寺は前面に堀と石垣を設け、城主が平時に居住した居館跡とされる。徳川家光の乳母であった春日局は、明智時代に黒井城の城代であった斎藤利三の娘であり、境内にはその産湯の井戸と称されるものもある。ただ、今の石垣は江戸時代以降のものであり、城とは直接関係ないので注意が必要。寺の脇から尾根に取り付くと、「三段曲輪」と呼ばれる六段の曲輪があり、そこから登山道を登ると石踏の段を経由して本城へ行ける。

興禅寺の南にある黒井の町は城下町を引き継いだもの。古い町並みは見られないが、地籍図の分析から、東西に続く旧福地山街道と旧京街道を、居館跡から南北に延びる本町と新町がつなぎ、織豊系の城下町に特徴的な長方形街区が確認できる。このことから、城下も明智か堀尾の時代に再編を受けたと考えられている。なお、JR黒井駅から東へ約四〇〇メートルの丹波市立春日郷土資料館には黒井城出土の瓦や、江戸時代に描かれた黒井城下絵図の複製などの関係資料が展示されている。

【悪右衛門の城から光秀へ】　一般的な中世城郭と同じく、黒井城の最初も霧に包まれている。通説では、南北朝時代の建武年間（一三三四―三八）に赤松貞範が築城したとされる。貞範の系統が黒井城周辺の春日部庄（かすかべのしょう）に権益を有していたことは、足利尊氏や義詮の御教書や赤松貞村の譲り状から確認できる（『赤松春日部家文書』『安国寺文書』）。ただ、当時の史料では、山城の存在は確認できず、近年は疑問視されている。

戦国時代の天文年間（一五三二～五五）になると、それ以前から春日部庄の蚕食を進めていた荻野正元とその子の秋清が城主となる。一方、その頃に勢力を伸ばしてきた赤井時家は次男の「才丸」、のちの直正を朝日（あさひ）城の荻野氏同名へ猶子として送り込んでおり（『荻野努氏所蔵文書』）、直正は天文二十三年に秋清を刺殺して黒井城を奪ったとされる。

永禄十一年（一五六八）の信長上洛では、直正は本家の赤井氏とともに織田方に従っている（『寛永諸家系図伝』）。しかし、その後は織田方との対立を深め、天正三年（一五七五）の八木豊信書状によれば、信長から派遣された明智光秀の丹波侵攻により、但馬竹田城へ出陣していた「荻悪（荻野悪右衛門尉直正）」が黒井城へ籠城している（『吉川家文書』）。この時は、翌年に八上（やがみ）城の波多野氏が反旗を翻したため光秀は退却した。いわゆる「赤井の呼び込み軍法」である。

天正五年になると光秀の再攻略が開始され、七年六月に八上城が落城。この間の六年には直正も病死しており、八上落城直後の八月に黒井城は陥落している（『信長公記』）。

その後、丹波を領有した光秀は、重臣の利三を黒井城に置き、氷上（ひかみ）郡の統治にあたらせた（『白毫寺文書』）。本能寺の変後は、秀吉の家臣として堀尾吉晴が入ったとされるが、天正十二年の小牧・長久手の合戦で、直正の一族が徳川方の「牢人」として「黒井古城」へ立て籠もっており（『加舎文書』『犬塚文書』）、この頃までに、廃城になったと考えられる。

【黒井城の魅力】　本城部を中心とした出丸と出城の配置には一定の規則性がみられた。これは、城が順次拡張したのではなく、当初から計画的に縄張されたことを示す。

通説では、本城部以外は戦国期にさかのぼるとされる。ただ、縄張からは織豊政権による改修の可能性も考えられよう。また石垣も、古様ながら算木積の意識がみられ、一部に反りもあることから文禄・慶長頃まで下げる見解もある。このように、遺構から検討すべき点はまだまだ多い。

【参考文献】春日町編『史跡黒井城跡保存管理計画策定報告書』（一九九三）

（多田暢久）

●土塁の残る方形平面の平城

# 野村城（のむらじょう）

〔丹波市指定史跡〕

〔所在地〕丹波市春日町野村
〔比　高〕三メートル
〔分　類〕平城
〔年　代〕十六世紀？
〔城　主〕野村氏？
〔交通アクセス〕ＪＲ福知山線「黒井駅」下車後、神姫バス「春日中学校前」下車、西へ徒歩約三〇〇メートル

【土塁囲みの方形平城】　城跡は黒井城跡を間近に望む平城。現在も北・東・南側に高さ約一～二メートルの土塁が残り、その外側の北と南には一段低くなった幅約五メートルの堀の痕跡もみられる。東側にも水堀跡が残っていたらしいが、現在は道路により埋め立てられてしまった。西側に土塁と堀がないのは開墾によるもので、耕地の畦畔に痕跡を窺うことができる。西側城域外に南北の水路が流れており、堀に続いていた可能性もある。

堀まで含めると南北約八〇メートル、東西約六〇メートルの長方形の平面をしている。北西角の土塁がやや高く、幅広となるのは櫓台などとして使われたのであろうか。また、南東隅の土塁が内側に屈曲するのは、敵の側面を攻撃するための横矢掛かりを意図した可能性がある。

現在、内部は畑となるが、発掘調査が行なわれていないため、建物の存在や構造については明確でない。

【立地と城主】　平城ではあるが、まったくの平地にあるのではなく、西側から続く低い段丘の端に位置する。このため、東側土塁の外側のみ高さが三メートル近くになり、土塁上からは段丘下の木寺の集落を見渡すことができる。

一方、段丘が続く西側と南側は、城外の方が高く、一部では城内が見通される。これは、城主が軍事的な優位より、集落との関係を重視したことを示す。

近世に成立した『丹波志』によれば、城主は野村氏とされ、三代目の野村太郎兵衛が天正頃に没落したとする。また

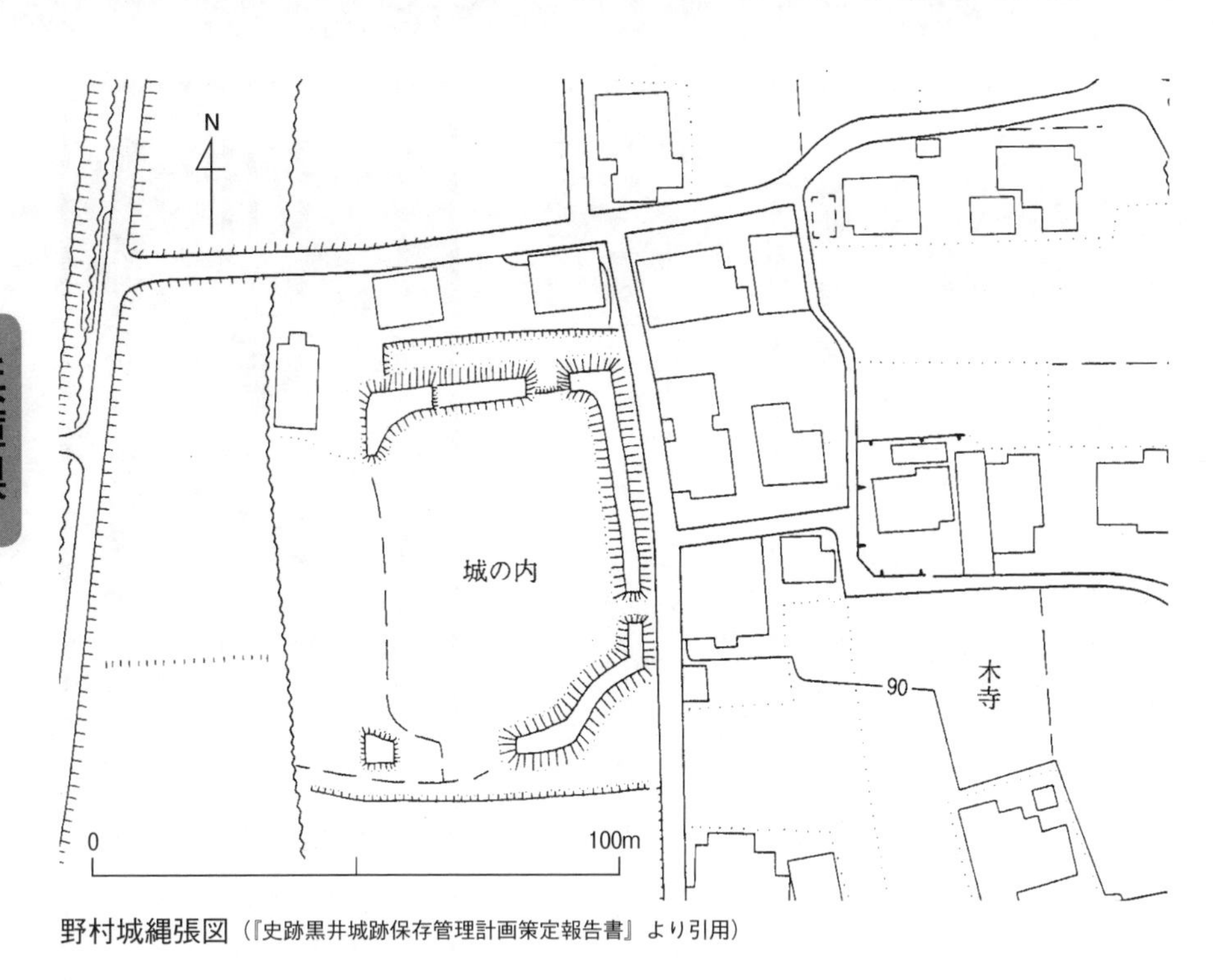


野村城縄張図（『史跡黒井城跡保存管理計画策定報告書』より引用）

黒井城に近いことから、野村氏をその配下とする説もある。いずれにせよ、当時の史料で野村氏の活動は明確には確認できない。ただ、城の立地と規模から、集落内の有力土豪の館が城郭化したものとみて差し支えないであろう。

城跡の「城の内」以外にも、周囲に「万所」や「釘ヌキ」など関連する小字がみられることと、東側集落内の「下屋敷」とよばれる一郭にも堀が存在したと伝えられることから、複数の方形館が並立する構造を推定する意見もある。また、「万所」の字名は、城が庄園の公的な施設から発展した可能性を示唆する。

**【丹波における方形平面の平城】** 野村城跡のような四角い平面形の平城は、「方形館」とよばれ、土豪や国人の居館と推定されることが多い。丹波では大淵館（おおぶちやかた）跡や大山（おおやま）城跡などが知られる。黒井城跡山麓の平野部では、ほかに国領（こくりょう）城跡もややいびつな台形平面なから、段丘端に立地する土塁囲みの平城である。ただ、国領城は天正七年（一五七九）の黒井城落城後に明智光秀の攻撃を受けており、単なる居館ともいえない。土塁が良好に残る中世の平城は意外と少なく、居館や荘園役所が城郭化するのは通説ほどには一般的ではなかったと考えられる。その貴重な事例が周辺の圃場整備時に地元の熱意により残されたことは特筆に値する。

（多田暢久）

●堅石垣をもつ豊臣期城郭

# 洲本城（すもとじょう）

〔国指定史跡〕

〔所在地〕洲本市小路谷
〔比　高〕一二五メートル
〔分　類〕平山城
〔年　代〕大永年間～明治六年（一八七三）
〔城　主〕安宅氏、菅平右衛門、仙石秀久、脇坂安治、蜂須賀氏
〔交通アクセス〕「洲本バスセンター」から南へ五〇〇メートル

【水軍の城】　洲本城は大永年間（一五二一～二八）に安宅秀興（あたぎひでおき）によって築かれたとされる。秀興は近隣の由良・炬口城（たけのぐちじょう）（ともに洲本市）の城主でもあったという。秀興について城主になったのは、その養子であり、三好長慶の実弟であった安宅冬康である。冬康は水軍を指揮し、長慶の畿内支配を陰に日向に援助した。安宅氏、続く菅氏が城主であった時期、洲本城の状況については定かではない。ただし洲本港を見下ろす山上に、それなりの規模を有する城郭が築かれていた可能性は高いであろう。

洲本城が現在見られる姿に改修されたのは、天正十三年（一五八五）に入城し、慶長十四年（一六〇九）まで城主であった脇坂安治期と考えられる。脇坂氏に先立つ天正十～十三年の間、仙石秀久が城主であったが、期間が短く、本格的な改修には至らなかったと考えられる。脇坂氏の城主期は比較的長いうえ、文禄慶長の役、関ヶ原合戦後の築城ラッシュ期を含んでいる。この時期、全国的に織豊大名の居城・支城は大規模な改修を受け、近世城郭としての体裁を整えていく。洲本城内でも石垣の積み方に違いが見られ、構築時期差が指摘できる。脇坂期の段階的な改修により、整備・拡張されていったのであろう。

慶長十四年に安治が伊予大洲に移ってから寛永八年（一六三一）までの間、淡路国の領主は洲本城を使用した形跡がない。慶長五年に淡路一国を支配した池田忠雄は岩屋城（淡路市）、ついで成山城（洲本市）を築いて移っている。その理由

洲本城縄張図（作図：訓原重保）

は定かではないが、両城は洲本城と比べて比較的小規模である。当時の池田氏が淡路支配をするうえで、洲本城はもてあます規模であったのかもしれない。

元和元年（一六一五）から本領阿波に加え、淡路一国を所領とした蜂須賀氏は寛永八年に成山城を廃し、城と城下町を洲本に移した（由良引け）。ただし江戸期を通じて洲本城の山上が使用された形跡はない。もっぱら山麓居館部が使用された。藩主蜂須賀氏に替わり、重臣稲田氏が城代として明治まで管轄した。

**【先行地形を巧みに利用】** 洲本城は三熊山山頂を中心に広がる曲輪群、北側山麓に構えられた居館部、山上と山麓を結ぶ竪石垣（登り石垣）に囲い込まれた斜面部分によって構成される。山頂にある本丸Ⅰはほぼ方形で、東側を除き周囲に櫓台・石塁を巡らしている。ほぼ方形ながら、部分的にひしゃげた形態になるのは先行地形の影響を受けているためである。山上には随所に岩盤があらわれている。岩盤を崩せば石垣用の石材が確保できるし、直線的な曲輪ラインも造りやすい。一方、岩盤を利用すれば、風化具合にもよるが石垣は崩れにくくなるし、上部に建物を建てれば安定しやすい。本丸をはじめとする石垣がいびつに折れる基部には、岩盤があらわれた部分が多い。影響を受けたというより、岩盤の特性と

洲本城　天守台と虎口（西側から）

洲本城　主郭東側の石垣

広がりを踏まえ、縄張りが造り出されたというのが実情であろう。

天守台Aは北西隅、山麓から目視しやすい位置に築かれている。ただし本丸北東隅にある櫓台も天守台に拮抗する規模である。天守台上には、昭和三年（一九二八）建設の模擬天守が建つ。模擬天守は天守台上に別途コンクリートの基礎を築いて建てられる。このため平面規模は天守台よりも一回り小さい。したがって本来存在した天守は平面、高さとも模擬天守以上の規模を誇ったのは間違いない。規模の小さな模擬天守でも旧城下、かなり離れた海上からでも目視しやすい。往時の天守なら一層目立つ存在であったと想像される。本丸は高さ約五メートルの石垣によって囲い込まれるが、先述のように東側だけ石塁となっていない。これは本丸東裾は地形上高低差があって遮断性が強いためである。他の南・西・北裾は帯曲輪となるため、必然的に本丸曲輪面との比高差が小さくなる。この点をカバーするために裾部から石垣を高く積み上げて石塁とし、防御を固めたのであろう。つまり地形を利用する部分と普請によって補う部分が選択されている。

三熊山山頂、つまり本丸の西側約二〇〇メートル尾根続きには、約五メートル高くなったⅡの西の丸がある。西の丸は本丸を上回る面積であるが、西側と南側のみに石垣を巡らし、全体的に粗放な造りである。

本丸の南東には日月池Bがある。池の近くには井戸も設けられ、飲料水・生活用水が確保されていた。地形的に見れば日月池は谷間に位置する。こうした貯水施設が山上に確保できなければ、城を長期に維持するのは難しかった。それだけに日月池周囲は石垣によって囲い込まれ、隣接する尾根上に「馬場」と呼ばれる曲輪Ⅲを構え、念入りな防御が講じられている。

**【竪石垣・山麓部の遺構】** 天守台の北西裾あたりと東の丸裾からは、山麓に向かって二本の竪石垣C・Dが伸びている。竪石垣の延長端部は、山麓にある居館部の石垣に連結していた。破壊・崩壊した部分もあるが、注意して観察するとおよそ旧状を把握することができる。傾斜を伴う斜面に設けられた竪石垣は、短い石塁を連続させた部分、内側に曲輪を伴う部分、竪堀を伴う部分などがある。現在崩壊が進行して立ち入りできない部分も多いが、竪石垣の積み方は一律ではない。過去にも崩壊を繰り返し、積み直された部分も多いようだ。竪石垣の役割は①山上と山麓部の一体化（分断されることを阻む）、②山上と山麓を結ぶ通路の確保等が考えられる。①に関していえば、東側竪土塁は急斜面に設けられており、敵が進入するリスクは少ない。となると、縄張り面での対称性、視覚効果面などが相当意識された遺構である可能性が高い。

山麓居館一体は淡路文化史料館、検察庁、裁判所、宅地などとなっており、わずかに北側の堀・石垣を残している。東から二番目、検察庁に出入りする土橋Eはオリジナルで、内側には枡形の痕跡となる折れ曲がった石塁が残されている。

なお居館部を囲む堀の北西外側に鎮座する洲本八幡神社境内には、洲本城の御殿玄関と上段之間を移築した「金天閣」Fが現存する。正面の唐破風玄関は、蜂須賀氏の「卍」紋を配した蟇股が見事である。内部は非公開ながら、天井は折上格天井とし、正面に床・違棚を配し、脇には帳台構を備えている。昭和五十九年に兵庫県指定文化財となった。金天閣東に隣接する神社建物には、城代稲田氏家紋の「矢筈」紋の瓦が載る。城内にあった稲田氏関連の建物に葺かれていたものであろう。稲田氏屋敷は居館の西側、ちょうど洲本八幡神社の南側一帯に存在した。

【参考文献】　角田誠・谷本進編『淡路洲本城』（一九九五）

（訓原重保）

●淡路守護細川氏の大規模居館

# 養宜館(やぎやかた)

〔兵庫県指定史跡〕

〔所在地〕南あわじ市八木養宜中
〔比　高〕〇メートル
〔分　類〕平地居館
〔年　代〕十四～十六世紀初頭
〔城　主〕淡路守護細川氏
〔交通アクセス〕淡路交通バス「養宜中」下車、北へ徒歩二分

【三原平野に築かれた大規模居館】　養宜館は淡路島南部にある三原平野東端に位置する。周囲は北に傾斜する上位段丘面にあたり、東側から北側を養宜川が流れ、西側三〇〇メートルには成相川の深い開析谷がある。

淡路守護細川氏の居館といわれ、遺構の残りがよく、関西でも屈指の平地居館である。居館の西側には隣接して古代寺院である戒壇寺の比定地があって、奈良時代の瓦の散布が知られる。さらに、成相川を挟んで西側一・五キロには国分寺・国分尼寺が造営される。また居館から二キロ上流の馬廻地区には平安時代創建の古刹成相寺が知られるなど、居館周辺は古代から開発が行なわれていたことが知られている。また、戒壇寺の存在から見ると居館は古代寺院が営まれた拠点を継承した可能性が高い。

著名な居館であるが養宜館が登場する同時代史料は皆無である。現在、養宜館を守護所とする根拠は『味地草』『淡路草』などの江戸時代の地誌類と僧道範の『南海流浪記』(『群書類従』紀行部)にみえる「淡路国府ニ至テ中一日を経タリ、(中略)又此八木ノ宿ヨリハ只同朋一輩許也」の記述からである。鎌倉時代の淡路守護長沼時宗に護送された僧道範が守護館の置かれた八木(養宜)の地に留め置かれたとことから、この地が鎌倉期より守護所の置かれた場所であるというのがその根拠となっている。鎌倉時代の淡路守護は佐々木氏・長沼氏と続き、室町時代には細川氏が任じられるが、鎌倉時代以降に三原郡を中心とする国衙領を継承して、その基盤を確

立した守護が、やがて三原平野に拠点を築いたのが養宜館であるとされてきた。

鎌倉期に構築された居館であるが、細川氏が守護となる室町時代まで存続したのが現在の遺構とされている。南北朝時代に入ると、暦応三年(一三四〇)に細川師氏が立川瀬の戦いで淡路南朝方である宇原兵衛らを破り、同居館に引き続いて守護所を置いたというのである。居館の廃絶は永正十四年(一五一七)三好之長によって細川尚春が淡路を追われ、十七年に殺害される前後といわれている。

**【散在する守護関係地】** 養宜館の南一・五キロには柿ノ木谷城・上田城・眉山城の三城があって、守護居館の家臣の城とされるが(『淡路草』)、一次史料は明確ではない。一方、柿ノ木谷城南麓の八木大久保地区には安国寺があったとされるが、平成三年(一九九一)の発掘調査によって、十四世紀後半~十五世紀代の遺構が検出され、瓦や土器・磁器などが出土したことから、安国寺の存在が確認されている。さらに、居館の南西約二キロにある上田地区にも守護一族の城とされる上田土居や関係が深いといわれる上田八幡神社がある。このように居館の周辺では点在する形で守護に関連する遺跡が多く、鎌倉時代~室町時代にかけて、周辺に守護に関係する場所が散在したことは疑いがないようである。

**【居館の規模と構造】** 居館の規模は南北一五〇メートル、東西一〇〇メートルを誇る。現在周辺は内部も含め大半が水田であるが、館中央には公民館と地区の薬師堂や墓地がある。また、西および北西側の館隣接地には集落が立地する。一方、「天保年間中八木村絵図」によれば、江戸時代には水田の範囲が限られることが知られている。その範囲は居館の北東側から北側にかけて低い場所に限られる。居館が立地する場所は北に向かって傾斜する段丘地形の東縁辺にあたり、東側は谷地形となる。つまり居館周辺は大きくは北に向かって傾斜地形となるが、東側についても谷地形となるため、南側から西側が高く、東および北に低くなる地形である。そして、傾斜地形に立地する居館の東堀・北堀周辺は湧水層が浅く小規模な湧水が噴出し、東側の谷地形からの引水と合わせて、江戸時代まではこの範囲に水田が集中したものと思われる。居館北堀の集落寄りには荒神eが祀られ今でも湧水があるが、集落もこの水田範囲に接して立地している。このことを見ると中世段階までは、この地域の開発が北側の養宜川周辺に限られ、段丘上は荒蕪地であったことが推測される。

**【発掘調査と大規模であった堀】** 居館の発掘調査は本格的なものはないが、居館南東隅の電線鉄塔(昭和五十五年〈一九八〇〉)に伴う調査と、東堀部分の農道建設(昭和

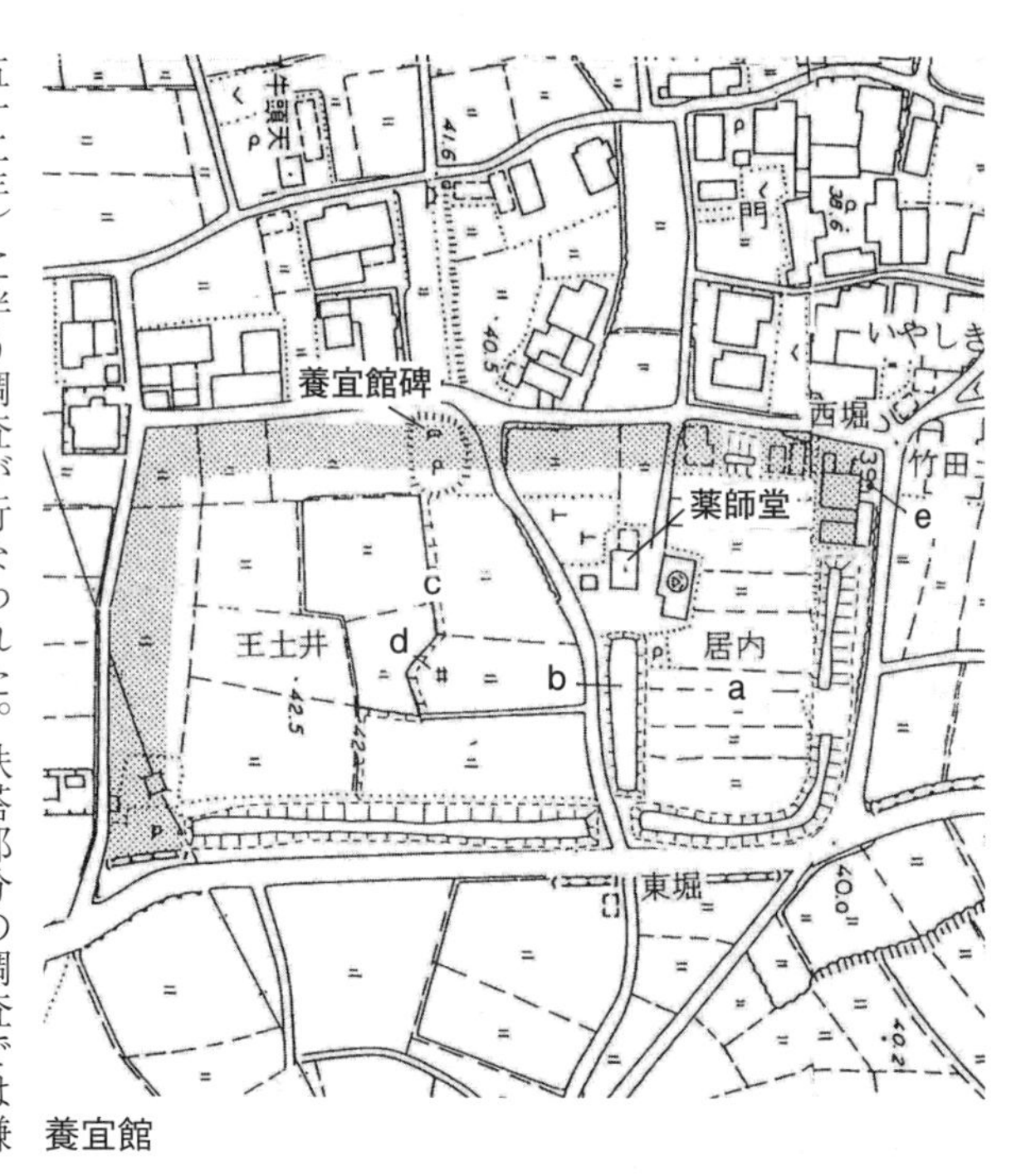


養宜館

五十二年）に伴う調査が行なわれた。鉄塔部分の調査では鎌倉期の瓦器などの遺物が出土し、居館の築造を鎌倉期とするが、限定的な調査のため詳細は不明である。東堀の調査では幅八メートル、深さ二メートル以上の堀を検出するが、撹乱が著しいとしてトレンチ調査にとどめている。ただし、写真から推測すると本格的な堀が残されており、全体的な調査が行なわれるべきであった。この調査によって堀は段丘礫層を掘削することが判明しているので、少なくとも居館の大半は段丘面上に立地していることが推測される。なお、調査後東堀は農道建設のために埋没した。

　現存の土塁は高さ三メートル、幅七〜八メートルの規模で、馬踏みは幅が総じて狭い。東辺が完存し、北辺の大半と、西辺の北隅の一部が残る。一方、堀は東辺が失われたので、現在は北辺のみが用水路として景観を残す。居館周辺は大半が水田で耕作地が広がるが、このために現在も開墾が徐々に進んでおり、わずかに残滓が残されていた西辺土塁は近年も改変が続いた。

　「天保年間中八木村絵図」によれば居館の四周に土塁・堀が描かれ、幕末までは方形居館が完全な姿で残されていたことがわかる。なお、同絵図では居館の入口は東にあったが、農道が東側の入口から薬師堂の前を通過して西側へ抜けるように表現されている。この部分に土塁の開口部は表現されないが、表記からすると西側にも出入口が存在した可能性が高い。なお、この農道は現在も薬師堂への農道として残されている。

　一方、薬師堂の東脇にはこの農道に沿って仕切り土手bが設けられ、居館を南北に区画している。居館の南側は傾斜地形で、現在は水田が段状に広がっている。しかし、南・西辺の水田は土塁を切り崩した土砂を盛ることによって圃場を拡張しているため、旧状が大きく改変されている。このために旧状の詳細は不明であるが、傾斜地形であることを考えると、南側は大規模な屋敷地が立地することは難しいと推測される。

これに対して仕切り土手から北側は五〇×一〇〇メートルほどの平坦な広がりaがあり、居館の中心であった可能性が高い。このように南北で大きく地形が異なることと、仕切り土手の存在から見ると広大な居館が一つの屋敷として機能したのではないことが確実と思われる。

養宜館東側土塁の景観（道路にかつて堀があった）

【小規模な居館の付属集落】　居館周辺には小字が多く知られている。明治二十三年（一八九〇）の「字限地図」によれば内部は南側が「王土居」、北側が「居内」と呼ばれ、東西の土塁脇に「東堀」「西堀」の字名が記される。さらに、居館の北側には「外土井」「中ノ土井」「竹田土井」が、現在の集落の広がる北西周囲には「奥ノ土井」や「下ノ土井」「土井」「門」があり、やや離れて居館東側の集落内にも「次郎右エ門土井」などの字名がある。これらの広がりは限定的なものであるが、その存在から周囲に付属集落あるいは家臣屋敷の存在が推測される。

前述のようにこの居館は江戸時代には四方の土塁が残されていたが、近代以降は民有地となって耕作地が広がり、土塁の切り崩しが進行した。しかし、極端な開発に対しては近年まで禁忌が伝えられ、一定の歯止めとなっていたことも、聞き取りで明らかになっている。県指定史跡であることの意義も踏まえて、今後現状が維持されることが望まれる。

【参考文献】　小川信『中世都市「府中」の展開』（思文閣出版、二〇〇一）、山本幸夫「養宜館」（『日本城郭体系』一二所収、一九八一）

（山上雅弘）

●豊臣期の最高技術を示す山城

# 竹田城（たけだじょう）

〔国指定史跡〕

〔所在地〕朝来市和田山町竹田古城山
〔比　高〕二五五メートル
〔分　類〕山城
〔年　代〕十四世紀〜十六世紀末
〔城　主〕太田垣輝延・赤松広秀
〔交通アクセス〕JR播但線「竹田駅」下車、徒歩四〇分、殿地区に駐車場有り

**【但馬守護代の太田垣氏】**　竹田城は、但馬守護代太田垣氏の本城である。太田垣通泰（おおたがきみちやす）は、明徳の乱（一三九一年）、応永の乱（一三九九年）を山名時熙（やまなときひろ）のもとで戦い、応永六年（一三九九）備後守護代に取り立てられた。嘉吉元年（一四四一）六月、播磨守護赤松満祐（あかまつみつすけ）が将軍足利義教を殺害する嘉吉の乱が起こると山名持豊は、播磨城山（きのやま）城で赤松満祐を討伐した。十月、山名持豊は太田垣誠朝と垣屋熙続（かきやひろつぐ）を播磨守護代とした。文安元年（一四四四）赤松満政が挙兵するが、誠朝は生野の真弓峠で迎え撃っている。

竹田城は太田垣通泰や太田垣誠朝の時期に、但馬守護山名氏の守護代の城郭として築城され、播磨国との国境を守る重要な拠点となったとみられる。

**【羽柴秀吉と竹田城】**　永禄十二年（一五六九）織田信長は秀吉ら二万の大軍で但馬の城十八城を攻略し、生野銀山を接収した。此隅山（このすみやま）城の但馬守護山名祐豊（すけとよ）は泉州堺に逃れた。しかし太田垣輝延（てるのぶ）が生野銀山を押領しており、信長は山名祐豊および太田垣輝延・八木豊信（とよのぶ）・垣屋光成・田結庄是義（たいのしょうこれよし）ら山名氏の重臣に対して、生野銀山を今井宗久・長谷川宗仁に渡すよう指示した。太田垣輝延（てるのぶ）は生野銀山を信長の支配に任せ、山名祐豊は但馬への帰参を許されている。

天正三年（一五七五）春、但馬出石の山名祐豊と安芸の毛利輝元が、芸但（げいたん）和睦の同盟を行なった。太田垣輝延が毛利方の吉川元春との交渉役を務めており、生野銀山支配をめぐる織田方との対立は治まっていない（『吉川家文書』）。

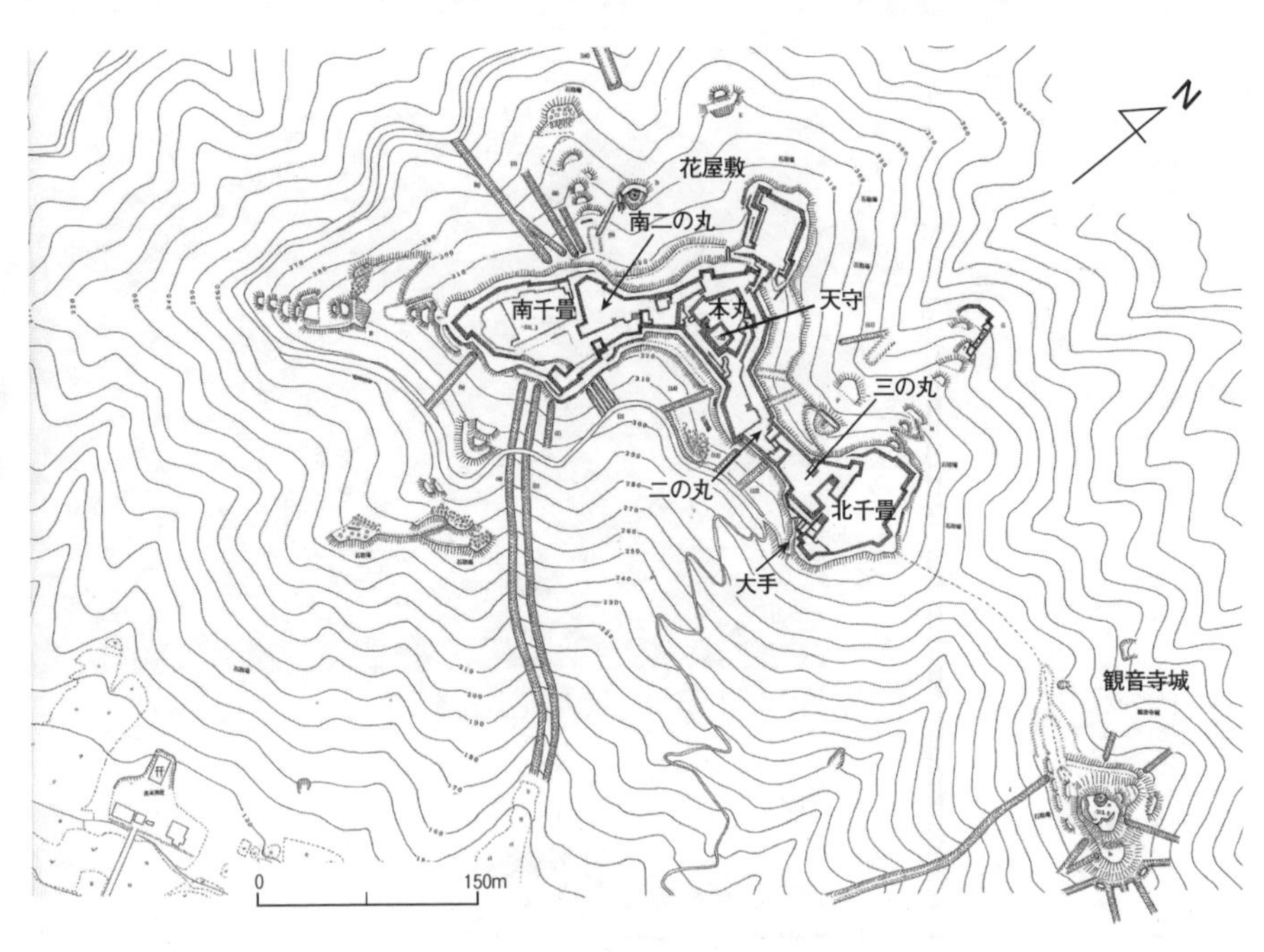


竹田城の全体概要図

天正五年十一月、羽柴秀吉は竹田城主太田垣輝延を攻め落とし、羽柴秀長に在番と城の普請を命じた（『信長公記』）。しかし天正六年四月十八日、播磨上月城の合戦にあわせて、垣屋豊続など但馬の毛利勢が水生城の合戦で蜂起した。太田垣輝延が勢力を盛り返したが、同年六月に羽柴秀長が再び竹田城に入り但馬勢を召し出している。しかし太田垣が再び入城し、天正八年一月の三木城落城まで守護した。

天正八年五月、羽柴秀吉は秀長を但馬に派遣して但馬の中心部を制圧した。八木城・有子山城・轟城など但馬の主要な城郭は織田家に属し、主戦場は鳥取城へ移った。

天正十年竹田城に、桑山重晴が一万石で入り、十三年赤松広秀が二万石で入った。赤松広秀は、文禄の役に出陣し、文禄二年（一五九三）三月、古都（尚州）から釜山浦間の伝え城に在番し、五月には普州城攻撃を戦った。慶長五年（一六〇〇）関ヶ原の合戦では、但馬・丹波の諸大名とともに徳川家康に与した丹後田辺城（京都府舞鶴市）攻めに参加した。しかし関ヶ原の合戦で徳川方の勝利が伝わり、亀井茲矩に加勢して鳥取城攻めに出陣した。しかし徳川家康から鳥取城下を焼き討ちにした責めを問われ、赤松広秀は鳥取の真教寺で切腹し、竹田城は廃城となった。

**【総石垣の竹田城】**　竹田城は、標高三五三メートルの山頂に作られた山城である。本丸から尾根筋にそって三方向に曲輪を配置し、城の規模は南北三三〇メートル、東西一一〇メートル、城の面積は約一万八四〇〇平方メートルに及ぶ。城郭の周囲に石垣を構築した総石垣の山城である。

竹田城の先端部には、北千畳（きたせんじょう）・南千畳・花屋敷という曲輪が、標高三三一メートルの同じ標高で作られている。この曲輪には共通して、上に登る虎口が一ヵ所、曲輪から下に出る虎口が二ヵ所存在する設計が使われている。花屋敷は、三ヵ所の虎口と長方形プランが特徴であり、豊臣秀吉が築いた肥前名護屋城の遊撃丸、加藤清正や浅野幸長が築いた韓国蔚山（うるさん）広域市の西生（そせん）浦（ぽ）倭城の曲輪に類似する事例がある。

竹田城の石垣（南から本丸を望む）

竹田城の石垣（三の丸虎口）

竹田城の本丸は、東西四〇メートル、南北三五メートルの規模で、城下町に面した中央部に、四角形の天守台石垣を築する。本丸の周囲は、石垣を構築した通路となる帯曲輪が存在するため、本丸は二重の総石垣で守られている。

天守台の規模は東西一二・七メートル、南北一〇・六メートルである。六石の礎石が現存しており、六尺五寸で配置され、復元すると東西六間、南北五間の規模に復元できる。天守台石垣の高さは一〇・六メートルあり、倭城に比較しても極めて高い。

本丸と北千畳の間に、長方形ブロックの石垣を二個置い

料金受取人払郵便

本郷局承認

8240

差出有効期間
平成29年1月
31日まで

郵便はがき

113-8790

251

東京都文京区本郷7丁目2番8号

吉川弘文館 行

愛読者カード

本書をお買い上げいただきまして、まことにありがとうございました。このハガキを、小社へのご意見またはご注文にご利用下さい。

お買上**書名**

＊本書に関するご感想、ご批判をお聞かせ下さい。

＊出版を希望するテーマ・執筆者名をお聞かせ下さい。

お買上書店名　　区市町　　書店

◆新刊情報はホームページで　http://www.yoshikawa-k.co.jp/

◆ご注文、ご意見については　E-mail:sales@yoshikawa-k.co.jp

| ふりがな<br>ご氏名 | 年齢　　歳　男・女 |
|---|---|
| 〒 □□□-□□□□<br>ご住所 | 電話 |
| ご職業 | 所属学会等 |
| ご購読<br>新聞名 | ご購読<br>雑誌名 |

今後、吉川弘文館の「新刊案内」等をお送りいたします(年に数回を予定)。
ご承諾いただける方は右の□の中に✓をご記入ください。　□

# 注文書

月　　日

| 書　　名 | 定　価 | 部　数 |
|---|---|---|
| | 円 | 部 |
| | 円 | 部 |
| | 円 | 部 |
| | 円 | 部 |
| | 円 | 部 |

配本は、○印を付けた方法にして下さい。

イ. 下記書店へ配本して下さい。
（直接書店にお渡し下さい）

（書店・取次帖合印）

書店様へ＝書店帖合印を捺印下さい。

ロ. 直接送本して下さい。

代金（書籍代＋送料・手数料）は、お届けの際に現品と引換えにお支払下さい。送料・手数料は、書籍代計1,500円未満530円、1,500円以上230円です（いずれも税込）。

＊お急ぎのご注文には電話、FAXもご利用ください。
電話 03－3813－9151（代）
FAX 03－3812－3544

た食違(くいちがい)虎口で城内を仕切り、その前方に三の丸を置く。本丸と南千畳の間にも同様の虎口を置き、前方に南二の丸を置く。つまり本丸・三の丸・北千畳、本丸・南二の丸・南千畳という三段構成の曲輪が、本丸の両側に展開する。慶長三年、慶長の役は終了した。倭城よりも優れた石垣構築技術が竹田城で使われていると評価している。

【倭城と竹田城】竹田城では軒丸(のきまる)瓦・軒平瓦・菊文差瓦・鳥(とり)衾(ぶすま)瓦・鯱瓦・鬼瓦など、多くの瓦が出土している。その中に高麗瓦が一点存在する。また軒平瓦の均正唐草文様に姫路城三の丸出土の同紋瓦が一点確認されている。竹田城の瓦は姫路系瓦工人集団が作ったという指摘があり（田中幸夫『織豊期城郭の瓦』）、竹田城の構築には姫路城主を通じた豊臣政権の関与を推定している。

赤松広秀が構築したと考えられる大竪堀が存在する。北千畳の二〇〇メートル北東の尾根上にある観音寺城から城下町方向に長さ一五〇メートルの一本の竪堀がある。これに対応する竪堀が南千畳の南東にあり、長さ二五〇メートルで城下町方向に下っている。この竪堀は、竹田城の登城路の両側にあり、山城と山麓に作られた城主館を一体的に防御する施設で、倭城の実戦経験によって普及したものである。

竹田城の外側の山の斜面には、井戸曲輪が二ヵ所、登り石垣をもつ曲輪が一ヵ所、石取り場などが存在している。

また太田垣時代の竹田城は、南千畳の周囲にある畝状空堀群や竪堀を横堀でつないで主郭を守る観音寺城などに認められる。この時期の竹田城は土造りの山城とみられる。

現在の石垣をもつ竹田城の築城は、倭城よりさらに進んだ平面構成をしていることから慶長三年から五年と考えている。時期的にみて、関ヶ原の合戦に備えて豊臣政権が、大坂城を守る支城群の一つとして整備したものであろう。山陰・山陽方面の押さえとして、竹田城や豊臣期姫路城が整備されたと推定する。この結果、蔚山籠城戦の経験を活かした豊臣期最高水準の城郭技術を備えた竹田城が作られたと考えている。

城下町は、竹田城の山下を弓形に湾曲して流れる円山川との間に作られ、城下町を流れる水路によって、四区画に分割されている。東西四〇〇メートル、南北一四〇〇メートルの範囲で、中心街路にはクランクや折れを伴っている。

【参考文献】橘川真一・角田誠編『ひょうごの城』（神戸新聞総合出版センター、二〇一一）、『国史跡竹田城』（二〇一四）

（谷本　進）

●豊臣大名別所家の山城

# 八木城（やぎじょう）

〔国指定史跡〕

〔所在地〕養父市八鹿町八木
〔比　高〕二三〇メートル
〔分　類〕山城
〔年　代〕十四世紀～十六世紀末
〔城　主〕八木豊信・別所重棟・別所吉治
〔交通アクセス〕JR山陰本線「八鹿駅」下車後、全但バス「下八木」下車、徒歩五〇分

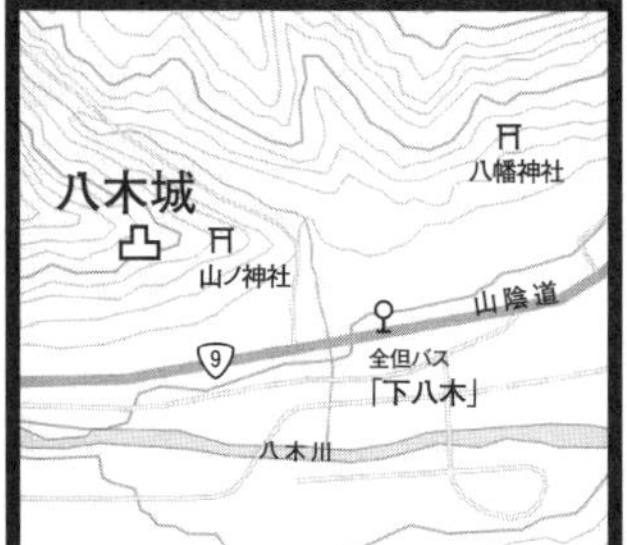

**【但馬八木氏の拠点】**　八木城は、兵庫県と鳥取県の県境を形成する標高一五一〇メートルの氷ノ山を源として東に流れる八木川流域を本拠地とした八木氏の城郭として築かれた。延文元年（一三五六）八代城・宿南城・大坪城・土田富栖城などで合戦があり、付近の城名が認められる（『伊達家文書』）ことから、八木城も南北朝期に築城されたと考えている。

八木氏は、但馬地域で奈良時代から郡司として勢力を誇った日下部一族の子孫であり、鎌倉幕府の源頼朝に仕えた朝倉高清の子、八木安高に始まる。弘安八年（一二八五）には八木泰家は八木庄の地頭として六一町歩を支配し、八木氏一族は但馬地域で合計四九六町歩の所領を支配した（『但馬大田文』）。八木氏は日下部一族の惣領家であり、福井市一乗谷で栄えた越前朝倉氏と八木氏は一族にあたる。

寛正六年（一四六五）三月、八木宗頼は山名宗全に従って将軍足利義政の花見に参加した（『親元日記』）。文明十六年（一四八四）宗頼は山名政豊に従って播磨野口の合戦に出陣し、赤松政則・浦上則宗らを攻めて播磨・備前・美作を占領した（『続本朝通鑑』）。八木氏は宗頼の活躍以後、貞直・直信・豊信と続き、山名四天王の一家に数えられた。

この時期の八木氏館が殿屋敷遺跡である。南北八〇メートル、東西七〇メートルの範囲を堀で囲んだ屋敷が発掘調査で発見された。十二世紀後半に地頭館として構築され、その後に城主館となって、堀が掘削され、十六世紀中頃まで利用されている。殿屋敷の前方には古市場の地名が残る。

**【但馬北西部の拠点城郭】**　天正三年（一五七五）、但馬は織田勢と毛利勢の境目となる。八木豊信は、同三年春、安芸の毛利輝元と但馬の山名祐豊による芸但和睦以後、吉川元春に与同し、十一月二十四日には長文の書状によって但馬や諸国の情勢を吉川元春に報告し、来春の但馬出兵を懇請している（『吉川家文書』）。

天正五年十一月、羽柴秀吉による第一次但馬攻めによって八木城は落城する。しかし翌年四月十八日、播磨上月城の合戦と同時に但馬の毛利勢が蜂起し、但馬水生城の合戦・宵田表の合戦を戦い、垣屋豊続は宵田城を守備した織田家城督を討ち果たしている。八木城の八木豊信も再び毛利方に与した。天正七年七月二十七日、吉川元春は垣屋豊続に対して但馬に軍勢を差し向け、八木城に吉川の番衆を送り込んで警護したいと伝えている（『吉川家文書』）。

天正八年五月、羽柴秀吉は但馬に羽柴秀長を派遣し、但馬の中心部を完全に制圧した。八木豊信は秀吉の配下となり、鳥取城攻めに従って若桜鬼ヶ城に移った。

**【豊臣大名の別所家】**　天正十三年、秀吉は別所重棟を一万五〇〇〇石で八木城に配置し、但馬に豊臣大名別所家が成立した。重棟の妻は福島正則の姉であり、息子の正之は福島正則の養子となって三原城主となっている。重棟は播磨三木城主別所長治の叔父にあたるが織田方に属し、天正六年毛利方の拠点となった三木城攻めに参加した。

天正十九年、別所吉治が八木城主を継承した。文禄の役に出陣し、文禄二年（一五九三）三月、古都（尚州）から釜山浦間の伝え城の在番衆を務めている（『浅野家文書』）。その後、慶長五年（一六〇〇）関ヶ原の合戦では、徳川家康に与した丹後田辺城（京都府舞鶴市）攻めに参加した。徳川家康への取りなしが功を奏し、丹波北由良（丹波市氷上町）に転封となり、八木城は廃城となった。

**【豊臣大名の山城】**　八木城は、八木集落の北側に位置し、西から東に伸びる尾根上に、八木土城と八木城の二城が築かれている。豊臣期は八木城が中心であり、八木土城は詰め丸として機能している。八木土城は石垣のない土塁で守る城である。八木城は石垣で守る城であり、土塁はない。

八木土城は、標高四〇八メートルに小規模な主郭を置き、城域は南北三三〇メートルある。主郭の後方には、小規模な曲輪を二段配置し、前方には一二段の細長い曲輪を階段状に配置する。曲輪を連続した単純な構造から、南北朝期に起源をもつ城を戦国期・織豊期に改修したものであろう。

土城の特徴は、六ヵ所の曲輪に高さ一から一・三メートルの土塁を作ることである。一メートル前後の土塁で城を防御する事例は、但馬地域では大変少ない。特に主郭の一段下の曲輪には、逆L字状の土塁の前に一文字の土塁を構築し、外枡形状の虎口（こぐち）を作っている。こうした土塁による改修は、天正十三年に入った別所重棟が行なった可能性が高い。

八木城は、標高三三〇メートルに本丸を置き、城域は東西約三四〇メートル、南北約二六〇メートルである。本丸の後方に小規模な堀切を置く。前方の東尾根には七段の曲輪を置き、南尾根には六段、北尾根には三段の曲輪を置く。

本丸は東西四七メートル、南北二三メートルの規模で、南西部の平野側に長さ五〇メートルに渡って石垣を築くが、背面は土造りである。北西隅に天守台、南西隅にコの字形に張り出した櫓台石垣を設け、その間を幅三メートルの規模の石塁で連結する。櫓台石垣は崩壊しているが、石垣は復元高八・六メートル、石垣上面は前面約八メートル、側面約六メートルあり、おおよそ四間×三間の規模を示す。

櫓台石垣は、長方形の石材を長短交互に組み合わせた算木積みで、石材を割り出す矢穴を多く残し、算木積みの完成度から、慶長初期の構築と考える。これに対して本丸の北西部から北側には、高さ二メートル前後の低い石垣が作られ、隅角部は鎬（しのぎ）積みで、文禄期の構築と考える。つまり現在の本丸石垣は、別所吉治が二時期にわたって構築したと考えている

八木城本丸石垣

が、織豊期の特徴である瓦は出土しない。

**【城下町と城主館】** 現在の八木の集落は、豊臣期の城下町を踏襲したものと考えられている。北は八木城、南は八木川、東は今滝寺川で区画された総構えのなかに町割りが形成され、上八木・中八木・下八木を含む東西約八〇〇メートル、南北約三〇〇メートルの範囲にあたる。城下町には、江戸時代に山陰道として使われた一本街路が東西方向に伸び、それに折れと小規模なクランクを作っている。

八木城の南東部の山下、城下町の一段上にあたる台地に御里遺跡がある。別所重棟が整備した城主館である。水堀や城郭石垣は認められないが、発掘調査によって飛び石を置いた庭園遺構、幅五・四メートルの道路遺構などが発見されている。出土品には、十六世紀後半の天下太平と書いた青花磁器、瀬戸美濃の天目茶碗などがあり、織豊期の大名居館の一端が知られている。

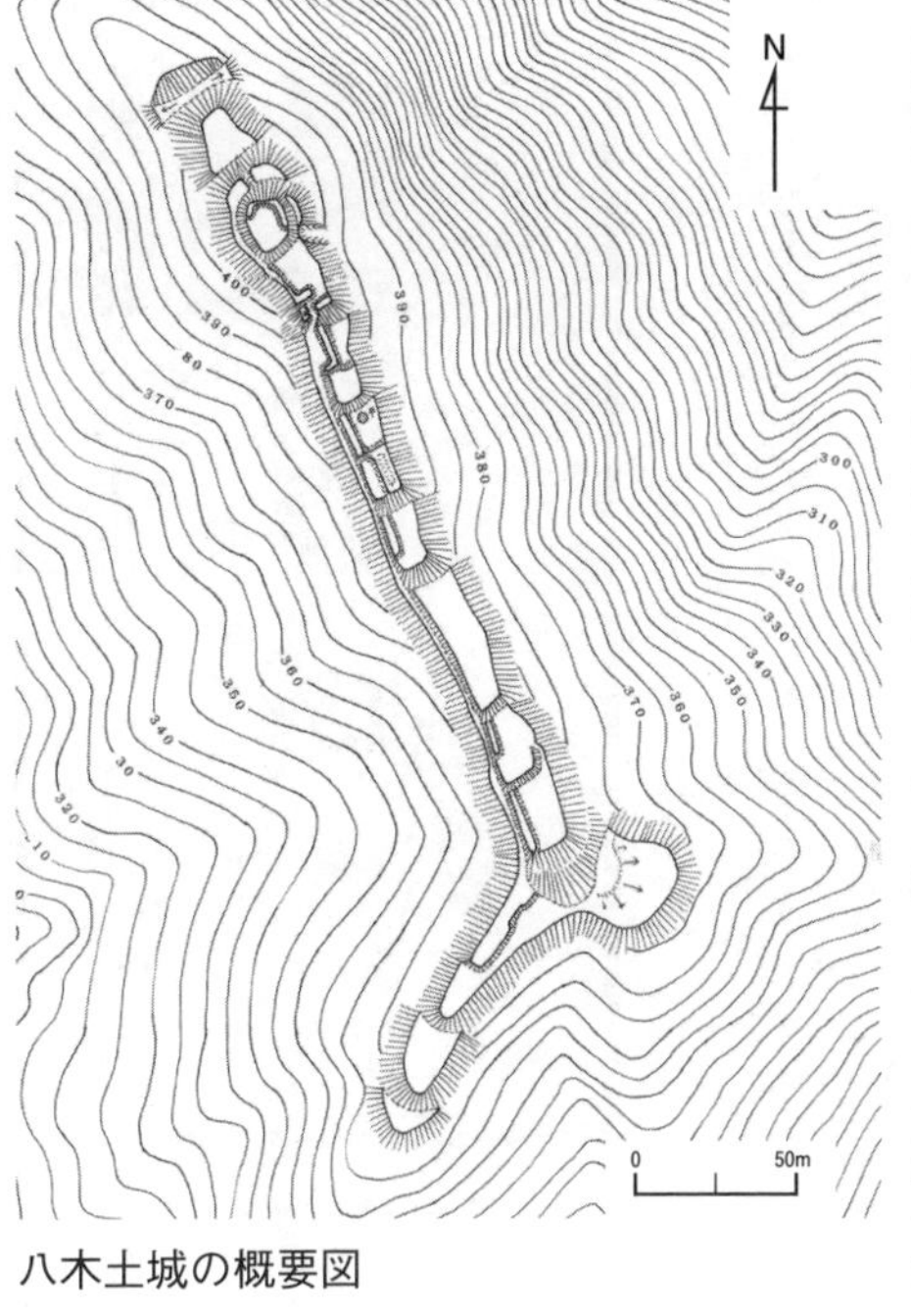

八木土城の概要図

八木城の概要図

【参考文献】橋川真一・角田誠編『ひょうごの城』（神戸新聞総合出版センター、二〇一一）、養父市教育委員会編『図説養父市城郭事典』（「まちの文化財」六八、二〇一〇）

（谷本 進）

兵庫県

●城砦化した中世寺院

# 進美寺城（しんめいじじょう）

〔所在地〕豊岡市日高町赤崎・日置
〔比　高〕三四〇メートル
〔分　類〕山城
〔年　代〕十四世紀前半～十六世紀後半
〔城　主〕進美寺・垣屋氏
〔交通アクセス〕ＪＲ山陰本線「江原駅」下車、「赤崎」または「日置」下車、徒歩四〇～六〇分

江原駅
JR山陰本線
円山川
312
全但バス
「赤崎」
進美寺城
0
1km

**【但馬における南朝方の拠点】**　進美寺城は円山川右岸、赤崎集落東側の標高三六一メートルの高所に所在する。鎌倉時代には、関東御祈禱所となった。弘安八年（一二八五）の『但馬国大田文』には、「進美寺、三十二町五反」「（延暦寺）根本中堂領」とみえる。南北朝期には但馬における南朝方の一大拠点となり、北朝軍との間で激しい攻防戦が展開された。建武三年（一三三六）八月、進美寺を中心に南朝勢力が一斉に蜂起した。これを制圧するために、北朝方の今川頼貞に従って京都から帰陣した伊達義綱（養父郡小佐郷地頭）の軍勢は、同月三日進美寺に向かい南中尾を攻め上り、五日には熾烈な戦闘が行なわれ、旗差大次郎が頭を打ち破られて半死半生の重傷を負った。十三日には荏原（江原）口から夜襲をかけて進美寺勢を本堂に追い込め、十四日には本堂・八角堂に立籠る僧徒を追落している（伊達義綱軍忠状『南禅寺文書』）。建武五年五月には、北朝軍の進美寺城総攻撃に際し、但馬守護桃井盛

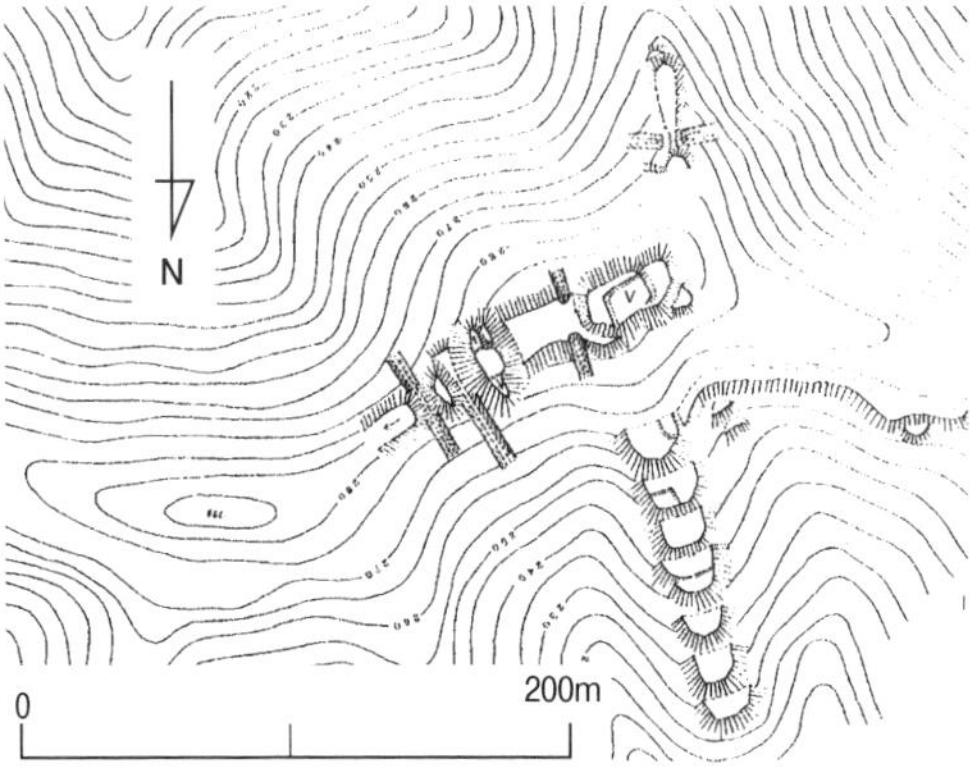

N
0
200m

揺上城縄張図（調査・作図：西尾孝昌）

義は伊達義綱に対し桃井軍の警護を命じている（桃井盛義警護督促状『伊達家文書』）。しかしその後南朝軍は進美寺城を奪回したようで、暦応二年（一三三九）三月には、足利尊氏は但馬守護代（今川頼貞）に進美寺攻略を命じ、進美寺預所職を軍忠の恩賞として与えることを約束している。さらに、そのことを今川頼貞が阿曽孫四郎に伝達している（足利尊氏御判御教書幷守護代今川頼貞遵行状『進美寺文書』）。

**【戦国期にも城砦化】** 進美寺は北尾根に坊舎を構え、白山山

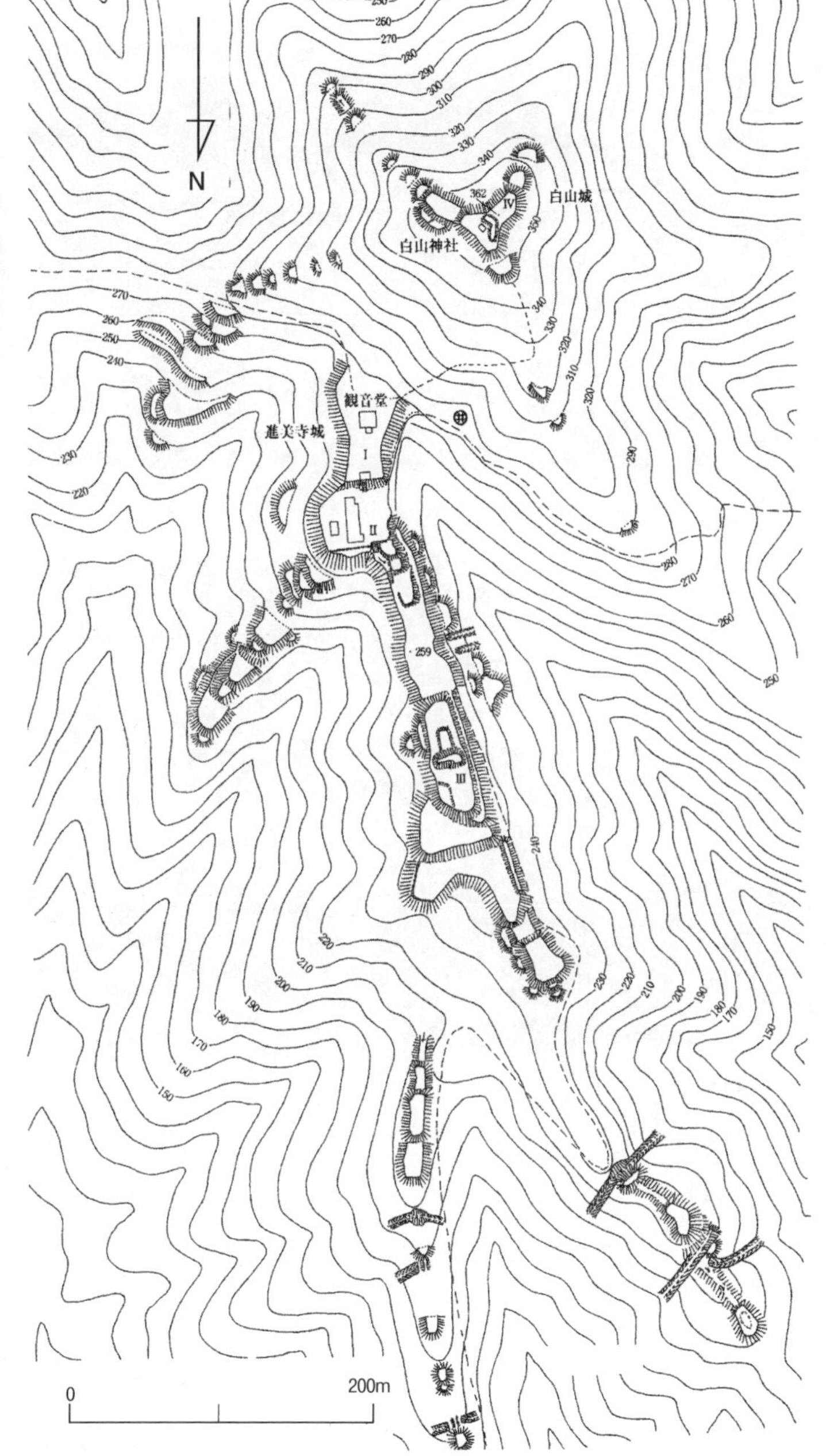


進美寺および白山城縄張図（調査・作図：西尾孝昌）

進美山

進美寺観音堂

頂に詰城を設け、さらに東方に砦（掻上城）を構築している。中世寺院の坊舎配置というよりも、むしろ中世城郭に近い曲輪配置をしているのが特徴的である。

**〔進美寺城〕**進美寺は観音堂（曲輪Ⅰ）や庫裏（曲輪Ⅱ）をはじめとする諸伽藍が存在したものと思われ、一〇段からなる大規模な境内で構成されている。曲輪Ⅲ（一三×七〇メートル）の中程には幅一二メートル、高さ七メートルの大規模な土塁が構築されている。城は曲輪Ⅰ（三〇×五四メートル）・曲輪Ⅱ（四二×三六メートル）を主郭として、その北東に十段程の曲輪群、北側に延びる尾根に構築された無数の曲輪・堀切・竪堀群からなる。

**〔白山城〕**進美山山頂標高三六一メートルに所在する。主郭Ⅳの中央には白山神社が鎮座し、その北西から南西にかけて鉤状の土塁が構築されている。主郭Ⅳは東西三〇メートル、南北三八メートルあり、そこから派生する北尾根に一段、南東尾根に二段、南西尾根に二段の曲輪を配置している。さらに南東尾根は二方向に分かれ、各尾根に五〜六段の小曲輪群を構築している。

〔**揺上城**〕進美寺から約四〇〇メートル東、標高二九〇メートル地点に所在する。主郭Ⅴは東西二〇メートル、南北一五メートルあり、南側から東側にかけて幅約四〜八メートルの幅広い土塁が巡っている。主郭Ⅴ西側の尾根には、二段の小曲輪が続く。南尾根には二段の小曲輪が構築されており、その間に土橋を挟んで二条の竪堀がみられる。主郭Ⅴの北東尾根には東西二二メートル、南北一四メートルの曲輪が配置され、その曲輪の付根部の左右に二条の竪堀、さらに尾根続きに二条の堀切・竪堀を構築して東側の防御を固めている。主郭Ⅴの北西尾根には、切岸のしっかりした八段の曲輪が配置されている。

進美寺城は小曲輪群の存在から南北朝〜室町期の様相を呈するが、尾根を遮断する堀切・竪堀や幅広い土塁などの存在から、戦国期の改修がうかがわれ、垣屋氏（宵田城主）の再利用が考えられる。

【参考文献】『日高町史』上（一九七六）、西尾孝昌『豊岡市の城郭集成』Ⅱ（二〇一三）

（西尾孝昌）

進美寺竪堀

進美寺堀切

●織豊期における但馬支配の拠点

# 有子山城（ありこやまじょう）

〔国指定史跡〕

〔所在地〕豊岡市出石町内町
〔比　高〕三一〇メートル
〔分　類〕山城
〔年　代〕十六世紀後半～十七世紀前半
〔城　主〕山名祐豊・羽柴秀長・前野長康・小出吉政・小出吉英
〔交通アクセス〕JR山陰本線「豊岡駅」または「江原駅」下車後、全但バス「出石」下車、徒歩六〇分

**【山名祐豊が築き、秀長が石垣に改修】**　山名氏の本拠此隅山城は永禄十二年（一五六九）に木下藤吉郎（秀吉）らによって攻略された（朝山日乗書状案『益田家文書』）。山名祐豊は泉州堺に遁れたが、今井宗久の斡旋で帰但し（『今井宗久日記』）、天正二年（一五七四）頃新城として築城したのが有子山城である。翌年春には、「尼子掃討」を目的として「芸但和睦」（山名と毛利の同盟）が成立する。同年十月には毛利方の丹波黒井城主荻野直正が有子山城を急襲し、その救援を明智光秀に要請している（八木豊信書状『吉川家文書』）。その後但馬は織田と毛利との境目となり、両勢力の代理戦争が展開される。天正六年四月には、劣勢であった毛利方の竹野轟城主垣屋豊続・古志重信・宇山久信らが、織田方の宵田城督（城代）伊藤与三左衛門を討ち取るなど一時的に勝利するが（宵田表・水生古城の戦い）、織田方の優勢は変わらなかった。この時祐豊・氏政は両陣営にくみせず、日和見的立場をとった（垣屋豊続書状『田結庄文書』、毛利輝元書状写『垣屋文書』、吉川元春書状『吉川家文書』）。このような祐豊父子に対し、同年五月には、秀吉は出石郡の知行と居城（有子山城）安堵を条件に織田方に味方するよう誘っている（羽柴秀吉書状写『村岡山名家文書』）。その後祐豊父子は織田方の誘いに応じなかったようで、城は天正八年四月初旬、羽柴秀長の第二次但馬進攻によって落城した（羽柴秀吉禁制『福成寺文書』）。天正八年の秀吉の因幡攻めでは、山名氏政は私部城（鳥取県八頭町）の在番を命じられている（羽柴秀吉書状『利生護国寺

文書』）。

その後、有子山城は織豊勢力の但馬支配の拠点となった。天正八年但馬の知行割が行なわれ、羽柴秀長は但馬七郡一〇万五〇〇〇余石（ほか二千石は宮部継潤）と播磨二郡を与えられた。秀長は同年五月有子山城に入部し、翌年六月秀吉の第二次因幡攻めには当城から出陣している。また当城には、城代として木下昌利を配置している（木下昌利書状『総持寺文書』）。天正十一年六月秀長は播磨姫路城主となり、青木官兵衛が一万八〇〇〇石を与えられて城代となった。天正十三年秀長は大和郡山（奈良県大和郡山市）に移り、前野長康が但馬七郡七万五〇〇〇石を与えられて当城に配属された。しかし長康は文禄四年（一五九五）豊臣秀次事件に連座して息子定景とともに切腹、前野家は断絶となった。長康除封後の同年八月、小出吉政は長康旧領の内五万三二〇〇石を与えられ、播磨龍野から入部した（吉政の所領はのち五万五〇〇〇石となる）。慶長五年（一六〇〇）関ヶ原の戦で吉政は父秀政（岸和田城主）とともに西軍にくみし、丹波・但馬の諸将とともに丹後田辺城（京都府舞鶴市）の細川幽斎を攻めている。しかし吉政の弟秀家ほか一族は東軍にくみし、このため戦後は秀家・吉政ともに許され旧領を安堵された。慶長九年秀政が死ぬと、吉政が和泉岸和田城に移り、有子山城は吉政嫡男の吉英が継いだ。この頃、有子山城山の居館部を改修して出石城が築城された。その後有子山城は、元和元年（一六一五）の一国一城令以降三の丸の築城に伴って事実上廃城となったようである。

**【山腹に戦国末期、山頂に織豊期の遺構】** 城は山頂の主郭（本丸）から三方向に延びる尾根に連郭式に曲輪を配置し、各尾根の先端に大規模な堀切・竪堀を構築した縄張りである。遺構は大きく、山名時代に造成された山腹部と、織豊期に山名時代の縄張を石垣で改修した山頂部に分かれる。

〔**山腹部**〕戦国末期（山名時代）。山腹部の尾根筋は、階段状の曲輪群と大規模な堀切・竪堀を多用して防御している。主郭北側の六段の曲輪と堀切・竪堀、主郭北西側六段の曲輪と堀切・竪堀、主郭北西側の六段の曲輪と堀切・竪堀、「千畳敷」東側の曲輪と堀切・竪堀は、戦国末期の山名氏による造成と思われる。しかし、北尾根の小規模曲輪群は、山名氏以前に築城されていた城の遺構と判断される。

〔**山頂部**〕織豊期。山頂部は大堀切（幅一八メートル、深さ一二メートル）を隔てて、東側に広大な「千畳敷」（東西一三〇メートル、南北五〇メートル）、西側に主郭（本丸）を含む六段の石垣の曲輪群を配置している。

千畳敷は石列によって三区画され、一部に築地跡が残る。

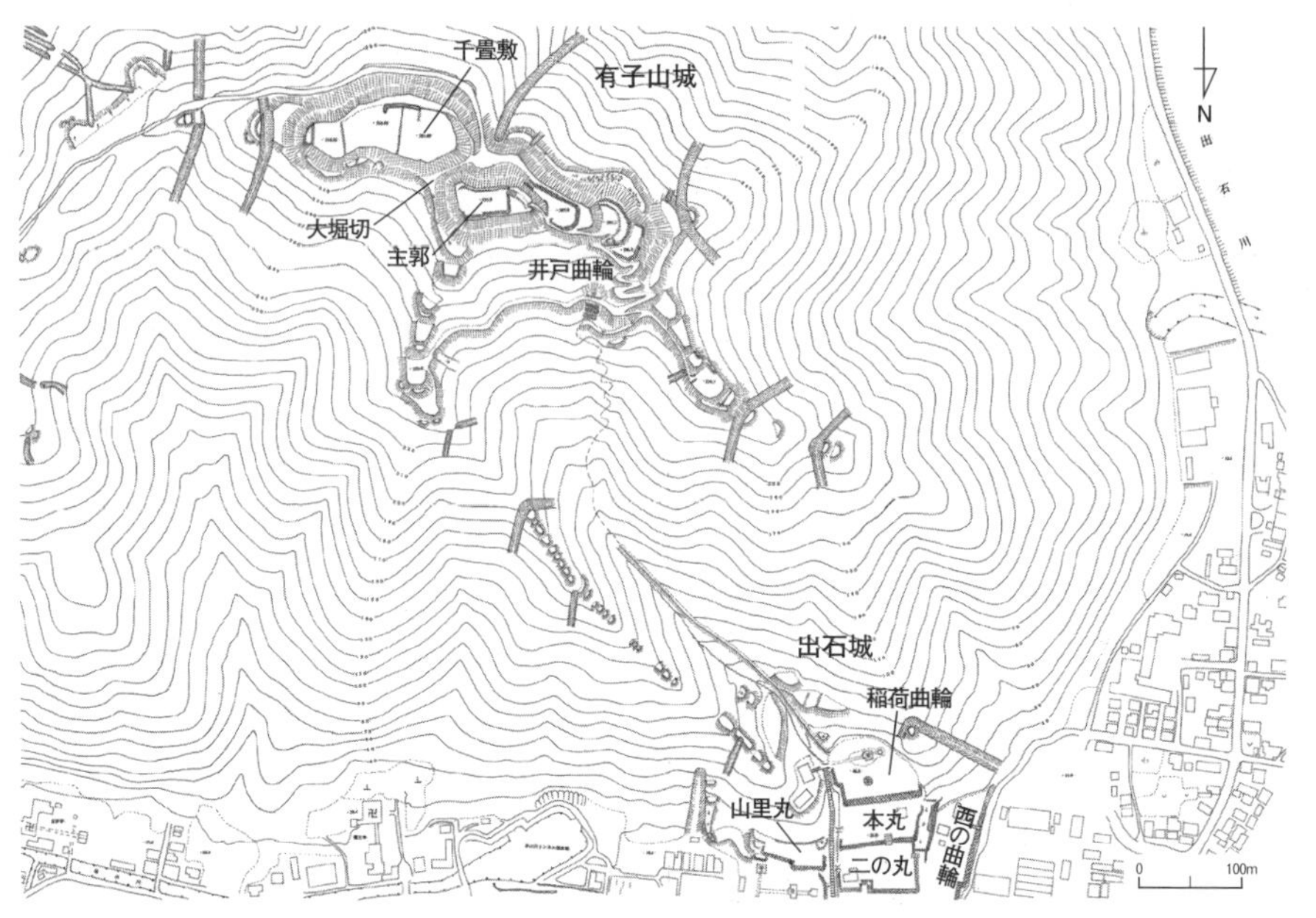

有子山城跡縄張図（調査・作図：西尾孝昌）

大竪堀

出石城　二の丸の埋没石垣（豊岡市教育委員会提供）



東端には櫓台の跡もみられる。ここではコビキAの瓦片や丹波焼擂鉢片・青磁片・天目茶碗など十六世紀末〜十七世紀初頭の遺物が表採されており、居住空間として利用されていたようである。

主郭は東西四二メートル、南北二〇メートルを測り、北側と西側に高さ四メートルの石垣を構築し、南西隅に石段の虎口を設けている。東側と南側には石垣はなく、南側に土塁がある。主郭と千畳敷の間は、一連の尾根続きであったものを大堀切によって切断したもので、大堀切から長い帯曲輪をまわすことによって主郭の防御性を高めている。主郭から西の石垣は高さ四〜六メートルを測り、シノギ積

千畳敷の築地跡

大堀切

を多用している。主郭を含む石垣部は、算木積が確立しておらず、シノギ積を多用し、表採した瓦片もコビキAであることから、天正期前半（秀長段階）の造成と考えられている。また、井戸曲輪は谷奥を掘り込むように造成されており、北面（谷側）には曲輪の崩壊を防ぐため七段からなる高石垣が構築されている。

なお、本来の登城路は現在の東尾根ルートではなく、出石城の稲荷曲輪から南東に延びる谷筋にあり、幅二～三メートルの道が続いている。現在谷筋は崩落しているが、途中から葛折りで井戸曲輪の石垣に取り付くようになっていた。

**【見えてきた有子山城の居館部】** 平成十八年（二〇〇六）豊岡市教育委員会が都市公園整備に伴って実施した出石城の本丸・二の丸の発掘調査で、現在の石垣の内側に慶長期の埋没石垣や瓦片（コビキA・B）を確認した。二の丸では石段の虎口とそれを塞ぐ二時期の石垣を検出した。いずれも裏込石をもち、鏡石を利用した文禄・慶長期の造成であることが判明した。本丸でも虎口から建物に至る石段や、櫓台構築前の石垣を検出した。瓦片はコビキAとコビキBが出土した。

本丸石垣との虎口

この結果、慶長九年小出吉英築城以前に織豊期の石垣をもつ居館が存在し、それを改修して現在の出石城が築城されたことが明らかとなった。したがって、織豊期には、有子山城（山上の丸）と居館（山下の丸）がセットで機能していたものと思われる。

【参考文献】『出石町史』一（一九八四）、西尾孝昌『豊岡市の城郭集成』Ⅱ（二〇一三）

（西尾孝昌）

●但馬守護山名氏の居城

# 此隅山城（このすみやまじょう）

〔国指定史跡〕

〔所在地〕豊岡市出石町宮内・袴狭
〔比　高〕一三〇メートル
〔分　類〕山城
〔年　代〕十四世紀後半～十六世紀後半
〔城　主〕山名時義・山名誠豊・山名致豊・山名祐豊
〔交通アクセス〕ＪＲ山陰本線「江原駅」または「豊岡駅」下車後、全但バス「宮内」下車、徒歩三〇分

**【戦国期山名氏の政治的拠点】**　此隅山城は守護大名山名宗家の居館（守護所）と周知されているものの、その築城時期を史料によって確定することはできない。伝承では文中年間（一三七二～七五）山名時義が築城したというが（『但州発元記』『但州一覧集』）、定かではない。なお、「此隅」の名称は最澄の著した『山家学生式』の「照于一隅、此則国宝」から採用したものと考えられている。此隅山城の文献的初見は永正元年（一五〇四）である。永正元年夏には守護山名致豊と楽々前城主垣屋続成との抗争が再燃し、続成が致豊・田結庄豊朝の立籠る此隅山城を攻めている。この時出石神社に軍勢が乱入して火災が起こり、社壇・堂舎・仏像・経巻・末社諸神が焼失している（田結庄豊朝添状・沙門某出石神社修造勧進状『神床文書』）。

天文九年（一五四〇）には、山名祐豊と館山城主塩冶左衛門尉が策謀し、林甫城主長善秀（越前守）を「このすみ□□（屋形カ）御前」で自害させている（長福寺古記写『但馬考』）。永禄十二年（一五六九）八月、織田信長の命を受けた木下藤吉郎（羽柴秀吉）・坂井右近（政尚）が生野銀山を接収し、此隅山城・垣屋城など一八城を攻略している（朝山日乗書状案『益田家文書』）。

なおこれまでの文献的研究では、山名氏の守護所は十六世紀初頭（致豊の代）に九日市（豊岡市九日市）から此隅山城下の「御屋敷」に移動したと考えられている。「御屋敷」は山名誠豊・祐豊の時代まで使用され、天正二年（一五七四）祐

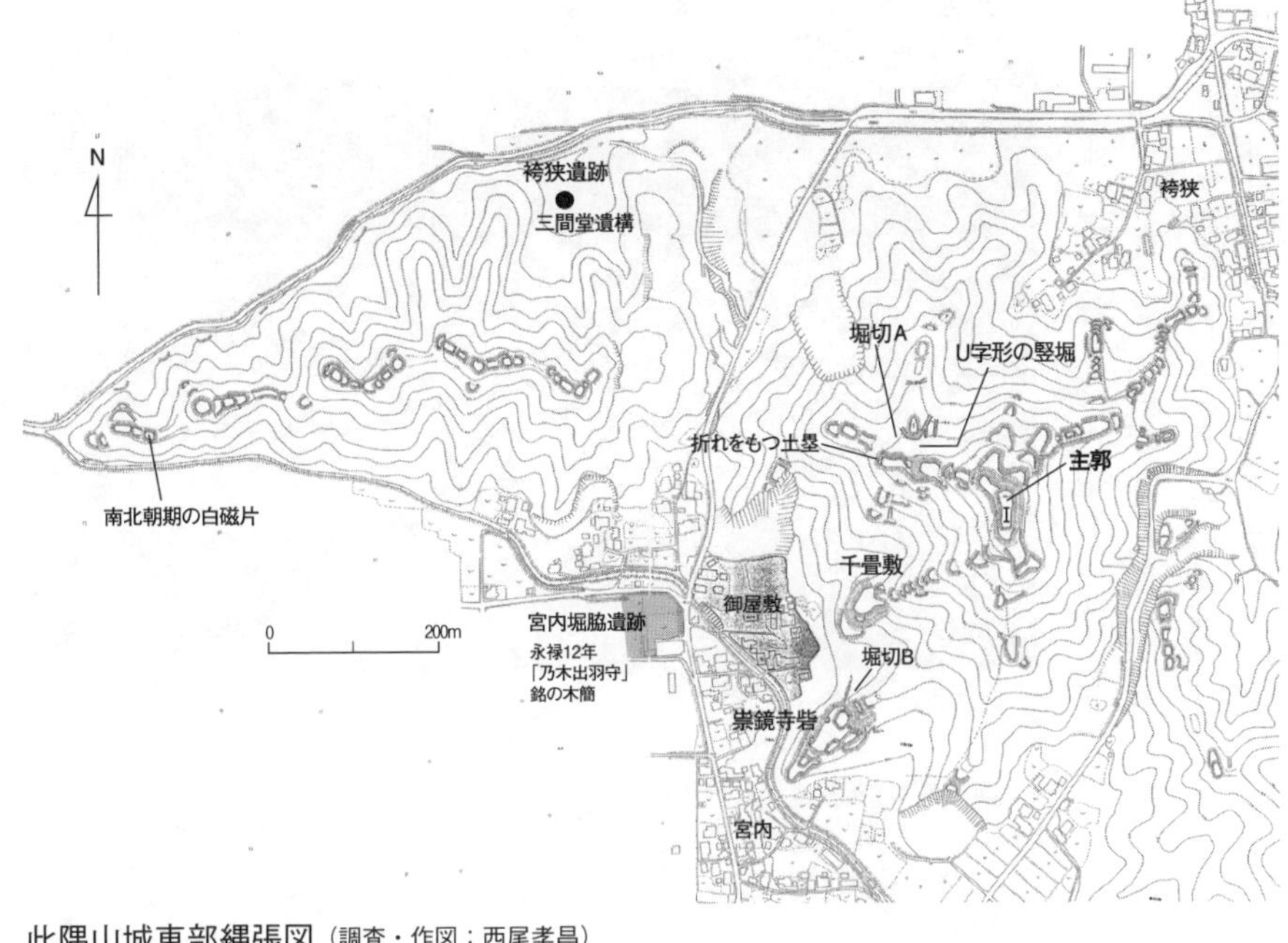


此隅山城東部縄張図（調査・作図：西尾孝昌）

豊が居城を有子山城に移すまで守護所として機能したものと思われる。

**【放射状連郭式の縄張り】**　此隅山城は最高所に位置する主郭（南北四二メートル、東西一五メートル）を中心にして、そこから派生する総ての尾根に階段状に曲輪（くるわ）を構築する放射状連郭式の曲輪配置をしているところに特徴がある。主郭の南側には一七×一一メートルの曲輪を構築し、そこから南に延びる尾根に四段の曲輪、南西に延びる尾根に一〇段の小曲輪と大規模な「千畳敷」（二六×二七メートル）を配置している。主郭北・北東尾根には五段の大規模な曲輪と十数段の小規模曲輪群を、主郭の西尾根には比較的規模の大きな四段の曲輪と一〇段の小曲輪群を構築している。特に折れをもつ土塁で囲繞された細長い曲輪（一二×三八メートル）とその北斜面の堀切・竪堀（A）は新しい要素をもっている。この尾根は西に向かってさらに約八六〇メートルほど延びているが、そこにも三十数段の小曲輪群を構築している。さらに主郭の南東尾根の先端部、御屋敷の南側には、深い堀切（B）で尾根を遮断し、その前面に七段の曲輪を配置した砦（宗鏡寺砦）を構築している。この砦は千畳敷とともに、その北側に位置する御屋敷を防御するために設けられたものであろう。

縄張りは大別して長さ一〇メートル内外の小さな曲輪、浅い堀切、低い段差をもつ曲輪が構築されている部分と、一〇メートルほどもある高い段差をもつ曲輪、深い堀切、折れをもつ土塁、竪堀などが構築されている部分とに分かれる。前者は南北朝から室町期にかけて造成されたものと思われる。

折れをもつ土塁

此隅山城堀切

後者は主郭周辺、堀切・竪堀、折れを持つ土塁、千畳敷、宗鏡寺砦などで、戦国末期の有子山城築城期に改修されたものと判断される。なお山麓には守護所と思われる広大な「御屋敷」（東西二〇〇メートル、南北二〇〇メートル）があり、三段からなる平地や土塁をもつ「大手門」などの遺構が残存している。

**【直臣の武家屋敷―宮内堀脇遺跡―】** 此隅山城下については、平成七（一九九五）～九年にかけて兵庫県埋蔵文化財事務所が宮内堀脇遺跡として発掘調査している。

宮内堀脇遺跡は山名氏の居館（御屋敷）の西側五～六メートル下（字堀脇）に位置する。遺跡は幅約六メートルを測る二条の堀と土塁で区画されており、その中で礎石建物・掘立柱建物・根太を使用した建物、屋敷の区画・通路などの遺構が検出されている。土塁と堀は二時期のものが存在し、武家屋敷を拡張するとともに防御的に補強・改修したことがうかがえる。この遺跡は陶磁器などの出土遺物から、十五世紀後半〜十六世紀後半の武家屋敷と認定されている。

遺構は、①天正期（第一整地層）、②永禄後期（第二整地層、一五六九年以前）、③天文年間（第三整地層、一五四四年以前）、④永正年間（第四整地層、一五〇四年以前）の整地層からなる。各遺構の概要を示せば次のようになる。

④永正年間には堀と土塁で囲まれた武家屋敷が成立するが、この遺構は永正元年の守護致豊と垣屋続成との戦いにより焼亡している。

③天文年間には内堀の外側に外堀が掘られ、守護所の西側全面に防御が施される（垣屋との合戦による結果を受けて防御強化を図ったものか）。遺物として注目されるものに、堀から出土した人名墨書土器と道祐禅門の位牌がある。人名墨書土器には「ちょけい」「そうけん」などの法名や「吉田殿」「兎束殿」などの武家の名字、「かめ」「とらきく」などの童名が書かれている。いずれも仏事で供養された人々の名前で、武士から庶民まで広い階層の人々の名前があり、「総持寺本尊造立奉加帳」と共通する名前が多く確認できるという。道祐の位牌には表面「帰本道祐禅門霊位」、裏面「天文廿三年七月廿三日」の墨書があり、袴狭遺跡の三間堂から出土した卒塔婆にも「道祐禅門」の名が記されている。

②永禄後期は、天文期以降全体を厚い盛り土で覆って内堀が埋められ屋敷地のレイアウトが大きく変わっている（比較的安定期）。この面の上層には焼土層があるが、この焼土層から「永禄拾弐年八月廿四日、乃木出羽守」と記された木簡が出土している。永禄十二年は木下藤吉郎らによって当城が落城させられた年であり、乃木出羽守は文献から人物を特定することはできないが、天文四年の「総持寺奉加帳」（『総持寺文書』）のなかに山名祐豊の家臣として乃木日向守・乃木丹後守・乃木左衛門尉の名がみえるので乃木一族と思われる。

①天正期は永禄十二年の戦いで此隅山城が落城し、その後有子山城に居城を移したため、堀は埋没し建物もほとんどなくなる時期である。

【参考文献】西尾孝昌『豊岡市の城郭集成』Ⅱ（二〇一三）、兵庫県教育委員会編『宮内堀脇遺跡』Ⅰ・Ⅱ（二〇〇九）、兵庫県立考古博物館編『戦国時代の守護山名氏の城と戦い』特別展図録（二〇一〇）

（西尾孝昌）

# 和歌山県

根来寺：門前町，西坂本の町並

●隅田荘中心部に位置する複郭の館城

# 霜山城（しもやまじょう）

〔所在地〕橋本市隅田町垂井
〔比　高〕一〇～一五メートル
〔分　類〕丘城
〔年　代〕十六世紀
〔城　主〕畠山氏、伝隅田一族
〔交通アクセス〕JR和歌山線「隅田駅」下車、北西へ徒歩約一・五キロ

**【伝承では隅田党の城とされる館城】**　紀伊国北東部、大和・河内と国境を接する石清水八幡宮領隅田荘（橋本市）。隅田八幡宮が鎮座する段丘南西角に占地するのが霜山城跡で、南海道（近世大和街道）に隣接する交通の要衝である。この城は隅田党の城郭と伝承される。隅田党は隅田荘（南北朝期からは南北に分割される）の荘官に出自を持つ隅田氏ら小規模な在地領主が地縁により結合した武士団で、本来の姓の前に「隅田」を冠して呼ばれた。鎌倉期には北条氏の被官として活躍し、庶子家の葛原氏や上田氏ら「二十五人の地頭」は南北朝期以降も守護畠山氏に従い隅田荘支配の中核を担った。天正元年（一五七三）の畠山氏滅亡以後は、織田政権に属して高野山などと闘い、兵農分離後には和歌山藩（徳川氏）の支配下で「十五家」が名字帯刀を許され、「地士」として在地に居住した。

**【二重の空堀で遮断された巨大な館城】**　この城の見どころは遮断性の高い大きな空堀（横堀）である。空堀に隔てられて東西二つの曲輪（Ⅰ・Ⅱ）が並立する。その四方も空堀で遮断され、北側は通路兼用の土塁（Ⅲ）を挟んで二重に隔てられている。Ⅰは東西二〇メートル、南北四〇メートルで果樹園のため改変が著しい（図の開口部は破壊されたもの）ため虎口などの細部は不明ながら、四周の土塁はよく残る。Ⅱは東西三〇メートル、南北四五メートルの不整形な五角形を呈する曲輪で、北・東・南に土塁が築かれているが西側にはない。東辺の虎口には内枡形状遺構が確認される。

また、城の北と東にも平坦地があり、その狭隘部に堀切状

霜山城縄張図

の水田があることから、Ⅳも城の一部（外郭）と評価される。兵の駐屯などに使われた空間であろう。

城の導線は北のⅣからはA→Ⅲ→C→Ⅱ、あるいはB→C→Ⅱが想定される。南からはEからⅠ・Ⅱ（D）に至ったと想定される。南からのルートが大手道であろう。

**【守護畠山氏の大和攻略の拠点か】** 近世史料の家譜や地誌では、隅田党の野口氏・下山氏・中島氏の居城とされる。しかし隅田一族の城館跡・屋敷跡は、いずれも丘陵に占地する単郭（曲輪が一つ）小規模なもので、複郭で巨大な空堀が廻る霜山城の構造とは異質なものである。このことから隅田党の城館ではなく、上部権力の畠山氏の拠点だと推定される。近世に編まれた『畠山記』では永禄十一年（一五六八）に守護畠山秋高が霜山城に拠ったとある。この記述と整合するのが、近世末に記された『隅田相続記』の「下山城長薮城」の二城が畠山氏の「馬廻り衆の番城」であったいう記述である。『多聞院日記』永禄十年九月二日の条で、守護畠山秋高は大和の三好三人衆方を攻撃するため八月晦日に秋高屋形衆や根来寺連判衆ら三〇〇〇人とともに名倉城（橋本市高野口町名倉）に入り、九月五日に奈良県葛城市の佐味城を攻撃し、敗れて伊都郡に敗退したとある、八月晦日から九月初旬には名倉城から佐味城に向かうルート上にある霜山城が大和攻勢の紀州側の拠点となった可能性をしめす。

霜山城空堀

守護畠山氏の大和侵攻の拠点として、隅田党らが守備した丘陵城郭であったと評価すべきであろう。

**【参考文献】** 岩倉哲夫「橋本地域の戦国史と城郭」（『和歌山城郭研究』九、二〇一〇）

（白石博則）

●藤堂高虎が初めて領主として築いた城

# 猿岡山城（さるおかやまじょう）

〈所在地〉紀の川市粉河町粉河
〈比　高〉約四〇メートル
〈分　類〉丘城
〈年　代〉十六世紀中～末
〈城　主〉粉河寺衆、藤堂高虎
〈交通アクセス〉JR和歌山線「粉河駅」下車、北へ徒歩約一・三キロ

**【粉河寺衆が築いた粉河寺防衛の山城】**　粉河（こかわ）観音宗総本山粉河寺（西国三番札所、戦国期は天台宗）は粉河駅の北約一キロメートルの四方を低い丘と中津川に囲まれた谷間に位置する。現在は谷の中央部に本堂・中門・大門などの堂宇が建つのみだが、かつては北に延びる谷部に約五〇〇もの坊院が立ち並ぶ一山寺院であったとされる。粉河の地は南北朝期から門前町が形成され、守護畠山氏の紀北支配の拠点が置かれた場所であった。

戦国期の粉河寺は高野山や根来寺とともに「三ヶ寺」と呼ばれ、紀北から泉南に掛けて軍事力を行使し、大きな影響力を持った。近世に編まれた『粉河旧記』に猿岡山は「山之四辺ニ堀跡アリ。天正元年僧侶築城為籠居要害ノ堀切、諸所堀切ラス」とあり、戦国期に城塞化されたことを伝えている。踏査によると要害化されたのは猿岡山だけでなく、大門北の矢倉山（二本の堀切と土塁や曲輪がのこる）、寺の背後（北）の四本の尾根にも堀切が入り、尾根伝いの侵入を制限していたようだ。図1は戦国期の粉河寺周辺の遮断施設を図示している。

天正十三年（一五八五）の羽柴秀吉の紀州攻めでは、根来寺同様に焼亡した。

**【藤堂高虎が改修し、大和郡山城の支城に】**　紀州攻め後、紀州が豊臣秀長の領地になると、その家臣藤堂高虎が粉河周辺一万石の領主となる。高虎は菩提寺常行寺（上行寺）を建立し、家臣に知行地を与えている。天正十五年から文禄四年（一

五九五）までの足掛け九年ほどであったが、和歌山城の築城に関わった高虎は、粉河寺の大工らを築城に動員する役割を担ったとされる。その間に猿岡山城は大和豊臣家の本城郡山城の支城として改修し、門前町は鍛冶町を中津川の西岸に移すなど近世城下町として改変した可能性がある。

ただ高虎自身がこの地に留まり領地の経営にあたったかどうかは疑問で、多くは和歌山城の建設や各地への転戦の日々ではなかったかという説もある。

城跡は近世以降の改変が大きく織豊系城郭の面影を残さない。かろうじて最高所が本丸跡、その南に二の丸があったことがわかる程度で、山全体が公園化されている。南端には近世に秋葉大権現が建てられた。大手は西尾根にあったとされるがその跡は残らない。図２（『定本和歌山県の城』）は水島大二が県立粉河高校地歴部を指導して作成したもので、昭和六十三年（一九八八）当時の状況である。現状はさらに開発が進み往時の姿をしのぶ遺構は、「本丸曲輪」北側などごく一部となっている。踏査時は現状と異なることを留意いただきたい。

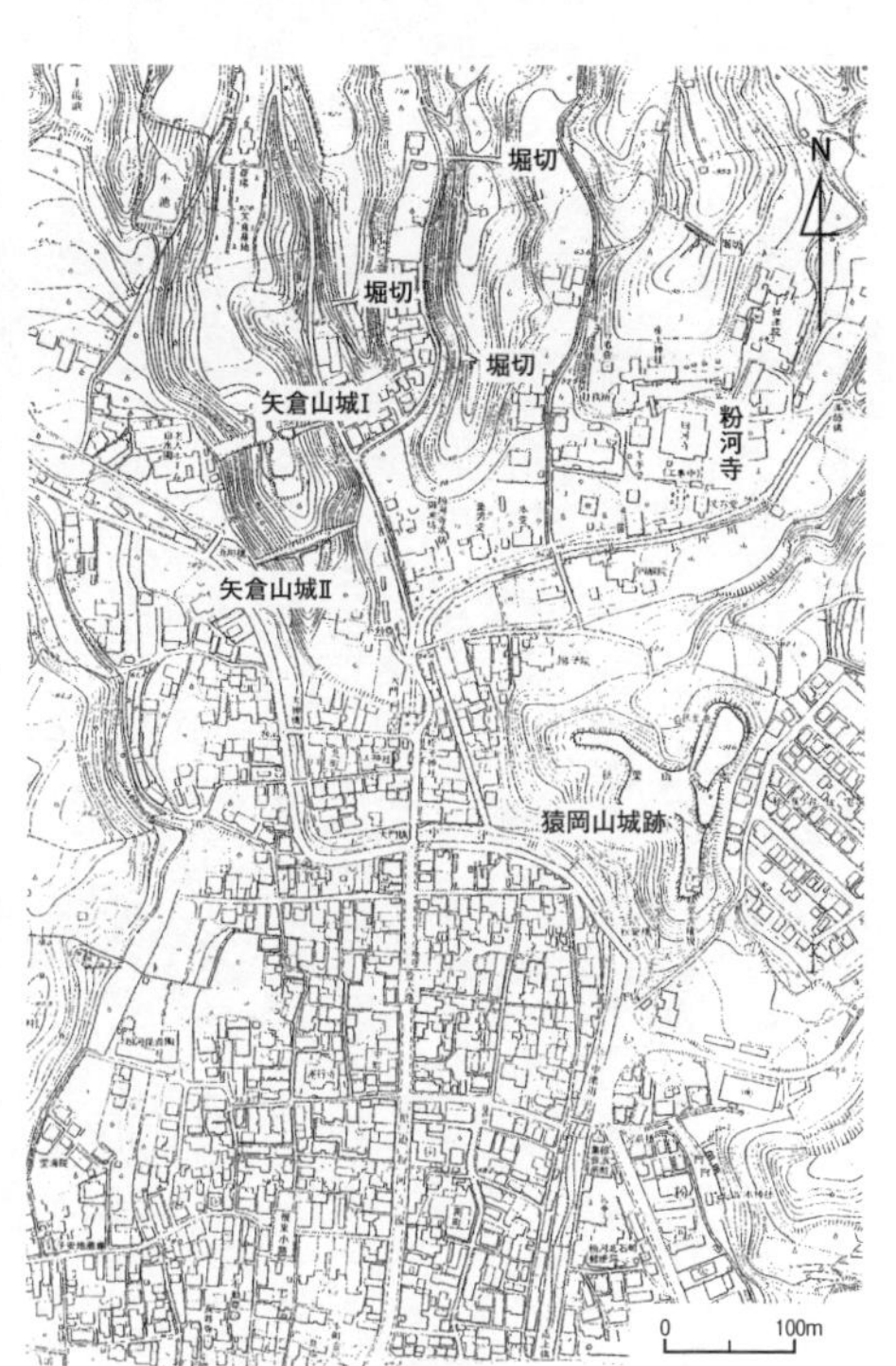

図１　粉河寺を守る城塞群

図２　猿岡山城跡縄張図（『定本和歌山県の城』より）

【参考文献】『粉河町史』一（二〇〇三）

（白石博則）

和歌山県

●巨大寺院を守る要害

# 根来寺

〔所在地〕岩出市根来
〔比　高〕七〇～八〇メートル（前山）
〔分　類〕寺院
〔年　代〕十二世紀中葉～十六世紀
〔城　主〕根来寺
〔交通アクセス〕ＪＲ阪和線「紀伊駅」下車、バス「根来」下車、徒歩二〇分

**【中世の有力寺院】**　新義真言宗本山の根来寺は、大治五年（一一三〇）に覚鑁が高野山内に伝法院（のち大伝法院）を開いたことに始まる。覚鑁は高野山内の衆徒と対立し、保延六年（一一四〇）、根来にあった葛城山岳修験系の豊福寺に移り、当地に円明寺と神宮寺を建立した。弘安九年（一二八六）に起きた大湯屋騒動を機に、大伝法院は根来の地に移転することとなった。

根来寺は室町幕府の庇護を受け、醍醐寺の末寺となり、安定した地位を築いていった。さらに十五世紀後半以降、紀北・泉南の土豪層が根来寺内に坊院を建立し、自らの子弟を住持として送り込んだ。彼らは寺内では行人方に属し、根来寺の軍事力を支える重要な基盤となった。

戦国時代の根来寺は、強大な軍事力をもつ権力としての側面ももっていた。寛正元年（一四六〇）、根来寺と粉河円福寺の用水相論において、根来方に狼藉を働いた畠山義就を根来衆徒は撃退している（『大乗院寺社雑事記』『経覚私要鈔』）。十六世紀には、和泉国での権益を維持・拡大するなかで、和泉守護細川氏とたびたび衝突している。一方、河内・紀伊守護の畠山氏（政長方）とはともに軍事行動にあたった。政治的なバランスを保ちながら、地域支配にあたっていたことがわかる。

畿内の制圧を進める織田信長の軍勢は、天正五年（一五七七）、大坂本願寺の支持基盤となっていた雑賀衆を攻めるため、紀伊国に兵を進めた。根来寺は、杉ノ坊を中心に織田方

根来寺より 前山遠望

を支持する姿勢をみせており、この時も織田方の兵を紀伊に引き入れる役割を果たした（『信長記』『高野山文書』）。杉ノ坊は、津田信張（つだのぶはる）とともに佐野城（大阪府泉佐野市）に在番しており、織田の和泉支配の一角を担っている。このように根来寺が基本的に織田方に従ったのは、織田が根来寺の和泉における支配を黙認したためであると考えられている。

しかし、信長死後に台頭した羽柴秀吉に対しては、根来寺は対決の姿勢を鮮明にする。天正十二年、根来寺・雑賀衆をはじめとする紀州・泉南の勢力は、小牧・長久手の戦いで秀吉不在の大坂を脅かそうとするが、岸和田城主の中村一氏により阻止される（『宇野主水日記』）。その翌年には、秀吉の紀州攻めが行なわれる。根来寺は山々に城を築いて抗戦したが、秀吉勢に攻め滅ぼされ、三月二十三日夜、根来寺の大半が焼失した（『小早川家文書』）。中世根来寺の繁栄は、ここに終焉を迎えることとなった。

**【和泉と紀伊に基盤をもつ寺院】** 根来寺は、現岩出市の中央よりやや東寄りの山間部に位置する。寺の西側を南北に走る根来街道は、中世には根来寺の泉南へのアクセスを支えたとみられる。寺の南西方向、根来街道沿いの集落（西坂本）は根来寺の門前町であり、現在も江戸時代の佇まいを残している。この街道をさらに南に下ると、東西道の淡島街道に突き当たる。これはかつての南海道にあたり、西は中世に雑賀衆が活動していた現和歌山市域、東は大和国へと至る。

　このようにさまざまな地域にアクセスできる立地にある一方で、根来寺の伽藍は、袋状の谷のなかに展開している。寺の北と南は山地となっており、さながら天然の要害となっている。さらに、発掘調査が進むなかで、寺の周縁部を中心に、寺院を防御することを目的に構築されたとみられる施設が複数みつかっている。これらは、中世根来寺の政治的・軍事的な活動の一端を物語っていると思われる。そのうち、代表的な事例を以下に紹介する。

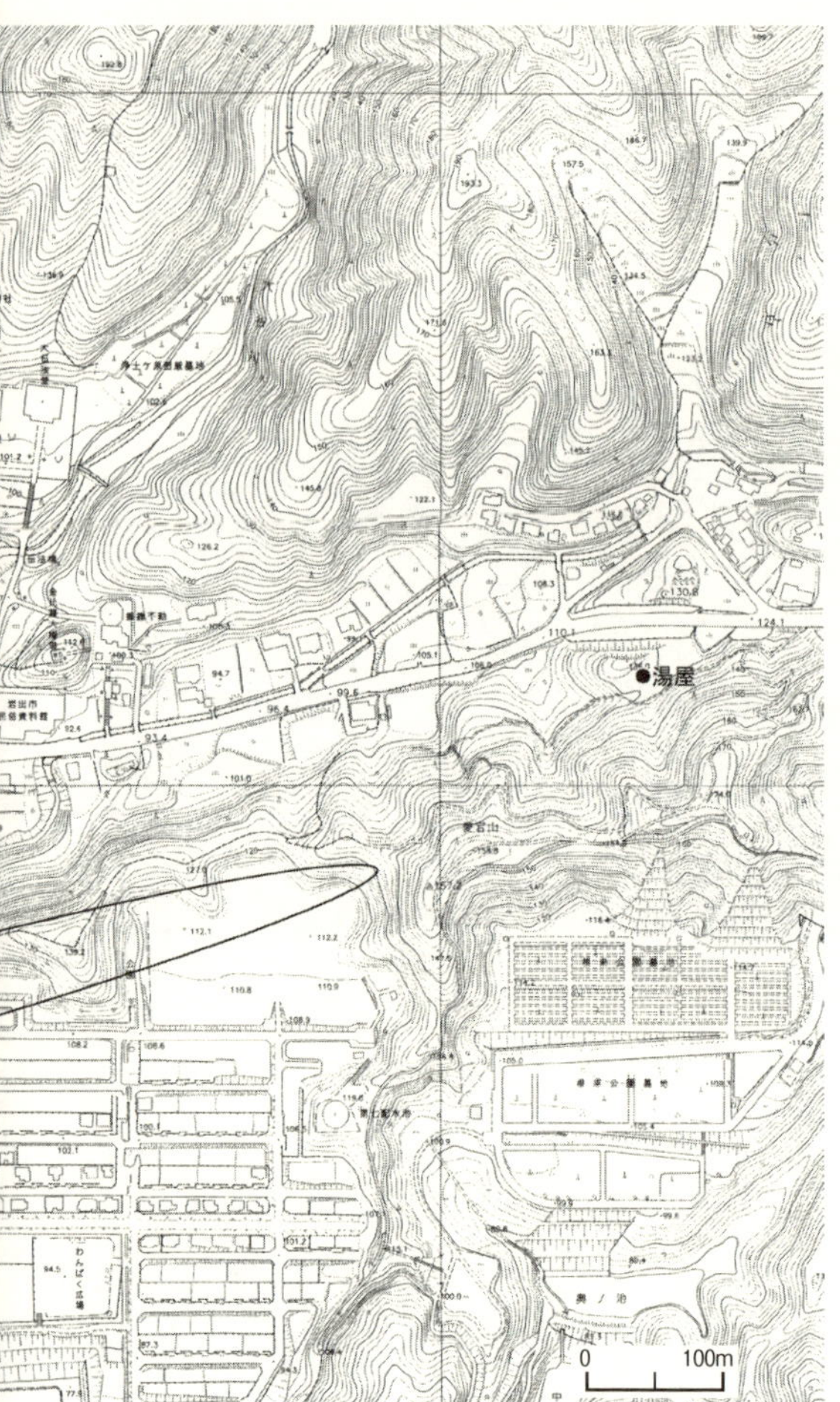


**【前山の遺構】**　寺の南を東西に走る山上（通称「前山」）には、長大な土塁ラインと、一部堀切を伴う小規模な削平地が構築されている。これらは一般的に、根来寺の南を守る城郭遺構であると認識されている。

　しかし、東西の土塁ラインについては、根来寺が近世につくった境界土塁であるとする説が出されている。また、堀切とされる遺構も、山道につながるものが多く、後世に切通しとして設けられた可能性を否定できない。

　前山の尾根上には「南古大門」があったとされ、発掘調査の結果、桁行三間・梁間二間の八脚門の存在が確認できた。前山を南北に横断して寺内に入るルートが中世にあったことが、ここからわかる。十六世紀の根来寺を描いた「根来寺伽藍古絵図」によると、前山には「弁財天」「御船祠」「相輪塔」などがあったという。これらのことから、中世の前山は、根来寺の南を守る「閉じた」空間ではなく、根

根来寺の構造（1/2500 都市計画図に加筆）

来寺の宗教景観の一角をなし、寺内の玄関口の一つとして位置づけられていたことが推察される。

もっとも、最末期に軍事的緊張が高まった際には、前山を封鎖して南の守りを固めることが求められたのかもしれない。現存する遺構の一部は、その時に防御を意図して設けられた可能性もある。ただし、これらの構築時期や目的については、なお慎重な検討が求められる。

**【西ノ山の遺構】**　西坂本の西に位置する「西ノ山」の東山裾において、幅七・三〜一〇・七メートルの溝が検出された。この溝は、西ノ山の周囲を囲郭し、さらに西坂本の南側を東西にめぐっていたと想定されている。溝のなかからは多数の石塔がみつかっており、その年記から、溝の構築は天正七年（一

根来寺　西坂本の板碑

五七九）以降であるとわかる。これらの石塔はもともと西ノ山の坊院にあったが、城塞化に伴い坊舎は寺内に移転し、石塔は溝に投棄されたと考えられている。

西ノ山から延びる溝は、西ノ山と西坂本、根来寺内を一体化する機能を果たし、最末期の根来寺が城塞寺院となっていたことを示しているという。しかし、この溝については住持池・中左近池の用水系との関係で評価すべきであるとし、城郭遺構とみることを疑問視する見解もある。現在、西ノ山はゴルフ場として開発され、現地形をもとにその是非を問うことはできなくなっている。

西ノ山は、岩室坊の持分であったとされている。天正十三年、岩室坊勢伝は「西山之城」に立て籠もって羽柴秀吉勢に抗戦し、討死したという（『萩藩閥閲録』）。

**【旧県会議事堂移転地の遺構】**　現在、根来寺に参詣する際には、六字名号を刻んだ天文二年（一五三三）の板碑のある西坂本口より大門池を経て大門に至るのが一般的である。一方、西坂本口の北西の西下乗口より寺内に入るルートも存在する。西下乗口より「若もの広場」を右に眺めながら東に進み、尾根に突き当たったところで右に直角に折れ、蓮華谷川を横切るルートである。

このルートを扼（やく）する尾根上に旧県会議事堂を移転することになり、発掘調査が行なわれた。その結果、土塁や石垣を伴う平坦地が確認された。この平坦地の西裾を走る通路は、石組の階段を伴い、入口で直角に折れる構造をとる。この通路の西側斜面は、人工的に削られ急傾斜となっている。また、南側の通路は、薬医門をもち、土塀と建物に遮蔽され二度折れる形状である。これらは一般的な寺院の出入口とは異なり、城郭の枡形虎口に似た構造であると評価されている。

この平坦地の西下では、半地下式倉庫跡が四棟検出されている。半地下式倉庫が根来寺でつくられるのは十六世紀以降のことであるという。さらに、この発掘調査で鯱瓦（しゃちがわら）がみつかり、鯱瓦を乗せた特異な建物がここにあったことが判明した。鯱瓦が導入されるのは、天正四年の安土築城以降とするのが一般的である。これらのことから、本遺構は、天正期の軍事的緊張の高まりを受けて、根来寺が寺内を防御するためにつくった「要害」であると理解されている。

**【寺内の「要害」】** 蓮華谷川の東岸付近で、塹壕（ざんごう）とみられる遺構がみつかっている。幅一・八メートルの溝で、西面には土塀が設けられていた。この溝の北端には土天井の建物があり、兵員室ないし武器庫と評価されている。

この塹壕遺構の北西、現在大規模農道が敷かれているところで、物見櫓とみられる遺構が検出された。これは、高さ四メートルの石垣の上に構築された懸造りの建物である。その立地や構造から、蓮華谷の有力行人泉識坊の坊院ではないかと考えられている。

根来寺を構成する個々の集団は、戦国期に自立性を強め、その結果寺内で衝突が起きることがあった。根来寺は、こうした内部矛盾を惣寺として規制する方向をとらず、自力救済の秩序が寺内に色濃く現われていたという。実際に、寺内の川を隔てて坊院同士の小競り合いがあったようである（『佐武伊賀働書』）。寺域を画する河川が、時として「天然の要害」となっていたことがわかる。

考古学的な調査が進むなかで、根来寺が戦国期、とりわけ羽柴秀吉との緊張が深まる最末期において防御を強化していったことが明らかになりつつある。もちろん、根来寺の諸活動のベースに宗教的な営みがあることは間違いなく、軍事集団としての側面に引き付けて空間構造を論じることは慎まねばならない。しかし、根来寺が紀伊・和泉の地域社会を基盤とし、戦乱の時代を生き抜いていくなかで、政治的・軍事的な活動を展開したこともまた歴史の本質の一つといえる。「要害」とされるこれらの遺構は、そのことを物語ってくれるのである。

【参考文献】海津一朗編『中世都市根来寺と紀州惣国』（同成社、二〇一三）、新谷和之「根来寺」（『和歌山城郭研究』八、二〇〇九）

（新谷和之）

●豊臣政権の紀州支配の拠点

# 和歌山城（わかやまじょう）

〔国指定史跡〕

〔所在地〕和歌山市一番丁
〔比　高〕四三メートル
〔分　類〕平山城
〔年　代〕天正十三年（一五八五）～
〔城　主〕羽柴秀長（桑山重晴）、浅野幸長・長晟、紀州徳川家
〔交通アクセス〕南海電鉄「和歌山市駅」・JR紀勢本線「和歌山駅」下車、和歌山バス「公園前」下車

【豊臣政権の城】一般に、和歌山城は徳川御三家の一つ、紀州徳川家の城として知られている。江戸幕府八代将軍として享保の改革を果たした徳川吉宗が、紀州藩の出身であることはあまりにも有名である。

しかし、和歌山城の始まりは豊臣期にまでさかのぼる。和歌山城は、天正十三年（一五八五）の羽柴秀吉の紀州攻めの直後、紀州支配の拠点として弟の秀長により創建された。その意味では、和歌山城は豊臣政権の城としても位置づけられるのである。ここでは、豊臣期を中心に和歌山城の歴史と構造に迫ってみたい。

【中世の「岡山」】和歌山城は、紀ノ川下流域の南岸、吹上丘陵の北端部に位置する。城の北西にあたる「湊」地区は、紀ノ川の本流が現在と同じ方向をとるようになった十五世紀末以降、川湊として発達した。また、当城の東の「広瀬」地区には、和歌川沿いの湊町「岡」があった。さらに、城の真北には、永禄六年（一五六三）より本願寺方の鷺森御坊（さぎのもりごぼう）が営まれる。近年、現鷺森別院の南側で幅一七メートルにも及ぶ巨大な堀がみつかり、十六世紀末から十七世紀初頭にかけて機能していたことが発掘調査で判明した。鷺森御坊の権力の大きさや当時の軍事的緊張を物語る遺構といえる。

紀ノ川下流域では、戦国時代に各村の代表者らが集まり、「雑賀（さいか）五組（搦）」と呼ばれる地縁的な集団が形成された。この組織は、地域内の相論の裁定にあたるとともに、紀中の奉公衆湯河氏ら外部の政治権力とも交渉し、「共和国」とも評さ

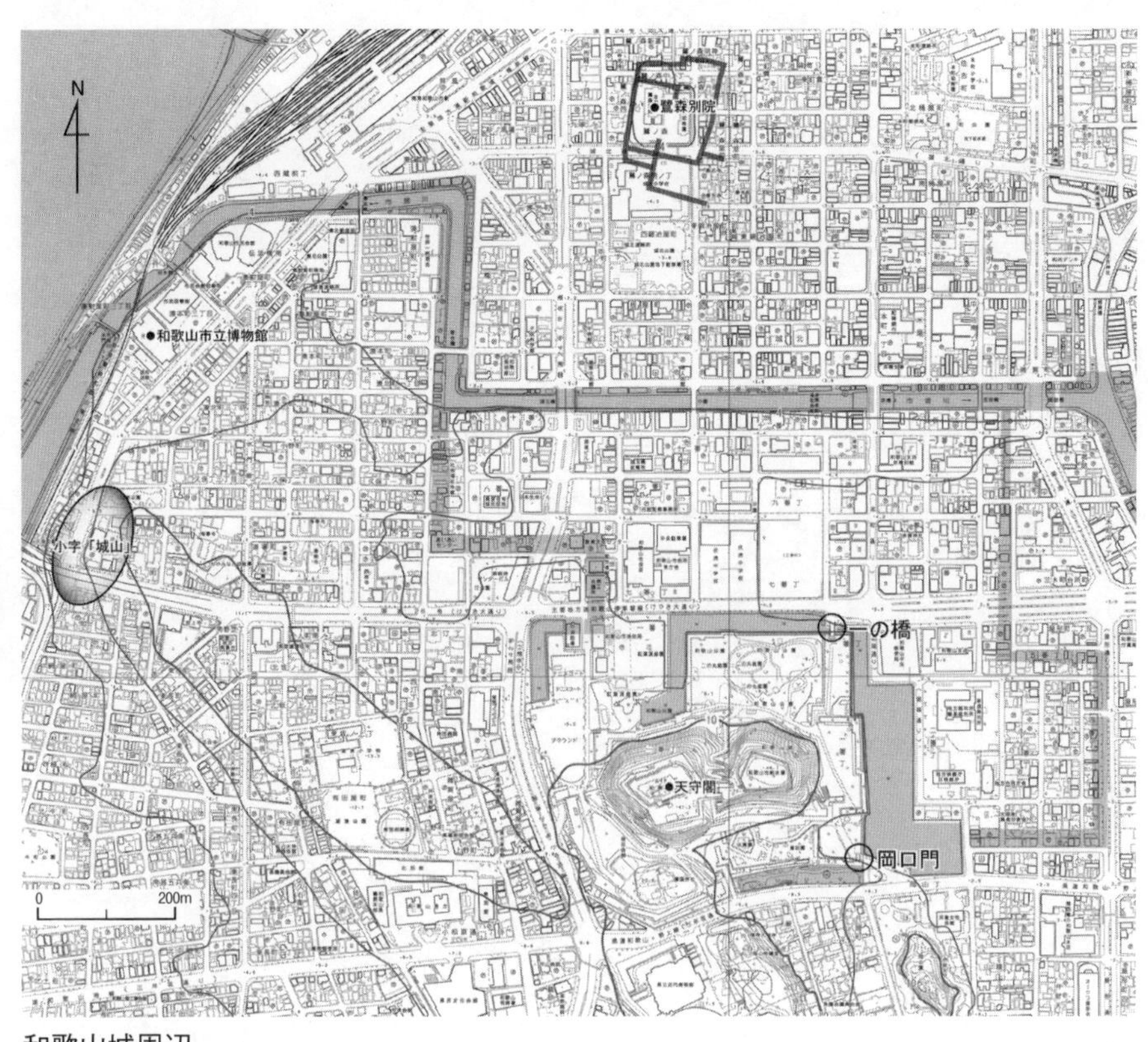


和歌山城周辺

れるような独立した権力体となっていた（『ルイス・フロイス日本史』）。

「岡山」は、複数の港湾や町場を押さえ、地理的には雑賀五組のほぼ中心に位置する極めて重要な場所であった。しかし、築城以前の「岡山」の状況を示す資料は極めて乏しい。「広□（福カ）禅寺」の銘のある軒丸瓦が城内でみつかっていることから、中世には寺院があったと考えられている。また、戦国期に湊と岡の材木座の小競り合いが「岡山」であったとする史料もある（『佐武伊賀働書』）。ただし、特定の勢力が「岡山」に城を構えていた様子はうかがえない。相互規制の強く働く一揆の社会にあって、政治的・経済的に極めて重要な「岡山」を占有することは認められなかったのではないだろうか。

**【秀吉の紀州攻め】**　雑賀の人々は、天正十二年の小牧・長久手の合戦において、秀吉不在の大坂城を陥れるために根来衆や湯河氏らとともに軍事行動を起こした。秀吉は翌年三月、自身に反抗する在地勢力を鎮圧するため、大軍を擁して泉南と紀州に攻め入った。三月二十三日夜、根来寺（岩出市）は炎上し、二十四日夜には雑賀方主力の土橋平丞は城を捨てて逃亡した（『小早川家文書』）。紀州勢の大半は秀吉軍とまともに戦闘することなく没落し、紀州攻めの焦点は、一揆の残党が籠る太田城（和歌山市）の攻略に絞られた。

紀州攻めの間、秀吉は紀湊（きのみなと）に城を築き、「国中置目」を制定するためにしばらく逗留するつもりでいた（『小早川家文書』）。現在、「湊」地区には「城山」という小字があり、秀吉方の陣所がここにあったとする説がある（「岡山」に在陣したとみる説もある）。当地にはのちに吉川平介が城を構え、材木の売買などにあたっていたという。吉川は、不当な利益を得ていたという理由で天正十六年に処刑された（『多聞院日記』・『譜牒余禄』）。

同年四月、太田城が水攻めにより落城すると、秀吉は弟の秀長に自らの手勢一万人を預け、「岡山」の普請を命じる（『中家文書』）。紀州は秀長の領国となり、その支配の拠点として和歌山城の建設が進められたのである。しかし、五月には秀長を総大将とする四国攻めの構想が早くも打ち出される。秀吉は、和歌山城普請のために預けた一万人と、秀長の手勢のうち半分を四国攻めに動員するよう秀長に命じた（『高山公実録』上）。一方、残された秀長の手勢は、引き続き紀州の警固と城普請にあたったとみられる。征服地の治安維持と外征を両立させるために、このような措置がとられたと考えられる。

秀長は同年閏八月に郡山城（奈良県大和郡山市）に移り、和歌山城には桑山重晴（くわやましげはる）が城代として入ったとされている（『紀伊続風土記』）。ただし、桑山が紀州支配にあたっていたことを示す資料は極めて少ない。桑山は秀長に従って九州攻めにあたり（『旧記雑録』）、その跡を継いだ豊臣秀保（ひでやす）のもとでは大和の領国支配にも携わっている（『多聞院日記』）。つまり、桑山は秀長権力の最前線で活動しており、もともと紀州の支配に専念する立場にはなかったのである。桑山が和歌山城主として紀州支配に本格的に乗り出すのは、文禄三年（一五九四）の豊臣秀保死去の後と考えられている。

和歌山城 岡口門

**【豊臣期和歌山城のかたち】** 和歌山城には、慶長五年

（一六〇〇）の関ヶ原の戦ののち、浅野幸長が入る。元和五年（一六一九）には徳川頼宣が入り、紀州藩が成立する。このような城主の交替を契機として、城と町の大規模な改修が行なわれたため、豊臣期の遺構は大方失われている。現存する遺構や景観から、豊臣期の様相をいくつか探ってみたい。

和歌山城の石垣は、俗に「青石」と呼ばれる緑色片岩を用いることで知られている。この緑色片岩を含む結晶片岩で積まれた石垣は、おおむね豊臣期のものと考えられている。特に、天守台南面の石垣は転用石を多く含み、豊臣期の様相を示しているとみられる。ただし、結晶片岩を用いる石垣の積み方はさまざまであり、一律に豊臣期とみてよいかは慎重な判断が求められる。

和歌山城 天守台の石垣

和歌山城の大手は、浅野期のある時点で、南東の岡口門（重要文化財）から北の「一の橋」の大手門へと変更された。この大手の変更と連動して、本町を大手通とする城下町建設が浅野氏によって進められたと考えられている。こうして、城の北側を中心に正方位のきれいな町割が形成される。ただし、実際には城の北西方向に丘陵がゆるやかに延びており、この時の町割は自然の地形を無視して施工されたことがわかる。このような大掛かりな工事がなされた要因の一つとして、北の鷺森御坊を中心とするエリアも城下町に組み込もうとする権力の志向性を挙げることができる。

右のような浅野期の変化を念頭に置くと、豊臣期和歌山城の町場支配は、より自然の地形に即したものであったと考えられる。すなわち、豊臣期には北西の「湊」、東の「岡」の二つの湊町を押さえることに力点が置かれていたとみられる。天正十六年まで吉川平介の「湊城」があったことや、岡口門がかつての大手であったことは、この想定を裏づけてくれる。浅野以降の正方位の町割に比べ都市形成が未熟であるようにもみえるが、中世以来の地域の展開を踏まえれば、むしろこちらの方がより自然な姿であるとみることもできよう。

【参考文献】三尾功『近世都市和歌山の研究』（思文閣出版、一九九四）、新谷和之「成立期和歌山城の政治的意義—豊臣政権の「統一事業」との関わりから—」（『研究紀要』二八、和歌山市立博物館、二〇一三）

（新谷和之）

●水攻めされた一揆の城

# 太田城（おおたじょう）

〔所在地〕和歌山市太田
〔比　高〕〇メートル
〔分　類〕平城
〔年　代〕十六世紀後半
〔城　主〕雑賀衆
〔交通アクセス〕ＪＲ紀勢本線「和歌山駅」下車、約五〇〇メートル

和歌山駅
JR紀勢本線
太田城
来迎寺
145
日前神宮
和歌山電鉄
0
300m

**【羽柴秀吉の水攻め】**　天正十三年（一五八五）、羽柴秀吉は、自身に敵対する泉南・紀州の勢力を滅ぼすため、大軍を擁して南進した。泉南の一揆勢を滅ぼした秀吉は、同年三月二十三日には根来寺（岩出市）を焼く。その後、秀吉方本隊は、現和歌山市域で勢力を誇っていた雑賀衆の制圧にあたり、仙石秀久らの手勢は南の湯河氏を攻めた。その結果、雑賀衆の主要メンバーの一人、土橋平丞は同二十四日に城を捨てて行方をくらまし、湯河直春も二十七日までには小松原館（御坊市）より逃走している（『小早川家文書』『専徳寺文書』）。

こうして紀州の反秀吉陣営は早々に崩壊するが、一揆勢の残党が太田に集まり、秀吉方の陣夫から荷物を押し取るなどの狼藉を働く。秀吉が紀州にやってきた当初、太田の百姓らは秀吉方に抵抗する意思がないことを説き、秀吉より赦免を受けていた（「紀州御発向之事」）。しかし、秀吉の軍事行動を妨げる者が太田に集まっていることが発覚したため、秀吉は太田を包囲し、立て籠もる人々を皆殺しにすることを決めた。

秀吉は当初、太田の集落を鹿垣で囲い、兵糧攻めにするつもりでいた（『専徳寺文書』）。しかし、一揆方による路次の封鎖などが相次いだため、みせしめのために水攻めにすることにした（『山本家文書』）。世にいう「太田城の水攻め」である。

秀吉勢は、太田城の周囲に全長五キロ以上もの堤を袋状に築き、紀ノ川南岸を潤す宮井川の水を引き込んだとされる。堤は四月五日頃には完成し、導水が行なわれたが、その後宇喜多氏の担当した箇所が破堤する（『イエズス会日本年報』）。同

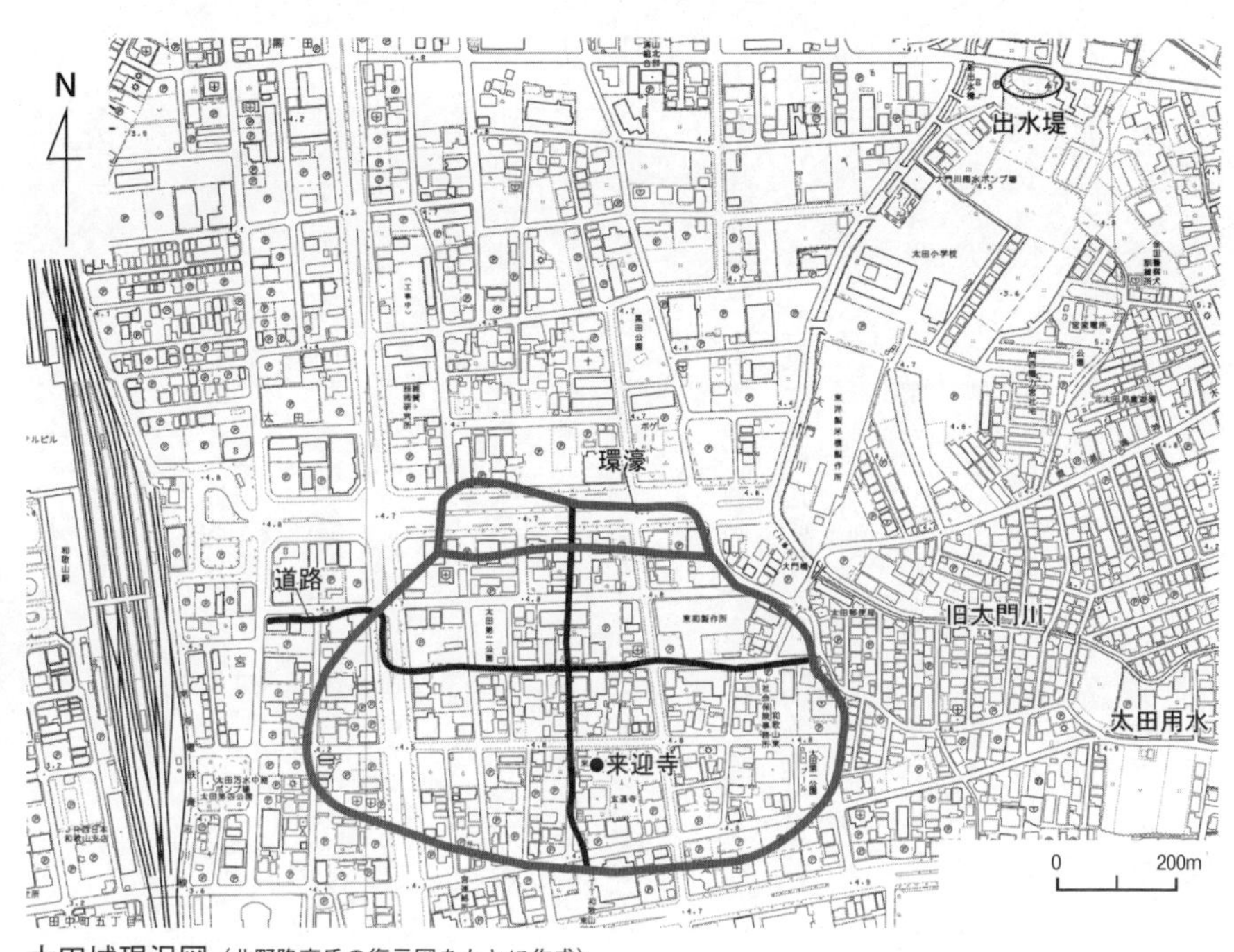


太田城現況図（北野隆亮氏の復元図をもとに作成）



十三日頃にはその修理が完成し、再び水攻めが行なわれる。そのため、太田の人々は蜂須賀正勝を介して秀吉に赦免を求めた。二十二日には、一揆方の張本人五〇名を処刑し、残りの百姓を助命するという条件で和睦がなった。百姓らは秀吉方に武具を差し出し、生活用具と当座の食糧をもって太田をあとにした（『多聞院日記』『太田家文書』『中家文書』）。

太田城の水攻めは、秀吉の紀州制圧を人々に印象づける壮大な演出であった。水攻めの終結とほぼ同時に、秀吉の弟秀長の手により和歌山城の建設が進められる（『中家文書』）。以後、紀州は統一政権の支配下に置かれることとなる。

**【城としての実像・虚像】** 太田城の姿は、一連の戦闘の状況を描いた軍記物に依拠して長らく語られてきた。それによると、東西二町半、南北二町の規模で、周囲には大堀をめぐらし、方々に櫓を設けた城であり、城内には武器・弾薬が多数備えられていたという（『太田水責記』など）。

こうしたイメージは、統一政権に最後まで戦った雑賀衆の活躍ぶりを強調するためにつくられたとみられ、そのまま事実と受け取ることはできない。水攻めに至る経緯からは、太田城攻めを紀州制圧のフィナーレと位置づけ、その戦果を国内外に広くアピールしようとする秀吉の政治的意図が強くうかがえる。太田の人々は当初、秀吉方から赦免を受けており、抗戦の意思を示していたわけではなかった。集落としての「太田」は、秀吉から敵方とみなされたことで、「太田城」となったのである。したがって、明確な防御施設をもつ城であったか否かについては、具体的な遺構をもとに慎重に検討する必要がある。

太田城は、弥生時代以来の集落遺跡「太田・黒田遺跡」の一角に比定されている。発掘調査では、幅約一〇メートルを上限とする十六世紀代の溝が数ヵ所で確認されている。それらは、明治期の地籍図にみえる水路と重なる。これらの情報をもとに、太田城は東西約四五〇メートル、南北約三五〇メートルの規模を誇る環濠集落であるとする説が有力視されている。

太田を囲う溝は、集落を防御するためだけに設けられたのではないだろう。これらは周辺の用水体系のなかに位置づけられるものであり、農業生産との関わりが想定される。また、集落の範囲を明示する境界としての意味合いも含まれていたとみられる。太田は東西南北の十字路を機軸とし、一定の計画性のもとで集落形成がなされたと考えられており、溝が他との隔絶性を示す装置となっていた可能性がある。

要するに、検出された遺構を天正十三年の秀吉との対戦に引きつけて評価すべき必然性はないのである。紀ノ川流域の集落の展開のなかで、太田がどのような位置にあり、溝がいかなる目的でつくられたかをまずは論じるべきである。そうすることで初めて、雑賀衆の残党が太田に籠もったことの意味が明らかになるだろう。

なお、発掘調査では鉛製鉄砲玉がいくつかみつかっている。これらは、太田の集落内で雑賀衆によって製造されたものと評価されている。

太田城 出水堤

**【現地を歩く】** 太田城の本丸跡と伝承される来迎寺の境内には、城跡碑が建っている。来迎寺の北東隅にある「小山塚」は、戦死した籠城衆の首を埋めた塚の一つとされ、もとは一〇〇メートルほど南東にあった。

太田城の環濠は横長の楕円に近い形状で、北側のみ二重に廻っていたと想定されている。現在、環濠は全く残っていないが、北東部については、かつての環濠に沿う形で道がつくられている。その東を、旧大門川が北に蛇行して流れる。旧大門川の南を東西に流れるのが、太田用水路である。これは、水攻めの際にその水を引き込んだとされる宮井の一部にあたる。

旧大門川に沿ってしばらく北に向かうと、出水堤に差し掛かる。これは、太田城を水攻めにする際に秀吉方が築いた堤の一部とされる。基底部は、最大で三一メートルにも及び、築堤がいかに大規模になされたかを物語っている。かつては水攻め堤とされる遺構が他にも残っていたが、現在残っているのはこれだけである。

太田城址碑

なお、水攻め時の築堤をめぐっては、秀吉が行なったほかの水攻めの事例と比べてあまりにも大掛かりであることから、その想定を疑問視する見解もある。現存する出水堤の南側(小字「小向」)に太田城があったとすれば、はるかに少ない労力で水攻めが可能であるというのである。ただし、豊臣期の政治動向をめぐる近年の研究では、太田城水攻めが豊臣政権の統一戦争の一環としてなされたことが重視され、短期間で大規模な築堤を成し遂げたことに政権としての画期性が見出されている。

JR紀勢本線と和歌山電鉄貴志川線の合流点付近に、惣光寺がある。当寺には、太田城水攻めの様子を描いた「総光寺由来幷太田城水責図」(和歌山市指定文化財)が伝わる。この他、市内橋向丁の大立寺には、太田城から移築したと伝わる山門(同指定文化財)が残る。

【参考文献】海津一朗編『中世終焉―秀吉の太田城水攻めを考える―』(清文堂出版、二〇〇八)、新谷和之「天正一三年「太田城」の実像」(『和歌山城郭研究』一二、二〇一三)

(新谷和之)

●信長の高野攻めに備えた高野勢の城

# 皮張城（かわはりじょう）

〔所在地〕伊都郡かつらぎ町宮本
〔比　高〕約四〇メートル
〔分　類〕山城
〔年　代〕十六世紀中
〔城　主〕高野山勢
〔交通アクセス〕ＪＲ和歌山線「笠田駅」下車、南東へ徒歩約四・五キロ

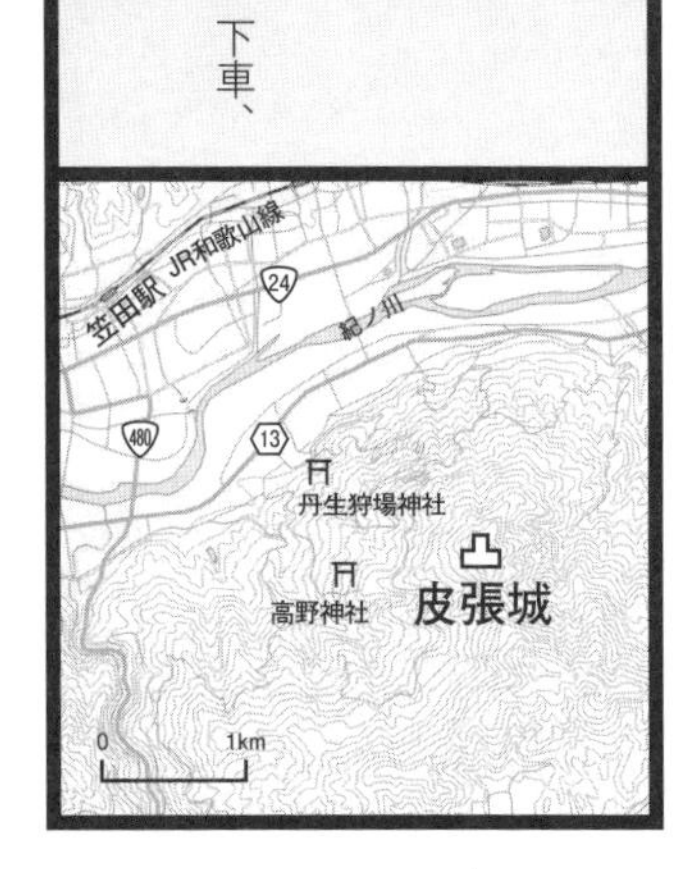


和歌山県

【小規模だが複雑な導線を見せる高野山勢の山城】　皮張城跡は東西約一〇〇メートルの自然地形を挟んで相対峙する二つの山城跡である。高野山金剛峯寺の鎮守社丹生都比売神社が鎮座する天野盆地の北の山上に位置し、紀ノ川平野から天野に到るルート上の二つの峠（宮本峠・渋田峠）をこの二城で押さえている。

両城は小規模であるが、横堀や土塁を駆使して複雑な構造を作り出しており、高野山勢の築城技法の最高水準を示す。

東城は主郭の周囲に帯曲輪が取り巻き、そのラインに虎口が開口する。虎口は二ヵ所あり、いずれも城内への直進を防ぐために導線を二、三回折れるように工夫されている。西城は東城同様に主郭の周りに遮断のための横堀・帯曲輪・土塁を二、三重にめぐらし、そのラインに虎口1が開口する。主郭への導線は蔀状土塁によって遮られ、三折れして主郭に到る。主郭西の虎口2も小規模な鍵の手土塁で折れが作られている（模式図）。このようにこの城は単郭で小規模ではあるが、複雑な導線を設定し、侵入者を迷路に誘い込みような構造を持っている。立地から紀ノ川側から天野盆地へ侵入を阻止する目的を持った臨時的城郭（陣城）と想定される。ただ城の規模は小さく、想定された敵の人数も少なかったようで、峠を守るという局地的な戦闘に対応した城郭のようだ。

【信長高野攻め時の陣城か】　さてこのようなテクニカルな陣城はどのような状況下で築かれたのであろうか。戦国期の真言宗本山の高野山金剛峯寺は山麓を寺領（膝下荘園）とし、畿

内の争乱には守護畠山氏に従い出陣することはあっても、領内に敵が攻め込まれることはなく安定した支配を行なっていた。天下統一を目指す織田政権とは、天正初年の大和宇智（うち）郡の領有をめぐる争論をはじめ、天正六年（一五七八）信長に反旗を翻し滅亡した荒木村重の残党引き渡し拒否事件や、信長に追放され領内で没した佐久間信盛の遺品の提出を求めた信長方の使者一〇人を殺害した事件などから緊張を高めた。『信長公記』によると天正九年八月十七日信長は「高野聖尋捜し搦捕って、数百人万方より召し寄せられ、悉く誅させられ」たという。『多聞院日記』には「高野滅亡、時刻到来歟」とあり、また徳川家康の家臣で浜松在住の松平家忠の日記には「信長様高野を御せいはい候ハん由風せつ候」とある。大規模な高野攻めが行われるという風聞が広範囲に存在したようだ。比叡山焼き討ちの二の舞である。

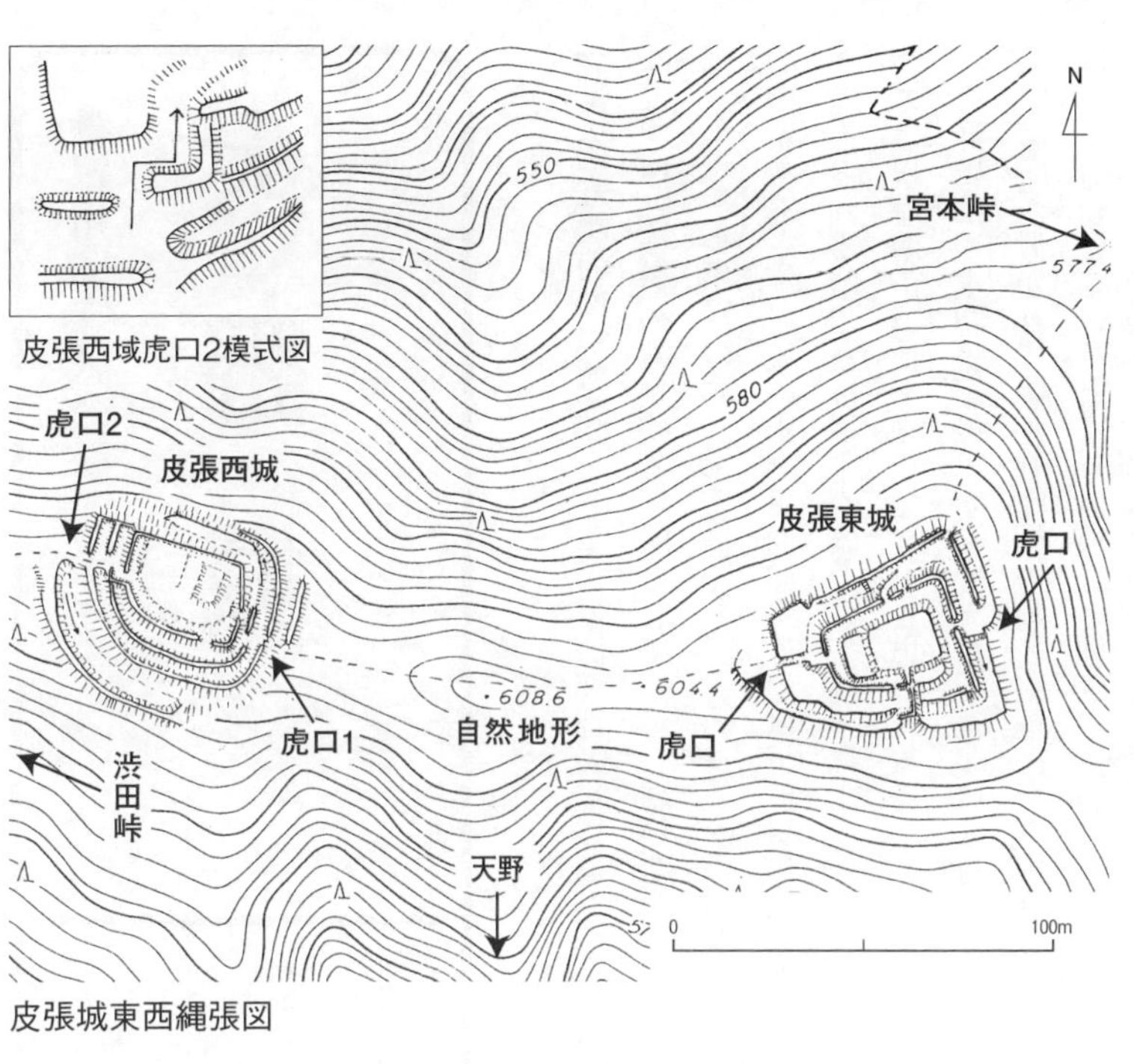

皮張城東西縄張図

　高野山側は朝廷に取りなしを依頼するとともに、膝下荘園の要所、特に北の河内方面からの侵攻に備えて紀ノ川側の龍門山系に今城山城・飯盛山城などの城郭を築いて防戦体制を整えた。皮張城もその一つで、聖地天野に入る峠を押さえる場所に最新の築城技法を使って築かれたものであろう。

　しかし織田政権にとって高野山はいずれその体制下に組み込むべき地域ではあったが、喫緊の攻略課題ではなかったようだ。信長高野攻めは紀ノ川北岸で局地的な戦闘はあったが大規模な作戦は行なわれないまま、翌天正十年の本能寺の変により頓挫する。

（白石博則）

# ●紀州国守護の城
# 大野城（おおのじょう）

〈所在地〉海南市大野中
〈比　高〉四一〇〜四三〇メートル
〈分　類〉山城
〈年　代〉十四世紀後半〜十六世紀
〈城　主〉山名氏・大内氏・畠山氏
〈交通アクセス〉ＪＲ紀勢本線「海南駅」下車、徒歩一時間半

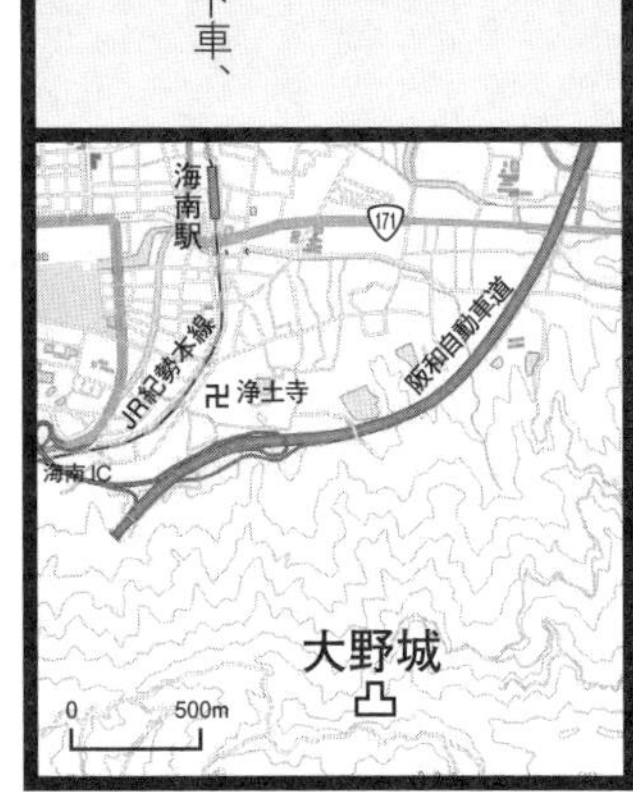


和歌山県

**【紀伊国守護の拠点城郭】**　名草郡と海部（あま）郡の境にあたる藤白峠は、熊野街道の趣が残る名所として知られている。大野城は、そこから東に約一・六キロ進んだところにある、紀北有数の山城である。当城の南を東西に走る道は、熊野街道の間道と考えられる。現在は樹木が繁茂して眺望はよくないが、かつては現海南市街地を一望できたと思われる。

大野には、十四世紀後半から十五世紀後半にかけて紀伊国の守護所が置かれていた。守護の山名義理（やまなよしまさ）が、有田郡以南を拠点に活動していた南朝方の勢力を押さえ込むために、永穂（なんご）（和歌山市）にあった守護所を当地に移したのがその始まりとされる。紀伊国守護はその後、大内氏から畠山氏へとかわる。畠山氏のもとで、大野にて諸々の守護役が賦課されていたことが知られる（『高野山文書』）。

十五世紀後半以降、畠山家の内紛では広（広川町）が攻防の中心となっていることから、この頃に守護所は広に移転したと考えられている。ただし、永禄年間（一五五八―七〇）に畠山氏の軍勢が大野に集結したとする史料もあり（『畠山記』）、守護所移転ののちも当城が何らかの形で使用された可能性はある。

**【つながりの悪い構造】**　当城は、郡境の尾根上に二つの曲輪（くるわ）群をもち、それぞれ「東の城」「西の城」と呼ばれている。両者は二五〇メートルほど隔たっているが、間の尾根上には城郭に伴う遺構はない。

「東の城」は、二本の大きな堀切で分断された三つの曲輪群

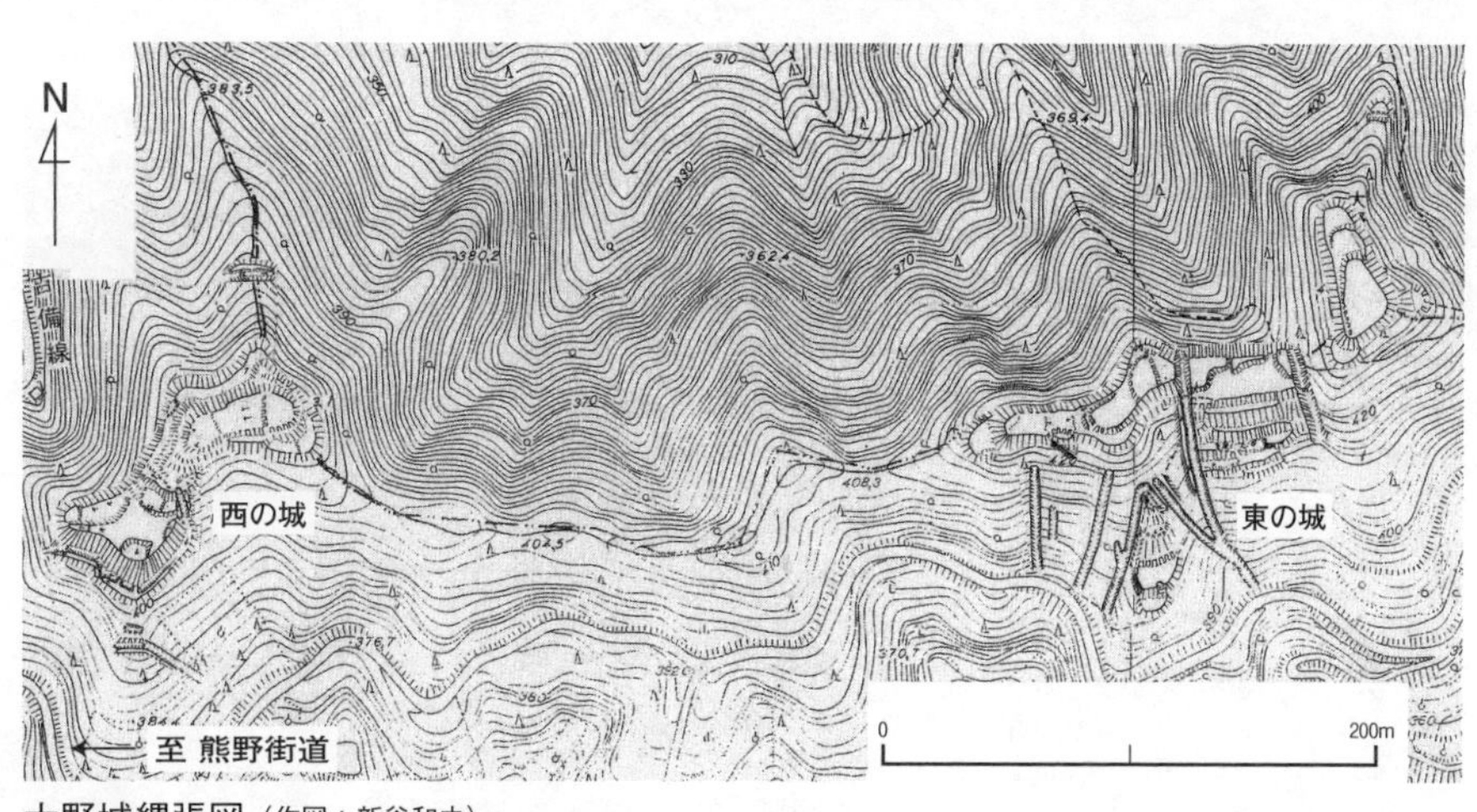


大野城縄張図（作図：新谷和之）

からなる。一番東側の曲輪群は三段の曲輪からなり、南端に小さい曲輪が付属している。それぞれの曲輪は比較的丁寧に削平されている。発掘調査の結果、建物の存在を示す礎石列、壁面を補強するための石列や石段がみつかっている。出土した土師（はじ）質土器は十四世紀から十五世紀前半頃のものとされており、麓の守護所の存続時期と重なる。現状では、曲輪群の西端がスロープ状になっているが、かつては東側に連絡のための通路があった。

「東の城」中央の曲輪群では、削り残しの土塁を伴う尾根上の曲輪の南斜面に、雛段状の曲輪が複数設けられている。北端に土塁を設けた理由として、北側斜面に対する防御という実利的な面と、岩盤が多く加工が困難であるという地形的な制約の面を挙げることができる。雛壇状の曲輪群は、いずれも駐屯のスペースとしては狭いので、尾根上の曲輪を守るための斜面防御の施設と評価すべきである。ここでは、一部に土留めのための石積みがみられる。

「東の城」西側の曲輪群では、おおむね四段の曲輪が尾根上に設けられている。いずれも削平は十分でない。南斜面に石積みで補強されたスロープがあり、かつては南下の間道に通じていたとみられる。

**【多様な空堀による防御】**「東の城」の南側斜面には、複数の竪堀がある。竪堀は、基本的には敵が斜面をヨコに移動することを防ぐために設けられるものである。ただし、当城にあっては竪堀同士がつながり、タテの移動も阻止する効果を発揮している点に留意が必要である。すなわち、竪堀を連携させることで、標高差のある強力な防御ラインを形成しているのである。

「西の城」は、横堀による防御ラインを主体とする構造といえる。標高約四二〇メートル地点の曲輪が最高所となるが、この部分の削平はほとんどなされておらず、自然の地形に近い。その南西にあたる曲輪は、高さ四メートルもの切岸をもち、下の横堀と合わせて強力な遮断の機能を発揮する。横堀内には障壁が設けられ、堀内をヨコに移動することを防いでいる。なお、この横堀の折れは自然の地形に伴うものであり、横矢掛かりを意図したものとは考えられない。

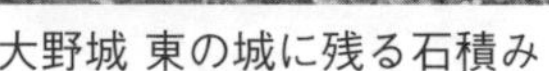
大野城 東の城に残る石積み

大野城 西の城の堀切

大野城麓の集落

**【熊野街道との関わり】** 一見してわかるように、当城の城域は東西に細長く延びており、曲輪間の連絡は極めて弱い。このような分散的な縄張構造は、築城主体の権力編成の脆弱さや家臣の独立性の高さを示すものと一般的には考えられている。

しかし、当城の置かれた固有の状況を丹念に読み解いていくと、異なる側面もみえてくる。すでに述べたように、当城の南下には熊野街道の間道が東西に走っている。当城がこの間道の掌握を目的に構築されたと考えれば、このように細長い構造となることも理解できるのではないだろうか。

当城の真西、熊野街道を直接見下ろす位置に、地蔵峰寺城（じぞうぶじ）という山城がある。小規模ながら、畝状空堀群をもつ山城である。紀北で畝状空堀群のある山城は大野城と地蔵峰寺城に限られるので、両者は密接な関係にあったと考えられる。恐らくは、熊野街道を直接監視する地蔵峰寺城、大規模な軍事行動に対応する大野城といった役割分担があり、両者が一体となって機能していたのであろう。

当城の全体を眺めた際、「東の城」の東端の曲輪群のみ明確な防御施設を伴わないことが注目される。敵が熊野街道の方面より侵攻してくると想定した場合、西の尾根上に設けられた他の曲輪群がこれを阻止することになる。その場合、東端の曲輪群は最も安全な位置にあるとみなされる。したがって、東端の曲輪群こそが当城の中心といえよう。城内の外縁部で防御施設が発達するケースは、同じ畠山の城である長薮城（橋本市）でも確認され、守護の城づくりの一つのパターンとみることもできる。

【平地の守護館との関係】当城の麓の大野中は、熊野街道と高野街道が交差する交通の要衝であり、中世には市が立ったことがわかっている。当地には、十五世紀中頃まで守護所があった。守護の館は「山名屋敷」と伝承される半町四方のエリアに想定されていたが、近年の研究で、約一町四方の空間がその周辺で複数確認された。守護館の比定も含めて、全体的な空間構造の解明は今後の課題である。

一般に、大野城はこの平地の守護館とセットで機能し、守護所の廃絶とともに役割を終えたと考えられている。しかし、畝状空堀群や横堀など顕著な防御施設が残り、一定の構想のもとで普請がなされていることから、戦国期にも使用されたと考えられる。

そもそも、大野城は比高が極めて高く、麓からは相当な距離があり、平地の館とどこまで一体となって機能したかはっきりしない。むしろ、現存する遺構からは熊野街道やその間道との関わりが顕著にうかがえ、麓との関係はみえてこない。十五世紀前半までの遺物が検出された東端の曲輪群については、守護所の置かれた時期にも機能していたのであろうが、その他の曲輪群は、戦国期に熊野街道を押さえる軍事的な意図のもとで新造ないし改修されたとみるべきであろう。

【参考文献】新谷和之「大野城の構造的特質とその役割」（『和歌山城郭研究』一一、二〇一二）、藤岡英礼「紀伊国北部における大規模山城の検討」（『和歌山地方史研究』二五・二六、一九九四）

（新谷和之）

●城道がはっきり残る山城

# 広城

〈所在地〉有田郡広川町名島・湯浅町別所
〈比　高〉一二〇メートル
〈分　類〉山城
〈年　代〉十五世紀後半～十六世紀
〈城　主〉畠山氏
〈交通アクセス〉ＪＲ紀勢本線「湯浅駅」下車、南東へ徒歩約三〇分

**【畠山氏の攻防の舞台】**　醤油づくりで有名な湯浅は、紀州有数の湊町であり、熊野街道が町の東方を南北に走る交通の要衝でもある。広城は、この湯浅の町を北西に望む位置に築かれた。湯浅は、中世前期に大きな武士団を形成した湯浅党の本拠地でもある。広城の北方には、湯浅氏の本城と伝承される湯浅城がある。

十五世紀半ば以降、紀伊国守護の畠山家では、政長方と義就方の抗争が繰り広げられた。この抗争はやがて足利将軍家の家督相続の問題とも絡み、応仁・文明の乱へと展開していく。応仁元年（一四六七）六月、畠山義就方の勢力が蜂起し、広城に籠った。幕府はこれを鎮圧するため、奉公衆の湯河氏に出陣を命じている（『古今采輯』『湯河家文書（広島）』）。広城をめぐって畠山家の抗争が起きていることから、この時には守護所は大野（海南市）から広へと移ったと考えられている。

畠山政長の息子尚順は、十六世紀前半に近臣の林堂山樹を広に送り込み、紀伊の分国支配を強化していく。この動きは、紀伊在国の畠山内衆や奉公衆らの反発を招くことになる。永正十七年（一五二〇）六月、内衆の野辺慶景は奉公衆の湯河氏・玉置氏らと結託、林堂山樹を広において殺害し、尚順を紀伊より追放した（『祐維記抄』）。反尚順の運動を引き起した人々は、後

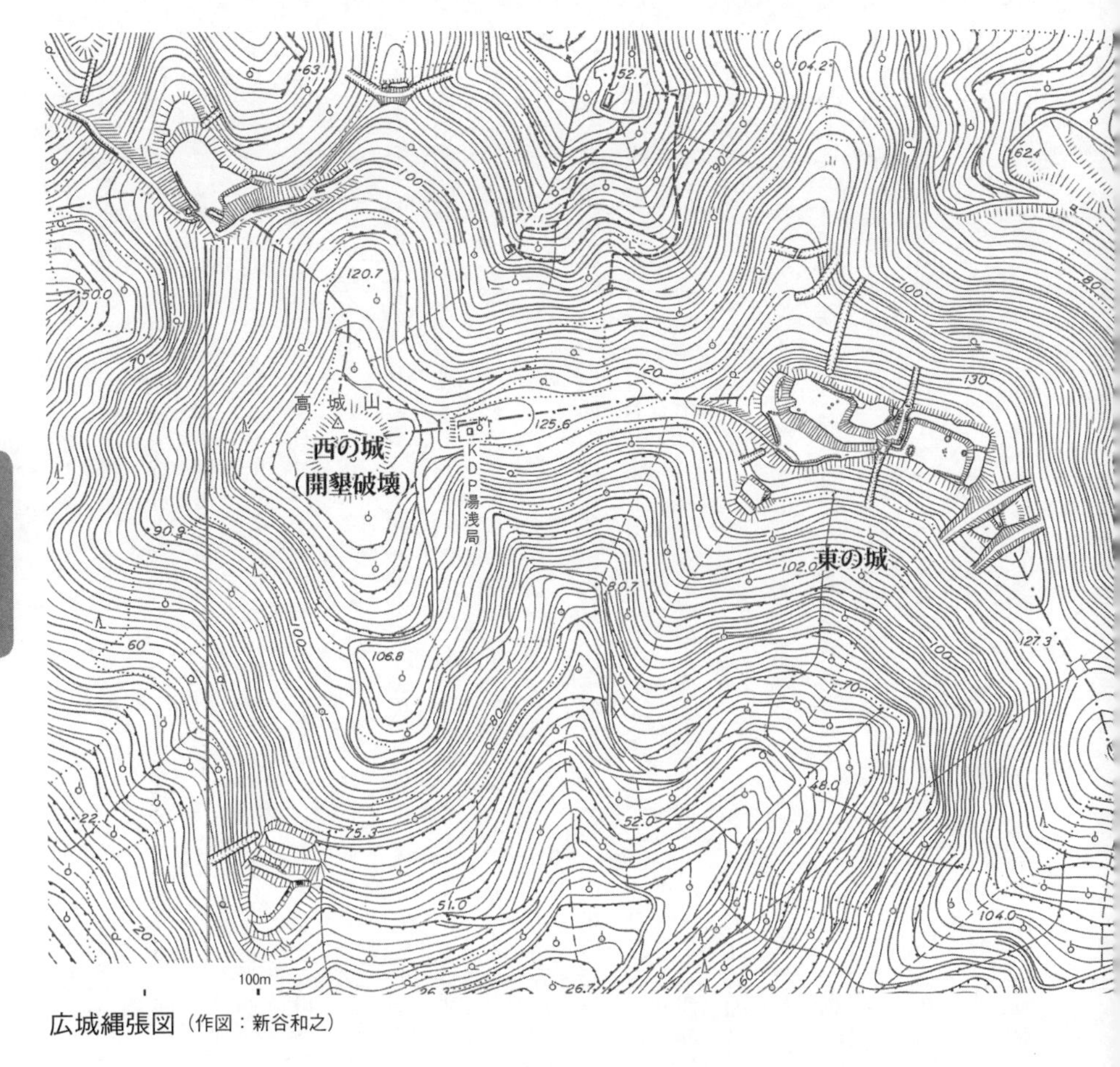


広城縄張図（作図：新谷和之）

に畠山稙長（たねなが）により赦免される（『小山文書』）。

広が国内の勢力に脅かされたことへの反省から、畠山氏はより軍事性の高い鳥屋（有田川町）に拠点を移す。ただし、政治的・経済的には広の方が優位にあったため、広は完全に放棄されずに、引き続き地域支配の一角を担ったと考えられている。

**【広範囲にわたる遺構】**　当城は、標高一四七メートル地点をピークとする「東の城」と、標高一三五メートル地点をピークとする「西の城」の二つの曲輪（くるわ）群からなる。ただし、「東の城」の東を限る堀切よりさらに一キロほど先の尾根上にも堀切が設けられており、城域はかなり広い。また、「西の城」の四方では、麓の近くにまで遺構が点在している。それぞれの曲輪群の面積はそれほど大きくないが、遺構が方々に分散し、全体として城域が広がっている。

「西の城」の中心部はミカン畑として開墾されており、城の遺構ははっきりしない。しかし、周辺部の遺構は比較的よく残っている。

北側の尾根は、堀切によって遮断されている。北西の尾根上に設けられた曲輪は、南西面に土塁を伴う。この土塁は南に開口部をもち、これがこの曲輪の虎口（こぐち）となっている。この虎口の前面には虎口受けの小曲輪が付属し、北西斜面上のルートをたどって曲輪へと至る動線を監視する役割を果たす。このルートは曲輪の前方で東に折れ、「西の城」の北尾根を迂回して「西の城」に至ると考えられる。

「西の城」の東と南の外れにも、小規模な曲輪群が存在する。南の曲輪群は、西側を竪堀で防御し、一部に石積みがみられる。「西の城」の中心部にどのようにつながっていたかは明らかでない。

**【技巧的な「東の城」】** 「東の城」は開発を免れ、遺構は極めて良好に残る。しかも、土塁や堀切を効果的に用いた技巧的な構造となっており、紀州の中世城郭の築城技術を考える上で重要な事例となっている。

「東の城」は、クランク状の堀切を境に東西に二分される。西側のエリアは、櫓台のような形状をとる曲輪を最高所とし、曲輪が三段に連なっている。一番下の曲輪の西辺には土塁が設けられ、その開口部が虎口となっている。東側のエリアは、分厚い土塁によって囲郭された単独の曲輪である。南東の尾根には幅の広い堀切が二本掘られ、東側からのアクセスを完全に遮断している。

この二つのエリアは、どのようにしてつながっていたのだろうか。通説では、クランクした部分の土塁から反対側（西側エリア二段目の曲輪面）に木橋を設けて行き来したことになっている。こうすれば、西側の櫓台状の曲輪より横矢掛かりの攻撃をかけることができ、優れた防御機能を発揮できるというのである。

しかし、以下に述べる理由から、この説には従えない。第一に、西の曲輪面の方が東の土塁面よりも高いため、木橋をかけること自体が困難である。第二に、仮に木橋を伝って東の曲輪群から西の曲輪へ移動できたとすると、今度は西曲輪の土塁上を延々とめぐることになり、動線として極めて不自然である。

一方、西曲輪群の三段目の曲輪面（東側）と、東曲輪南西部の曲輪面とはほぼ同じ標高である。この両者の間に木橋を想定すると、東曲輪の南西部が折れを伴う虎口となる。こちらの方が動線として無理がなく、しかも高い防御効果が期待できる。クランク状の堀切は岩盤を削り込んでつくられており、かなり強い意図をもって構築されたことがうかがえる。それは、上の曲輪から横矢を掛けるためではなく、東曲輪の虎口に折れを設けるためであったと考える。

広城　東の城のクランクした堀切

**【はっきりわかる城道】**　当城では、各曲輪の虎口が比較的明瞭に観察できる。また、曲輪間をつなぐ城道が遺構としてはっきり残っている点も注目される。「西の城」の北側に残る城道は、幅が三メートルほどあり、ただの山道とは一線を画するものといえる。分散した曲輪の間に明確な城道を設けて、相互の連絡を緊密にしようとする意図がうかがえる。

「東の城」の東部と西部をつなぐルート設計も、このような志向の延長上に位置づけられるものである。すなわち、曲輪間の動線を確定させ、そこに折れを設けることで、防御性を効果的に高めようとする発想を読み取ることができる。現存する遺構からは、「東の城」の技巧が突出して高く、ここだけ後世の改修を受けているようにもみえるが、基本的には「西の城」と同じプランのもとで構築されたと考える。

このようにルート設計のしっかりした中世山城は紀州では稀で、紀伊守護の関わった他の城でも類例は見出せない。畠山氏の紀伊国支配にとって、それだけ当城が重要であったということであろうか。その場合、城道を整えることが守護の権威を示すことにつながるとみることもできるが、その当否については慎重に検討しなければならない。

**【広の守護館】**　広城の西方の臨海部に、養源寺という寺院がある。ここにはかつて畠山氏の館があったと伝承されている。明治期の地籍図によると、寺域はほぼ一町四方の方形をなし、確かに一般的な守護所のイメージとも合致する。

当地は、広川河口部に形成された砂堆の先端部にあたる。かつてはこの内側にラグーンが形成されていたという。このように海に直接面した場所に館を営む事例は、紀州の他の守護所はもちろん、有力国人層の館でも確認できない。当該期の畠山氏が港湾を強力に掌握しようとしていた証とみることもできるが、館の比定や山城との機能分担なども含めて、守護所の実態をさらに明らかにしていくことが求められる。

**【参考文献】**　白石博則「広城跡の再検討」（『あかね』一七、一九九二）、野田理「広城」（『和歌山城郭研究』五、二〇〇六）

（新谷和之）

●紀州最大の国人の館

# 小松原館（こまつばらやかた）

〈所在地〉御坊市湯川町
〈比　高〉〇メートル
〈分　類〉館
〈年　代〉十五世紀前半～天正十三年（一五八五）
〈城　主〉湯河氏
〈交通アクセス〉JR紀勢本線「御坊駅」下車、徒歩五分

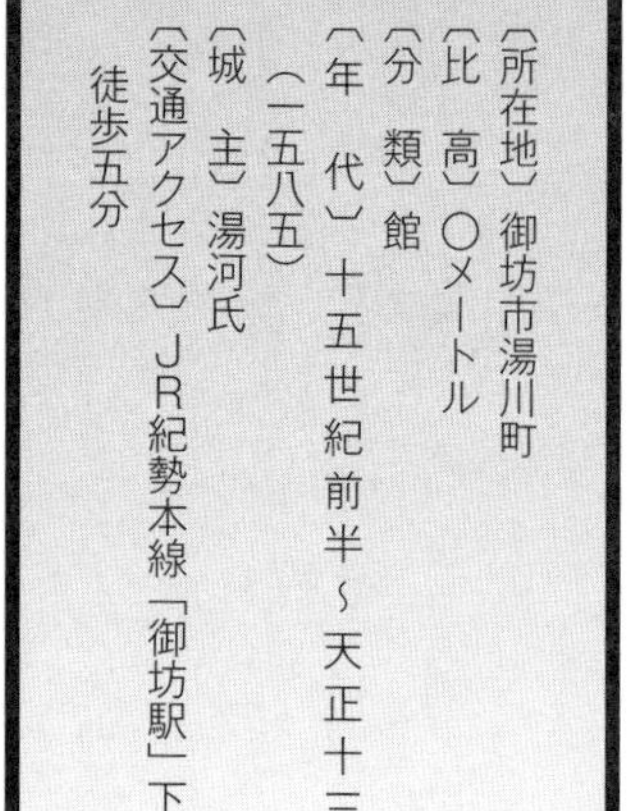

**【奉公衆湯河氏の館】**　JR紀勢本線御坊駅の南に展開する三角州では条里地割が広範に確認され、早くから開発がなされていたことがうかがえる。小松原館はそのほぼ東端、日高川の旧流路沿いに形成された自然堤防上に位置する。

　小松原に館を構えた湯河氏は、もともと紀伊半島南部の熊野方面に勢力をもっていたが、南北朝内乱を機に日高郡方面に進出していった。室町期には幕府の奉公衆として位置づけられ、幕府の地方支配や軍事行動の一翼を担った。湯河氏の一部は、十五世紀後半まで京都での活動が確認できるが、戦国期には小松原を拠点に地域権力化を遂げていく。

　館の南西の亀山には、湯河氏が築いた亀山城がある。系図等には、湯河氏はもともと亀山に居を構えていたが、十六世紀に麓の小松原に常住するようになったとある。しかし、十五世紀にはすでに小松原に湯河氏の館があったことが、『湯河家文書〈東京〉』所収の史料からわかる。館跡の発掘調査でも、十五世紀前半から館に関連する遺物が検出されている。小松原館と亀山城は一体となって機能したと考えるべきだろう。

**【姿をあらわした館】**　小松原館跡には、県立紀央館高校と市立湯川中学校が建っている。湯川神社の土盛と周囲の池が館の庭園の名残とされるが、館の痕跡はほとんど残されていない。

　数次にわたる発掘調査で、館の四周をめぐる堀の存在が確認された。堀幅は一〇メートル以上あり、西面では二重の堀が検出されている。東の堀底では二本の橋脚がみつかり、東

側の道沿いに館の出入口があったことも判明した。館の規模は東西約二二五メートル、南北約二〇〇メートルにも及ぶ。発掘調査では、館が構築される以前の当地の状況も明らかになりつつある。道成寺の創建期の瓦と同笵の瓦がみつかったことから、奈良時代以前には寺院があったことが明らかになった。また、「南無阿弥陀仏」と記した笹塔婆が出土しており、鎌倉期には浄土系の寺院があったと考えられている。

**【中世の城下町】** 小松原館は、熊野街道沿いの宿として発達した小松原の北に隣接する形で築かれた。湯河氏は熊野詣に訪れる人々から関銭を徴収しており、小松原館の立地はまさにこうした湯河氏の経済活動の一端を物語っているといえよう。

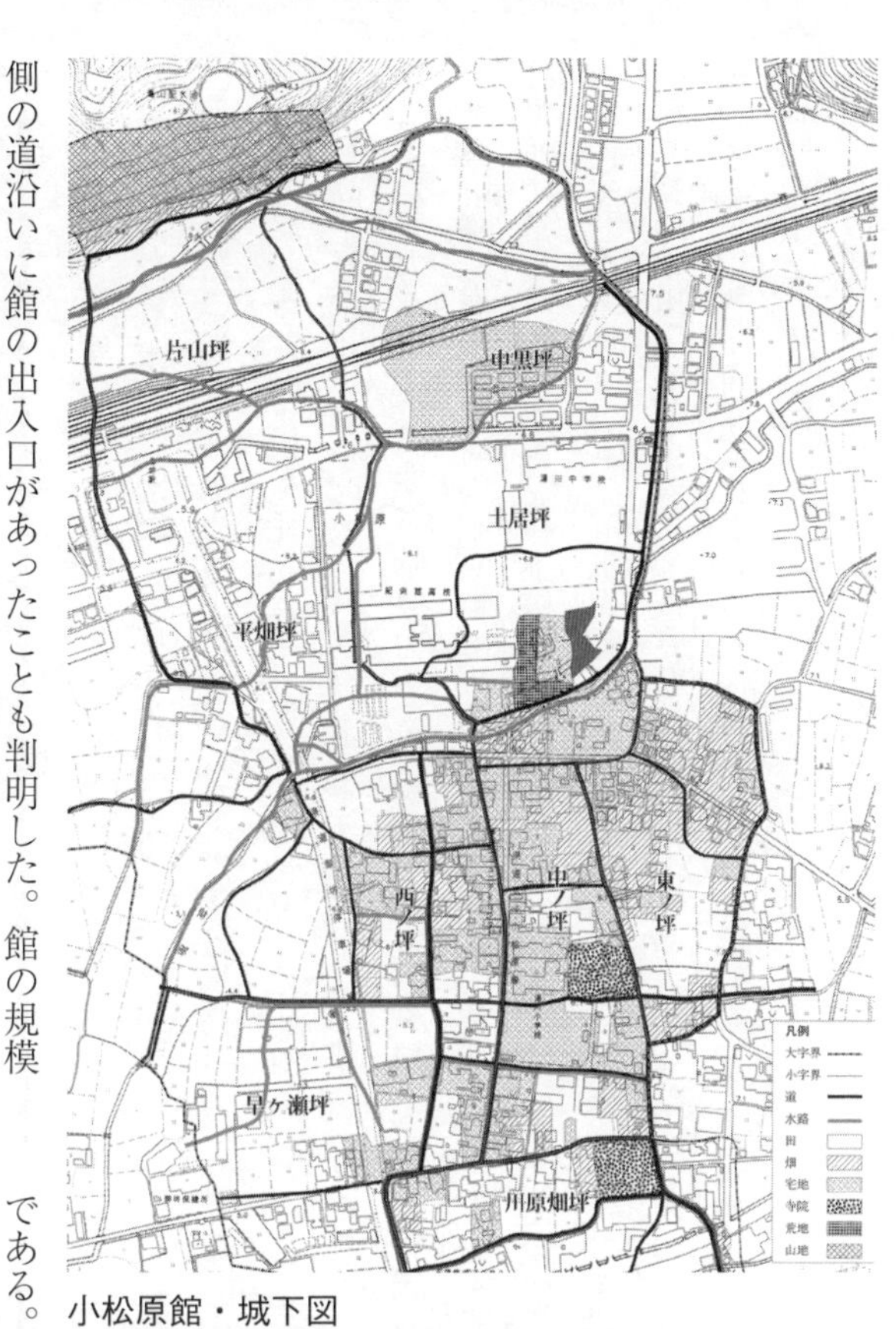


小松原館・城下図
（地籍図の土地利用状況を現代の都市計画図にプロット）

城下町の姿は、明治期の地籍図から推定できる。それによると、三本の南北道に沿って家並が展開する構造で、中央の道が町の中軸線と考えられる。宅地は城下町の北半分、ちょうど館に接する方面に集中する傾向がある。このことから、館と町場の一体性が高い空間構造が想定される。

城下町の中央に位置する法林寺は、湯河直光三男の住蓮社存誉を開山とする浄土宗の寺院である。境内には永禄五年（一五六二）の宝篋印塔が残っている。また、亀山城の北東麓にある鳳生寺は、大檀那湯河第七代天養居士が建立したと伝わる。境内には、湯河家歴代の供養塔とされる宝篋印塔が残っている。

【参考文献】矢田俊文「戦国期の奉公衆家」（『日本中世戦国期権力構造の研究』所収、塙書房、一九九八）、川崎雅史「小松原Ⅱ遺跡・湯川氏館跡発掘調査」（『風車』六六、二〇一四）

（新谷和之）

# ●紀州を代表する戦国領主湯河氏の本城

# 亀山城（かめやまじょう）

（所在地）御坊市丸山
（比　高）約八〇メートル
（分　類）山城
（年　代）十六世紀中
（城　主）湯河氏
（交通アクセス）ＪＲ紀勢本線「御坊駅」下車、徒歩四〇分

西方寺
凸亀山城
三明寺
JR紀勢本線
御坊駅
0　500m



**【日高平野のシンボル亀山城】**　列車あるいは車で、日高平野に入ると自然に平野中央部の亀山に目がいく。亀山は標高こそ一〇〇メートル程度の低山だが、その立地と独立した山容から日高平野のシンボルというべき山である。この山に居城を構えた勢力こそ、戦国期守護畠山氏をも凌駕（りょうが）する実力を備えた室町幕府奉公衆湯河氏であった。湯河氏は南北朝内乱期に北朝に属し、日高郡富安荘小松原宿を拠点に、日高郡に勢力を伸張した。遅くとも十五世紀初頭には将軍直参で守護不入権を持つ室町幕府奉公衆に編成された。以後羽柴秀吉の紀州攻めまでの約二百年間にわたり日高郡・有田郡に勢力を持つ戦国領主として君臨した。

亀山城の歴史は不明な点が多いが、御坊市湯川町の平地城館小松原館の詰城として、十五世紀中頃に築かれたと推定される。小松原館が熊野街道の富を一手に吸収する経済活動の拠点なら、この山城は湯河一族の軍事的なシンボルとして聳え立っていたのだろう。

守護の畠山氏が政長流と義就（よしなり）流に分かれて抗争するようになる十五世紀後半、湯河氏は一貫して政長流について戦った。畠山政長や有力内衆が自刃した明応の政変（一四九三）以後は、紀伊国内での地位が相対的に上昇したようで、当時の当主の湯河政春は石清水八幡領の荘園衣奈荘の下司職などを安堵している。また、湯河光春の時代の永正十七年（一五二〇）には、大和衆や熊野衆と結んで紀伊国内に覇権を確立しようとした政長の子尚順（ひさのぶ）（卜山）を、畠山氏の内衆野辺氏らと謀っ

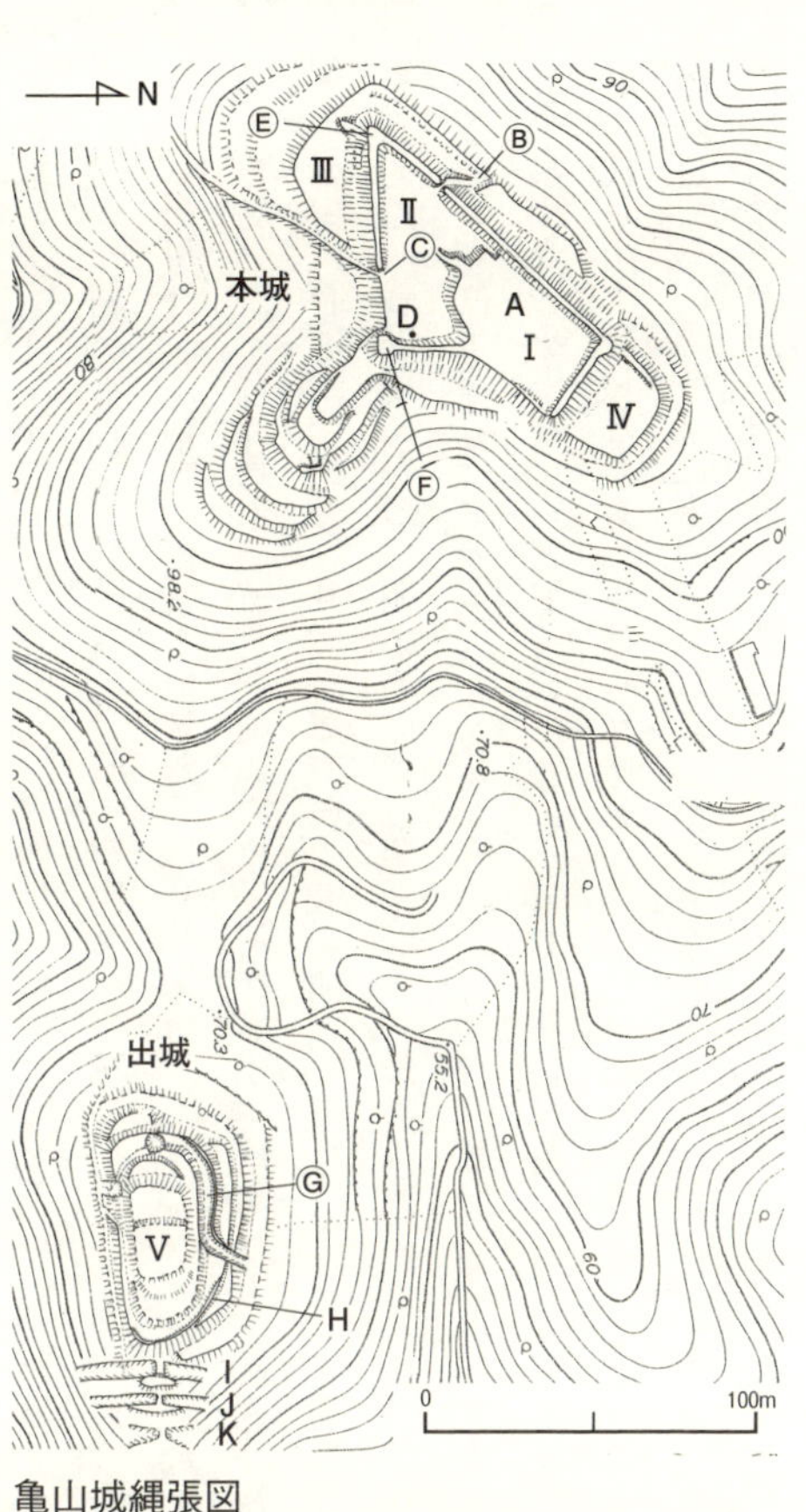


亀山城縄張図

小松原館跡から亀山城をみる

て淡路に追放した。以後湯河氏は守護所のあった広（有田郡広川町）にも拠点を持ち、日高郡を越えて紀伊国内で卓越した権力を保持した。しかし天正十三年（一五八五）の秀吉の紀州攻めでは抗戦して没落した。

【小松原館と比べると小規模な山城】　現状の遺構は上下二段の大きな土塁で囲まれた直線的で単純なものである。巨大な土塁の遮断性は極めて高いが、堀切・竪堀などの遮断施設はない。土塁の切れ目Ⓑ・Ⓒ・Ⓓが虎口である。土塁のふくらんだ部分Ⓔ・Ⓕは櫓台の可能性がある。城の東の尾根には、横堀Ⓖで画された本城とは構造の異なる出城が確認されている。しかしこの出城を含めても守護所に比肩する小松原館（推定東西二二五メートル、南北二〇〇メートル）と比較すると城域は狭い。

湯河氏は永禄年間（一五五八〜七〇）には「家中」と呼ばれる権力体を形成していた。その構成員は比井（日高町比井、天路山城主湯河右馬丞弘春）や芳養（田辺市芳養、泊城主湯河式部大輔教春）の一族や後世「湯河四天王」と呼ばれる湊氏（湊孫九郎教親・湊新五郎親宗）ら重臣たちであった。湯河氏は支配領域内に一族や重臣の山城・館城を配する一方で、本城の亀山城には武士団としての求心性を持たせなかったようだ。むしろ紀伊随一の武士としての権威は、巨大な平城である小松原館において具現化されたのであろう。

【参考文献】弓倉弘年『中世後期畿内近国守護の研究』（清文堂出版、二〇〇六）

（白石博則）

●天正13年湯河氏の攻撃に耐えた山城

# 手取城（てとりじょう）〔日高川町指定史跡〕

〔所在地〕日高郡日高川町和佐
〔比　高〕約一二〇メートル
〔分　類〕山城
〔年　代〕十五～十六世紀末
〔城　主〕玉置氏
〔交通アクセス〕ＪＲ紀勢本線「和佐駅」下車、徒歩三〇分

**【奉公衆玉置一族の山城跡】**　玉置氏は十津川郷玉置山の修験者を祖とする武士団で、南北朝期に日高郡に進出し、北朝方として在地の南朝方と戦い、日高川の中～上流域の川上荘（日高川町）・山地荘（田辺市龍神村）に在地領主としての地歩を築いた。遅くとも十五世紀初頭には湯河氏・山本氏とともに室町幕府奉公衆になり、将軍直属の武士団として幕府を支えた。戦国期になって明応の政変以降幕府・守護畠山氏が求心力を低下させてくると、永正十七年（一五二〇）実力者の畠山尚順を湯河氏らとともに淡路に追放し、紀伊国内で湯河氏・山本氏らとともに卓越した勢力となった。以後守護の動員で畿内の争乱にも出陣し、織田信長入京後、十五代将軍足利義昭が由良興国寺に追放された後も支えた。天正十三年（一五八五）の羽柴秀吉の紀州攻めでは、長年姻戚関係を維持していた湯河氏・山本氏が反秀吉方として抗戦する方針を取ったのに対し、秀吉方に通じた。これにより長年の盟友湯河氏と戦う事態になり、当主玉置直和は義父に当たる湯河直春と袂を分かつことになったとされる。『高山公実録』（藤堂高虎の功績を記した編纂物）には「玉置同姓之者共」が湯河氏の小松原館に攻め寄せ、その報復に湯河方八〇〇〇人が玉置方を攻め（坂の瀬の合戦）、敗れた玉置氏は手取城に籠城したと記される。湯河方は三日三晩攻め立てたが秀吉方の軍勢が攻めよせたので、湯河方は城の包囲を解いて紀伊の山中に撤退したとされる。

**【厳しい籠城戦を彷彿させる遺構】**　手取城は東西約三八〇

メートル、南北二〇〇メートルの規模を持つ県下最大規模の城郭である。城域は大きな堀切で東西に分断されている。東側は造成が丁寧になされているのに対して、堀切の西のⅣは造成が甘く、また曲輪配置も単純で粗放な印象を受ける。これは東側が恒常的に使われる部分、西側は臨時的な駐屯部であったことを示している。「玉置同姓之者共」が立て籠もったのは西の曲輪Ⅳであったであろう。

東の曲輪群は主郭Ⅰ（通称「天守台」）を中心に東（Ⅲ）・北・南Ⅱの三方の尾根には階段状に曲輪を設けている。主郭の南のⅡには城主居館が想定される。要所に石垣が使われているが、特に通称「風呂の谷」に面した「水の手曲輪」の壁面は石垣で覆われている。

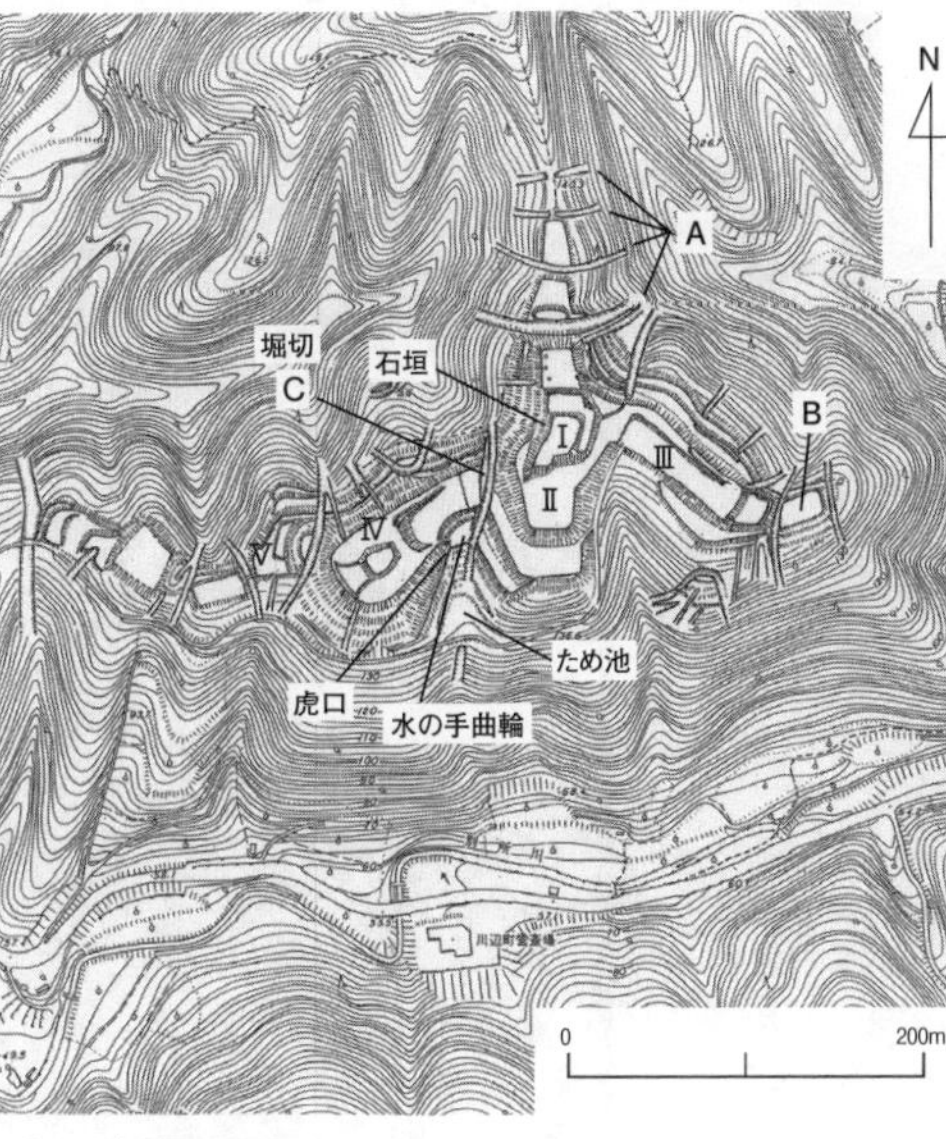


手取城 縄張図

この城の見どころは堀切・横堀・竪堀の遮断の厳重さであろう。特に大きな山塊に繋がる北の尾根は四本の連続堀切・竪堀が掘られ一際厳しく遮断されている（図のA）。また東の曲輪の北東斜面の二重の横堀・帯曲輪や先端の土塁囲みの曲輪Bは、土塁を胸壁にして城兵が戦う戦闘的な空間である。またⅣの北斜面や西尾根も堀切・竪堀で厳重に防御されており、天正十三年の日高平野をめぐる緊張期に非常に厳しい防禦がなされ、籠城戦が行われたことを彷彿させる遺構である。

**【豊臣家臣としての玉置氏】** 紀伊国が秀吉の軍勢に席巻されたのち、玉置氏は三五〇〇石を安堵されて豊臣氏に仕え、四国攻めや日高郡内の一揆の掃討などの軍役に従い、築城のための用材の調達などに従事した。その時代にも手取城は廃城にならなかったようで「江川村検地帳」には「日高郡和佐村手取山城主玉置民部少輔領知之内」とある。城内の二の曲輪では瓦片が多数確認されるのは、秀吉に臣従した後、瓦葺きの建物が建てられたことを示すものであろう。

【参考文献】『定本・和歌山県の城』（郷土出版社、一九九五）

（白石博則）

●横堀の発達した要害

# 平須賀城（へいすがじょう）

〔所在地〕日高郡みなべ町西本庄
〔比　高〕一七七メートル
〔分　類〕山城
〔年　代〕十五世紀～十六世紀
〔城　主〕野辺氏
〔交通アクセス〕ＪＲ紀勢本線「南部駅」下車、みなべコミバス「西本庄」下車

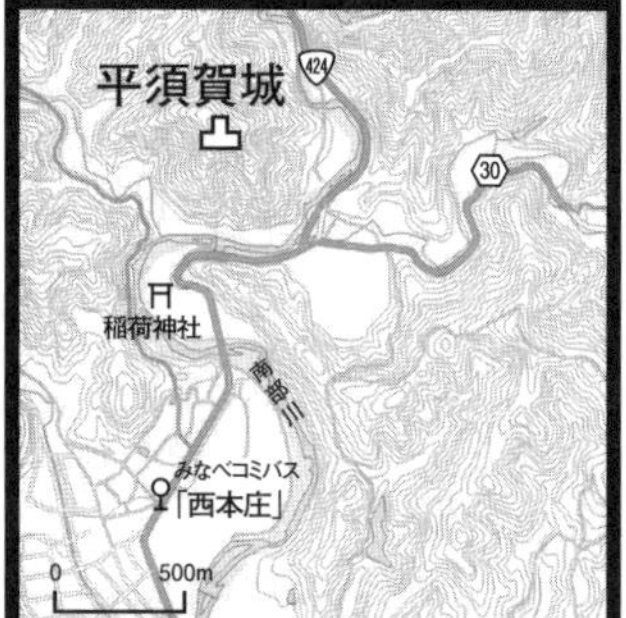

平須賀城
424
30
稲荷神社
南部川
みなべコミバス
「西本庄」
0
500m

**【紀伊守護の「要害」】**　平須賀城は、南部平野奥の西本庄に位置する。総じて急峻な地形であり、山頂からは南部平野が一望できる。当地より四キロほど南の平野部には、紀伊守護畠山氏の奥郡支配の拠点として高田土居が築かれた。この守護の支配を軍事的に支える「要害」として営まれたのが、平須賀城である。

当城は、少なくとも十五世紀前半には存在が確認できる。当時、芳養（はや）（田辺市）を拠点に活動していた湯河式部（奉公衆湯河氏の庶流）が、守護畠山氏より当城を預け置かれ、人を送り込んで維持・管理することを求められている（『湯河家文書（東京）』）。守護が分国支配の必要から、在地の勢力も巻き込んで山城を恒常的に維持していたことがわかる。

畠山氏のもとで紀伊奥郡の支配にあたったのは内衆の野辺（のべ）氏であり、当城の城主も野辺氏であると考えられている。永正十五年（一五一八）頃には畠山尚順（ひさのぶ）と義英との対立が激しくなり、当城もその合戦の舞台となっている（『目良文書』）。大永二年（一五二二）には、熊野三山の勢力が当城を攻め落としたとする史料がある（『熊野年代記』）。これ以後、野辺氏の活動がみられなくなることから、この記事はある程度事実を伝えているとみられる。十六世紀前半以降、畠山氏による奥郡支配は大きく後退したといえるだろう。

**【まとまりのある構造】**　標高二〇七メートルの曲輪（くるわ）を頂点とし、北に向けて曲輪群が階層的に並んでおり、大規模ながら非常にまとまりのよい曲輪配置をなしている。

さらに、空堀を効果的に用いて城内のエリア分けを実現している。すなわち、最高所の曲輪より三段目の曲輪の下をめぐる横堀が、中心曲輪群とそれ以北の曲輪群とを画するラインとなっている。この横堀の西側部分は、二度にわたる改修によって横堀につくり変えられたことが、発掘調査で判明している。また、そこからさらに北に進むと、堀切と畝状空堀(うねじょうからぼり)群をつなぐ防御ラインが確認できる。このラインの外側では曲輪の造成が比較的粗雑となり、こちらもまた城域を画する役割を果たしていることがわかる。

平須賀城縄張図（作図：新谷和之）

当城の発掘調査では、上位二段の曲輪において計六棟の掘立柱建物跡が検出された。土器や石製品、武器・武具など六〇〇〇点を超える遺物が出土している。十五世紀後半から十六世紀前半にかけての遺物が大半であり、このことは文献にみえる当城の使用時期ともほぼ重なる。ただし、空堀の使い方が手馴れていることから、十六世紀半ば以降も機能していたのではないかとする見解が主に縄張研究の分野で提示されている。

【参考文献】『平須賀城発掘調査報告書』（南部川村教育委員会、一九九六）、藤岡英礼「平須賀城」（中井均編『図解 近畿の城郭』Ⅰ、戎光祥出版、二〇一四）

（新谷和之）

●方形複郭の平地城館

# 高田土居（たかだどい）

〔所在地〕日高郡みなべ町気佐藤
〔比　高〕〇メートル
〔分　類〕平城
〔年　代〕十五世紀前半～十六世紀前半
〔城　主〕野辺氏
〔交通アクセス〕ＪＲ紀勢本線「南部駅」下車、徒歩約一五分

和歌山県

【地域の開発・交通との関わり】　阪和自動車道みなべインターチェンジを出て、県道上富田南部（みなべ）線を南に下っていくと、梅畑のなかに建つ小さな看板を目にする。中世の平地城館である高田土居は、かつてこの場所を中心に営まれていた。

当地は、古川と古川支線の旧河道が交差する地点にあたり、北に広がる水田の排水が集約される場所である。北部の水田地帯は「八丁田圃（はっちょうたんぼ）」と呼ばれ、鎌倉期以来の方格地割（ほうかくじわり）を今に伝えている。この一帯は、中世に高野山蓮華乗院領南部荘が形成されたところである。仁治元年（一二四〇）における同荘の検注帳（『高野山御影堂文書』）によると、高田土居のあったところは水田地帯であり、当該期にはまだ館は成立していなかったようである。その後、八丁田圃東側半面と県道以南を灌漑する大井が開削され、高田土居はその流末処理施設として構築されたと考えられている。ただし、守護畠山氏が進出する以前の当地の状況は、文献史料からも考古資料からも判然としない。

当地の南側、南部川河口部は低湿地であり、中世には沿海部の砂帯に囲まれてラグーンを形成していたとみられる。この一帯に中世の湊を想定する見解もある。中世の主要街道である熊野街道は、沿海部の砂帯上を東西に走るが、大字「南道」辺りで北西に折れ、熊岡峠を越えて芳養（はや）（田辺市）方面へ抜ける道も重要なルートであった。高田土居は、こうした水陸交通の結節点に位置する館といえよう。

【守護畠山氏の奥郡支配】　南部荘の経営は、地頭が年貢の納

入を請け負う形でなされた。十五世紀には、紀伊守護の畠山氏が当荘の地頭職を得たとされている。この頃、畠山氏は奥郡支配の拠点として高田土居を築いた。小守護代の中村氏や野辺氏が現地にいてその管理にあたったと考えられている。十五世紀後半から十六世紀前半にかけて、畠山氏の内紛に伴い軍事的緊張が高まるなかで、高田土居の存在が大きくクローズアップされてくる。寛正年間（一四六〇～六六）、熊野三山の勢力が畠山義就（よしなり(ひろ)）方として出陣するとの風聞が立った際には、「高田要害」に目良氏が籠っている（『目良文書』）。応仁元年（一四六七）には、畠山義就の養子政国が、「三鍋城」を攻略している（『経覚私要鈔』）。文明九年（一四七七）には、奉公衆の湯河氏が「高田城（要害）」において畠山政長方として奮戦している（『古今采輯』）。これらはいずれも高田土居を指すと考えられている。

高田土居復元図（発掘調査報告書をもとに作成）

なお、南部平野の奥には、守護勢力の要害として平須賀（へいすが）城が築かれた。高田土居はこの平須賀城と一体となって機能していたと思われる。

大永二年（一五二二）に野辺氏が没落して以降、高田土居は同時代史料にみえなくなる。畠山氏の支配が後退したこと

高田土居館跡に建つ看板

で、館としての役割を終えたとみられる。

**【防御性を高める改修】**　高田土居は従来、残存する地割から方形単郭の領主館であると考えられていた。ところが、高速道路の南延にかかる道路工事に伴い、当地で発掘調査が行われた結果、南北約二二五メートル・東西約一五〇メートルにも及ぶ大規模な複郭の館跡が姿をあらわした。その形状は、八丁田圃の方格地割に規制され、概ね方形となっている。

館として機能していた時期の遺構は、おおむね二つの時期にわけられる。前期の館は、二重の堀と土塁をもつ曲輪Ⅰの北側に、堀囲みの曲輪Ⅱが付属する構造であった。曲輪Ⅰの面積は南北四七メートル・東西七〇メートルで、内堀の幅は一二～一三メートルを計る。曲輪Ⅱを囲う堀は曲輪Ⅰの外堀と接続し、館全体の外堀として機能していた。

後期の館は、曲輪Ⅰの外堀を埋め、館全体の外堀を古川・古川支線の旧河道とつなげ、城域を東西にやや拡大している。この外郭ラインは、曲輪Ⅱの東側で三重、北側で二重に分岐し、さらに防御性を高めている。

高田土居の創築は、出土遺物から十五世紀前半と考えられている。これは、畠山氏の勢力が当地に及んでくる時期とほぼ一致する。すでにみたように、高田土居は当初より曲輪Ⅰと曲輪Ⅱが連なり、一部二重の堀をもつ複郭の構造であった。

そして、外郭ラインを充実させる改修は、十五世紀第Ⅳ四半期以降に行なわれたとされる。十五世紀後半には、畠山氏権力の内紛が激化し、在地の諸勢力を巻き込んで戦闘が繰り広げられる。そのなかで、高田土居をめぐる争いがたびたび生じている。当該期の改修は、こうした軍事的緊張に対応するためになされたと考えられる。

**【鋳造施設への転換】** 高田土居が城館としての役割を終えた直後、当地に鋳造施設が建てられたことが発掘調査で明らかにされている。曲輪Ⅰのほぼ全域が鋳造工房となり、曲輪Ⅱには田の字型に四分割された屋敷地がつくられたという。鋳造に関する遺構としては、井戸跡を転用した溶解炉や鋳物を保管するための土蔵、その他多数の土坑が検出されている。

城から鋳造工房への転換は、出土遺物の状況から、十五世紀第Ⅳ四半期から十六世紀半ばのいずれかの時期になされたと判断されている。これは、文献史料からうかがえる守護畠山氏支配の消長とも矛盾しない。

館の跡地に営まれた鋳造工房は、十六世紀末には廃絶する。この工房を設けた主体として、近世に南部で鋳物師(いもじ)として活躍する高田家(みなべ町芝)の先祖を想定する見解がある。一方、鎌倉期南部荘の検注帳のなかに鍛冶を生業とする人々が確認できることから、中世地域社会の展開のなかで館から工房への転換の意味を探るべきであるとする見解もある。

**【トップクラスの平地城館】** 高田土居は、紀州の平地城館のなかでは突出した規模をもつ館である。館部分の規模は、紀伊国の守護所と伝わる大野(海南市)や広(広川町)よりもはるかに大きい。さらに、軍事的な危機に備えて、十五世紀末に大規模な改修を行なった点も注目される。畠山氏がそれだけ当地を重要視していたということであろう。

すでに述べたように、南部には高野山方の荘園が置かれ、整然とした水田の開発が進められていた。その開発の中心となった高田土居の地を押さえることが、守護の地域支配において大きな意味をもっていたことは間違いない。また、熊野三山など守護の支配に必ずしも従わない南方の勢力を押さえ込むためにも、南部の地を掌握しておく必要があった。高田土居の規模や構造は、こうした政治的な要請を踏まえて正しく評価されるべきであろう。

(新谷和之)

【参考文献】和歌山中世荘園調査会編『中世再現　一二四〇年の荘園景観—南部荘に生きた人々—』(二〇〇三)、和歌山県文化財センター編『高田土居城跡・徳蔵地区遺跡・大塚遺跡』(二〇〇六)

●熊野街道をおさえた山本氏の拠点

# 龍松山城（りゅうしょうざんじょう）

〔上富田町指定史跡〕

〔所在地〕西牟婁郡上富田町市ノ瀬
〔比　高〕約八〇メートル
〔分　類〕山城
〔年　代〕十五～十六世紀末
〔城　主〕山本氏
〔交通アクセス〕JR紀勢本線「朝来駅」下車、バス「紀伊一乗寺」下車徒歩一五分

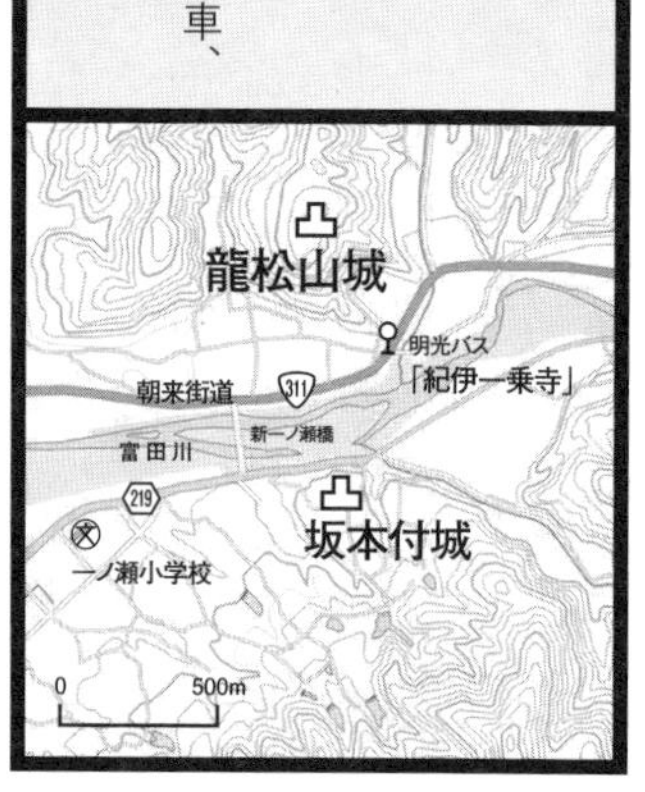




**【富田川の領主山本氏の本城】** 龍松山城の名は城の下段にあった龍に似た老松からつけられたとされる。ここを詰城として富田川を挟んだ対岸の両平野の台地上に平時の居館「坂本附城」を設けていたと伝わる。坂本附城は現在遺構は残さないが、「ホリジ」「オオダ」という関連地名や東西五六メートル、南北四九メートルの方形区画が確認される。

山本氏は富田川流域に広く勢力を持った武士団で、近世史料では堅田城（伝堅田式部、白浜町堅田）・釣瓶山城（伝山本兵部、上富田町岩田）・鴻巣城（伝内ノ川氏、白浜町内ノ川）・蛇喰城（伝山本権之丞、白浜町生馬）などが出城・支城であったという。

山本氏は南北朝期に富田川中流域の櫟原荘・石田荘（ともに上富田町域）を九条家から押領して、南朝方の武士団として活躍する。南北合一後遅くとも応永年間（一三九四～一四二八）には幕府奉公衆四番衆に属した。足利義満の側室北野殿の熊野参詣の際に記された『熊野詣日記』には、応永三十四年九月二十六日と十月五日に山本氏は熊野へ向かう北野殿一行の「まうけ（儲、食事などを出して接待すること）」を城下の一（市）ノ瀬で行なったことが記されている。山本氏と将軍家との繋がりの強さ、紀伊国内での地位の高さを示す史料である。

同じ奉公衆の湯河氏が亀山城・小松原館を築いて熊野街道小松原宿をおさえていたように、山本氏は龍松山城・坂本附城を営んで街道の要地一ノ瀬をおさえ、中辺路の短縮路である塩見峠の関所にも影響力を持った。戦国期になると守護や

幕府に動員されて紀伊国内だけでなく畿内にも出兵した。天正十三年（一五八五）羽柴秀吉の紀州攻めでは湯河氏とともに秀吉方に抗戦し、本拠を捨て熊野の山中に立て籠もり抵抗を続けた。しかし天正十四年十一月四日の『多聞院日記』には「今度紀州ニテ帰参之躰山云ト（山本ト云）本人、三千計ノ大将也ト云々、生害サセテ内衆以上十一歟首ヲカウニカケテ、大安寺ノ東ノ道ニアリ、帰参ノ上ハ不便ノ第一々々」とある。新たに紀伊国主となった羽柴秀長に降伏したが、だまされて家臣とともに大和で生害させられたのであった。

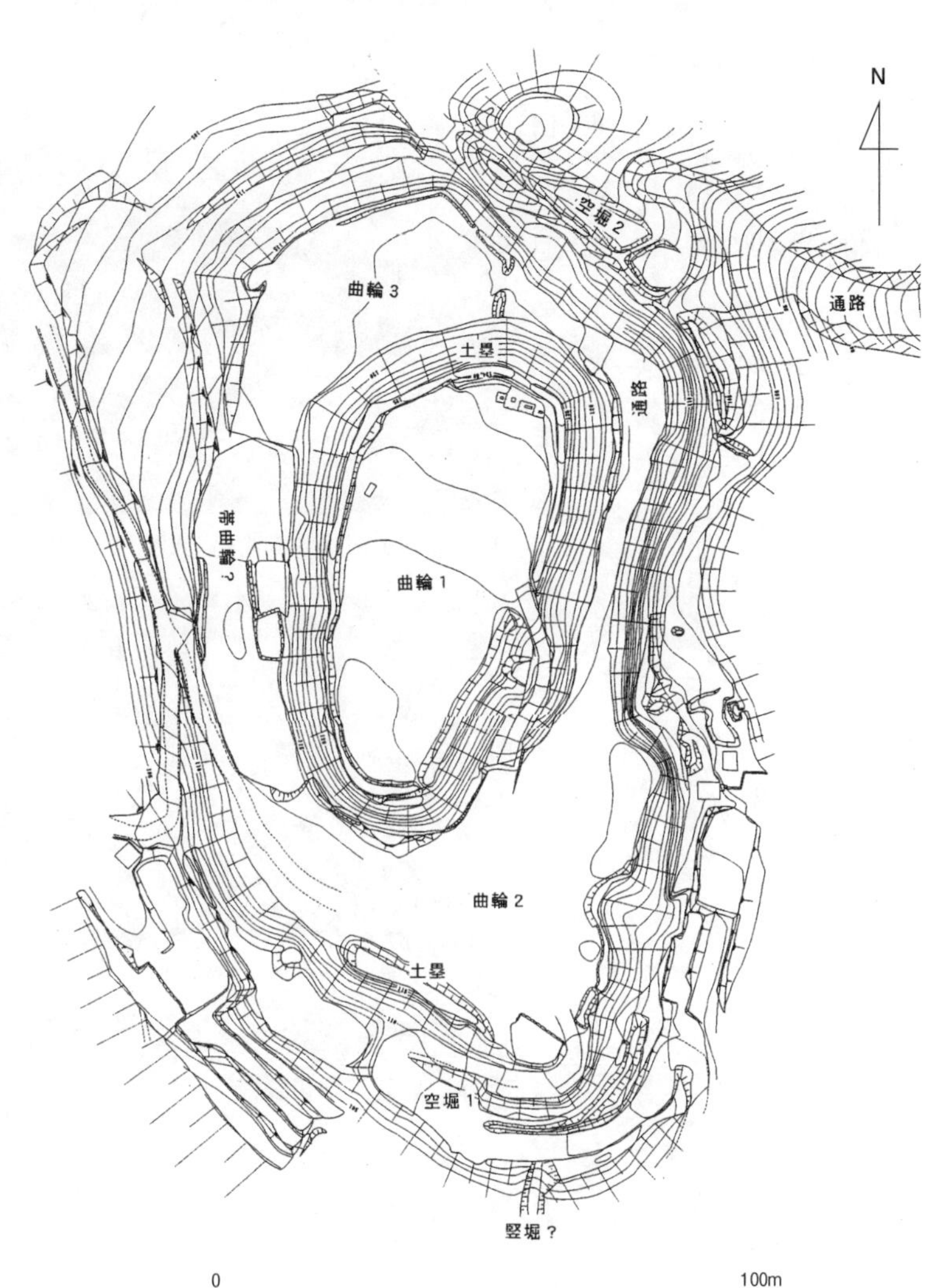


龍松山城跡測量図（『和歌山県中世城館跡詳細分布調査報告書』より）

**【上下二段の曲輪を持つ居住性の高い山城】** 城跡はお供え餅のように大小二つの曲輪を重ねた形状をしている。測量図（和歌山県教育委員会編『和歌山県中世城館跡詳細分布調査報告書』、一九九八）の曲輪1は東西約三五メートル、南北七五メートルで、周囲は高さ一〜一・五メートルの土塁で囲まれている。曲輪東南部に虎口が開口しその前面に虎口受け曲輪が設けられている。Iの北東に城主山本氏の供養塔や顕彰碑が作られている。曲輪1の下には約八メートルの鋭い切岸が作られ、曲輪2・曲輪3と隔絶している。曲輪2は南に開口部を持ち虎口と考えられるが、後世の通路あるいは公園化のため著しく改変されている。櫓台状の高まりもあるが当時のものかどうかわからない。この曲輪の東部は外に向いて張り出しており、下斜面に来た敵を側射する横掛かりの機能を持っていたようだ。また2の南下には横堀（空堀1）が作られている。これは遮断だけではなく、導線に対して攻撃を加える塹壕（武者隠し）の機能があったと考えられる。

龍松山城手前は坂本附城

龍松山城二重堀切竪堀

曲輪3は1の北下にあり、2との間に段差がありやや比高がたかい。3の東部には二重の堀切（空堀2）が作られ、尾根からの侵入を防いでいる。かつては北の尾根にも二重の堀切があったようだが梅畑に開墾されたという。

さて、この城の曲輪総面積は四〇〇〇平方メートルもあり、近隣の山城の中では最大規模である。平時に山本氏が居住していたと想定しても不思議ではない。近世の史料には城内二の曲輪（2）、三の曲輪（3）には井戸が二ヵ所、「馬冷やしの井戸」という大井戸が一ヵ所あったとされる。生活に欠かせない水があり比高も低いことから、戦国期には居住と要害がこの城に一元化されたのかもしれない。

【参考文献】『上富田町史』一（一九九八）

（白石博則）

●水軍領主の築いた山城

# 八幡山城（はちまんやまじょう）

〔所在地〕西牟婁郡白浜町安宅
〔比　高〕約一二〇メートル
〔分　類〕山城
〔年　代〕十五～十六世紀
〔城　主〕安宅氏
〔交通アクセス〕ＪＲ紀勢本線「紀伊日置駅」下車、徒歩三〇分

**【水軍領主安宅氏の紀伊の本拠】**　紀伊山地に源を発し紀伊水道に注ぐ日置川（ひきがわ）の下流域は中世に安宅荘（あたぎ）と呼ばれ、水軍領主安宅氏の拠点が置かれていた。湊に隣接した安宅本城（あたぎほんじょう）跡（小字「城の内（しろのうち）」）からは、大溝跡や多数の柱穴・礎石などの遺構や備前焼や中国製陶磁器などが出土した。八幡山城はこの本城跡の東の安宅八幡神社の裏山に位置する。

安宅氏は鎌倉末期に熊野海賊征圧の目的で幕府により阿波から紀伊に派遣された水軍領主である。淡路で三好氏や織田信長の配下となり「安宅八家衆（あたぎはっけしゅう）」と称した安宅氏は、この地から淡路に移った一族にあたる。室町期初期の『熊野詣日記』に足利義満の側室北野殿を山中で警護する武士に「あたき」の名があるように、幕府に従う有力国人として地域に勢力を持った。

安宅氏の水軍領主としての活動を裏付けるものに昭和五十二年（一九七七）小豆島（しょうどしま）の東、水ノ子岩海底遺跡の沈没船内で見つかったバラスト（船を安定させるための小石）がある。この石は分析の結果日置川流域産であることが証明され、この船は安宅で造られた可能性が高いことがわかった。また町内の長寿寺から発掘された暦応五年（康永元、一三四二）の紀年銘を持つ備前焼などから、安宅氏が備前焼の流通に携わっていた可能性があることも指摘されている。

八幡山城周辺には前出の居館安宅本城や湊伝承地、それらを見下ろす安宅勝山城、対岸の大野城など城郭遺構が密集している。

**【八幡山城の構造】**　八幡山城は南北に堀切と竪堀、北の斜面には横堀がそれぞれ設けられ、東は深田池（戦国期は湿地帯）に臨む断崖絶壁である。周囲は完璧に防御されている。大手の城道は八幡神社の裏から北斜面を登り、横堀の間の土橋を通り土塁で挟まれた虎口Aにいたるルートである。曲輪Ⅱの塁線は平板で横矢などは掛からない。城内ルートはさらに直進し斜面を登り、土塁で挟まれた虎口Bにいたる。虎口前に小さな曲輪がある。

曲輪Ⅰは神社建設時に曲輪面の礎石などが一ヵ所に集められるなどの若干の改変が行われたが、地形そのものは変わっていない。曲輪Ⅰの周囲には高さ一〜二・五メートルの土塁が巡る。東端の部分は高さ二・五メートル、幅二メートルあり櫓台が想定できる。Ⅰでは現在土塁が切れて虎口状に見える部分は四ヵ所ある。前述の虎口Bの北にも切れ口があるが、これは後世の破壊である。また虎口Cは曲輪Ⅱの東の大土塁の上に通じ、土塁を通ってⅡや曲輪Ⅲに通じる。虎口Dは東の深田池方面に下るルートに通じており、いわゆる「搦め手」虎口と評価できる。

曲輪Ⅱは巨大な土塁（上は通路）が北・東となっている。南に残る。北のコーナー部分Eは堀底内を掃射で

八幡山城　縄張図

きるように西の土塁は高さ一・五メートル、西端に石段があり（虎口F）、ここから土塁上を通り曲輪Ⅲに行くことができる。ⅢとⅡとの間には西側が閉塞した空堀があり、Ⅲに行くには虎口Fから土橋を通って入らなくてはならない。この空堀はⅡとⅢの間をより厳しく隔絶している。またこの堀底にはⅡのコーナー部分GがⅣ側に迫り出して掃射できるようになっている。

曲輪Ⅲは掘り残しの大土塁Ⅳが一つの曲輪の役割を果たしており、南のコーナー部分は堀切側に迫り出した櫓台が想定され（H）、堀切内部を掃射できる仕組み（横矢掛かり）が読みとれる。また北の竪堀に面した低い土塁部分（I）は屈曲して竪堀や横堀に対して側射できるしくみになっている。しかし、Ⅲの曲輪内部の造成は不十分で、兵の駐屯よりも周囲に土塁をめぐらして防御ラインを作ることが目的であったようだ。

**【十六世紀前半に画期を持つ山城か】**　この城は水軍領主安宅氏の居城にふさわしい規模と構造を持っている。発掘調査によると八幡山城跡は、火災にあった際に土器が焼けそれ以降火事場整理されていない。つまり少なくとも発掘された部分については火事以降は改修されていないということである。土器の年代（備前焼擂り鉢を基準）は十六世紀初頭であるので、これが発掘された遺構の画期であり、最終期と見なされる。「久木（ひさぎ）小山（こやま）家文書」の「年不詳小山弥八宛畠山尚慶（尚順・卜山）書状」などによると十六世紀初頭守護畠山尚順方の小山氏（日置川中流域の領主）・安宅氏と反尚順（熊野の勢力か）が富田川流域や日置川流域で合戦を繰り広げている。前述の火事も反尚順勢力との合戦で落城した際のものの可能性がある。従来享禄年間（一五二八〜三二）の安宅家のお家騒動を描いた『安宅一乱記』を典拠として語られていた、この地域の城郭であるが、発掘調査の進展により新たな評価がなされている。

【参考文献】『日置川町史』一（二〇〇五）

（白石博則）

●那智山の利権を堀内氏と争った廊之坊塩崎氏の城

# 勝(かつ)山(やま)城(じょう)

〔所在地〕東牟婁郡那智勝浦町浜の宮
〔比　高〕約六〇メートル
〔分　類〕山城
〔年　代〕十五〜十六世紀
〔城　主〕廊の坊塩崎氏
〔交通アクセス〕ＪＲ紀勢本線「那智駅」下車、徒歩二〇分

42
那智勝浦新宮道路
勝山城
43
出城
出城
補陀洛山寺
JR紀勢本線
那智駅
那智勝浦IC
46
0
500m

**【名刹の裏山に築かれた城塞群】**　ＪＲ那智駅の北、補陀落山(ふだらくさん)寺(じ)や浜の宮王子の裏山に位置する城塞群である。核となるのは、標高六九メートル地点にある廊之坊屋敷（『紀伊続風土記』の呼称による）である。ここから南に向かって二本の尾根が伸びるが、南の尾根の先端に築かれているのが出城Ⅱ、東の尾根の先端に築かれている出城Ⅲである。従来は廊之坊(ろうのぼう)屋敷を勝山城と呼んでいたが、近年二つの出城が発見されたことで南の尾根に出城を築き谷部を遮断し兵の駐屯部とした城塞群であったことがわかった。なお『紀伊続風土記』など近世史料には浜ノ宮には廊之坊以外に橋爪坊・神光坊の二つの坊院があったとされるが所在地は明らかではない。

伝廊之坊屋敷Ｉは上下二段の曲輪(くるわ)の北東端に、上部で約八メートル、底部で約三メートルの箱堀状の堀切・竪堀(たてぼり)が掘られている。この堀切の対岸の平坦地Ⅳは、切岸がなく北東端も堀切で遮断されていないので曲輪とは評価し難い。しかし平坦面に石塁で方形に囲んだ空間があり、屋敷地あるいは坊院の跡の可能性が高い。

Ｉの上段の曲輪は五角形の曲輪で周囲は土塁で囲まれている。北西のコーナー部分には今も水を湛えた井戸（深さ八メートル）が残る。周囲の土塁は上部で幅二メートル高さ一メートルほどであるが、堀切に面した部分のみは幅が三〜四メートル高さ約二メートルと他の部分より大きい。これらＩの土塁は人が上に乗って戦いの足場にでき、防御ラインを形成していたといえよう。虎口(こぐち)と思われる開口部は三ヵ所ある。虎

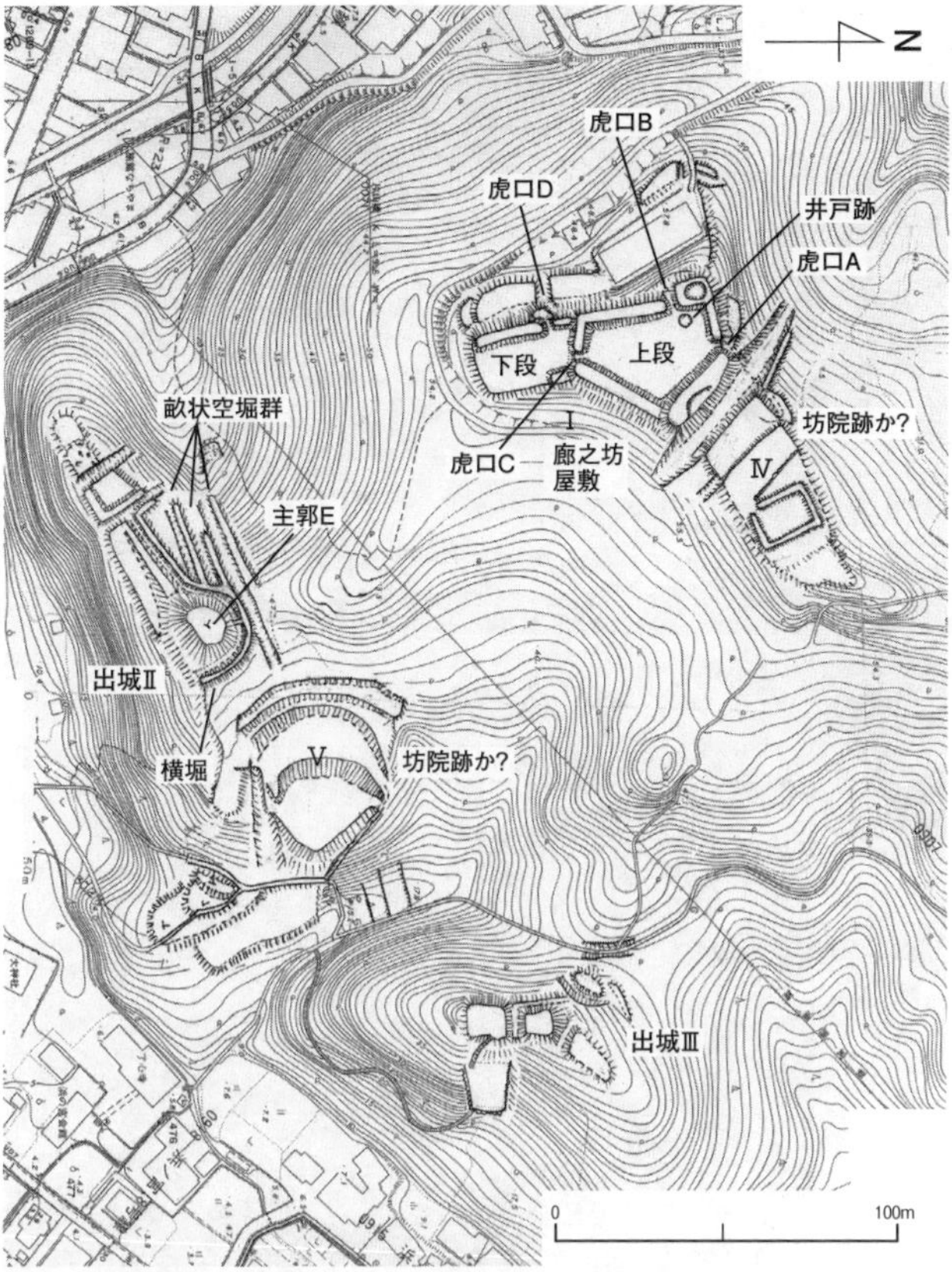

口Aは堀切の方に開口しており、退路を確保している。Bは西の細長い曲輪（一部貯水槽のため破壊）に通じている。CはⅠの下の段に向いて開口している。ここから虎口Dに繋がりスロープ状になって城外に到る。この主郭の虎口の多さは閉鎖性を高めて防御するよりも、人の行き来をスムーズにすることに重点が置かれていると考えられる。これは本来ここが屋敷あるいは坊院であったことを示しているものであろう。井戸の存在も居住性の高さを裏付けている。

　Ⅱは主郭E（方一〇メートル）を最高所とする出城で、横堀と堀切、さらに畝状空堀でⅠとⅡの間の谷からの攻撃に備えている。後述のようにこの城は那智川西岸の藤倉城と壮絶な戦いをしている。勝山城側が西の谷部からの藤倉城勢の攻撃を想定して防御を施したものであろう。Ⅱは主郭Eを除いては兵が拠るようなスペースはなく、坊院とは考えられない。ⅤはⅡの東斜面の平坦地で現在は津波避難所と放棄された果樹園となっている。城郭遺構は存在しないが坊院があった可能性がある。

　Ⅲは堀切で隔てられた三つの曲輪からなり、西側の二段は現在神社の境内になっている。Ⅰとは堀切状の自然地形で画される。土塁などはなくⅠ・Ⅱと比較すると単純な構造である。

勝山城縄張図

**【那智山の主導権争いで藤倉城実報院米良氏と戦う】**　勝山城は（廓之坊重盛、那智山西の座）は天正九年（一五八一）那智川の対岸の藤倉城に拠る那智山東の座米良実報院とそれを支援する戦国大名堀内氏と那智山経営の主導権を巡って戦い、破れて落城した。慶長十年（一六〇五）に佐竹伊賀（雑賀衆の一員で堀内氏善（うじよし）や、のちには紀州藩主浅野家・徳川家に仕えた）が新宮藩主浅野忠吉の提出した「佐竹伊賀申状」には、「廊之坊城永年之通路留申候付而、高川原無念ニ存候、又々兵粮をもこめ候ハんと存候哉、けいこ卅そ計にて那智浜宮之南へ参候へ共、我等（米良・堀内方のこと—筆者註）はしめ城（藤倉城か）より罷出散々ニいたてしりそけ申候、それより以後城中よわり、いそべ（磯部）と申所へ敵方取手居申候をとり詰（下略）」という記述がある。実報院方に雇われた佐竹伊賀は藤倉城から出て得意の鉄炮で、勝山城への兵糧搬入を阻止し、それにより勝山城が落城したことが記される。

勝山遠望

勝山城出城Ⅱの横堀

　対岸の藤倉城は平成十年（一九九八）十月から十二年三月まで発掘調査され、山頂部から谷部にかけた広範囲に遺構が確認された。中でも山城は固い岩盤を穿って堀切を設け、痩せ尾根に石垣を設けて曲輪を造成しており、曲輪面積は狭いものの大量の土木量を投入して実報院・堀内連合軍の力量を見せつけるために作られている。勝山城はこの戦いの中で周辺の廊之坊方の坊院などを巻き込んで城塞群として成立したものであろう。

（白石博則）

# 城郭用語一覧

＊本書に関する専門用語のうち、特に重要なものについて取り上げた。
＊おもに同時代史料のなかで使用されているものを「史料語彙」、近世期の軍学を引き継ぎ、現在研究用語として定着しているものを「研究用語」、現代の研究成果に基づき形成されてきた用語を「学術概念」と称し分類している。

## 1 資料

**縄張り**　〔研究用語・史料語彙〕
城の平面構造（グランドプラン）のことを指す。ただし、史料語彙としては、寺院その他の普請の際にも使用されている。

**縄張り図**　〔学術概念〕
地表面を観察して、曲輪（くるわ）や堀を図示する図面のこと。平面構造を復元的に記すことにより、城館（じょうかん）跡遺跡（いせき）の範囲を推定することができる。

**地籍（ちせき）図（ず）**　〔学術概念〕
土地台帳の付図のこと。公図などともいう。当初は一：六〇〇で作成され、近代の地割、地目、面積などが記されている。前近代の耕地状況が推定でき、地割の考察によって、平地城館跡や城下集落との関係を追究することができる。

## 2 曲輪

**曲輪**　〔研究用語・史料語彙〕
中世後期、おもに戦国時代以降に築かれた城の平坦地部分を指す。城兵のための建物、あるいは陣取る場を設定した。弥生時代の高地性集落がおもに建物単位で平坦地を築くのに対して、戦国期は尾根や斜面を掘削、あるいは盛土して曲輪を造成し、建築物を築いた。なお史料語彙としての「曲輪」は、基本的に東日本の城に多く使われた。

**主郭**　〔研究用語〕
城のなかで中心をなす曲輪のこと。山城の場合、もっとも高い場所の曲輪が主郭になる場合が多いが、基本的には曲輪の配置状況、主従関係で決定する。

**丸**　〔史料語彙〕
城において建物を建てる、あるいは兵の陣地とする平坦地のこと。西日本で、おもに使われた。

**本　丸**　〔史料語彙〕

城の中心部分を指す。おもに西日本で使われた表現である。

**本　城**　〔研究用語・史料語彙〕

研究用語としての本城とは二つの意味がある。第一に城の維持主体の間に上下関係がある場合、その拠点的城郭のことを指す。本城に対置されるのが支城となる。第二に城の中心部分を指し、「主郭」「本丸」と同義となる。史料語彙としても、ほぼ研究用語と準じており、第一に領域権力における拠点的城郭を指す。たとえば丹後守護一色氏の拠点、府中（今熊野城）を「本城」と呼んでいる（『丹後国御檀家帳』）。第二にやはり城の中心部を指しており、対置される周縁の曲輪は「外城」である。なお、「本城」は転じて「本城様」と称するなど、維持主体を指すこともある。

**二の丸**　〔研究用語〕

本丸の外側にある曲輪。本丸と並んで、規模が大きい場合がある。

**帯曲輪**　〔研究用語〕

曲輪の縁辺部を取り巻く長細い曲輪のこと。大型の建物などの建設は難しく、防御的意味合いが強い。腰曲輪などともいう。

## 3　土　塁

**土　塁**　〔研究用語〕

盛土をして堤状に築きあげたものが土塁である。おもに曲輪の外縁に築かれる。築造方法としては、第一に盛土をして築造するタイプ、第二に地山を削り込んで土塁に加工したタイプがある。前者は断面調査から砂利と粘土を交互に積んで築く事例が多い。後者は甲賀の館城など、尾根を削り込んだ場合が多い。

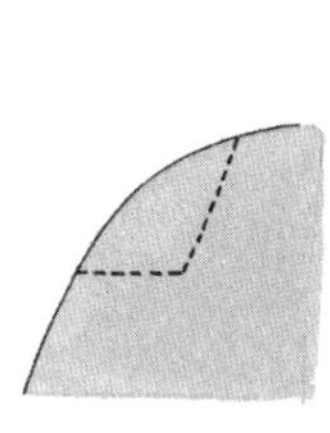

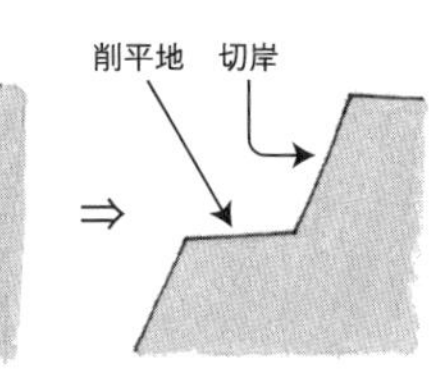


**土　居**　〔史料語彙〕

土塁の同時代表現である。枚方寺内町において背後の土居を築く用例がある（『私心記』）。ただし、防御施設のみならず、堤防などにも使われる。

**石　塁**　〔研究用語〕

土塁の内外両面から石を積み、塁線を築いた遺構。上部には柵や築地塀などが築かれたものと思われる。

**竪土塁**　〔研究用語〕

等高線に直交する土塁。斜面を仕切るために用いる。竪堀に沿って築かれる場合がある。

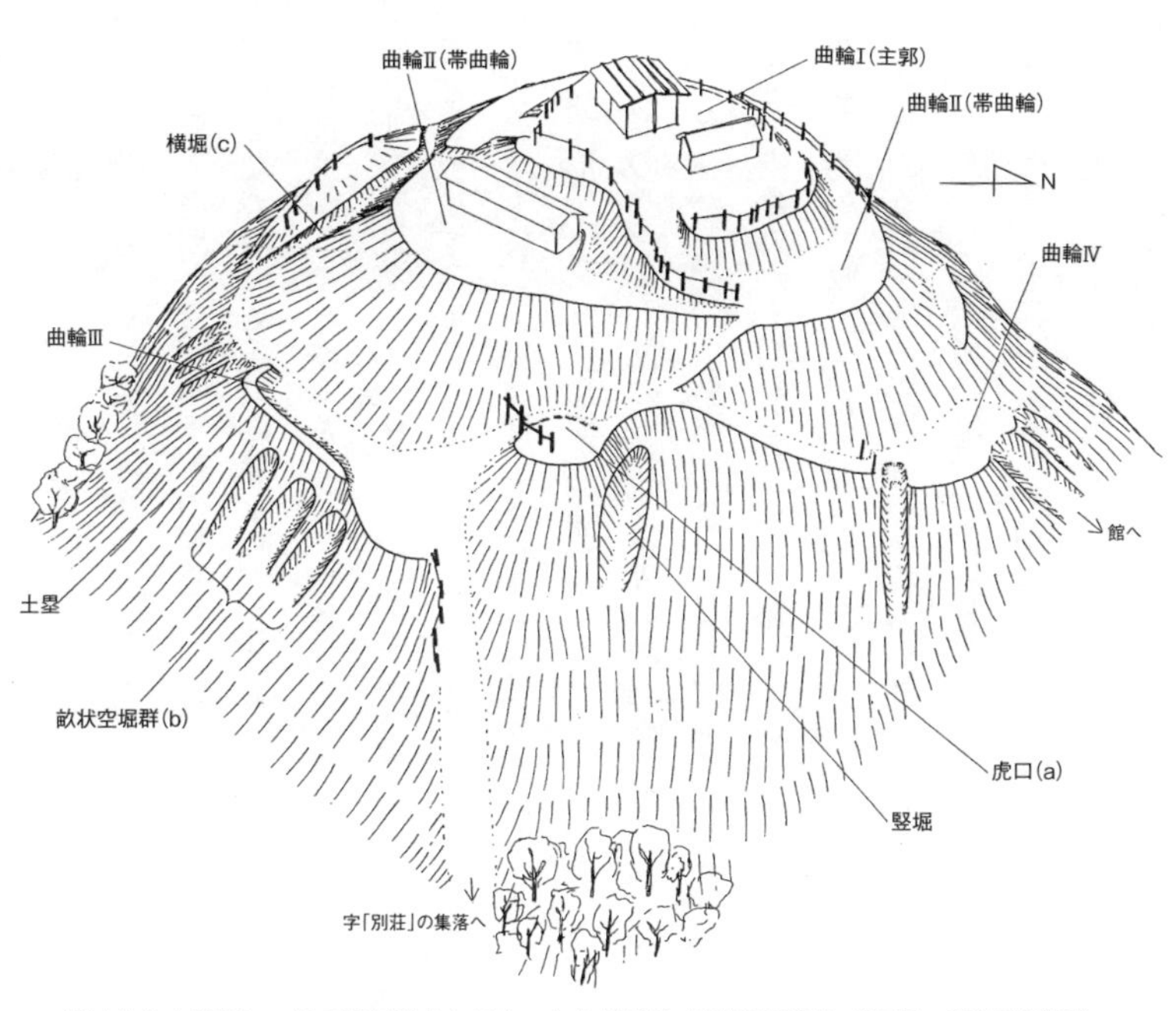


城域全体を発掘し、その姿が明らかになった大俣城跡（京都府舞鶴市、復元図、福島克彦作図）



**竪石塁**　〔研究用語〕

竪土塁のうち、両側を石で積んだ遺構。

**登り石垣**　〔研究用語〕

山上の城郭と中腹、ないし山麓を結ぶ階段状に築かれた石垣列、あるいは小曲輪。小曲輪の場合、側壁に石垣を側壁に設けている。

## 4　虎口

**虎口**　〔研究用語・史料語彙〕

小口とも書く。曲輪の出入口のこと。城兵は守るだけでなく、反撃の機会をうかがうため、打って出る機能も伴うようになった。城の構造のうち、もっとも発達を遂げた箇所。本来、史料語彙の「虎口」とは、激しい戦闘の場所を指し、特に軍法などに用語が使われた。「合戦」などの表現が広域の範囲を指すのに対して、虎口は点的意味合いを持つ。城の虎口も、こうした意味から転訛したものと思われる。

**平虎口**　〔研究用語〕

道筋に折れや空間を持たない虎口。土塁の開口部、あるいは堀に土橋が設けられた地点に設けられた。

**食違虎口**　〔研究用語〕

土塁や堀が食い違い、折れを伴う虎口を指す。敵兵が直進できないように工夫したもの。

**枡形** 〔研究用語〕

虎口のうち、塁を四角に囲み、区画を形成したタイプを指す。枡形虎口ともいう。枡の形をしているため、このような表現となった。敵兵の直進を防ぐとともに、城兵を待機させる機能も持つ。一つあるいは二つの木戸を持つ。中世城郭では地形に制約されるため、形状が判然としない時、枡形状～などと表現する場合がある。なお、虎口が空間化されており、馬出とともに、虎口空間と一括する場合がある。

**内枡形** 〔研究用語〕

枡形のうち、上位の曲輪の塁線の内部に位置しているものをいう。ただし、山城の場合、自然地形に左右されるため、塁線の内か外かを判断することが難しい場合がある。

**外枡形** 〔研究用語〕

枡形のうち、上位の曲輪の塁線の外部に張り出したものをいう。ただし、山城の場合、自然地形に左右されるため、塁線の内か外かを判断することが難しい場合がある。

**馬出** 〔研究用語〕

曲輪の虎口前に置かれた小空間のことを指し、敵の攻撃から虎口を守るために築かれた。馬出の外縁にも土塁、堀が築かれている。枡形との相違は、上位の曲輪との間に堀を設け遮断している点である。また、馬出から外へ抜ける出入口は、上位曲輪から左右横側に展開し、上位の曲輪から側射できるようになっている。上位曲輪との機能分化から防御性に富んでいるが、城兵による反撃の機会などにも使われたものと思われる。なお、左右に展開するタイプは、おもに中世、近世に関わらず、東日本に多数分布する。畿内、近国では、近江玄蕃尾城跡、大和赤埴城跡などに見られるが、西へいけばいくほど少なくなる。また、枡形のように上位曲輪から正面に築く事例が見られる。近江土山城、佐久良城などが事例である。なお、枡形とあわせて虎口空間と呼ぶ場合がある。

**角馬出** 〔研究用語〕

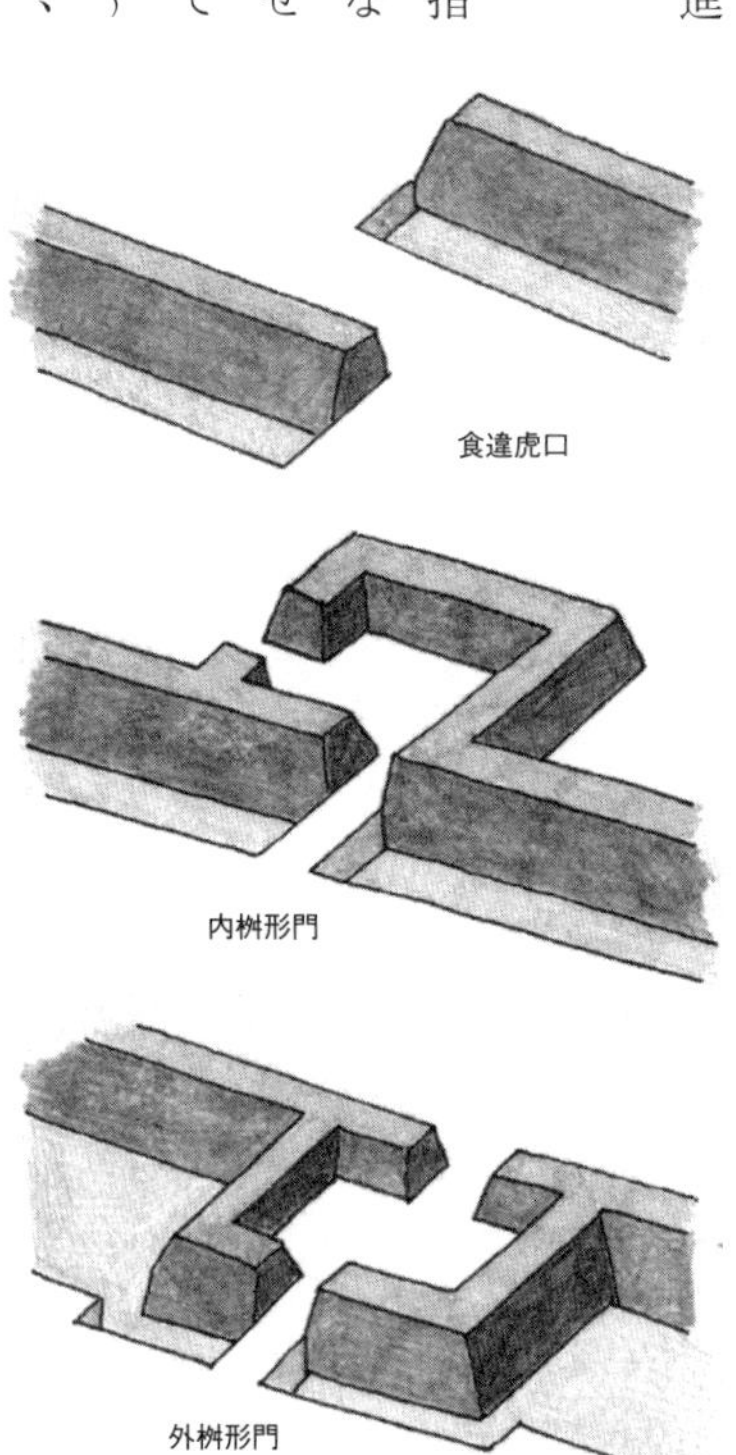

馬出のうち四角い形をしているタイプ。おもに関東地方に分布している。また、近畿地方では、聚楽、あるいは近世篠山城などに築かれている。

**丸馬出**　〔研究用語〕

馬出のうち外側が丸い形をしているタイプ。外縁には弧状になった堀があり、これを三日月堀ともいう。中部地方に分布している。

**重馬出**　〔研究用語〕

馬出が前後に重なるものをいう。より上位の曲輪、馬出が横矢を掛けられていた。稀有な遺構で、近畿地方では近江井元城に唯一残っている。

**蔀**　〔研究用語〕

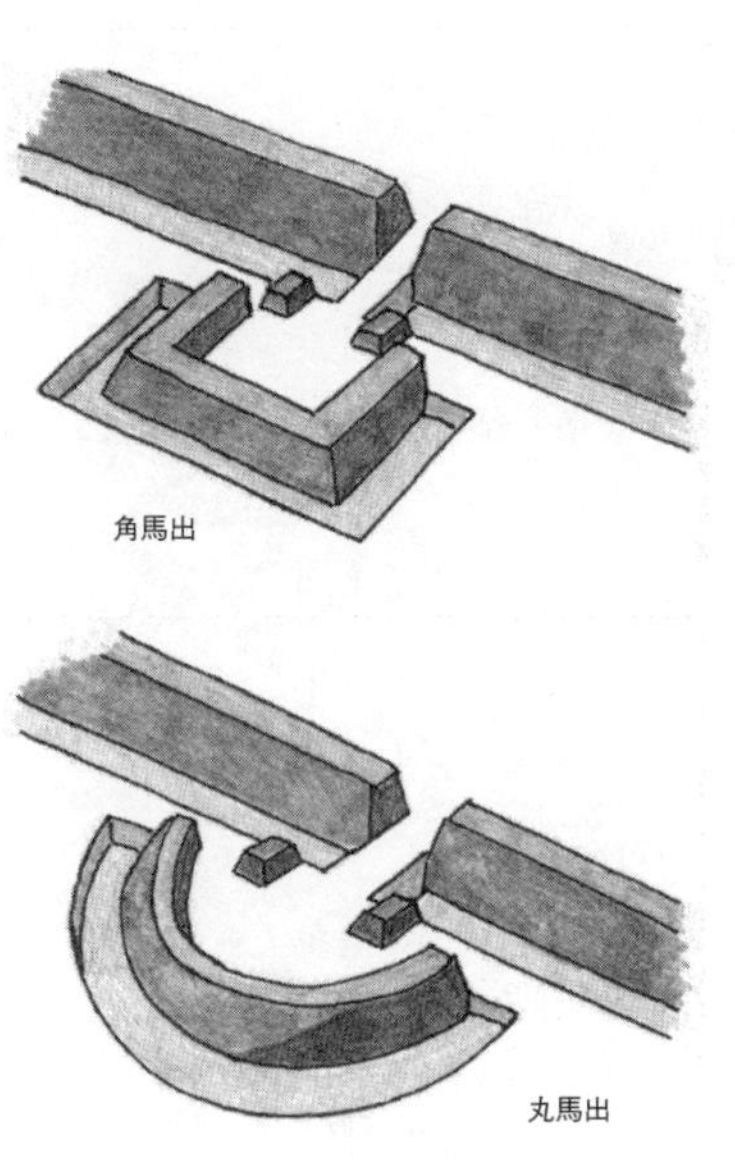
角馬出
丸馬出

城の内側を城外から見透かされないように築いた塀、土塁のこと。虎口の内側に築かれた。

## 5　堀

**水堀**　〔研究用語〕

文字通り、水を浸している堀のこと。山城の堀の場合、高低差があるため、堀底をせき止める土塁(土手)を用いて水を溜める場合がある。平地居館の水堀は、防御のみならず、用水、排水の用途が考えられる。

**空堀**　〔研究用語〕

水堀に対して、水を伴わない堀のこと。山城の場合、堀切、横堀、竪堀などは基本的に空堀である。水堀よりは簡易に築かれる施設だが、高低差があれば、転落した際のダメージが大きいと言われる。

**堀切**　〔研究用語〕

城の背後の尾根を遮断する堀状のくぼみを指す。尾根をつたって背後から攻めてくる敵を封鎖する。遺構論では城跡を確認する指標になっている。

**横堀**　〔研究用語〕

等高線に並行して築かれる堀のこと。斜面を登る敵兵を防

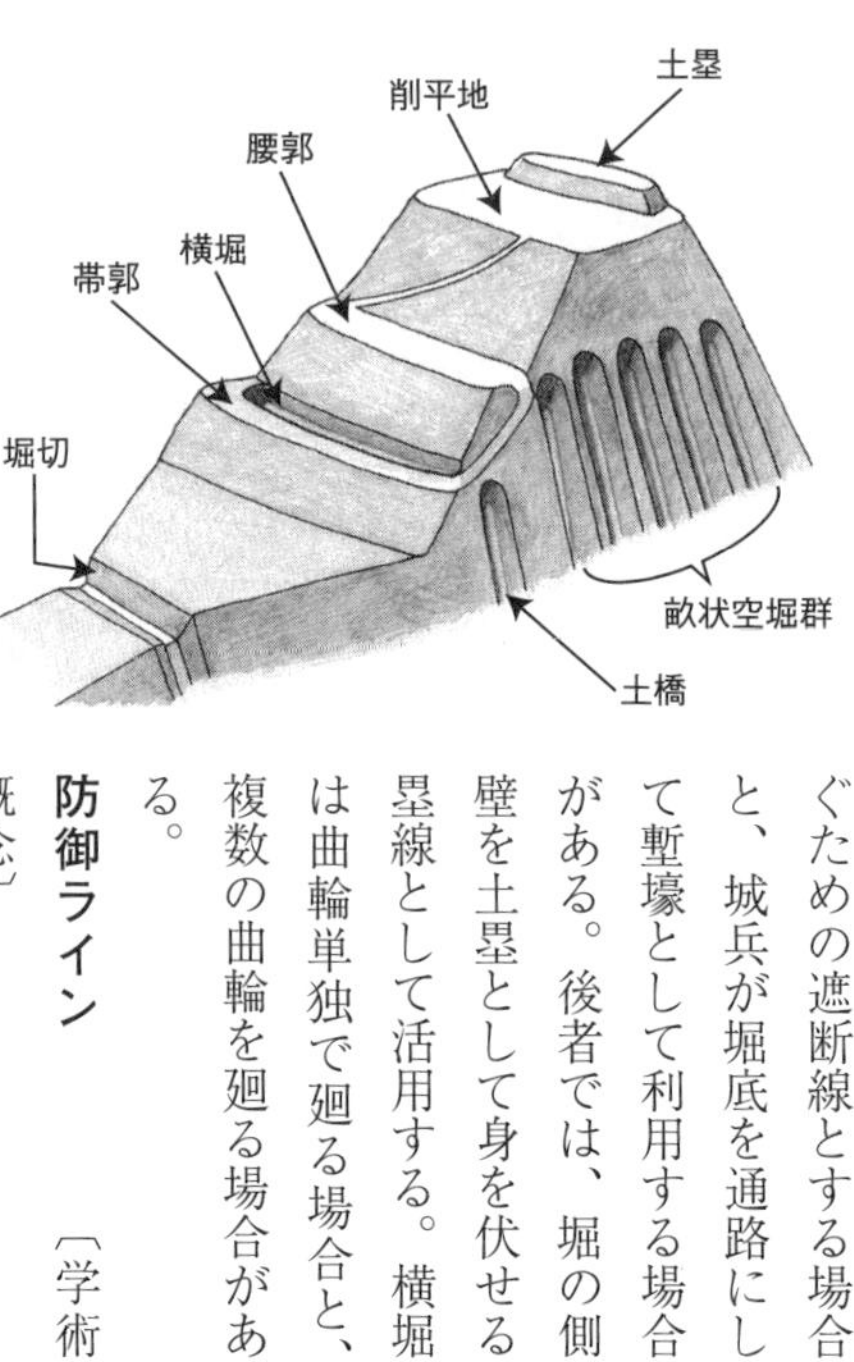


ぐための遮断線とする場合と、城兵が堀底を通路にして塹壕として利用する場合がある。後者では、堀の側壁を土塁として身を伏せる塁線として活用する。横堀は曲輪単独で廻る場合と、複数の曲輪を廻る場合がある。

**防御ライン**　〔学術概念〕

複数の曲輪やその斜面を横堀や竪堀で連結させて、築造主体の一定の防御姿勢を捉えようとする考え方。織豊権力は陣城などの場合、こうした防御ラインを設定することで、高石垣に代用させていた。

**竪　堀**　〔研究用語〕

等高線に直交する形で築かれた堀のこと。斜面を登ってくる敵兵の横移動を封じる機能を持つ。堀切の横、あるいは曲輪の端などに設けられた。

**畝状空堀群**　〔学術概念・研究用語〕

畝状竪堀群、連続竪堀などともいわれる。おもに竪堀を複数配置して、斜面を登る敵兵の横移動を封じる機能を持つ。単独の竪堀と似通っているが、複数配置することで、斜面全体を使わせない効果を持つ。傾斜が緩い場所にも配置されることがあるため、畝状空堀群とも呼ぶ。おもに堀切に隣接して築かれることが多く、城域への遮断を強める効果があった。畿内、近国では十六世紀前半から中葉に使われたのに対して、九州などでは在地勢力が統一政権との抵抗時に築かれた。和泉根福寺城には、最大級の畝状空堀群が残存する。

**堀障子**　〔研究用語〕

堀の中に仕切りの土塁を設けて、内部で移動ができないようにした施設。複雑な形状になっていた。関東地方に多くみられるが、近年豊臣期大坂城の堀底でも確認されている。

**薬　研**　〔研究用語〕

堀の断面が薬研のように逆三角形となる堀。V字状になるため、堀底道がない。

## 6　櫓・天守

**櫓・矢倉**　〔研究用語・史料語彙〕

周囲を展望し、弓矢・鉄砲を射掛ける部位を指す。基本的に高低差を強調するため、高層建築物となっていく。古代から現れ、日本史上もっとも古い防御構築物である。戦時に応じて解体、移動する場合もある。一五世紀後半から屋根と土壁、狭間などを設け、防御性、居住性を高めた。さらに建築物を高層化する代わりに、土壇部分に櫓台を設け、固定化を進めた。

**櫓　台**　〔研究用語〕

櫓を置く土壇のことを指す。土塁の中で上辺の幅が広くなっている箇所を指す。側面に石垣を設けて補強したものもある。中世城館の場合、櫓は簡易な建物であったが、こうした土壇の高低差を設けて、より防御性を高めた。

**天　守**　〔研究用語・史料語彙〕

研究用語としての天守とは、城域中最大の櫓を指す。ただし、櫓とは相違して独自の発達を遂げたという考え方もある。基本的に主郭（本丸）など、中枢部に築かれた。近世城郭の象徴的な建築物で、後に望楼式や層塔式などへ分化した。史料語彙としては「天主」「天守」があり、義昭御所の「天主」が同時代史料としてもっとも古い（『元亀二年記』）。

**天守台**　〔研究用語〕

天守を置く土台部分。近畿地方の場合、四周に石垣を構築するタイプが大半である。内部に地階を設ける場合があり、織田信長が築いた近江安土城では、すでに穴蔵が成立していた。

## 7　その他の施設

**横　矢**　〔研究用語〕

塁線に折れや歪みを設けて外部へ側射ができるように工夫した施設。

**だ　し**　〔史料語彙〕

外へ突き出た施設（『日葡辞書』）。横矢施設を指す。また、外枡形のような突出した虎口を指すという意見もある。荒木村重の側室だしは伊丹城（有岡城）の「だし」に居住していたため、名づけられた（『立入隆佐記』）。

**外　構**　〔史料語彙〕

本丸の外側に広がる防衛施設のこと。同時代表現としては「とかまえ」と呼称する。研究用語の惣構と重なる。武家権力の城では織田権力まで、よく使用された。

**惣　構**　〔研究用語・史料語彙〕

城域のもっとも外縁部分を指す。なかには武家屋敷や城下町を囲む場合がある。史料語彙としては、文明十二年（一四八〇）に東寺境内で築かれた「惣構」が初見（『東寺百合文書』ち）。当初は寺院境内などにも使われた。一方、武家権力では「外城」「外構」が一般的に使用されてきたが、豊臣権力以降「惣構」表現が次第に定着した。なお、遺構として惣構と、史料語彙の「惣構」は合致しないこともあり、遺構を外郭線と呼んで区別する場合がある。

**切　岸**　〔研究用語〕

加工された曲輪の縁のこと。掘削、あるいは盛土をして、傾斜を急にして、防御性を高めた。

**水の手**　〔研究用語・史料語彙〕

城内の用水、あるいは井戸のこと。籠城の際、城兵の飲料水を確保するため、重視された。逆に攻城方は水の手を断って城兵の籠城意欲を削ごうとした。

**城　主**　〔研究用語・史料語彙〕

その城の維持主体のことを指す。史料語彙としては十四世紀後半から登場するが、一般化するのは十六世紀後半である。なお当時は「しろぬし」と呼んだ。類似した表現として、曲輪などを維持する「物主」や、城を預かる意味合いの強い「城督」などの表現がある。

## 8　城の種類・分類

**山　城**　〔研究用語・史料語彙〕

城の立地の分類の際、比高差のある山頂、あるいは尾根上にある城を指す。一九七〇年代までは山城から平城へという発達過程が重視されたが、近年は機能分化のなかで捉える必要があり、単純に山城＝古式とはいえない。なお、大和では十六世紀前半から、領域権力が「山ノ城」と呼ばれる山城を築いた。

**平　城**　〔研究用語・史料語彙〕

立地の分類の際、平地に築かれた城郭を指す。なお、大和では「山ノ城」に対置された表現として、居館や平地城郭を「平城」と呼んだ。

**構**　〔史料語彙〕

平地の集落や寺院を囲む堀などの防御施設。京都やその周辺に用例が見られる。ちなみに山城を指す事例も見られる。

**釘　貫**　〔史料語彙〕

集落などに設けられた門や柵のこと。洛中洛外に築かれた「構」などに設けられた。

**外　城**　〔史料語彙〕

二つの意味がある。第一におもに拠点的城郭である「本城」に対し、これを守る距離をあけた支城のことを指す。第二に主郭を守る外縁部の曲輪のことを指す。

**要　害**　〔史料語彙〕

「用害」とも書く。地勢が険しく守りによく攻めにくい場所を指す。転じて、山城のことを指す。

**守護所**　〔学術概念・史料語彙〕

鎌倉、室町時代に各国に設置された守護の居館の所在地を指す。十四世紀後半から守護が世襲となり、次第に守護分国における拠点化を指向した。前身の国衙機能を継承し、居館や山城、あるいは市場などが構築される場合があり、中世後期における政治都市の学術概念となっている。ただし、畿内・近国では、大半の守護が戦国期も存続しているため、戦国期城下町との分類が困難になりつつある。戦国期以前の十五世紀前半までの動向との比較検討が求められる。史料語彙としては、守護がいる場所、あるいは守護支配の機構が置かれた場所、集落を指している（『政基公旅引付』）。

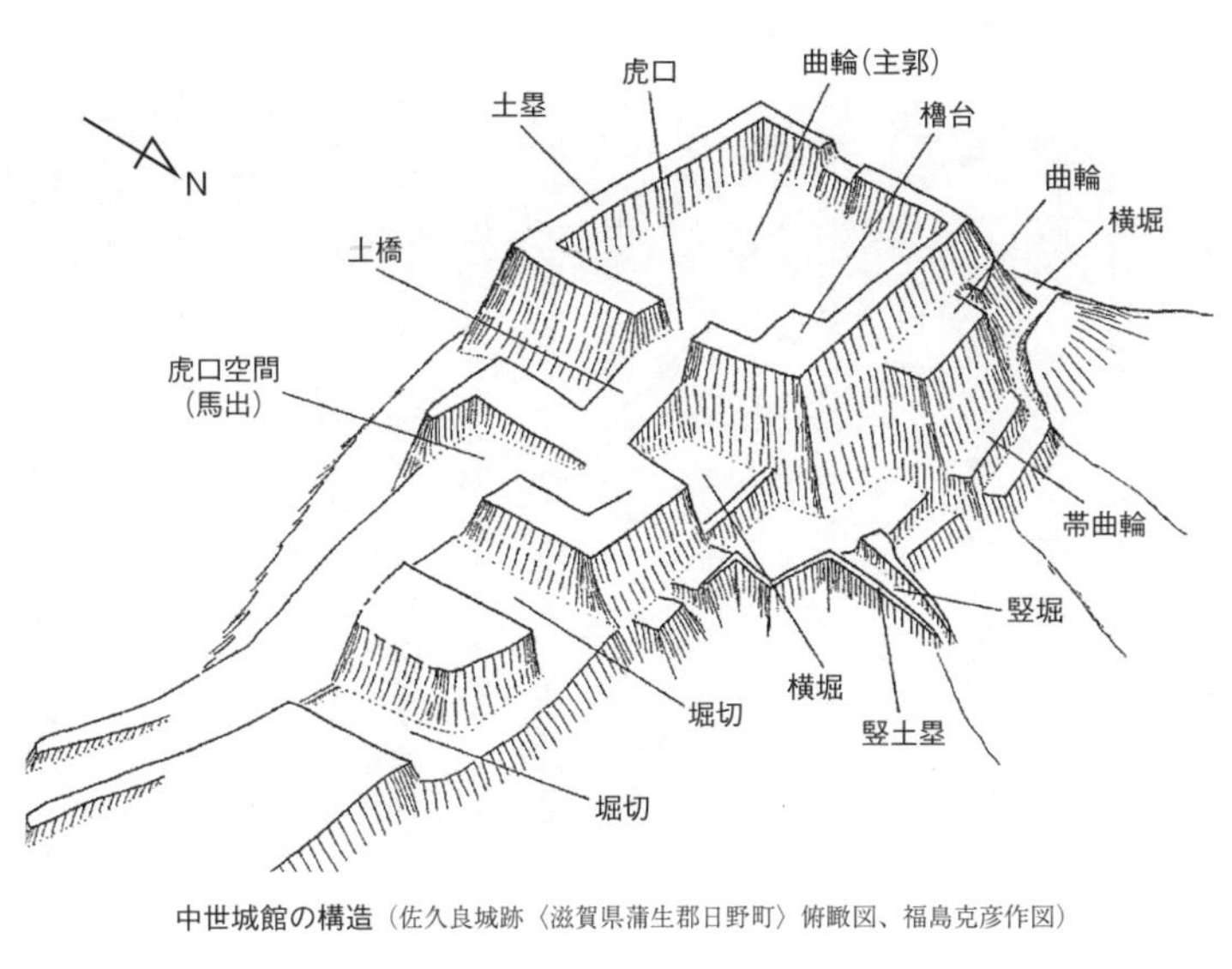


中世城館の構造（佐久良城跡〈滋賀県蒲生郡日野町〉俯瞰図、福島克彦作図）

**政所屋敷**　〔史料語彙〕

「政所」「政所屋」とも言う。荘園の現地経営を行う預所職の屋敷である。荘園の年貢や饗応道具を収納しているため、堀や塀、あるいは櫓をめぐらす場合があった。預所職の者が武家被官になり、居館化することもある。

**寺内町**　〔学術概念・史料語彙〕

おもに浄土真宗、あるいは法華宗の寺院を中心に形成された都市のこと。規格性に富んだ町割を設け、あるいは周囲を土塁や堀で区画する場合がある。なお史料語彙としては「寺内」表現が使われるが、必ずしも「寺内」＝寺内町ではない。

**環濠集落**　〔学術概念〕

大きく二つの意味がある。第一に弥生時代に築かれた堀を囲んだ集落、第二に中世後期に構築された堀で囲繞した集落。ともに防御性が重視されている。ただし後者については、現存遺構が、どこまで中世後期まで遡及し得るかが課題となっている。

**館　城**　〔研究用語〕

方形を指向した居館区画を尾根突端などに築造したタイプを指す。四周には地形を掘削して土塁・堀を築いている。方形を指向しているが、内部が狭く、生活空間ではない場合も見られる。甲賀（滋賀県）、伊賀（三重県）などに多くみられ、集落に密着した土豪が維持主体と想定されている。

**支　城**　〔学術概念〕

領域権力の拠点的城郭を本城と呼ぶのに対して、その家臣らが築いた城を呼ぶ。

**詰　城**　〔研究用語・史料語彙〕

武家が戦時の際、籠城する山城を指す。日常的に生活する屋敷や空間に対して、表現される場合がある。史料語彙としては「ツメ」（詰『日葡辞書』）と呼ばれ「城のもっとも高い所」とされ、城内のもっとも最高所とする。ただし、平地の場合、もっとも奥まった箇所を指す場合がある（『応仁別記』）。

**陣　城**　〔研究用語・史料語彙〕

陣城とは軍事行動の際し、臨時、あるいは緊急に築かれる城のこと。もっとも近年は中世城郭全般が臨時性を帯びているといわれているため、陣城は非在地系の意味合いが強い。軍事行動の後は放棄されるため、簡易な土の城が大半で、石垣は用いない。後世の改修を受けていないため、城の標準化石として使われている。三木城の付城や賤ヶ岳合戦の城塞群などが、こうした事例にあたる。当時の進展した縄張りを用いるため、標準化石としては適当でないという意見もある。ただし、恒久的な城、あるいは在地系城郭の標準化石としての考察や編年作業は行なわれておらず、陣城の標準化石としての地位は現状も揺らいでいない。なお陣城は史料語彙としても使われるが用例は少ない。

**陣　屋**　〔研究用語・史料語彙〕

大別して二つの意味があり、第一に陣を取る際の建物、第二に江戸時代において代官職、あるいは維持主体が城主格でなく、城の公称が許されなかったものが陣屋と呼ばれていた。

**相　城**　〔史料語彙〕

攻城軍が敵城を攻撃するために築いた城。「相城」を付けるという表現がある（『日葡辞書』）付城と類似するが、相城の方がやや用例が古い。

**付　城**　〔史料語彙〕

攻城軍が敵城を攻撃するために築いた城。敵城を監視するため「城を付ける」という表現からくる。『信長公記』に頻出する。相城と意味は類似するが、攻城側が優位に立っていることを示す使い方である。

**織豊系城郭**　〔学術概念〕

十六世紀後半、織田信長・豊臣秀吉の権力によって、構築・改修された城を指す。一九七〇年代まで城郭研究では、中世城郭＝土の城、近世城郭＝石垣の城と大別されてきたが、一九八〇年代後半から、織豊権力段階を独自で扱おうという考え方が起きてきた。それは、中近世移行期のうち、継承・発展する部分と、否定していく部分が明瞭に表れたことによる。直属の武家のみならず、傘下に服属した国衆の城を見る上でも有効な論点である。その考え方としては二つあり、第一に虎口部分の折れと空間に着目し、平虎口・枡形虎口・馬出と、発達を遂げる展開を重視する考え方がある（千田嘉博）。第二に織豊権力の城が次第に瓦・石垣・礎石建物の三点セットを使いこなすようになった過程を重視した考え方である（中井均）。前者は、土の城、石垣の城に関わらず評価できる点に長所がある。一方、後者は考古学に対応したもので、後世の改変によって平面構造の解明が困難な拠点的城郭に有効性を持つ。

**村の城**　〔学術概念〕

城主などの伝承のない山城遺構を武家領主ではなく、村落によって管理されていた可能性を模索する考え方。村の城論は、おもに東日本側で提唱された。しかし、すでに環濠集落論や寺内町論がさかんだった近畿地方では、さほど根付いていない。ちなみに、村落民衆が逃げ込む事例は、和泉雨山城や丹波の城などで推定されている。

## 9　城下町

**短冊形地割**　〔学術概念〕

町屋を建設するため、道路に直交した細長い地割のことを指す。道路を挟んで配置し、両側町を形成する場合がある。街道に短冊形地割が続くと一本街村状に都市集落が続くことになる。町屋、城下集落跡を考える指標となる。

**長方形街区**　〔学術概念〕

面的に短冊形地割を広げた街区のこと。格子状に設けられた道路の両側に、短冊形地割を重ね、長方形の町割を形成したものをいう。近世城下町化の指標のひとつとなっている。

**ブロック状地割**　〔学術概念〕

矩形の地割、区画を指し、武家屋敷地を想定する指標となる。周囲に土塁や堀を廻らす場合がある。

## 10 考古学

**掘立柱建物** 〔学術概念〕

曲輪に柱を据え付けて、組み立てられた建物のこと。中世城館は大半がこのタイプである。生活遺物や建物の間取りから、その機能を追究することができる。

**礎石建物** 〔学術概念〕

礎石に柱を載せて、建造された建物のこと。瓦葺きなど、重量のある建築物に使われた。やはり礎石の配置や間取りから、その機能を追究することができる。掘立柱と比較すると、柱の劣化の進行が遅いといわれている。

**塼列（せんれつ）建物** 〔学術概念〕

塼を建物の壁外面に並べた建築物。塼とは粘土を型に入れて乾かす、あるいは焼いて整形した建築材料のことで、奈良時代に日本へ伝わった。塼列建物の機能としては、塼列が風雨による損傷防止の機能を持つ考え方がある。一方で建物意匠に過ぎないという意見もある。都市遺跡で確認されていたが、近年山城や平地城郭などでも検出されている。感状山城跡、御着城跡、置塩城跡などで確認されている。

**貿易陶磁器** 〔学術概念〕

中国や朝鮮半島、東南アジアからもたらされた陶磁器のこと。青磁・白磁・染付などがある。日用品として使われるものがあるが、高級品もあり、権威性を持つ威信財として評価される場合がある。そのため伝世される可能性が指摘され、生産時期と使用時期のズレを意識する必要がある。

**瀬戸美濃産陶器** 〔学術概念〕

瀬戸・美濃周辺（愛知県・岐阜県）で焼かれた陶器。中世前期から東日本へ流入し、威信財として使用される場合があった。十五世紀後半から十六世紀は碗・皿・擂鉢などが生産され、東日本をはじめ各地の城跡などで出土している。また十六世紀後半には桃山茶陶が生産され、西日本の大都市圏へ搬入された。

**常滑産陶器** 〔学術概念〕

知多半島（愛知県）、特に常滑周辺で焼かれた陶器。大型の壺、甕が生産され、十二〜十三世紀には、平泉・博多・鎌倉まで供給された。十四世紀後半には他の生産地に押され、次第に減少した。

**越前産陶器** 〔学術概念〕

越前（福井県）で焼かれた陶器。中世前期から日本海側に流通していたが、十六世紀頃より生産の大量化が進んだ。壺・甕・擂鉢などの器種が生産されている。

**信楽産陶器**　〔学術概念〕

近江信楽（滋賀県）で焼かれた陶器。中世前期から十六世紀中までは、近江・伊賀と畿内の一部で流通し、使用されたが、十六世紀後半以降、茶陶生産が本格化すると大量に生産された。西日本の城跡でも確認されている。

**丹波産陶器**　〔学術概念〕

丹波（京都府・兵庫県）で焼かれた陶器。十六世紀から、壺・甕・擂鉢のほか、碗や鍋など、在地向けの用品も生産された。ただ、丹波は比較的狭い流通圏であり、出土事例も近畿地方北部・中部と限定的である。

**備前産陶器**　〔学術概念〕

備前伊部周辺（岡山県）で焼かれた陶器。やはり大型の壺・甕、そして擂鉢が生産された。十五世紀中葉に大甕が出現し、西日本各地の都市遺跡において貯蔵用として検出されている。山城跡においても、水・食料貯蔵容器として使われた。

**かわらけ（土師皿）**　〔学術概念〕

在地で焼かれる素焼きの皿のこと。成形方法としては①手づくね、②ろくろがあり、①は近畿地方および日本海岸に分布し、京都や奈良で生産されたものがある。②は東海・関東と瀬戸内以西である。そのため地方における京都産のかわらけは、京都の文化を受け入れている可能性がある。

**コビキA・B瓦**　〔学術概念〕

コビキとは瓦の大きさに応じて粘土板を切り取る作業のこと。その際、丸瓦の凹面に残る取剥がし痕によって大きく分類できる。斜めに入るのが糸線引きによるものでコビキA、並行に入るのが鉄線引きによるものでコビキBである（森田克行）。コビキAからBへの変化は豊臣期に展開したといわれ、中世と近世瓦を区切る指標のひとつになっている。

**転用石材**　〔学術概念〕

十六世紀後半、城における石垣や礎石のうち、宝篋印塔（ほうきょういんとう）や五輪塔など、別な用途から転用してきた石材をいう。石材の需要の進展に対して、供給が追い付かなかったことが要因としてある。石材のうち、平面箇所が石垣面や井戸側壁に重宝された。豊臣期の石切場の整備によって次第に使われなくなった。

**矢　穴**　〔学術概念〕

石を割る際、楔を打ち込んで穴をあけた箇所を指す。石垣のなかに、こうした矢穴痕が残っており、石材加工を知る手掛かりとなる。

## 執筆者紹介（五十音順）

|  |  |  |
|---|---|---|
| 天野忠幸（あまの　ただゆき） | 1976年生まれ | 関西大学・柏原市教育委員会 |
| 荻　能幸（おぎ　よしゆき） | 1966年生まれ | 城郭談話会 |
| 尾谷雅彦（おたに　まさひこ） | 1953年生まれ | 河内長野市教育委員会 |
| 金松　誠（かねまつ　まこと） | 1977年生まれ | 三木市教育委員会 |
| 橘田正徳（きつだ　まさのり） | 1967年生まれ | 豊中市教育委員会 |
| 訓原重保（くにはら　しげやす） | 1965年生まれ | 城館史料学会 |
| 小谷利明（こたに　としあき） | 1958年生まれ | 八尾市立歴史民俗資料館 |
| 白石博則（しらいし　ひろのり） | 1959年生まれ | 大阪府立貝塚南高等学校・和歌山城郭調査研究会 |
| 新谷和之（しんや　かずゆき） | 1985年生まれ | 和歌山市和歌山城整備企画課 |
| 多田暢久（ただ　のぶひさ） | 1965年生まれ | 姫路市教育委員会 |
| 谷本　進（たにもと　すすむ） | 1958年生まれ | 養父市教育委員会 |
| 中西裕樹（なかにし　ゆうき） | 1972年生まれ | 高槻市立しろあと歴史館 |
| 仁木　宏（にき　ひろし） | 別掲 | |
| 西尾孝昌（にしお　たかまさ） | 1945年生まれ | 山名氏城跡保存会・城郭談話会 |
| 馬部隆弘（ばべ　たかひろ） | 1976年生まれ | 長岡京市教育委員会 |
| 廣田浩治（ひろた　こうじ） | 1967年生まれ | 泉佐野市教育委員会　歴史館いずみさの |
| 福島克彦（ふくしま　かつひこ） | 別掲 | |
| 藤本史子（ふじもと　あやこ） | 1957年生まれ | 武庫川女子大学 |
| 松尾信裕（まつお　のぶひろ） | 1953年生まれ | 立命館大学・大阪歴史博物館 |
| 山上雅弘（やまがみ　まさひろ） | 1958年生まれ | 甲南大学・兵庫県立考古博物館 |
| 山崎敏昭（やまさき　としあき） | 1964年生まれ | 三田市役所・城郭談話会 |
| 山下晃誉（やました　てるよし） | 1974年生まれ | 城郭談話会 |
| 吉田　豊（よしだ　ゆたか） | 1955年生まれ | 堺市博物館 |

## 編者略歴


### 仁木　宏

一九六二年、大阪府に生まれる。
一九九〇年、京都大学大学院文学研究科博士後期課程修了
現在、大阪市立大学大学院文学研究科教授

〔主要著書〕
『空間・公・共同体―中世都市から近世都市へ―』（青木書店、一九九七）、『守護所と戦国城下町』（共編、高志書院、二〇〇六）、『京都の都市共同体と権力』（思文閣出版、二〇一〇）

### 福島克彦

一九六五年、兵庫県に生まれる。
一九八八年、立命館大学文学部史学科西洋史学専攻卒業
現在、大山崎町歴史資料館館長

〔主要著書・論文〕
『畿内・近国の戦国合戦』（『戦争の日本史』一一、二〇〇九）、「中近世移行期城館論」（『歴史評論』六五七、二〇〇五）、「丹波内藤氏と内藤ジョアン」（『高山右近』宮帯出版社、二〇一四）



**近畿の名城を歩く　大阪・兵庫・和歌山編**

二〇一五年（平成二十七）三月十日　第一刷発行

編　者　仁木（にき）　宏（ひろし）　福島（ふくしま）克彦（かつひこ）
発行者　吉川道郎
発行所　株式会社　吉川弘文館
郵便番号一一三―〇〇三三
東京都文京区本郷七丁目二番八号
電話〇三―三八一三―九一五一〈代〉
振替口座〇〇一〇〇―五―二四四番
http://www.yoshikawa-k.co.jp/

組版・製作＝有限会社 秋耕社
印刷＝株式会社 平文社
製本＝ナショナル製本協同組合
装幀＝河村　誠




ISBN978-4-642-08264-8

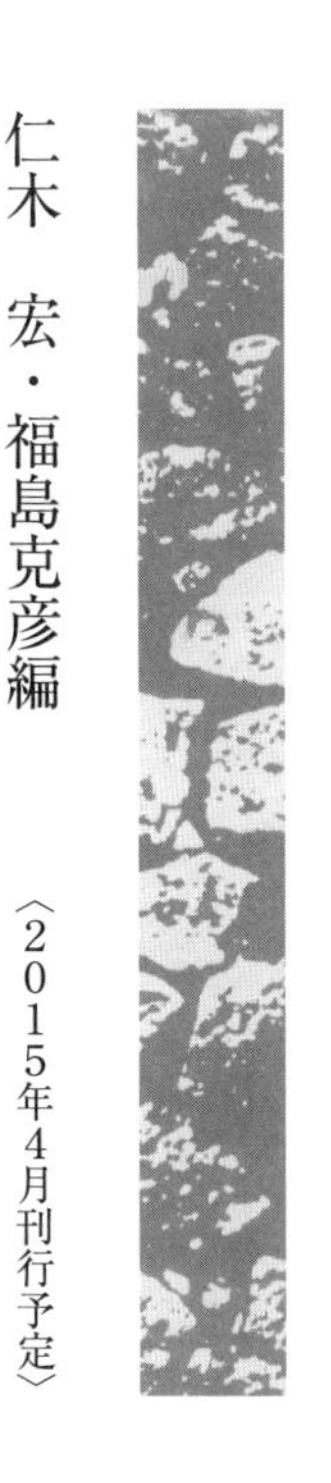

仁木　宏・福島克彦編　〈2015年4月刊行予定〉

# 近畿の名城を歩く

―滋賀・京都・奈良―

A5判／予価二四〇〇円

〈好評発売中〉

峰岸純夫・齋藤慎一編

# 関東の名城を歩く　北関東編

―茨城・栃木・群馬―

二二〇〇円

# 関東の名城を歩く　南関東編

―埼玉・千葉・東京・神奈川―

二三〇〇円

一都六県から精選した名城一二八を、豊富な図版を交えて紹介する。
好評の〈名城を歩く〉シリーズ関東編！　A5判・平均三一四頁

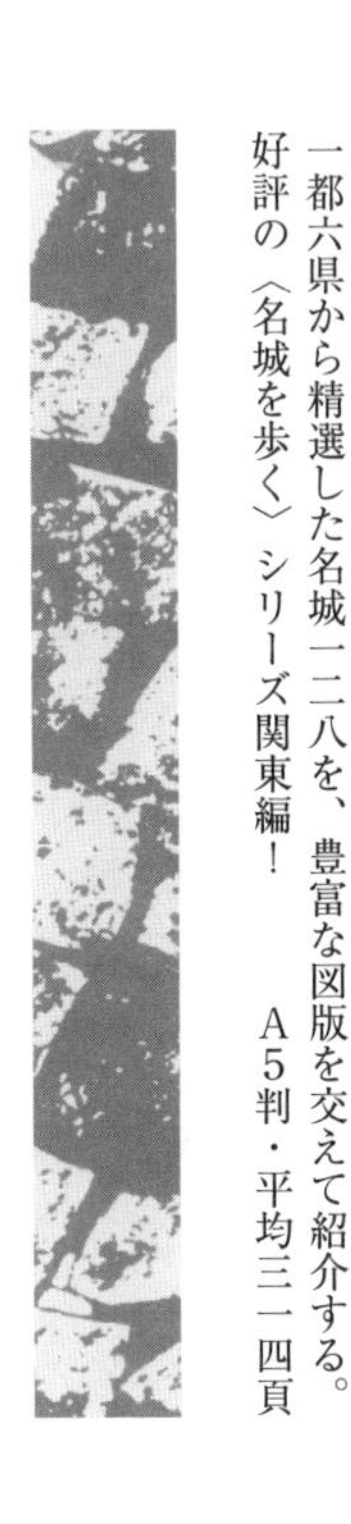